전자책 만드는 방법
종이책 만드는 방법

어도비 인디자인 CC

출판사 등록번호 : 제2020-000005호
신고 연월일 : 2020년 9월 11일

제   목 : 전자책 만드는 방법 종이책 만드는 방법
부   제 : 어도비 인디자인 CC
발행일 : 2024-03-25
발행처 : 가나출판사
발행인 : 윤관식
주   소 : 충남 예산군 응봉면 신리길 33-4
전   화 : 010-6273-8185
팩   스 : 02-6442-8185
홈페이지 : http://가나출판사.kr
Email : arm1895@naver.com
저   자 : 윤관식

파본은 구매처에서 교환해 드립니다.

ISBN : 979-11-91180-13-8(13400)

머리말

필자는 이미 책을 수십 권 이상 집필했지만, 오로지 종이 책만 펴 냈고요, 전자책은 이번이 처음이고요, 이 책은 종이 책과 전자책을 동시에 펴 내는 것입니다.

필자는 아주 오랜 옛날부터 책을 써 왔지만, 이번에 처음으로 전자책을 출간하는 것이고요, 그래서 여러가지 방법으로 테스트를 했고요, 종이책은 실물 책이므로 책을 보시면 됩니다만, 전자책은 다음 설명을 잘 읽어보셔야 합니다.

전자책은 epub 3.0 으로 제작했고요, 이 책을 전자책으로 구입하신 분이라면 PC에서는 구글 크롬에서 읽어 들이는 것이 가장 좋고요, 모바일에서도 역시 그글 앱 (ReadEra)에서 읽어 들이는 것이 가장 좋습니다.

필자가 테스트한 바에 따르면 오직 ReadEra 앱에서만 목차를 터치했을 때 해당 페이지로 이동하고 해당 페이지에서 다시 목자로 돌아올 수 있었습니다.

다른 여러 앱들도 책 읽기는 가능하지만 목차가 작동하는 것은 오로지 ReadEra 앱만 가능했습니다.

이 책에 들어 있는 링크는 대부분 필자의 유튜브 채널에 올린 동영상을 링크를 한 것이기 때문에 유튜브를 운영하는 구글 크롬에서 읽어들여야 가장 좋은 것입니다.

PC에서는 epub 파일을 선택하고 마우스 우측 버튼을 클릭하여 연결 프로그램을 Chrome(구글 크롬)으로 선택하면 확장 프로그램을 설치하시겠습니까 하고 물어오며 예 라고 대답하면 저절로 설치가 됩니다.

모바일에서도 앱스토어에서 epub 뷰어를 검색하여 [ReadEra] 앱을 설치하면 모바일 화면 크기에 상관없이 해당 기기에 맞는 크기로 자동으로 나타나서 가장 원활하게 재생이 되며 가장 중요한 목차가 제대로 작동을 합니다.

이 책은 320페이지입니다만, 이 책의 원고 용량은 약 790Mb 이고요, epub 3.0 으로 저장한 전자책의 용량은 약 48Mb의 아주 적은 용량입니다.
동영상은 용량이 크기 때문에 이 책 속에 동영상은 단 한 개도 넣지 않았고요, 대부분의 동영상은 필자의 [유튜브 채널]에 올리고 이 책에서는 단지 링크만 넣었기 때문입니다.

그래서 PC에서 재생을 하든 모바일에서 재생을 하든 구글 크롬에서 재생을 해야 모든 링크가 완벽하게 작동을 합니다.

물론 자신의 PC 혹은 모바일에서 여러가지 epub 뷰어를 설치하여 가장 원활하게 재생되는 뷰어를 설치해도 됩니다.

그리고 여러분이 이 책을 전자책으로 보신다면 전자책을(종이책도 마찬가지이지만) 필자가 판매하는 것이 아닙니다.

어떠한 책이든 일단 국립중앙도서관에서 ISBN을 부여받고 납본을 하고 그리고 필자의 경우 교보문고, 예스24, 알라딘 및 전국의 유명 서점에 보내서 판매를 합니다만, 전자책의 경우 교보문고, 예스24, 알라딘 및 필자는 전자책은 이번에 처음 펴내는 것이기 때문에 종이책이 아닌 전자책 전문 서점과는 신규 계약을 하여 판매가 될 것입니다.

이 경우 해당 서점에서 전자책을 구매하게 되며 해당 서점의 보안이 적용된 전자책을 보게 되는 것입니다.

그리고 구형 단말기를 고려하여 epub 2.0으로 저장할 수도 있지만, PDF 전자책과 epub 2.0 은 아무래도 제약이 따르므로 일단 필자는 무조건 epub 3.0으로 저장을 할 것이므로 자신의 단말기에서 epub 3.0 문서가 열리지 않으면 단말기를 업그레이드 하거나 모바일에서 보셔야 합니다.

epub 2.0은 종이책에 가깝다고 할 수 있고요, epub 3.0은 웹과 가깝다고 할 수 있는데요, epub 3.0 이 멀티미디어를 제대로 지원하기 때문입니다.

그러나 사실 필자가 여러 방법으로 테스트를 한 결과 epub 3.0에서도 멀티미디어는 완벽하게 지원이 되지 않습니다.

특히 이 책에서 다루는 어도비 인디자인은 탁상 출판의 대명사로 전세계에서 가장 뛰어난 프로그램이지만, 기술적인 문제가 아니라 기술 외적인 문제로 아이러니하게도 어도비 인디자인으로 만든 epub 3.0 파일이 어도비 epub 뷰어에서는 원활하게 재생이 안 됩니다.

예를 들어 동영상의 경우 용량이 크기 때문에 동영상을 유튜브에 올리고 이 책에서서는 링크만 넣어서 제작했는데요, 이렇게 만든 epub 3.0 파일이 어도비 epub 뷰어가 아니나 다른 epub 뷰어에서는 대부분 정상적으로 열립니다.

이렇게 필자는 어도비 인디자인으로 종이책을 만들고, 전자책인 epub 파일 역시 인디자인에서 작업하여 출간하지만, 아이러니하게도 어도비 epub 뷰어에서는 제대로 재생이 안 되므로 다른 epub 뷰어를 설치하셔야 합니다.

이 책을 전자책으로 구입하셨다면 이 책 속에 무수히 많은 링크가 들어 있는데요, 동영상은 대부분 필자의 유튜브 채널에 올려놓은 동영상에 링크가 되어 있고요, 유튜브는 구글에서 운영하고요, 웹브라우저 역시 구글 크롬이 대부분이므로 epub 뷰어 역시 PC에서는 [구글 크롬] 모바일에서는 [ReadEra] 앱을 설치하는 것이 가장 좋습니다.

이 책의 타이틀이 "책 만드는 방법" 이므로 인디자인에서 원고를 집필하는 방법 외에도 종이책의 경우 제본을 하여 재단을 해서 책을 만드는 것이므로 A3 표지 인쇄를 위한 A3 용지 디자인 프로그램으로 어도비 포토샵과 어도비 일러스트레이터가 반드시 필요하며 따라서 이 책에서도 깊이 있게 다루지는 않겠지만, 어도비 포토샵에서 표지 이미지 작업을 하여 어도비 일러스트 프로그램에서 포토샵에서 디자인 작업을 한 파일을 가져와서 마무리하여 표지 인쇄 파일로 만드는 과정도 설명할 것입니다.

그리고 책을 만들기 위해서는 다시 제본을 해야 하며, 제본 후에 필연적으로 가장자리 재단을 해야 하므로 제본 및 재단에 관한 내용까지 폭 넓게 다룰 것입니다.

사실 필자는 이 모든 시스템을 갖추고 직접 종이 책을 외주 없이 100% 자체 제작하고 있지만, 처음부터 이렇게 한다는 것은 웬만해서는 거의 불가능한 일입니다. 따라서 이런 시설 투자가 부담이신 분은 종이책은 포기하고 전자책만 출간할 경우 거의 아무런 설비가 없어도 되므로 종이책 부분은 건너 뛰어도 됩니다만, 어차피 이 책은 주로 인디자인에 관한 책이므로 싫어도 처음부터 공부를 하셔야 합니다. 모쪼록 이 책으로 여러분이 필자보다 더 멋진, 훌륭한 책을 펴 내시기를 진심으로 기원합니다.

감사합니다.

-저자 윤 관식-

목차

전자책 만드는 방법 종이책 만드는 방법 ------------------------------ 1
어도비 인디자인 CC -- 1
<u>필자의 [유튜브 채널]에 오시는 방법</u> ------------------------- 13

제 1 장 --- 15
원고 작성 프로그램 -- 15
1-1. 한글 프로그램 --- 16
1-2. 어도비 인디자인 --- 27

제 2 장 탁상 출판은 인디자인 ---------------------------------- 33
2-1. 인디자인 인터페이스 --- 35
2-2. 툴 박스(도구 상자) -- 36
2-2-1. 선택 도구 --- 37
2-2-2. 직접 선택 도구 -- 37
2-2-3. 페이지 도구 --- 38
2-2-3. 반드시 무한잉크 프린터 사용법 익혀야 ---------------------- 42
2-2-4. 페이지 도구 --- 46
2-2-5. 간격 도구 --- 46
2-2-6. 내용 수집 도구 -- 47
2-2-7. 단락 스타일 --- 51
2-2-8. 교정 --- 54
2-2-9. 여백 조절 --- 56
2-2-10. 글꼴(Font) 설치하는 방법 --------------------------------- 60
2-2-11. 문자 도구 -- 62
2-2-12. 펜 도구 -- 62
2-2-13. 선도구 --- 66
2-2-14. 펜 도구(2) --- 68
2-2-15. 연필 도구 -- 70
2-2-16. 사각형 프레임 도구 --------------------------------------- 71
2-2-17. 글씨 타자하는 방법 --------------------------------------- 71
2-2-17. 다각형 도구 -- 72
2-2-19. 가위 도구 -- 73

2-2-20. 자유 변형 도구 --------------------------------- 75
2-2-21. 회전 도구 ----------------------------------- 76
2-2-22. 크기 조정 도구 -------------------------------- 77
2-2-23. 기울이기 도구 --------------------------------- 78
2-2-24. 삽화 넣는 방법 -------------------------------- 79
2-2-25. 알캡쳐 ------------------------------------- 80
2-2-26. 그라디언트 ---------------------------------- 80
2-2-27. 메모--------------------------------------- 85
2-2-28. 색상 테마 도구 -------------------------------- 89
2-2-29. 손 도구 ------------------------------------ 94
2-2-30. 확대/축소 도구 -------------------------------- 94
2-2-31. 기본 칠 및 획 --------------------------------- 95
2-2-32. 적용 안 함 ----------------------------------- 97
2-2-33. 보기(표준/미리 보기) --------------------------- 97
2-2-34. 도련/슬러그 ---------------------------------- 99
2-2-35. 프리젠테이션--------------------------------- 100

제 3 장 파일 메뉴 ------------------------------------ 105
3-1. 새로 만들기------------------------------------ 107
3-1-1. 여백/도련/슬러그 ----------------------------- 108
3-2. 저장/다른 이름으로 저장 --------------------------- 109
3-3. 사본 저장 ------------------------------------- 109
3-4. 가져오기-------------------------------------- 111
3-5. Adobe PDF 사전 설정 --------------------------- 113
3-5-1. PDF로 저장을 해야 하는 이유---------------------- 114
3-5-2. 프린터 드라이버------------------------------- 129
3-5-3. 내 보내기 ----------------------------------- 146
3-5-4. 문서 설정 ----------------------------------- 146

제 4장 편집 메뉴 ------------------------------------ 149
4-1. 가져오기 및 연결 -------------------------------- 151
4-2. 찾기/바꾸기 ----------------------------------- 152
4-3. [Ctrl + J]:페이지 이동 --------------------------- 153

4-4. 맞춤법 ---------------------------------- 154
4.5. 투명도 혼합 공간 ------------------------- 156
4.6. 투명도 병합 사전 설정 --------------------- 156
4-7. 컴퓨터에서 사용하는 색상 시스템 ------------ 157
4-8. 카메라 색상 ----------------------------- 160
4-8. 색상 설정 ------------------------------- 162
4-9. 환경 설정 ------------------------------- 163
4-10. 백업 명령 robocopy ---------------------- 164

제 5 장 레이아웃 메뉴 ------------------------ 171
5-1. 페이지 --------------------------------- 172
5-1-1. 페이지 삽입 --------------------------- 172
5-1-2. 페이지 복제 --------------------------- 173
5-1-3. 페이지 이동 --------------------------- 173
5-1-4. 마스터 페이지 ------------------------- 174
5-1-5. 페이지에 마스터 적용 ------------------- 175
5-2. 여백 및 단 ----------------------------- 176
5-3. 안내선 만들기 --------------------------- 184
5-4. 목차 ----------------------------------- 186

제 6 장 문자 메뉴 --------------------------- 191
6-1. 글꼴 추가 ------------------------------ 192
6-1-1. 글꼴 --------------------------------- 192
6-1-2. 문단 간격 ---------------------------- 193
6-1-3. 자간 --------------------------------- 194
6-1-4. 장평 --------------------------------- 194
6-1-5. 이탤릭 ------------------------------- 195
6-1-6. 메트릭 ------------------------------- 195
6-2. 글리프 --------------------------------- 197
6-3. 스토리 --------------------------------- 199
6-4. 스토리 편집기 -------------------------- 199
6-5. 넘치는 텍스트 -------------------------- 201
6-6. 패스에 입력 ---------------------------- 204

6-7. 각주 -- 207
5-8. 미주 -- 207
6-9. 하이퍼링크 및 상호참조 ------------------------------- 209
6-10. 도메인(Domain) ----------------------------------- 210
6-11. 한글 프로그램의 하이퍼 링크 삽입 --------------------- 214
6-12. 엑셀 프로그램에서 하이퍼 링크 삽입 ------------------- 215

제 7 장 개체 메뉴 --------------------------------------- 221
7-1. 변형 -- 223
7-1-1. 시계 방향으로 90도 회전 --------------------------- 223
7-1-2. 180도 회전 -------------------------------------- 224
7-1-3. 가로로 뒤집기 ------------------------------------ 224
7-1-4. 세로로 뒤집기 ------------------------------------ 224
7-1-5. 포토샵에서 세로로 뒤집기 -------------------------- 224
7-2. 배치 -- 228
7-2-1. 맨 앞으로 --------------------------------------- 228
7-3. 선택 -- 230
7-4. 그룹 -- 230
7-5. 그룹 해제 --- 230
7-4. 잠금 -- 231
7-6. QR 코드 생성 -------------------------------------- 231
7-7. 효과 -- 233
7-7-1. 투명도 -- 234
7-7-2. 경사와 엠보스 ------------------------------------ 234
7-8. 캡션 -- 235
7-9. 클리핑 패스 -- 235
7-10. 대화형 --- 239
7-10-1. 단추로 변환 ------------------------------------- 239
7-10-2. e-Book 만들기 ---------------------------------- 241
7-10-3. EPUB 로 저장하기 ------------------------------- 246
7-10-3. epub 뷰어 설치 --------------------------------- 247
7-10-4. 하이퍼링크 넣기 --------------------------------- 248
7-10-5. 도메인 포워딩 ----------------------------------- 249

7-10-6. 웹 호스팅 ------------------------------ 250
7-10-7. epub 3.0으로 저장-------------------------- 253
7-10-8. 사운드 삽입 ------------------------------- 254
7-10-9. 쪽 번호 넣기------------------------------- 255
7-10-10. 동영상 넣기 ------------------------------ 258
7-10-11. epub 문서에 동영상 및 사운드 넣기------------- 263
7-10-12. DRM 전자책 보안 -------------------------- 268
7-10-13. 패스/패스파인더 --------------------------- 270
7-10-14. 모양 변환 -------------------------------- 271

제 8 장 [표] 메뉴 -------------------------------- 275
8-1. 표 만들기 ----------------------------------- 277
8-1-1. 표 삽입----------------------------------- 277
8-1-2. 표 옵션----------------------------------- 278
8-1-3. 셀 옵션----------------------------------- 279
8-1-4. 엑셀에서 표 만들어서 가져오기------------------ 282

제 9 장 보기 메뉴 -------------------------------- 285
9-1. 중복 인쇄 미리 보기 --------------------------- 287
9-2. 교정 인쇄 설정-------------------------------- 287
9-3. 교정 인쇄 색상-------------------------------- 287
9-4. 화면 표시 성능-------------------------------- 287
9-4. 텍스트 스레드 표시----------------------------- 288
9-5. 화면 모드 ----------------------------------- 289
9-6. 눈금자 ------------------------------------- 290
9-7. 기타--------------------------------------- 290
9-8. 격자 및 안내서-------------------------------- 291
9-8. 구조--------------------------------------- 291
9-10. 스토리 편집기 ------------------------------- 291

제 10 장 [창] 메뉴 ------------------------------- 293
10-1. 대화형 ------------------------------------ 295
10-2. 작업 영역 ---------------------------------- 296

제 11 장 A3 표지 작업 ------------------------------ 297
11-1. 어도비 일러스트레이터 ---------------------------- 299
11-2. 포토샵 흔들기 감소 ------------------------------ 302
11-3. Camera RAW 필터 ------------------------------ 305
11-4. 일러스트에서 포토샵 파일 가져오기 ------------------ 308
11-5. 일러스트 작업 ---------------------------------- 309

제 12 장 제본 및 재단 ------------------------------- 311
12-1. 제본의 종류 ------------------------------------ 313
12-2. 재단기 --------------------------------------- 316

필자의 [유튜브 채널]에 오시는 방법

필자는 책을 쓰는 것이 집업이고요, 무려 수십 권의 저서가 있고요, 요즘은 옛날과 같이 두꺼운 책이 거의 없습니다.

그래서 책 속에 많은 내용을 담을 수가 없습니다.
그래서 필자의 저서 속에 미처 담지 못한 내용들은 필자의 [유튜브 채널]에 동영상 강좌로 올리거나 필자의 [네이버 블로그]에 포스트 형식으로 올리곤 합니다.

따라서 이 책으로 공부를 하는 여러분은 수시로 오셔야 하는 채널입니다.

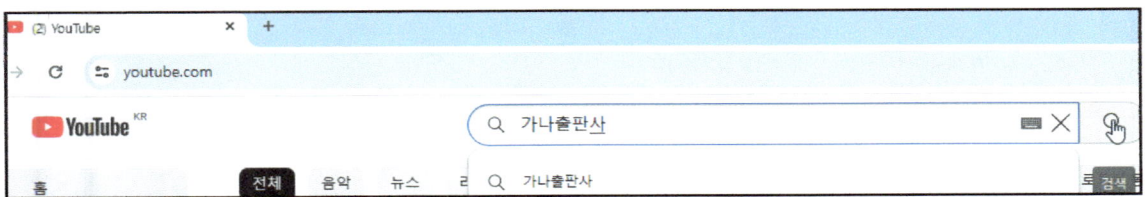

유튜브에서 '가나출판사' 검색하여 동그란 원형으로 보이는 제 얼굴을 클릭하면 필자의 [유튜브 채널]에 오실 수 있고요, 역시 필자의 홈페이지에 오실 수 있는 링크가 있습니다.

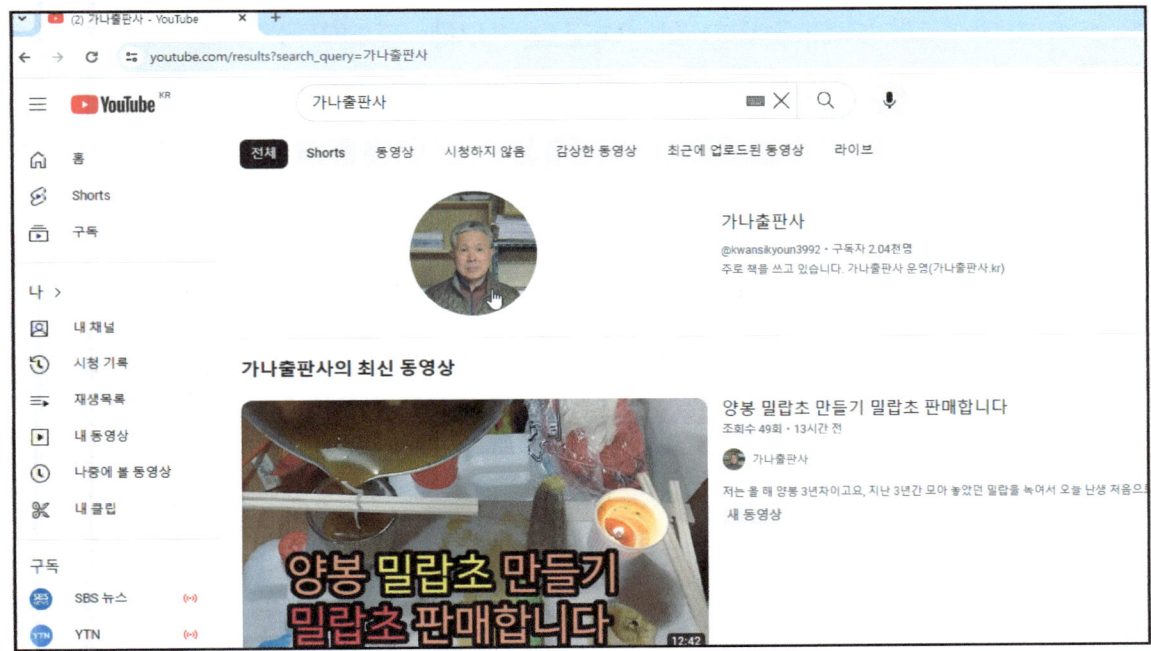

위는 필자의 홈페이지에 접속한 화면이고요, 필자는 도메인을 2개를 가지고 있습니다.

1. 가나출판사.kr
2. 가나출판사.com

그래서 웹브라우저에서 '가나출판사' 검색하여 검색 결과에서 '가나출판사.kr' 링크가 있는 주소를 클릭하면 위에 보이는 필자의 홈페이지에 접속되는데요, 지금 설명한 도메인, 도메인 포워딩, IP Address 등에 관한 설명은 뒤에 가서 해당 단원에서 자세하게 설명하게 됩니다.

제 1 장
원고 작성 프로그램

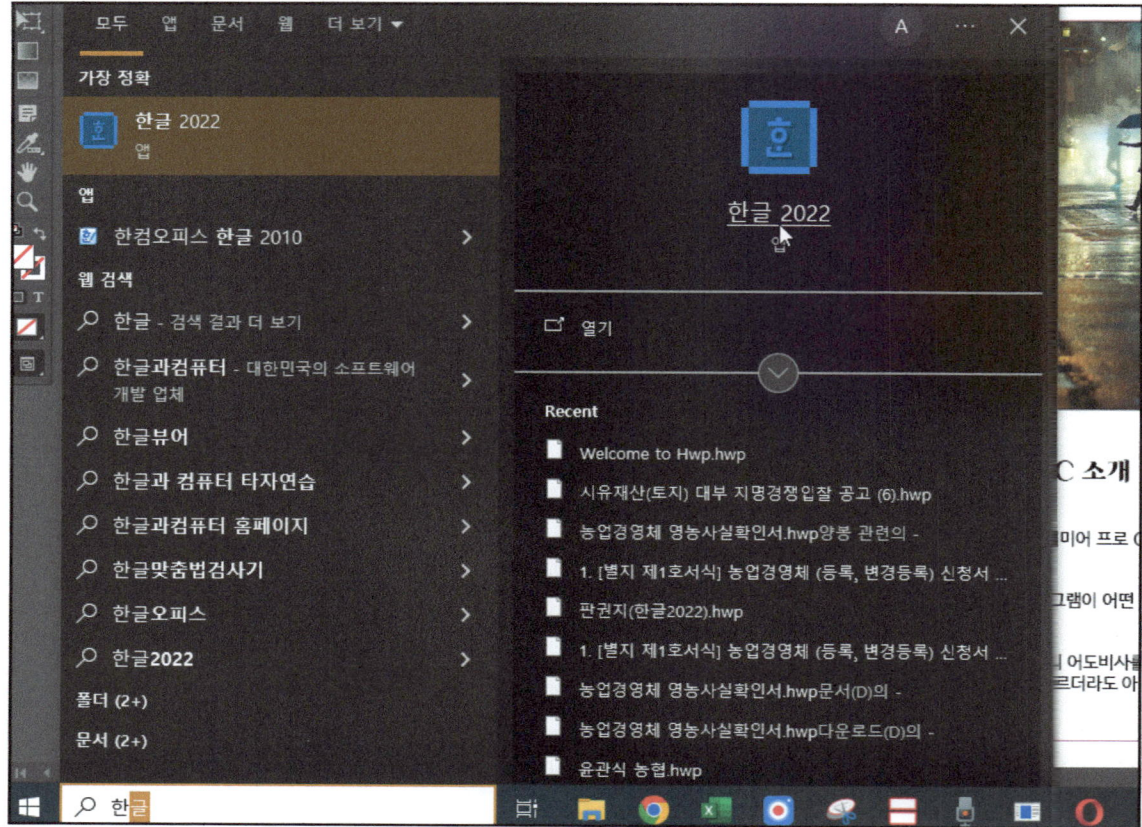

1-1. 한글 프로그램

전세계에서 유일하게 우리나라만 가지고 있는 자국 토종 워드 프로그램인 한글 프로그램은 초기에는 아래아 한글, 한/글 등으로 불리다가 지금은 그냥 한글로 부르며 무려 최신 버전은 한글 2024입니다만, 한글 프로그램은 전통적으로 초기 버전과 가장 최신 버전이 서로 호환이 되며 사실상 큰 차이가 나지 않습니다.

그래서 필자 역시 한글 프로그램은 버전에 신경 쓰지 않고 구 버전을 사용하고 있는데요, 우리나라에서 컴퓨터를 처음 배운다는 것은 바로 한글 프로그램을 배운다는 말과 같다고 할 수 있을 정도로 우리나라 사람이라면 필수적으로 배워야 하는 프로그램이 한글 프로그램입니다.

특히 한글 프로그램에 내장된 타자 연습 프로그램은 컴퓨터 기초 공부를 할 때 가장 중요한 기능이라고 할 수 있습니다.

아직도 주변에서 컴퓨터는 꽤 잘 하면서도 타자는 독수리 타법으로 타자를 치는 모습을 흔하게 볼 수 있는데요, 바로 이렇게 중요한 타자 연습을 제대로 하지 않았기 때문입니다.

필자는 머리가 허연 나이입니다만, 이 나이에도 매일 타자를 쳐서 책의 원고를 집필하고 있으며 지금 이 나이에도 젊은이들과 같이 타자를 쳐도 뒤지지 않을 정도로 타자를 잘 칩니다.

필자가 타자를 칠 때는 항상 손이 키보드 위에 떠 있으며 그래서 타자를 빨리 칠 수 있는 것이고요, 이렇게 할 수 있는 것은 오로지 컴퓨터 공부 초기에 한글 프로그램에 내장되어 있는 타자 연습을 열심히 했기 때문입니다.

필자는 또한 직업 군인 출신이고요, 군에서의 별명이 F.M 이고요, 무엇이든지 원리원칙대로 하는 고문관이라는 뜻입니다만, 좋은 의미에서의 F.M은 무언가 제대로 배우고 시작하는 것이므로 사실 누구나 이렇게 해야 하는 것입니다.

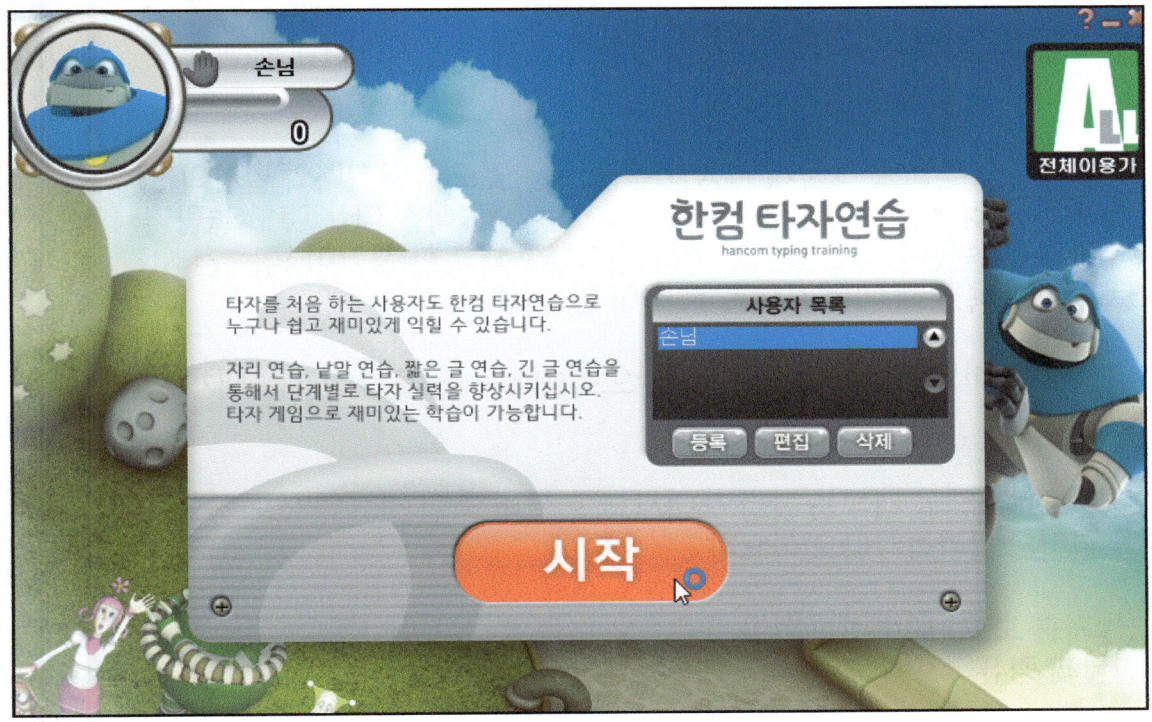

한글 타자 연습을 마친 다음에는,.. 한글 타자 연습도 평생 하는 것이 아닙니다. 겨우 1주일, 그것도 모자라는 사람은 컴퓨터 공부 시작 초기에 2주 정도만 열심히 연습하면 필자와 같이 평생 타자를 잘 칠 수 있음에도 불구하고 필자가 아는, 필자가 지금까지 가르친 수 많은 사람들의 99%는 그렇게 하지 않습니다.

타자 연습은 팔이 아프고 힘이 들고 괴롭기 때문입니다.

그러나 필자가 이 나이에도 타자를 잘 칠 수 있는 비결은 한글 프로그램에 내장되어 있는 타자 연습 프로그램의 긴글, 예를 들어 메밀꽃 필 무렵 등의 글을 달달 외울 정도로 타자 연습을 많이 했기 때문이라는 것을 알아야 합니다.

이 책은 한글 혹은 타자 연습에 관한 책이 아니므로 이 쯤 하겠습니다만, 어차피 이 책도 책 만드는 방법에 관한 책이므로 타자 연습 혹은 타자 치는 방법에서 견혀 관련이 없는 것이 아닙니다.

그리고 필자는 이미 아주 오랜 옛날부터 책을 써 왔고요, 최근 4~5년 사이에도 한글 프로그램에 관한 한글 책만 해도 2~3종의 책을 펴 냈습니다.

그리고 얼마 전에는 필자의 저서 중의 하나인 한글 2022 책을 구입한 독자로부터 무려 한 시간이 넘는 긴 시간 동안 필자가 평생 먹은 욕의 100배쯤 되는 어마어마한 욕을 먹었는데요..

요즘 세상에 전화로 그렇게 엄청난 욕을 하는 것도 놀랍거니와 필자의 인격을 송두리째, 깡그리 짓밟아 버린 인격 살인을 하는 사람이 있다는 것도 놀랍거니와 분명히 전화로 녹음이 되고 있다고 했음에도 불구하고 한 시간이 넘는 긴 시간 동안 그토록 심한 욕을 해 대는 사람은 본 적이 없습니다.

우선 그 악마와 같은, 괴물같은 인간으로부터 욕을 먹은 이유는 대체로 다음과 같습니다.

한글 프로그램을 다루는 한글 책에서 왜 한글이 책의 원고를 쓰는 용도로는 부적합을 넘어서 불가능하다고 하느냐..

(필자를 보고) 네까짓게 한글 프로그램 만들 수나 있느냐?
한글과 컴퓨터사에 고발하겠다 는 둥..

그리고 왜 한글 책에서 한글 프로그램만 다루어야지 쓸데 없이 다른 프로그램 소개를 하느냐 는 둥..

그리고 필자의 책에는, 책에서 부족한 내용은 필자의 블로그나 [유튜브 채널]에 와서 공부를 하라고 했는데, 필자의 [유튜브 채널]에 가 보아도 아무것도 없다, 사기꾼으로 고소를 하겠다는 둥..

암튼 여기서 일일이 거론할 수는 없습니다만, 이 세상에는 알려지지 않은 기인이사도 많지만, 이와 같이 알려지지 않은 악마와 같은 인간도 있다는 것이 사실 놀랍지도 않은 일이지만, 필자가 직접 당하고 보니 기가 막혀서 말이 안 나옵니다.

오죽하면 며칠 동안 밥도 먹지 못하고 잠도 못 자고 괴로워서 미칠 것 같았는데요, 생각 같아서는 당장에 고소를 하여 명예훼손 혐의로 손해 배상을 받고 싶지만, 그래도 한 가지 위안이 되는 것은 필자의 책에 대해서 매우 상당히 소상하게 알고 있다는 점입니다.

즉, 다시 말해서 필자의 책을 가지고 나름대로 염심히 공부는 했다는 것을 알 수 있습니다.

필자의 책을 가지고 나름대로 열심히 공부를 했기 때문에 필자의 책에 대해서 잘 알고 있기 때문에 필자를 공격한 것입니다만, 그토록 심한 욕을 한 시간이 넘게 해대고 필자의 인격을 살인을 해 버리는 잔악무도하고 천인공로할 그 인간을 도대체 어떻게 해야 하는가 지금도 의문입니다.

일단 이 책에서도 이 책의 주제인 "책 만드는 방법" 에 관해서 다루면서 관련 프로그램이나 예제 프로그램들을 수시로 최대한 많이 다룰 것입니다.

즉, 다시 말해서 이 책과 연관이 없을 것 같지만, 사실 컴퓨터에 관한 프로그램은 어떠한 프로그램을 막론하고 연관되지 않은 것은 없습니다.

예를 들어 필자가 이 책을 집필할 때 사용하는 프로그램은 어도비 인디자인 프로그램이고요, 어도비 인디자인이라는 프로그램을 컴퓨터에 인스톨하고 그리고 아무 이상없이 잘 사용하는 것은 또 별개의 문제입니다.

이렇게 하기 위해서는 윈도우즈 운영체제에 대해서도 잘 알고 있어야 할 뿐더러 컴퓨터를 이상 없이 사용하기 위해서는 최소한 하드웨어에 대한 기초적인 지식은 있어야 합니다.

특히 컴퓨터는 바이러스 백신 프로그램이 없으면 상어가 우글거리는 바다 한 가운데 빠진 것이나 다름이 없으므로 반드시 있어야 하는 프로그램입니다.

따라서 이러한 연관 프로그램에 관한 설명을 한다 하여 이 책과 관련이 없는 설명을 왜 하느냐고 또 필자에게 욕을 하는 괴상한 사람이 있을 것 같아서 필자가 당한 사례를 설명하는 것이고요..

그 악마와 같은 인간이 필자의 [유튜브 채널]에 가 보아도 아무것도 없다고 한 것은 컴퓨터를 잘 모르는 사람이기 때문에 그럴 수도 있다고 이해는 하겠습니다.

그러나 위에 보이는 것과 같이 필자의 [유튜브 채널]에는 무려 2,000개 가까운 동영상이 올라가 있고요, 필자의 [네이버 블로그]에는 무려 6,000 여개의 엄청난 포스트가 있습니다.

즉, 다시 말해서 필자의 [유튜브 채널]이나 필자의 [네이버 블로그]에는 너무나 많은 정보가 있기 때문에 검색을 하지 않으면 필요한 정보를 찾을 수 없습니다.

그래서 정보검색사라는 자격증도 있는 것이고요, 필자는 컴퓨터 자격증이 많이 있으므로 당연히 정보 검색사 자격증도 있지만, 그 악마와 같은 괴물 인간은 이것을 몰랐겠지요..

그래서 필자의 [유튜브 채널]에 가 보아도 아무런 정보가 없다고 말한 것이지만, 아무리 그렇다 군 해도 자기가 잘 못 해 놓고 필자에게 그토록 무례를 넘어 인격 살인을 넘어 그렇게 심한 욕설을 한 시간이 넘게 해 대는, 이런 경우가 어떻게 있을 수 있는가 이 말입니다.

그 인간이 그렇게 심한 욕설을 한 시간 이상 해 댄 것은 고스란히 녹음이 되어 있으므로 언제라도 고소를 하면 되지만, 과연 독자를 상대로 고소까지 해야 하겠는가 하는 자괴감에 아직 고소를 하지 않고 있는 것입니다.

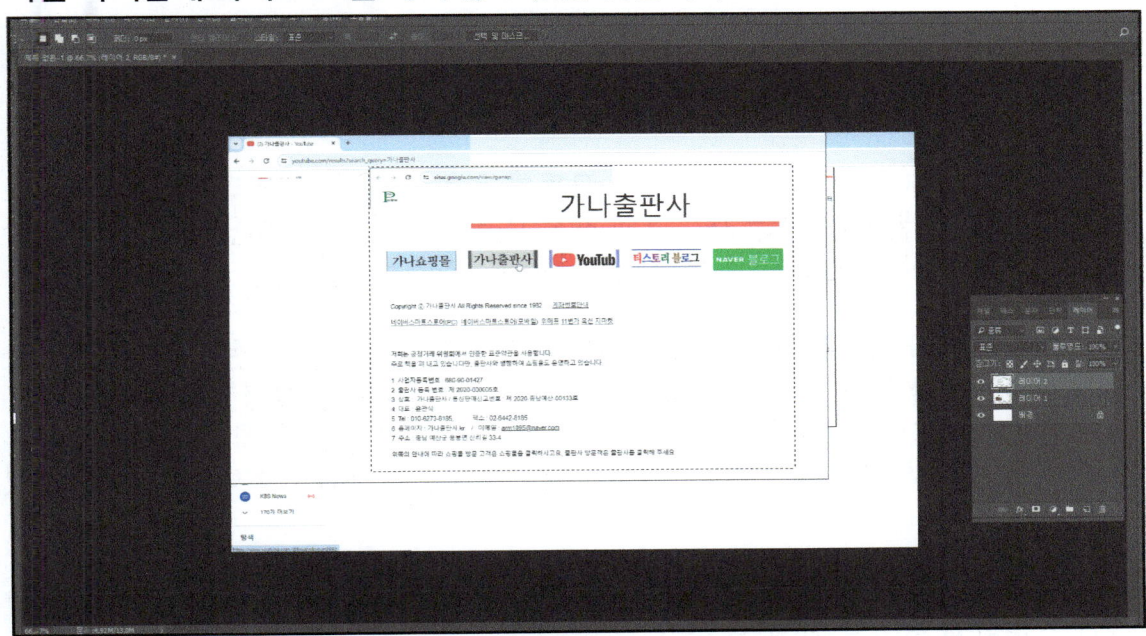

위는 이 책의 주제 "책 만드는 방법" 에서도 수시로 다루게 되는 2D 그래픽 프로그램의 대명사인 어도비 포토샵입니다.

이와 같이 이 책에서는 수시로 이 책을 엮어 가면서 필요한 다른 프로그램을 예를 들어 설명을 할 것이며, 어차피 컴퓨터 파워 유저가 되기 위해서는 필수 프로그램을 익혀야 합니다.

그래야 눈 감으면 코 베 가는 세상을 넘어 눈 감으면 컴퓨터로 자신의 개인 정보는 물론 금융 정보까지 모조리 털리는 기가 막히는 상황을 막을 수 있는 것입니다.

지금은 이 책의 주제, 책 만드는 방법에 관한 내용 중에서 책을 만들기 위해서는 우선 책, 즉 원고를 집필하는 프로그램으로 원고를 써서, 즉, 타자를 쳐서 책을 만들어야 하므로 책의 원고를 집필하는 프로그램 중에서 전세계에서 유일하게 우리나라만 가지고 있는 자국 토종 워드인 한글 프로그램 등의 프로그램으로 책의 원고를 써야 한다는 설명을 하는 단원입니다.

그러나 아쉽게도 한글 프로그램은 우리나라 사람이라면 누구나 배워야 하는, 그리고 누구나 배우는 한글 프로그램이며 정부에서도 정부 공식 문서 작성 프로그램으로 지정하는 등 지원을 해 주는 프로그램이지만, 거기까지가 한계입니다.

여기서,.. 한글만 배우고, 한글 프로그램만 다룰 줄 아는 사람이라면 심한 자괴감을 느낄 수 있습니다.

그래서 필자에게 무려 한 시간이 넘게 그토록 심한 욕설을 한 악마와 같은 인간도 있는 것인데요, 필자가 한글 프로그램 책도 여러 권 집필한 사람인데 필자가 한글 프로그램 욕을 하겠어요, 한글과 컴퓨터사 욕을 하겠어요..??

다만 이러저러한 사유로 한글 프로그램을 가지고 책의 원고 집필은 어려운 것이 아니라 불가능하다고 보는 것이 맞다라는 것을 실례 및 자세한 설명을 했음에도 불구하고 한글을 비하했다, 한글과 컴퓨터사에 고소를 하겠다는 등, 막말, 아니 그토록 심한 욕설을 한 시간 넘게 해 댄 그 악마와 같은 인간 지금까지 살아 있는지 모르겠습니다만,..

한글 프로그램으로 책의 원고 집필이 어려운 것이 아니라 불가능한 사유를 여기서 다시 자세하게 설명을 하겠습니다.

우리나라 사람이라면 누구나 사용하는, 세계에 자랑스런 한글 워드 프로그램이지만, 그리고 실제로 이력서 및 관공서 등에서 사용하는 정부 공식 문서 등을 작성하는데는 기가 막히게 좋은 프로그램이지만, 학교에 다니면서 한글 프로그램으로 숙제 혹은 학위 논문이나 박사 학위 논문을 작성해 보신 분들이 많을 것입니다.

단적으로, 결론적으로 이렇게 이야기를 하겠습니다.

우리나라에서 노벨상 수상자가 단 한 명도 나오지 않은 것은 아직도 우리나라 학술단체, 대학, 대학원 등에서 논문 작성 규정 등을 만들어서 논문은 한글 프로그램으로 작성해야 한다.. 라는 규정 때문이라고 말 하겠습니다.

논문은 한글 프로그램으로는 절대로 작성할 수 없는데도 불구하고 한글 프로그램으로 논문을 작성해야 한다고 논문 작성 규정을 만들어 놓았으니 논문 작성은 불가능한 한글 프로그램으로 논문을 작성하다가 죽었거나 논문 작성을 포기했기 때문에 우리나라에 아직 노벨상 수상자가 단 한 명도 나오지 않은 것이라고 단언하겠습니다.

물론 과학 분야 노벨상 수상자가 단 한 명도 없다는 뜻입니다.
이에 비하여 일본은 밉지만, 노벨상 수상자가 무려 30명 정도나 됩니다.

일본에서는 우리나라와 같이 논문 작성으로는 불가능한 한글 프로그램으로 논문을 작성해야 한다는 논문 작성 규정이라는 것이 없기 때문이라고 하겠습니다.

필자가 왜 이렇게 단적으로 얘기를 하는지 다음 설명을 잘 읽어보시고요, 모쪼록 반감을 갖지 않으시기 바랍니다.

한글 프로그램은 분명히 세계에 자랑스런 우리나라 토종 워드이고요, 사실 사용법도 쉽고 편리하고 매우 좋습니다.

그러나 이력서 등의 문서 작성에는 더 없이 좋은 워드 프로그램이지만, 논문 등의 문서, 예컨대 우선 50페이지 정도만 되어도 가장 큰 문제는 버벅거려서 사실상 편집이 힘들다는 문제가 있습니다.

그러나 웬만큼만 사용이 따라주는 컴퓨터라면 대략 50페이지 정도는 어렵더라도 집필 가능합니다.

실제로 필자 혹은 필자가 옛날에 출판사에 근무할 당시에는 아직 프로그램이나 컴퓨터 성능이 뒤지던 시절이었으므로 한글 프로그램으로 원고를 집필하던 시절도 있었습니다.
아마도 그 때 한글 프로그램으로 원고 집필 혹은 교정을 보던 출판사의 직원들은 아마도, 지금까지 생존한 사람이 거의 없을 것입니다.
다행히 필자는 지금까지 살아남아 이 책을 쓰고 있지만요,..

책의 원고 집필 혹은 교정은 불가능한 한글 프로그램으로 작업을 했기 때문에 그런 작업을 하던 사람들은 너무나 많은 스트레스를 받아서 벌써 죽었을 것이라는 뜻입니다.

필자가 한글 프로그램 책을 펴 냈으면서 이런 얘기를 하는 것은 결코 한글 프로그램을 비하하거나 헐뜯으려고 하는 얘기가 아닙니다.

한글 프로그램도 이 책과 같은 책의 원고도 대체로 50페이지 정도는 편집할 수 있습니다.

필자 역시 예전에 한글 프로그램으로 책을 펴 낸 적이 있는데요, 50페이지씩 잘라서 편집하여 6~7개의 파트로 나누어 편집을 했고요, 문제는 이렇게 페이지가 많을 경우 편집이 어렵다는 것이 문제가 아닙니다.

50페이지씩 잘라서 어렵게, 어렵게, 너무나 어렵게 원고를 집필을 했다 하더라도 어떠한 원고이든지, 특히 이 책과 같은 책의 원고는 원고의 집필을 끝내고 필연적으로 교정을 보게 됩니다.

어떠한 원고이든지 교정을 보게 되며 필자의 경우 최소한 5번 정도 교정을 봅니다.

그리고 교정을 보면서 어떤 식으로든 내용의 첨삭이 이루어지기 마련입니다.

이렇게 원고의 집필을 끝내고 교정을 보면서 내용의 첨삭이 이루어지면, 원고가 그야말로 이판 사판 엉망진창이 되어 버립니다.

30페이지에 들어간 삽화가 10페이지에 나타나는 수도 있습니다.
그 반대의 경우도 있고요..

한글 프로그램의 경우 300페이지의 원고라면 1페이지에서 엔터 한 번 치면 마지막 300페이지까지 모든 페이지가 영향을 받습니다.

그래서 모든 페이지가 내용의 첨삭이 이루어질 때마다 앞으로 혹은 뒤로 이동을 하게 되며 한글 프로그램은 세계에 자랑스런 세계에서 유일한 우리나라만 가지고 있는 자국 토종 워드이지만, 이렇게 페이지가 많은 경우 우선 버벅거려서 편집이 어렵다기보다는 불가능하다고 보는 것이 맞고요..

이렇게 되는 원인은 이 책을 끝까지 보시면 충분히 이해가 될 것입니다.

어도비 인디자인은 매 페이지마다 프레임이라는 기법을 사용하여 어떠한 페이지에서 어떠한 수정을 하더라도 다른 페이지는 전혀 영향이 없습니다.

그러나 한글 프로그램은 1페이지에서 엔터 한 번만 쳐도 모든 페이지에 영향을 끼치기 때문에 책의 원고 집필 프로그램으로는 부적합을 넘어 불가능하다고까지 표현을 하는 것입니다.

그리고 어도비 인디자인에서는 편집할 때는 저해상도로 편집을 하기 때문에 1페이지 원고나 1,000페이지 원고나 다름없이 편집이 가능하고요, 편집을 끝내고 인쇄를 할 때 고품질로 내보내면 됩니다.

그러나 한글 프로그램은 이러한 기법을 개발하지 못 했기 때문에 페이지가 많으면 버적거려서 사실상 편집이 어렵다기보다는 불가능하다고 하는 것이 맞고요, 교정을 보면서 내용의 첨삭이 이루어지면 원고가 이판 사판 엉망이 되는 것입니다.

지금도 최소한 대학교 학위 논문 이상의 논문을 한글 프로그램으로 작성해 본 사람이라면 필자의 지금 설명을 십분 이해하고도 남을 것입니다.

한글 프로그램으로 학위 논문과 같은 장문의 문서를 작성 해 본 사람만이 한글 프로그램은 그런 장문의 문서 작성을 하는 것이 불가능하다는 것을 알 수 있기 때문입니다.

이것이 한글을 비하하고 폄훼하는 것입니까??

그래서 필자가 집필한 한글 프로그램 관련 책에서는 거의 사용하지 않는 잘 안 되는 기능에 너무 매달리지 말고 한글 프로그램을 익혀서 한글 프로그램을 사용하는 것은 좋으나 지금 설명한 것과 같이 한글 프로그램으로 책의 원고 집필은 사실상 불가능하기 때문에 그런 기능에 너무 집착하지 말라는 뜻으로 기술한 내용을 가지고 필자가 한글을 폄훼하고 욕을 했다고 한글과 컴퓨터사에 고발을 하겠다고 필자에게 무지막히하게 무려 한 시간 이상 그토록 심한 욕설을 한 그 괴상한 악마와 같은 인간은 제 딴에는 한글 프로그램을 잘 익혀서 책을 써 보려고 했던 것 같으는데 필자가 쓴 책에서 한글 프로그램은 책의 원고 집필은 불가능하다고 하자 무지하게 화가 난 것으로 보입니다.

아무리 그렇다 군 해도 자신이 공부하는 책의 저자에게 전화를 해서 무려 한 시간 이상 그토록 심한 욕설을 하는 그 심뽀를 어쩧게 이해를 하겠습까마는 이런 얘기를 하는 이유는 이 책을 보고 또 필자에게 욕을 하는 사람이 있지 않을까 하는 염려 때문입니다.

그렇다면 한글 프로그램은 왜 페이지가 많으면 편집이 불가능할까요..?

불가능한 것은 아닙니다.

컴퓨터 사양이 매우 좋을 경우 아마도 50페이지 이상 되는 문서도 편집을 가능할 것입니다.

그러나 필자의 수 많은 저서들 가운데 현재 가장 잘 팔리는 책이 "PC정비사 교본 - 컴퓨터 조립및 업그레이드" 책인데요..

우측에 보이는 책이고요, 우측에 보이는 PC 정비사 교본 - 컴퓨터 조립 및 업그레이드 책을 펴낸 필자가 다른 사람보다 실력이 없어서 컴퓨터를 제대로 사용하지 못해서 한글 프로그램으로 책의 원고 집필이 불가능할 정도로 어렵다고 얘기를 하겠어요..??

컴퓨터라는 것은 아무리 돈을 많이 들여서 설사 1,000만원을 들여서 컴퓨터를 구입했다 하더라도 처음에는 빠르고 쾌적하게 작동하지만, 얼마 안 가서 아무리 많은 돈을 주고 구입한 컴퓨터라도 점점 느려지거나 버벅거리거나 기타 어떠한 문제이든지 발생을 하게 됩니다.
그래서 그렇게 비싼 돈을 들여 구입한 컴퓨터

라면 처음에는 50페이지 이상 되는 문서도 별 무리 없이 편집은 가능할 것입니다.

그러나 어떠한 컴퓨터이든지 곧 버벅거리고 힘들게 되며 결국 아주 싼 저사양 PC나 똑같이 페이지가 많은 문서는 편집이 거의 불가능해 집니다.

그리고 이렇게 페이지가 많은 문서 편집이 어렵다는 문제보다 더 큰 문제는 교정을 보면서 내용의 첨삭이 이루어지면 원고가 이판 사판 엉망이 되어 차라리 교정을 포기하고 원고를 새로 쓰는 것이 더, 훨씬 빠른 기현상이 발생하게 됩니다.

그렇다면 세계에 자랑스런, 그렇게 좋은 한글 프로그램이 페이지가 많은 문서는 편집도 어렵고 어렵게 편집을 했다 하더라도 교정을 보면서 내용의 첨삭이 이루어지면 원고가 이판 사판 엉망이 되어 버릴까요..?

정확하고 더 자세한 것은 다음에 설명하는, 탁상 출판의 대명사, 어도비 인디자인을 알아야 이해를 할 수 있는데요, 결론부터 말하자면 한글 프로그램은 어도비 인디자인과 같은 마법을 부리지 못하기 때문입니다.

그래서 다음 단원 어도비 인디자인 설명을 주의 깊게 잘 읽으셔야 합니다.

1-2. 어도비 인디자인

앞에서, 세계에 자랑스런 우리나라 토종 워드인 한글 프로그램이 그토록 자랑스런 프로그램임에도 불구하고 페이지가 많은 책의 원고 집필은 불가능한 프로그램이라는 설명에 더무 많은 지면을 사용했는데요, 아마도 이 책을 보시는 분이라면 대부분 한글 프로그램은 잘 아시는 분일 것입니다.

그래서 책 만드는 방법에 관한 책을 구입하셨을 것이고요, 이 책을 읽어나가다보니 책의 서두부터 한글 프로그램은 책의 원고 집

필은 불가능한 프로그램이라는 설명에 아연실색, 필자에게 전화를 하여 한 시간 이상 심한 욕설을 한 사람과 같은 심정을 느끼시는 분이 있을 수도 있겠습니다.

앞의 화면은 위키백과에서 인용한 화면인데요, 어도비 인디자인은 탁상 출판 프로그램으로 어도비 시스템즈에서 개발했고요, 옛날에는 인디자인이 없었고요, 이전 버전이 IBM(여러분 대부분이 사용하는 PC) PC에서는 페이지메이커, 맥(개킨토시)에서는 쿽익스프레스였습니다.

필자 역시 예전에는 페이지메이커를 사용 했고요, 지금은 페이지메이커 후속 프로그램인 어도비 인디자인을 사용하고 있습니다.

여기서 아주 쉽고 간단하게 한글 프로그램은 페이지가 많은 책의 원고 집필은 불가능하고 이 책에서 다루는 어도비 인디자인은 가능한 이유를 단적으로 설명을 하겠습니다.

한글 프로그램은 그림을 그리는 캔버스로 예를 들면 캔버스 하나에 모든 원고를 다 담아서 편집을 하는 것과 같습니다.

그래서 페이지가 많은 문서의 경우 우선 버벅거려서, 무거워서 편집이 힘들고요,

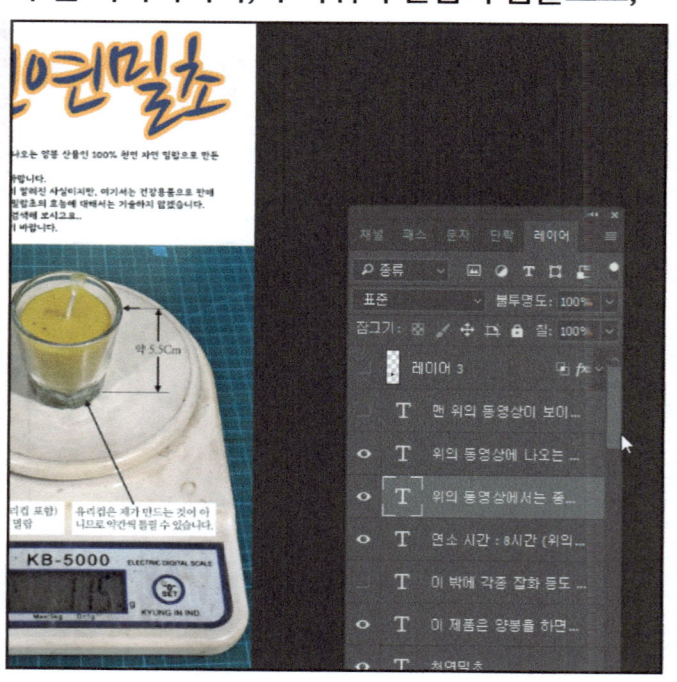

우측 화면은 필자가 판매하는 하나의 상품을 포토샵에서 편집하는 모습을 보여드리는 것이고요, 우측 화면 우측에 보이는 것이 [레이어] 입니다.

포토샵은 이렇게 레이어라는 것이 있어서 어떠한 경우에도 현재 편집하는 레이어에만 영향을 끼치며 다른 레이어는 전혀 영향을 받지 않습니다.

혹시 포토샵을 모르시는 분이 있을 수도 있으므로 투명한 페이지가 여러 장 겹쳐 있다고 생각해

보시면 이해하기가 쉬울 것입니다.
서로 투명한 페이지가 여러 페이지 겹쳐 있으므로 밑에 있는 페이지도 보이기는 하지만, 밑에 있는 페이지를 수정하더라도 위에 있는 페이지 혹은 그 반대의 경우에도 다른 페이지는 영향을 받지 않습니다.

바로 이런 방식으로 어도비 인디자인이 작동을 하기 때문에 수 백 페이지의 원고의 집필을 끝내고 교정을 보면서 원고의 첨삭이 100번이 아니라 1,000번이 이루어진다 하여도 다른 페이지는 전혀 영향을 받지 않는 것입니다.

반면 한글 프로그램은 레이어가 달랑 하나만 있는 문서와 같습니다.
그래서 어떤 페이지를 수정을 하든 모든 페이지가 영향을 받는 것입니다.

그리고 어도비 인디자인은 포토샵을 개발한 미국의 어도비사에서 개발한 프로그램이기 때문에 한글 프로그램과 같은 워드 프로세서이면서 컴퓨터 그래픽도 가능한 프로그램입니다.

한글 프로그램에도 어느 정도의 그래픽 관련 기능이 있지만, 한글 프로그램은 워드 프로세서이므로 기본 워드 프로세서만 충실히 사용을 하고 컴퓨터 그래픽은 한글 프로그램을 익힌 뒤에 포토샵 등을 익혀서 사용하라고 기술했더니 그런 필자에게

전화를 해서 한글 프로그램을 비하하고 폄훼했다고 한시간 이상 전화통을 붙들고 심한 욕을 해 댄 사람이 있으니 필자 심정이 어떠했을지 상상해 보시기 바랍니다.

사람을 죽여 놓고도 시치미 뚝 떼고 천연덕스럽게 행동하는 악마와 같은 사람도 있으므로 필자에게 전화를 해서 한 시간 이상 심한 욕설을 한 그 사람에 대해서는 더 이상 얘기하지 않겠습니다만, 지금 하는 얘기가 이 책에서도 통용된다고 하겠습니다.

이 책에서도 이미 포토샵, 한글 프로그램, 페이지메이커, 쿽익스프레스, 그리고 필자의 저서 중에서 가장 잘 팔리는 책인 "PC정

비사 교본 - 컴퓨터조립 및 업그레이드" 책에 대한 정보를 기술했습니다.

이것을 가지고, 또 앞으로 나올 이와 비슷한 문제를 가지고 이 책과 주제가 맞지 않는 내용을 다루었다고 필자에게 욕을 하는 사람이 없기를 정중히 부탁 드립니다.

어도비 인디자인은 교정을 보면서 내용의 첨삭이 이루어져도 다른 페이지에는 전혀 영향을 받지 않는 것만 좋은 것이 아닙니다.

한글 프로그램은 대략 50페이지만 넘어가면 버벅거려서 편집이 힘들지만, 어도비 인디자인은 1페이지 문서이든 1,000페이지 문서이든 거의 다르지 않게 편집을 할 수가 있습니다.

어도비 인디자인의 메모리 사용 기법 때문인데요, 쉽게 설명하자면 이 책과 같은 대량의 문서를 집필을 할 때 컴퓨터에서 원고를 집필할 때는 프로그램이 최대한 가볍게 원활하게 돌아가도록 저해상도로 보여주고, 인쇄를 할 때는 최고 해상도로 인쇄가 되기 때문에 이 책과 같은 책의 원고 집필을 하고, 또 필자는 원고 집필만 하는 것이 아니라 직접 인쇄를 하고, 직접 제본을 하고, 직접 재단을 해서 직접 책을 만들어서 교보문고, 알라딘, 예스24 등의 대형 서점 혹은 전국의 유명 서점에 보내서 판매를 합니다.

앞의 화면은 필자의 유튜브 채널에 올린, 책을 만드는 기계 즉, 무선 제본기 영상인데요, 어도비 인디자인은 지금 설명한 것과 같이 원고 집필을 할 때는 저해상도로 편집을 하기 때문에 1페이지 문서이든, 1,000페이지 문서이든 거의 다름없이 편집을 할 수 있고요, 인쇄할 때는 고해상도로 인쇄가 되기 때문에 이 책과 같은 책의 인쇄를 해서 책을 만들어서 판매를 할 수 있는 것입니다.

이에 비하여 한글 프로그램은 이런 어도비사의 마법을 사용하지 못하기 때문에 대략 50페이지 미만의 문서는 그런대로 편집이 가능하지만, 페이지가 많아지면 아무리 컴퓨터 사양이 좋아도 버벅거려서 편집이 어렵고요, 어렵게 편집을 했다 하더라도 교정을 보면서 내용의 첨삭이 이루어지면 모든 원고가 이판 사판 엉망이 되어버려서 교정을 포기하고 차라리 새로 원고를 다시 쓰는 것이 더 빠른 기가 막히는 일이 일어나는 것입니다.

반면 어도비 인디자인은 예를 들어 1,000페이지라는 어마어마한 페이지를 가진 책이라 하더라도 모든 페이지가 하나의 스프레드라는 일종의 레이어를 사용하기 때문에 교정을 보면서 내용의 첨삭이 아무리 많이 이루어져도 다른 페이지에는 전혀 영향이 없습니다.

원고 작성 프로그램으로 한글 프로그램과 어도비 인디자인을 소개했습니다만, 이미 너무 많은 지면을 사용했기 때문에 이 밖에 일러스트 프로그램 등으로 원고를 작성할 수도 있습니다만, 원고 작성 프로그램 설명은 여기서 마치겠습니다.

제 2 장 탁상 출판은 인디자인

2-1. 인디자인 인터페이스

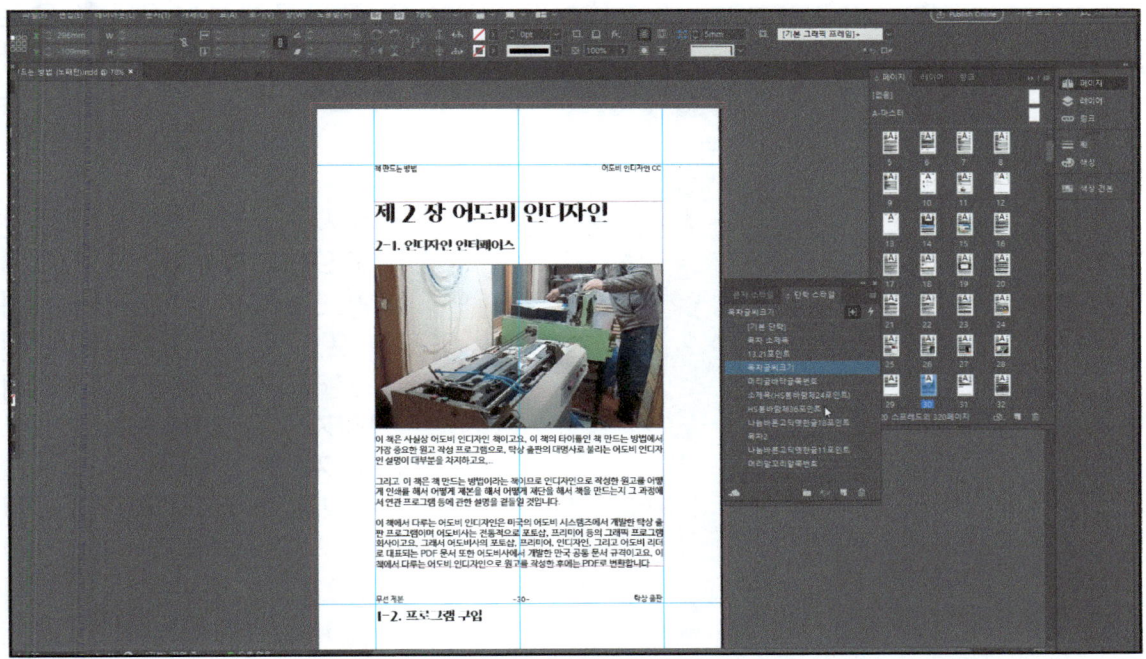

이 책은 사실상 어도비 인디자인 책이고요, 이 책의 타이틀인 책 만드는 방법에서 가장 중요한 원고 작성 프로그램으로, 탁상 출판의 대명사로 불리는 어도비 인디자인 설명이 대부분을 차지하고요,..

그리고 이 책은 책 만드는 방법이라는 책이므로 인디자인으로 작성한 원고를 어떻게 인쇄를 해서 어떻게 제본을 해서 어떻게 재단을 해서 책을 만드는지 그 과정에서 연관 프로그램 등에 관한 설명을 곁들일 것입니다.

이 책에서 다루는 어도비 인디자인은 미국의 어도비 시스템즈에서 개발한 탁상 출판 프로그램이며 어도비사는 전통적으로 포토샵, 프리미어 등의 그래픽 프로그램 회사이고요, 그래서 어도비사의 포토샵, 프리미어, 인디자인, 그리고 어도비 리더로 대표되는 PDF 문서 또한 어도비사에서 개발한 만국 공통 문서 규격이고요, 이 책에서 다루는 어도비 인디자인으로 원고를 작성한 후에는 PDF로 변환합니다.

특히 책은 양면 인쇄를 해야 하며, 양면 인쇄를 하기 위해서는 반드시 PDF 문서로 인쇄를 해야 하고요, 뒤에 가서 자세하게 설명하게 됩니다.

2-2. 툴 박스(도구 상자)

어도비사의 프로그램군은 전통적으로 툴 박스(도구 상자)가 있고요, 인디자인도 좌측과 같이 포토샵과 비슷한 툴 박스(도구 상자)가 있습니다.

필자는 어도비사의 프로그램을 대부분 사용하고 있고요, 이 책에서 다르는 어도비 인디자인, 그리고 2D 그래딕의 대명사 어도비 포토샵, 동영상 편집의 최강자 어도비 프리미어, 그리고 이 책에서 다루는 인디자인으로 작성한 원고를 옵셋 인쇄를 하지 않고, 필자의 경우 여러분 대부분이 사용하는 무한잉크 프린터로 인쇄를 해서 책을 만드는데요, 이때 반드시 필요한 프로그램이 어도비 PDF 프로그램이고요,..

필자는 컴퓨터 자격증도 많고, 책도 수십 권 이상 집필했지만, 필자가 가장 잘 하는 프로그램도 모든 메뉴, 모든 기능을 속속들이 다 잘 알지는 못 합니다.

다만, 어떠한 유저라도 자기 업무에 맞는, 자주 사용하는 메뉴만 주로 사용하기 마련입니다.

따라서 이 책에서도 자주 사용하지 않는 메뉴는 생략하거나 간단히 설명하고요, 지금 다루는 툴 박스(도구 상자)역시 많이 사용하는 기능 위주로 설명을 진행하도록 하겠습니다.

2-2-1. 선택 도구

우측 화면에 보이는 선택 도구는 문자 그대로 화면에 보이는 개체나 문자 등을 선택할 때 사용합니다.

예를 들어 포토샵과 동일한 기능으로 키보드의 [Alt]키를 누른 상태에서 지금 이 글씨를 클릭 드래그하면 그대로 복제가 됩니다.

그림 역시 [Alt]키를 누른 채로 클릭 드래그하면 복제가 됩니다.

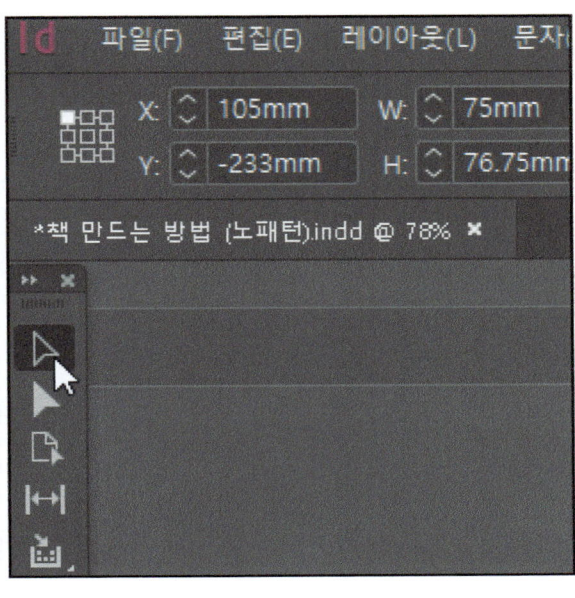

2-2-2. 직접 선택 도구

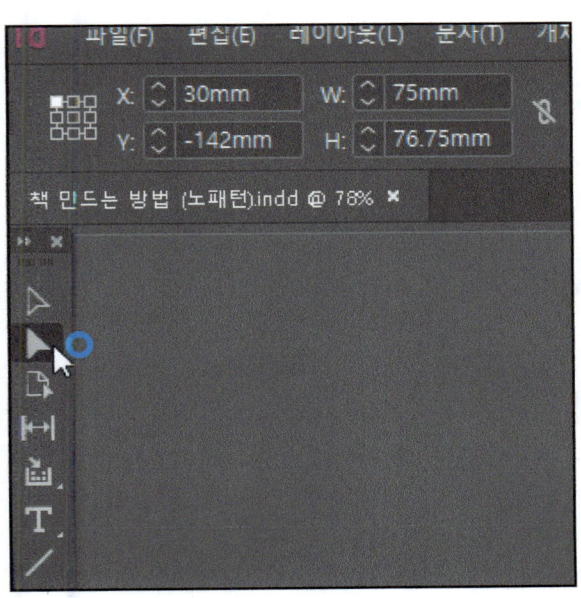

앞에서 소개한 선택 도구와 지금 설명하는 직접 선택 도구는 비슷한 것 같지만, 다릅니다.

그냥 선택 도구를 사용하면 이미지 프레임을 선택하거나 이미지 프레임 속에 있는 이미지(원본)를 선택하여 선택할 수 있지만, 직접 선택 도구를 사용해서 개체를 클릭하면 개체의 프레임과는 상관없이 개체를 편집할 수 있습니다.

그러나 사실 필자의 경우 직접 선택 도구는 단 한 번도 사용 해 본 적이 없습니다.

거의 대부분의 작업에서 맨 위의 화살표 모양, 그냥 선택 도구만 가지고 작업을 해도 충분하기 때문입니다.

2-2-3. 페이지 도구

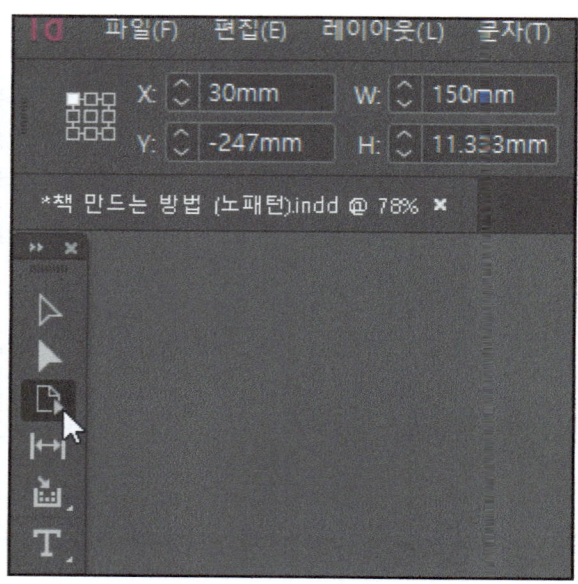

우측 화면에 보이는 페이지 도구를 사용하면 한 문서 안에 다양한 크기의 페이지를 만들 수 있는 등의 기능이 있지만, 이 역시 필자는 단 한 번도 이 기능을 사용 해 본 적이 없습니다.

그러나 옵셋 인쇄를 해야 한다면 필요할 수도 있으므로 옵셋 인쇄용 문서를 만든다면 페이지 마주보기 등의 기능이 필요할 수도 있습니다.

참고 : 책은 옵셋 인쇄를 해야 한다고 책 관련 직업을 가진 사람들의 뇌리에 박혀 있습니다.

필자도 군에서의 별명이 F.M 일 정도로 원리 원칙에 충실한 사람이지만, 책 관련 직업을 가진 다른 많은 사람들은 필자의 F.M과는 전혀 관련이 없는 아주 고리타분하고 해묵은 논리만으로 완전 무장을 한 사람들이 아주 많습니다.

예를 들어 책은 무조건 옵셋 인쇄를 해서 만들어야 한다고 생각하는 사람이 압도적으로 많은데요, 그 정도가 99.9% 일 정도입니다.

그 사람들의 뇌리에는 책은 무조건 옵셋 인쇄로 만들어야 한다 라는 고정 관념과, 책은 편, 부, 장 절... 이라는 원칙에 따라 집필해야 한다는 고정 관념이 뇌리에 빠지지 않게 완전 콱 박혀 있기 때문입니다.

오호라 통제여,..
세상에 영원한 것은 아무것도 없거늘, 어찌 출판 계통에 있는 사람들은 과거의 케케묵은 옛날 방식만 옳고 새로운 것은 그르다고 생각을 하는지 참으로 알다가도 모를 일입니다.

필자도 책을 쓰는 사람으로서 너무나 놀랍고 당황스러웠던 경험인데요, 이 사람들은 무조건 옛것만 선호하고 아무리 좋은 신기술이 개발되어도 거들떠보지도 않을 사람들이라는 것이 너무나 충격적입니다.

이 책을 보시는 분이라면 이 기회에 알려드릴 것이 있습니다.

이 책은 옵셋 인쇄로 만든 책이 아닙니다.

여러분 모두, 대부분이 가지고 있거나 사용하고 있을 무한잉크 프린터로 인쇄를 해서 책을 만드는 것입니다.

사실 무한잉크 프린터로 책을 인쇄를 해서 만든다는 것은 불가능한 일입니다.

무한잉크 프린터 1대 가격이 30만원~50만원, 대략 평균 40만원대인데요, 예를 들어 40만원을 들여서 무한잉크 프린터를 구입해서 책을 인쇄를 한다 하여도 40만원어치는 커녕 단 10만원어치도 인쇄가 어렵기 때문입니다.

우리나라 사람 치고 무한잉크 프린터를 사용하지 않은, 사용해 본 적이 없는 사람은 거의 없을 터이므로 이 부분은 쉽게 이해가 될 것입니다.

무한 잉크 프린터 40만원 들여 새 프린터 들여 왔더라도 보통 수 천 페이지 인쇄하고 나면 문제가 생기기 시작합니다.

아주 잘 되고 아주 운이 좋아도 1~2만장 정도는 가능하지만, 절대로 그 이상은 99.9% 불가능합니다.

어떤 식으로든 고장이 나기 때문에 그 때부터 프린터 119 부르거나 프린터 들고 업체로 찾아가서 수리를 받아서 사용해야 하며 그것도 잠시 곧 고장이 납니다.

무한잉크 프린터란 고장이 날 수 밖에 없는 구조이기 때문입니다.

그러나 필자는, 옵셋 인쇄를 해서는 절대로 수지 타산을 맞출 수가 없기 때문에 어떻게 하든지 무한잉크 프린터로 대량 인쇄를 해야 한다는 생각을 가지고 부단히 노력을 하여 드디어 프린터 1대로 100만장 인쇄하는 노하우를 터득하였고요, 결국 '프린터 1대로 100만장 인쇄하는 방법' 이라는 책을 펴 내기도 했습니다.

우측에 보이는 책이 필자가 펴 낸 '프린터 1대로 100만장 인쇄하는 방법' 이라는 책인데요..

사실 필자가 프린터 1대로 100만장 인쇄하는 방법이라고 책을 펴 냈지만, 이 책을 보고 필자와 같이 프린터 1대로 100만장은 고사하고 10만장 인쇄하는 사람도 아마도 어려울 것입니다.

필자가 책을 집필했지만, 필자와 같이 프린터 1대로 100만장 인쇄를 하는 노하우를 터득하는 것은 필자가 아니라 이 책을 보고 필자와 같이 프린터 1대로 100만장 인쇄를 할 사람은 필자가 아닌 이 책을 보는 다른 사람이기 때문입니다.

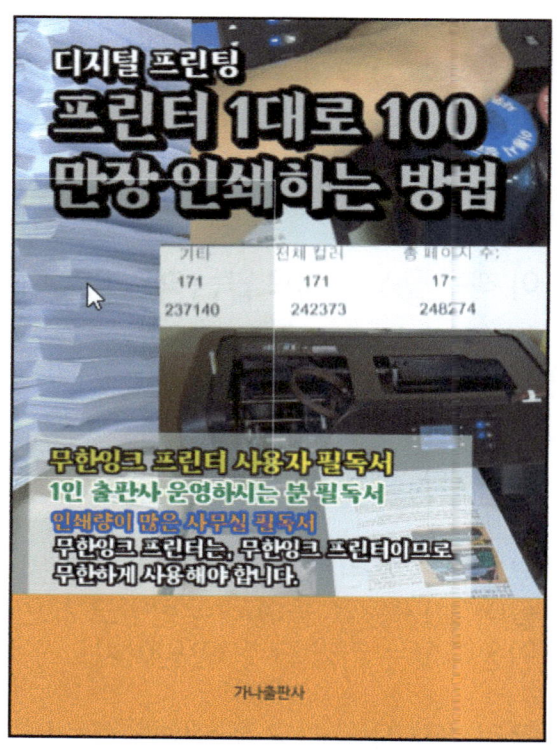

필자가 분명이 이 책을 썼고, 필자는 지금 현재에도 하루도 빠지지 않고 거의 매일 수 천 페이지씩 인쇄를 하기 때문에 분명히 다른 사람들도 이렇게 할 수 있으련만, 프린터 1대로 100만장 인쇄하는 것는 사실상 천상천하 유아독존 전세계에서 오로지 필자만 가능한 것으로 보입니다.

오늘 필자가 이 책을 집필하면서도 옆에서는 무한잉크 프린터로 계속 인쇄를 하기 때문에 프린터 1대의 프린트 량을 체크해 보았습니다.

그랬더니 오늘 현재 43만 몇 천 장 정도 인쇄를 했더군요..

물론 지금도 계속 인쇄를 하고 있으므로 앞으로 5년 정도 후에는 아마도 100만장에 도달하던지 혹시 그 안에 프린터가 박살이 나서 더 이상 사용하지 못 할 수도 있겠지만, 지금까지의 경험상 지난 5년간 온 갖 문제가 발생했어도 모두 해결을 하고 오늘까지 지나 왔으므로 앞으로도 별 문제는 없을 것입니다.

문제는 필자가 펴 낸 책을 보고도 그렇게 하지 못하는 사람들이 많다는 것0 문제인데요, 예를 들어 필자는 프린터 수리 전문가는 아닙니다.

따라서 프린터야 당연히 전문 프린터 수리 업체에서 훨씬 더 수리를 잘 하겠지요..

그러나 필자도 헤드 고장나면 필자 스스로 다 고치고 웬만한 고장은 필자 스스로 다 고칩니다만, 필자는 프린터 수리 업체가 아니기 때문에 더 이상의 고장은 고칠 것인지 새로 살 것인지 어느것이 이득인지 따지게 됩니다.

어차피 필자가 사용하는 무한잉크 프린터는 보통 수십만 장씩 인쇄를 하기 때문에 언제라도 새것으로 교체를 해도 조금도 아깝지 않는 상태이기 때문입니다.

이 책을 보시는 여러분 역시 책은 옵셋 인쇄를 해야 한다는 고정 관념부터 버려야 합니다.,

옵셋 인쇄를 하면 좋다는 것을 알지만, 옵셋 인쇄는 분명 현존하는 어떠한 인쇄 방식보다 진보된 가장 좋은 인쇄 방식이지만, 결정적으로 소량 인쇄는 사실상 불가능 합니다.

아래 화면은 방금 구글에서 검색한 화면이고요..
아래 화면에 보이는 것과 같이 어마어마한 장비에 어마어마한 롤 용지를 물리고 여러 사람이 작업하여 만든 4도 혹은 별색의 경우 5도 분판 인쇄를 하기 위해서 4장 혹은 5장의 필름을 떠야 하며 이러한 인터벌에 걸리는 시간, 노력 등이 들어가기

때문에 대량 인쇄의 경우 인쇄를 많이 하면 할 수록 단가가 싸지는 장점이 있지만, 소량 인쇄는 불가능한 결정적인 단점이 있습니다.

그래서 옵셋 인쇄는 옛날에는 기본이 3,000권, 오늘날에는 하도 출판업이 불황이어서 1000권, 혹은 500권도 인쇄를 해 주기는 하지만, 인쇄 단가가 비싸고, 이것도 역시 적은 수량이 아닙니다.

그래서 현재 전국에 등록된 출판사는 무려 7만 개가 넘지만, 1년에 신간을 단 한 편도 펴 내지 못하는 출판사가 수두룩 한 것입니다.

2-2-3. 반드시 무한잉크 프린터 사용법 익혀야

이 책을 보시는 여러분은 아마도 대부분 필자와 같이 개인 출판사를 운영하거나 혹은 개인이 저렴한 비용으로 책을 만들려고 하거나, 출판사 혹은 출판 관련 업종에 종사하거나 근무하는 사람일 것입니다.

필자의 경우 거의 대부분의 수입이 필자가 집필하고 판매하는 책이기 때문에 사실상 필자의 책은 최소한 필자가 먹고 사는 정도의 수입은 발생을 합니다.

필자가 먹고 사는 정도의 수입이라고 표현을 했지만, 오늘날과 같은 불황에 이 정도로 팔리는 것도 사실 기염을 토하는 것입니다.

이렇게 필자가 책을 팔아서 먹고 살 수 있는 것은 오로지 무한잉크 프린터로 책을 인쇄를 할 수 있기 때문이며, 이것은 무한잉크 프린터로 1대로 100만장 인쇄하는 노하우를 터득했기 때문입니다.

필자가 2020년도 한 해에 편 내 책은 무려 20종이 넘습니다.

이 많은 책을 옵셋 인쇄를 했더라면 한 종 당 3,000권씩 무려 6만권 인쇄를 해야 합니다.

그만한 큰 돈도 없으려니와 돈이 많아서 그렇게 많은 책을 인쇄를 했다 하더라도 팔리지 않으면 종이 값도 건질 수 없는 것이 출판의 현실입니다.

따라서 여러분은 이 책으로 공부를 하는 것과는 별개로 반드시 프린터 1대로 100만장 인쇄는 하지 못 하더라도 최소한 10만장 인쇄하는 노하우는 터득을 해야 합니다.

필자의 경우 보통 310페이지 책 정가 23,000원, 실제 수입 15,000원으로 보았을 때, 프린터 1대로 10만장 인쇄를 했을 경우, 300페이지로 치고, 10만장 인쇄를 하면, 70권 정도 인쇄를 하는 셈입니다.

70권이면 정가로 치면 161만원어치이고요, 프린터터 1대로 10만장만 인쇄를 할 수 있으면 수지타산이 맞는다는 얘기입니다.

즉, 다시 말해서 40만원짜리 무한잉크 프린터로 최소한 161만원어치 인쇄를 할 수 있다는 얘기입니다.

물론 정가로 계산한 가격입니다.

그래서 어떠한 경우에도 프린터 1대로 10만장 이상만 인쇄를 할 수 있으면 필자와 같이 무한잉크 프린터로 책을 만들어도 먹고 사는 것은 해결이 됩니다.

물론 책이 팔려야 하므로 책이 팔리게 쓰고 만들어야 하겠지만요..

사실 필자는 컴퓨터 자격증도 많고 책도 수십 권 이상 집필을 했지만 책을 멋있게 만드는 기술은 오히려 여러분이 필자보다 나을 수도 있습니다.

필자는 그냥 필자가 나이가 있으므로 글씨가 작으면 잘 안 보이므로 큰 글씨로 책을 만들고, 그리고 필자는 글꼴 가지고도 수 없이 고소를 많이 당해서 지금은 이 책을 쓰는 글씨체도 함부로 사용하지 않습니다.

이 책에서 사용하는 글꼴은 네이버에서 상업용으로도 무료로 사용할 수 있도록 배포한 네이버 나눔 글꼴입니다.

그래서 글씨체도 예쁘지 않고 글씨도 크게 쓰기 때문에 책을 예쁘게 만들지는 못하지만, 책이라는 것이 예뻐야 한다는 법도 없고, 그리고 특히 필자는 편, 부, 장, 절이라는 웃지 못할 옛 관습을 완전히 벗어버리고 필자 마음대로 내키는대로 집필을 합니다.

다만, 책이라는 것은 앞에서 펼쳤을 때 표지를 제끼면 바로 우측면, 즉, 홀수쪽인 1 페이지가 보이게 되어 있습니다.

그래서 필자는 짝수쪽으로 끝내고 새로 시작하는 장, 혹은 절 부분은 가능한 홀수쪽으로 시작하는 것을 원칙으로 집필을 합니다.

필자가 책을 집필하는 무언의 법칙을 완전히 타파하는 것은 아닙니다.

표지 속에 속 표지 넣고, 그리고 판권지, 머리말, 목차,... 그리고 맨 뒤에 역시 끝장 뒤에 공표지 한 장 넣고 마무리를 합니다.

책이기 때문에 이것은 지켜야 합니다.

이 책을 처음부터 보시면 방금 필자가 얘기한 대로 집필했다는 것을 아실 수 있을 것입니다.

지금 탁상 출판의 대명사 어도비 인디자인 툴 박스(도구 상자)를 다루다가 잠시 다른 설명을 했습니다만, 이 책의 타이틀이 "책 만드는 방법" 이므로 책을 만드는 방법에 관한, 혹은 연관된 설명을 수시로 하면서 진행할 것이고요..

그리고 어도비 인디자인의 모든 기능을 이 잡듯이 다루지는 않을 것입니다.

어차피 그렇게 속속들이 파 헤치면 이 책이 1,000페이지가 되어도 모자라고요, 예를 들어 앞에서도 설명했습니다만, 필자의 경우 수십 년 동안 사용했어도 아직 단 한 번도 사용해 본적이 없는 잘 안 쓰는 기능 등은 건너 뛰겠습니다.

다만, 옵셋 인쇄를 해야 하는 사람이라면 이 책에서 다루지 않더라도 출력소와 협의를 해서 출력소에서 원하는 편집을 해야 합니다.

예를 들어 필자는 모든 원고를 홀짝 구분하지 않고 무조건 위, 아래 여백 50mm, 좌우 여백은 30mm를 주고 편집을 합니다.

책이기 때문에 제본을 한 다음 필연적으로 가장자리 재단을 하기 때문입니다.
특히 이 책은 무한잉크 프린터로 책의 원고를 인쇄를 하는 과정을 담고 있기 때문에 무한잉크 프린터는 원고를 홀수, 짝수 구분해서 집필을 하면 망합니다.

옵셋 인쇄와 달리 여러분 대부분이 사용하는 무한잉크 프린터는 A4용지를 넣고 인쇄를 하는 것이며 무한잉크 프린터는 아무리 컨디션이 좋아도, 필자와 같이 매일 수 천 페이지씩 인쇄를 하다보면 반드시 몇 번 정도 종이가 겹쳐 들어가는 수가 있습니다.

만일 원고를 홀짝 구분을 하여 편집을 했을 경우 인쇄 도중 종이가 2장 이상 겹쳐 들어가면 그 이후에 인쇄된 종이는 모두 버려야 합니다.

그래서 무한잉크 프린터로 책의 원고를 집필할 때는 절대로 짝수, 홀수 구분해서 편집을 하면 안 되고요, 필자의 경우 무조건 좌우 30mm 여백을 주어 집필 및 인쇄를 한 다음, 제본을 하기 전에 원고의 좌측을 재단기에 넣고 3mm를 잘라내고 제본을 합니다.

그러면 자연스럽게 제본이 되는 쪽은 미리 3mm 잘랐으므로 여백이 알맞게 예쁘게 책이 만들어지는 것입니다.

상하 여백은 50mm 여백을 주었으므로 제본 후에 상하는 모두 1Cm씩 잘라내면 이 역시 가장자리가 예쁘게 책이 만들어집니다.

아래 화면에 보이는 것이 필자가 이 책을 집필할 때 사용한 여백이고요, 용지는 당연히 A4용지입니다.

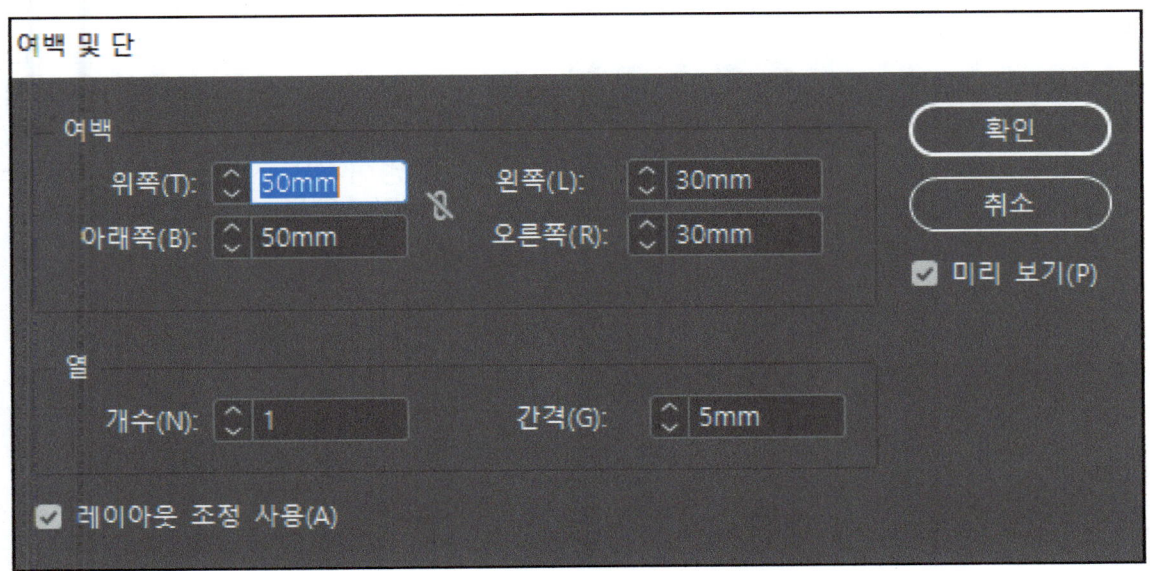

2-2-4. 페이지 도구

우측 마우스가 가리키는 도구가 페이지 도구이고요, 페이지 관련 기능입니다만, 필자는 이 기능을 단 한 번도 사용해 본 적이 없습니다.

따라서 여러분이 이 도구는 사용하지 않으셔도 됩니다.

페이지, 여백, 단 등은 메뉴에서 지정할 수 있습니다. (뒤에 가서 메뉴 단원에서 다시 설명

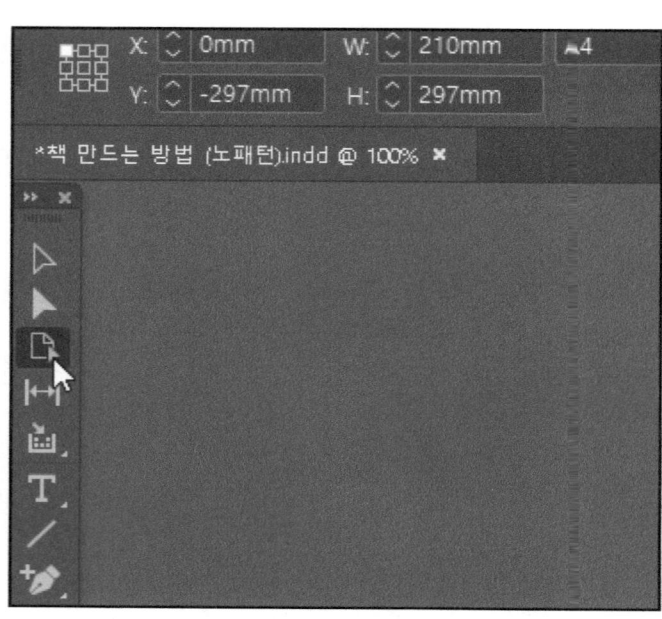

2-2-5. 간격 도구

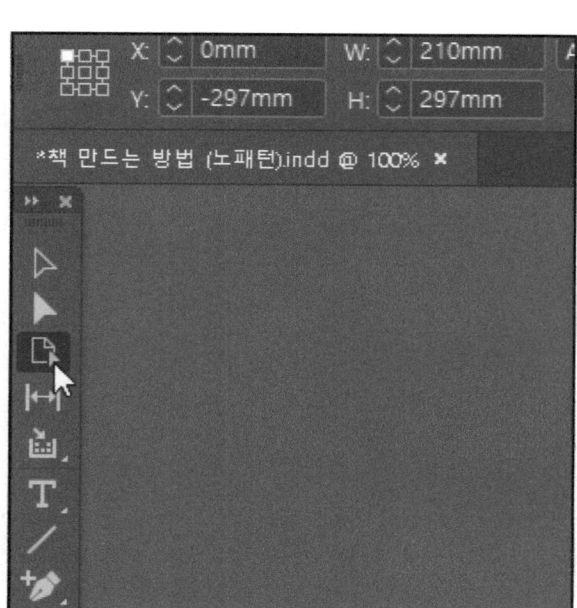

좌측에 보이는 [간격 도구]는 화면에 있는 개체의 간격을 넓히거나 줄이는 기능이고요, 이 도구를 사용하지 않더라도 얼마든지 간격 조절 가능하고요, 여기서 설명하자면 지면을 많이 차지하므로 필자의 [유튜브 채널]에 올려 놓겠습니다.

유튜브에서 '가나출판사' 검색하여 동그란 원에 들어 있는 제 얼굴을 클릭하여 필자의 [유튜브 채널]에 오셔서 검색하여 보시기 바랍니다.

2-2-6. 내용 수집 도구

우측 화면에 마우스가 가리키는 [내용 수집 도구]를 선택하면 다음 화면에 보이는 것과 같이 인디자인 화면 하단에 컨베이어가 나타납니다.

다음 설명은 참조만 해 주시고요, 필자는 수십 권의 책을 집필하였지만, 단 한 번도 사용해 본 적이 없는 메뉴입니다.

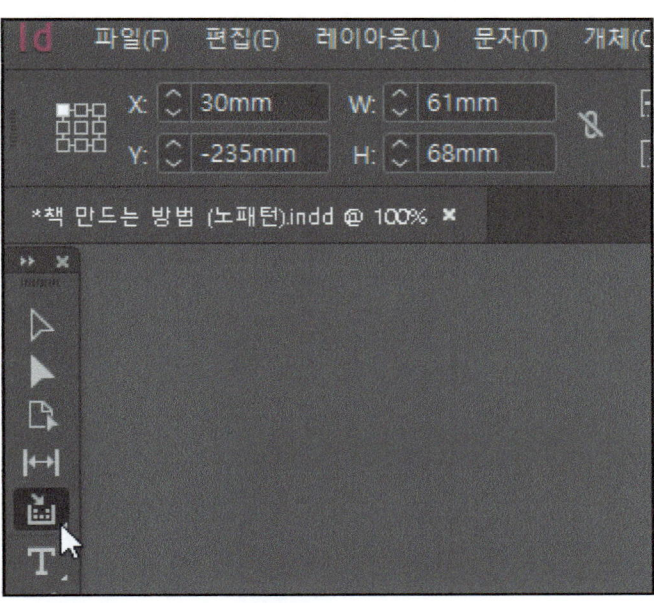

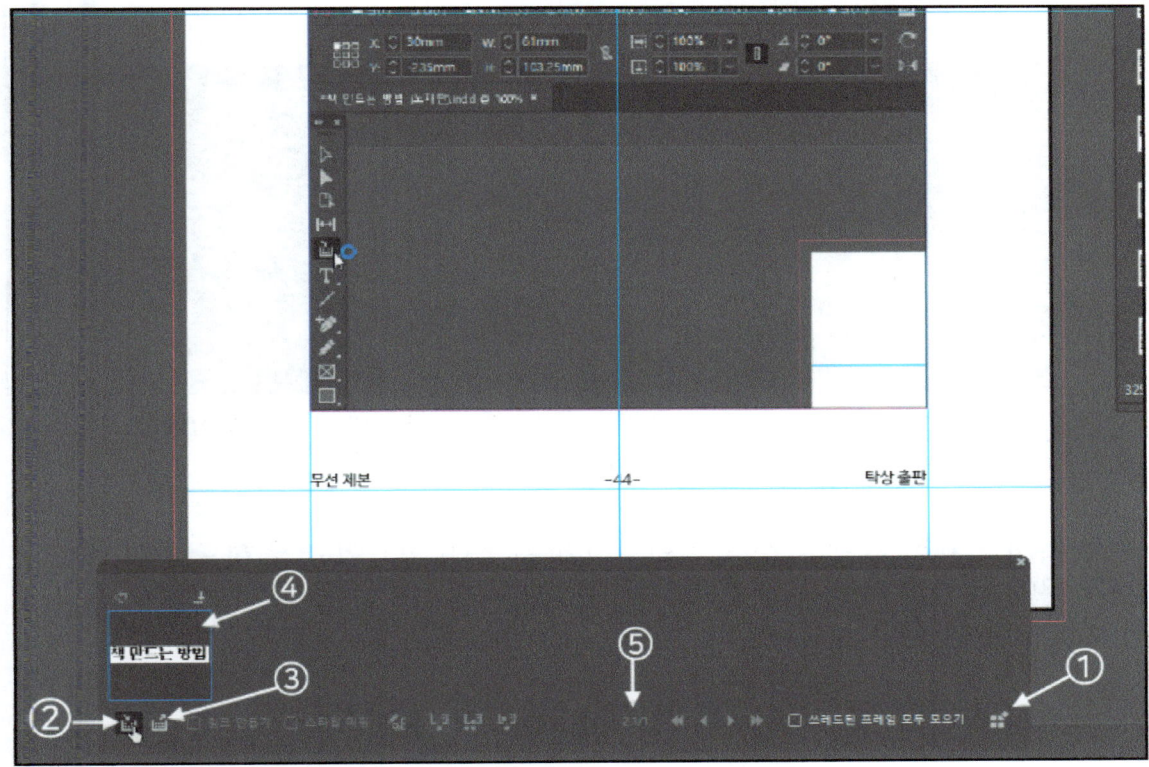

(1) 컨베이어 불러오기 버튼(문서 앞에서부터 내용을 수집합니다.)
(2) 내용 수집 도구 : 한글 프로그램에서도 자주 사용하는 상용구를 등록하는 기능이 있는데요, 어도비 인디자인에서도 이 버튼으로 자주 사용하는 단어 혹은 문장을 선택하면 해당 내용이 (4)에 나타나며, (1)을 클릭하여 문서 앞에서부터 자동으로 수집하고 (5)의 화살표를 눌러서 페이지 이동,..

(4)를 클릭하여 수집 저장된 내용을 클릭하고 (3) 내용 배치 도구를 선택하고 화면을 클릭하면 다음과 같이 저장된 내용이 클릭한 부분에 나타납니다.

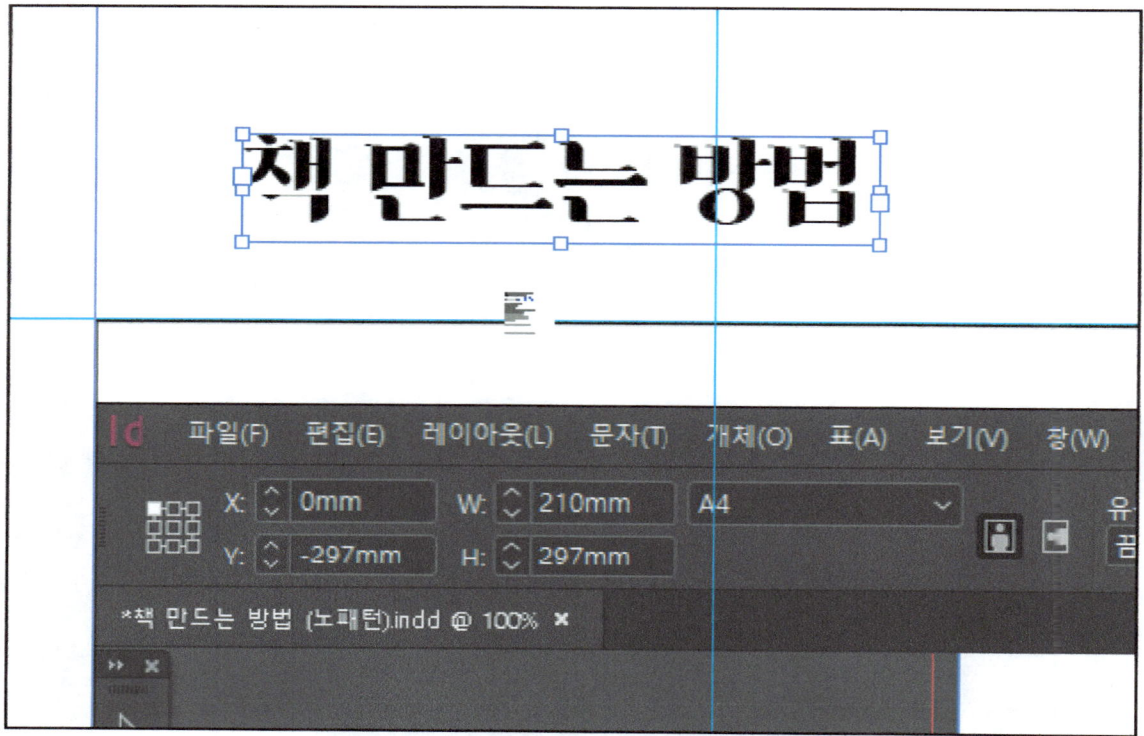

위와 같이 등록된, 수집된 내용이 나타나며 마우스에는 해당 페이지까지 따라- 다니는데요, 에휴, 설명을 하려니 오히려 짜증이 납니다.

이 기능이 유용한 사람도 있을 수 있으나 예를 들어 필자의 경우 하도 책을 많이 쓰기 때문에 자주 사용하는, 그리고 모든 원고에 공통적으로 들어가는 이미지를 따로 모아놓고 필요할 때마다 꺼내 쓰는 폴더가 있습니다.

이 책 역시 장이나 절이 시작되는 부분이나 끝나는 분에 들어가는 삽화를 보세요..

예를 들어 문서를 작성하다가 필요한 삽화를 한 개 넣고 싶을 경우 우측 화면에 보이는 것과 같이 인디자인 메뉴 [파일] – [가져오기]를 클릭하면 다음 화면이 나타납니다.

아래 화면과 같이 나타난 선택 화면 즉, 경로에서 자신이 저장해 놓은, 폴더를 선택하고, 예를 들어 아래 화면 마우스가 가리키는 삽화를 선택하고 [열기]를 클릭하면 커서 위치에 삽화가 나타납니다.

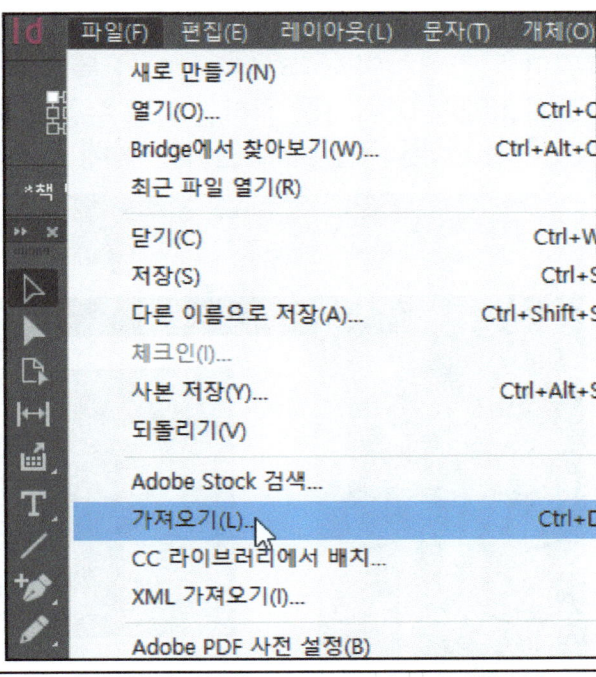

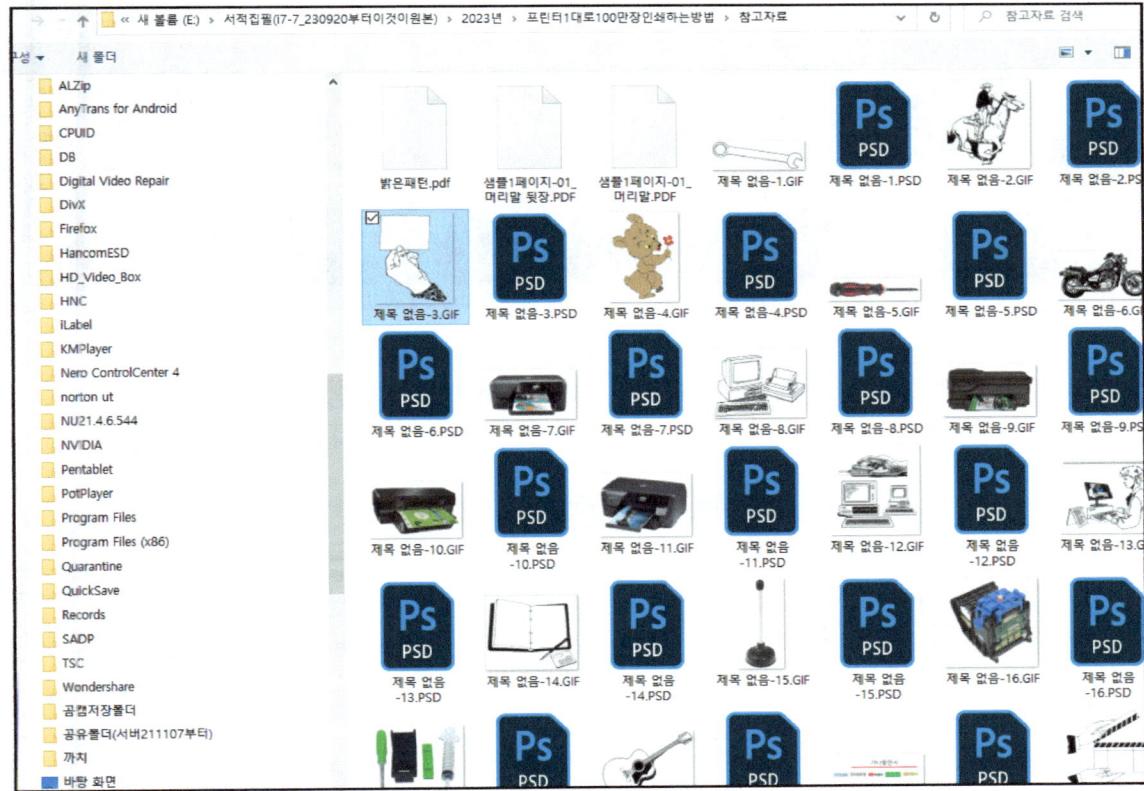

앞의 화면에서 원하는 삽화를 원하는 위치에 삽입할 수도 있고요, 또 필자의 경우 원고를 집필하면서 수시로 삽화가 들어가기 때문에 아예 포토샵을 같이 띄워놓고 포토샵에서 이미지를 원하는대로 수정을 해서 [Ctrl + C] 명령으로 클립보드에 복사를 하고 인디지안에서 원하는 곳에 [Ctrl + Alt + V] 명령으로 붙여 넣습니다.

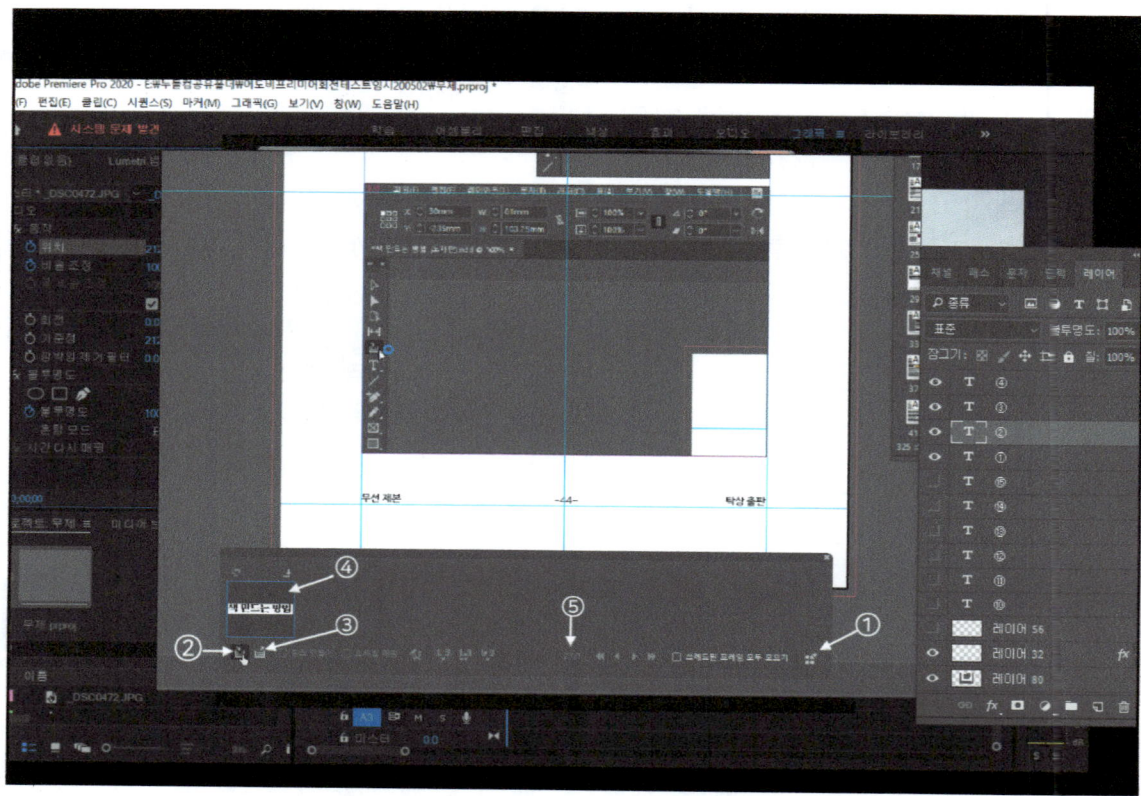

위의 화면은 포토샵 화면이고요, 위의 화면에 보이는 것과 같이 필자는 이미 포토샵에서 원문자, 화살표(스타일이 적용된 화살표) 등을 만들어 놓고 인디자인에서 원고를 집필하면서 필요한 삽화가 들어갈 곳에 삽입하면서 원고를 작성합니다.

인디자인에서도 이런 점을 염두에 두고 자주 사용하는 상용구를 쉽게 꺼내 쓸 수 있도록, [내용 수집 도구] 및 [내용 배치 도구] 등의 메뉴를 만든 것으로 보입니다만, 여러분이 필자와 같이 원고를 써서 책을 만들고자 하신다면 인디자인의 이런 기능에 목을 매기보다는 필자와 같이 포토샵을 반드시 익혀서 포토샵에서 필요한 삽화를 편집을 해서 가져다 사용하는 것이 필수이고요..

그리고 다음 단원 단락 스타일을 사용하면 간단히 해결됩니다.

2-2-7. 단락 스타일

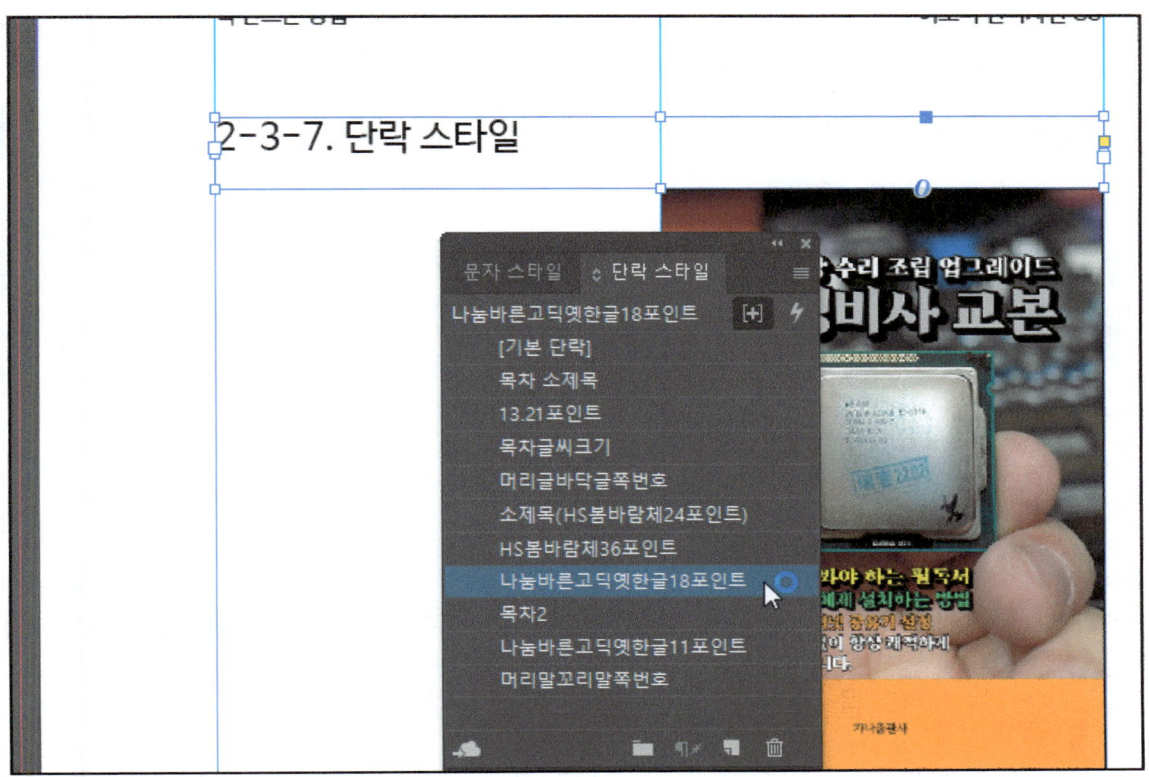

인디자인에서 원고 집필을 하면서 [F11]을 누르면 위의 화면에 보이는 [단락 스타일] 패널이 나타납니다.

예를 들어 현 페이지 맨 상단 "2-3-7. 단락 스타일" 이렇게 입력하고 위의 화면 마우스가 가리키는 [나눔바른고딕옛한글18포인트]를 클릭하면 즉시 해당 폰트와 글씨체로 바뀝니다.

이 책의 처음부터 끝까지 사용되는 장, 절, 단원 등은 모두 이렇게 미리 단락 스타일을 만들어 놓고 필요한 곳에서 [F11]을 눌러서 위의 [단락 스타일]이 나타나게 하여 원하는 스타일을 클릭해서 적용시킨 것입니다.

이것은 매우 중요한 내용이며 원고의 집필을 끝내고 목차를 만들 때 인디자인에서는 이렇게 원고의 처음부터 끝까지 사용된 스타일을 긁어 모아서 자동으로 목차를 만들기 때문에 단락 스타일은 매우 중요합니다.

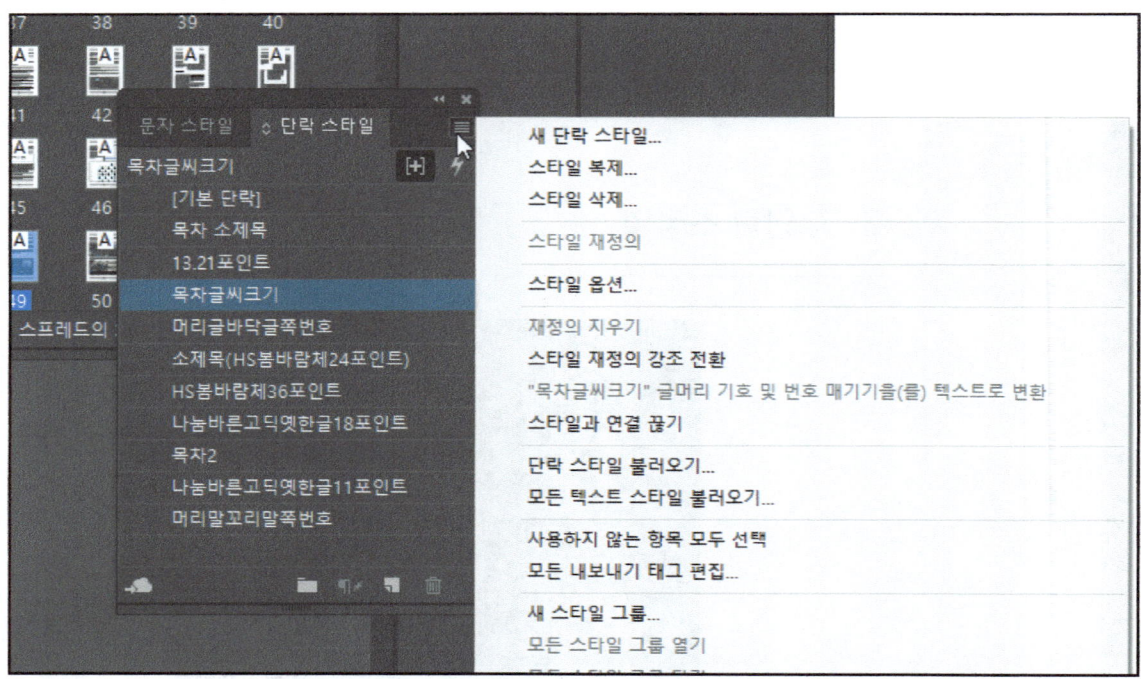

단락 스타일 패널에서 위의 마우스가 가리키는 곳을 클릭하여 나타나는 부 메뉴에서 맨 위의 [새 단락 스타일]을 클릭하여 새로운 단락 스타일을 만들 수도 있고요, 기존의 탄락 스타일을 수정해서 사용할 수도 있습니다.

필자의 경우 하도 많은 원고가 있기 때문에 항상 이전 원고를 복제하여 새로운 원고를 작성하곤 합니다.

그래서 필자의 경우 다른 원고를 복제를 해서 사용하기 때문에 다른 원고를 집필할 때 사용한 단락 스타일을 그대로 적용하여 빠르고 쉽게 새로운 원고를 작성할 수 있는 것입니다.

그리고 요즘은 대부분 컴퓨터를 2대 이상 사용하는 추세이고요, 필자 역시 컴퓨터 2대를 나란히 놓고 사용하고 있으며 한쪽 컴퓨터에서 원고를 작성하고 다른 컴퓨터에는 모니터에, 지금 집필하는 원고의 목차를 기록하며 여기에 기록한, 장, 절, 단원 등의 목차에 따라 원고를 집필합니다.

그래야 한쪽 컴퓨터에 떠 있는 목차를 보고 책의 전체적인 맥락을 머리 속으로 구상을 하면서 장, 절, 단원 등에 맞는 내용으로 책을 만들어 갈 수 있는 것입니다.

앞쪽의 단락 스타일 패널의 마우스가 가리키는 곳을 클릭하여 [새 단락 스타일]을 클릭하면 다음 화면이 나타납니다. (단락 스타일 호출 키는 F11 입니다.)

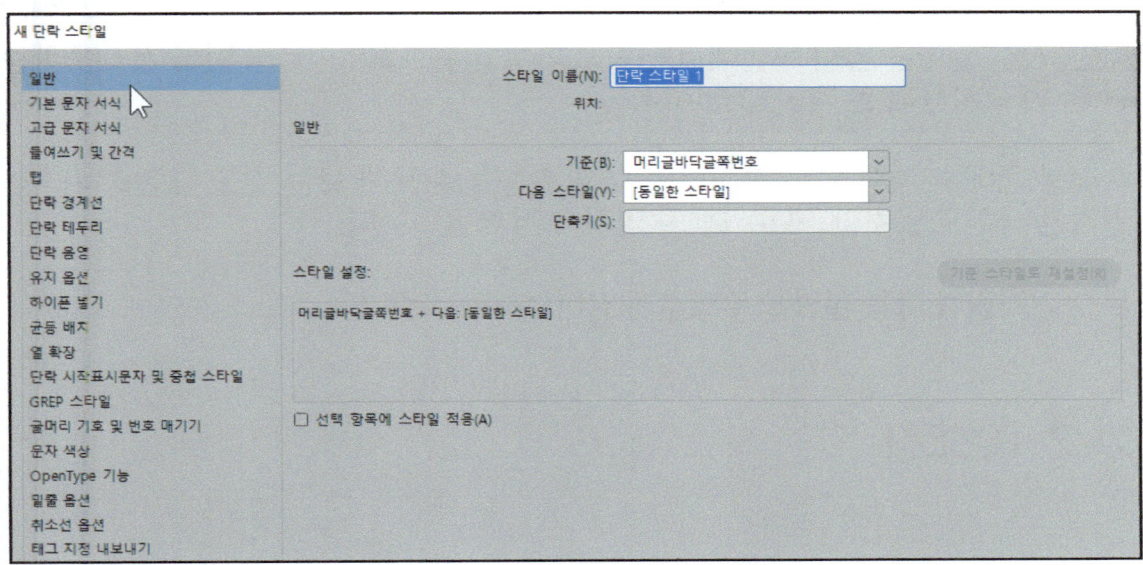

위의 일반 메뉴의 우측 스타일 이름은 지금 만들려는 단락 스타일의 이름을 지정하는 것입니다.
그리고 중요한 것은 좌측 메뉴에서 [기본 문자 서식] 입니다.

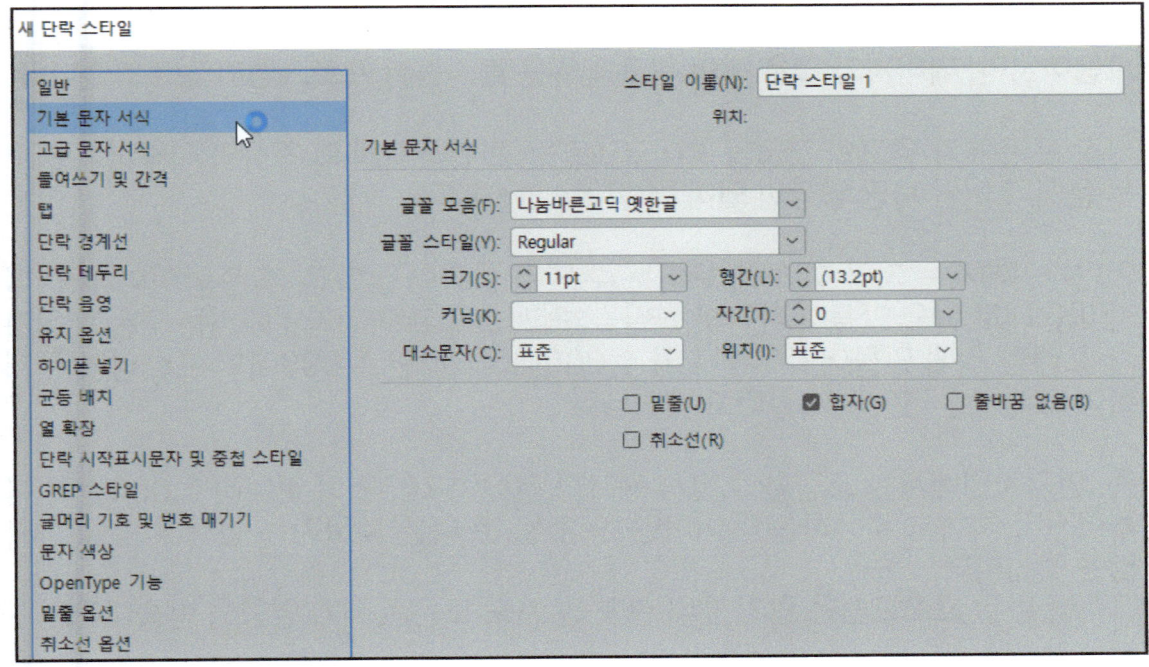

앞의 기본 문자 서식에서 새로 만드는 단락 스타일의 글꼴, 크기 등을 지정할 수 있고요, 수 많은 메뉴가 있지만, 예를 들어 GREP 스타일의 경우 문서 내에 숫자, 영문, 한자, 기호 등이 있을 때 이러한 숫자, 영문, 한자, 기호 등을 바꾸는 기능입니다만, 사실 필자는 앞의 화면에서 단락 스타일 이름, 그리고 글꼴 및 크기 이외에는 단 한 번도 사용해 본 적이 없습니다.

여러분 중에서 개성 있는 분이라면 다른 기능을 사용해 보는 것도 좋겠습니다만, 필자는 나이도 있지만, 프로그램을 믿지 않기 때문입니다.

무슨 얘기인지 다음 설명을 주의깊게 읽어보시기 바랍니다.

2-2-8. 교정

교정은 원고의 집필을 끝낸 후에 맨 마지막에 하는 것이지만, 지금 단락 스타일의 여러 기능들을 필자가 거의 사용하지 않는 이유를 설명하기 위해서 지금 설덩을 하겠습니다.

앞에서 세계에 자랑스런 우리나라 토종 워드인 한글 프로그램은 분명 뛰어난 프로그램이지만, 페이지가 많은 책의 원고 집필은 불가능한 프로그램이라고 했습니다.

가장 큰 문제가 원고의 집필을 끝내고 교정을 보면서 내용의 첨삭이 이루어지면 모든 문서가 이판 사판 엉망이 되어 버린다고 했습니다.

인디자인에서는 지금 이 책에 보이는 수 많은 삽화와 삽화 옆 혹은 앞이나 뒤로 필자 마음대로 단을 만들어 가면서 집필을 하고, 그리고 인디자인에서는 모든 페이지가 프레임 위에 만들어지며 원고가 1,000페이지라면 1,000개의 프레임이 존재하며 프레임은 레이어와 같다고 했습니다.

즉, 인디자인에서는 교정을 보면서 원고의 첨삭이 100번이 아니라 1,000번이 이루어진다 하여도 수정하는 페이지만 수정 될 뿐 다른 페이지는 전혀 영향을 받지 않는 것입니다.
그러나 한글 프로그램은 단지 엔터 한 번만 쳐도 모든 문서가 영향을 받습니다.

특히 한글 문서는 삽화를 삽입할 수는 있지만, 글자처럼 취급 혹은 어울림 등의 속성을 주어 간신히 해당 페이지에 매달려 있게 할 수는 있습니다.

그러나 교정을 보면서 내용의 첨삭이 이루어지면 모든 페이지가 영향을 받으며 모든 페이지가 위로 혹은 아래로 이동을 하게 됩니다.

이 때 인디자인은 다른 페이지는 전혀 영향을 받지 않지만, 한글 프로그램은 모든 페이지가 영향을 받기 때문에 삽화는 글자 한자와는 비교도 안 되게 크고, 이렇게 큰 삽화는 50페이지에 삽입한 삽화가 10페이지에 나타나기도 하며, 보기 좋게 집필했던 원고가 들쭉 날쭉 페이지도 맞지 않고 문서 배치도 엉망이 되고, 오죽하면 교정을 보는 것보다 차라리 원고를 새로 쓰는 것이 더 낫다고 하겠는지요?

그리고 한글 프로그램은 기본적으로 대략 50페이지 이상 되는 문서는 우선 버벅거려서 참을성 없는 사람이라면 컴퓨터를 박살을 내 버리고 싶을 지경입니다.

지금까지 설명한 것만 보아도 한글과 인디자인은 하늘과 땅 만큼의 차이가 있다는 것을 알 수 있습니다.

그렇다면 인디자인은 그야말로 완전무결, 완벽한 프로그램일까요?

전혀 그렇지 않습니다.

이 세상에 영원한 것은 없고, 인간이 만든 혹은 개발 혹은 발명한 어떠한 것도 완벽한 것은 없습니다.

인간 자체가 불완전한 동물이기 때문에 인간사에 완전이란 단어는 있을 수가 없습니다.

그러나 이런 추상적인 설명이 아니라 실제로 필자가 그야말로 피를 본 죽음의 사건이 있었습니다.

무려 책을 100권이나 버렸습니다.

하도 기가 막혀서 이러한 내용을 필자의 [유튜브 채널]에 올린 영상도 있는데요.. 다음 설명은 매우 중요한 내용입니다.

2-2-9. 여백 조절

지금 설명은 아주 중요한 내용이므로 잘 읽으셔야 합니다.

필자의 경우 프린터 1대로 100만장 인쇄하는 노하우를 터득했으므로 무한잉크 프린터로 책을 만들어서 판매를 합니다.

그런데 오늘 현재 약 44만장 인쇄를 한 프린터가 어느날부터 밑으로 약 1~2센티 정도 내려가서 인쇄가 됩니다.

프린터 헤드 밑에는 센서가 달려 있어서 이 센서에서 레이저를 쏘아서 용지의 가로 폭과 세로 폭을 감지하고 인쇄 명령을 내리면 해당 용지에 맞게 인쇄가 되는 것입니다.

그래서 필자의 경우 프린터 1대로 현재 무려 44만장을 인쇄를 했으므로 수시로 센서를 청소를 하면서 인쇄를 합니다.

센서에 먼지 등이 묻으면 용지를 감지하지 못하여 프린터가 우당탕탕 박살이 나는 소리와 함께 심장이 떨려서 오금이 저리는 경험을 하지 않으신 분들이 아모 - 거의 없을 것입니다.

물론 심장이 떨려서 오금이 저리는 분은 아직 원인을 모르기 때문이죠..

그러나 필자는 센서를 교체까지 하면서 고쳐보려고 했지만, 아마도 하부를 몽땅 교체하기 전에는 밑으로 1~2센티 정도 내려가서 인쇄가 되는 증상을 고칠 수 없다는 결론에 도달했습니다.

그러나 44만장 인쇄를 했어도 여전히 인쇄는 잘 되므로 그 프린터에서만 인쇄하는 문서를 아예 위로 올려서, 즉, 여백을 조절해서 위쪽의 여백을 줄이고, 아래쪽의 여백을 늘려서 인쇄를 하고 있습니다.

프린터에서는 밑으로 1~2센티 내려가서 인쇄가 되므로 아예 원고를 1~2센티 위로 올려서 인쇄를 하면 프린터에서 인쇄되어 나오는 인쇄물은 정상적으로 인쇄가 되기 때문입니다.

그래서 처음에는 인디자인의 메뉴에 있는 여백 조절 메뉴를 사용해서 여백을 조절했다가 무려 100권 정도의 책을 버렸고요, 그래서 필자는 하루종일 컴퓨터 앞에서 책을 쓰는 것이 일이기 때문에 사회 물정에 어둡고 하여.. 툭 하면 사기를 당하곤 해서 지금은 사람을 믿지 않는 것이 일상화되었고요, 그리고 인디자인에서 메뉴 방식으로 여백을 조절했다가 책을 100권이나 버려서 인디자인도 믿지 못하는 것입니다.

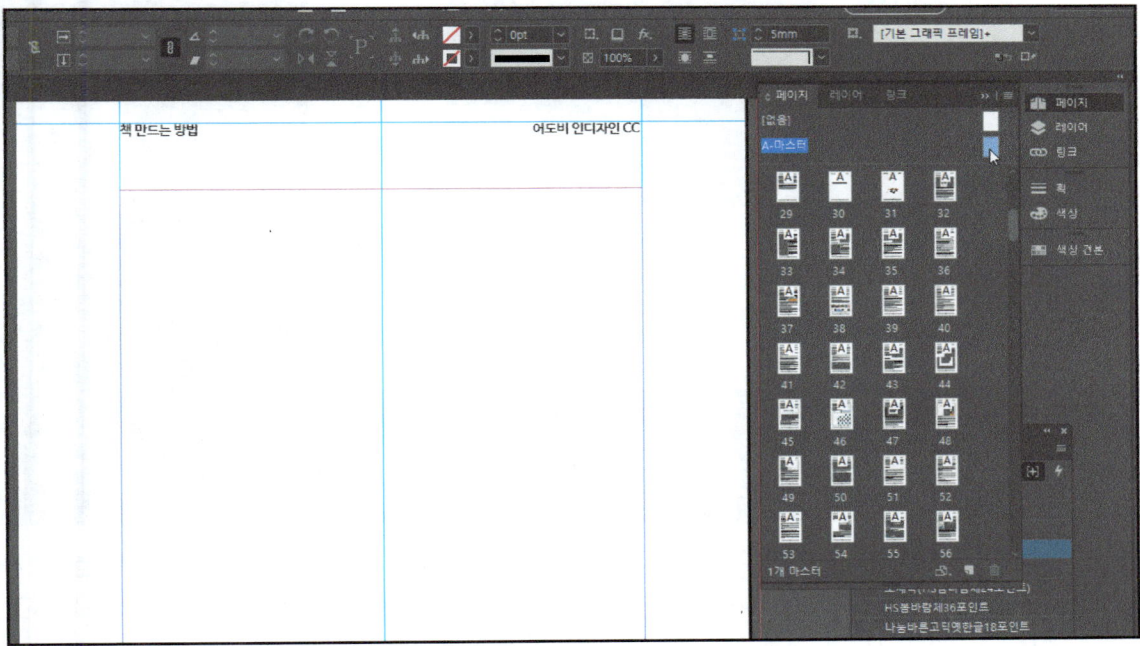

인디자인은 마스터 페이지라는 것이 있고요, 위의 마우스가 가리키는 마스터 페이지를 더블 클릭하면 위에 보이는 것과 같이 나타납니다.

우리나라 토종 워드인 한글 프로그램에서도 F7 키를 눌러서 문서 설정 창을 호출하여 여백 조절 등을 할 수 있는데요..

어도비 인디자인에서는 위의 마우스가 가리키는 마스터 페이지를 더블 클릭하여 머리말, 꼬리말, 페이지 번호 등을 넣을 수 있습니다.

앞에서 필자의 경우 모든 원고는 항상 위 아래 50mm 여백을 주고 좌우는 항상 30mm 여백을 주어서 원고 집필을 하고 나중에 제본을 하기 전에 좌측을 3mm 재단을 하고 제본을 한다고 설명을 했었습니다.

현재 상태, 즉, 마스터 페이지를 더블 클릭하여 마스터 페이지 편집 상태에서 메뉴의 [레이아웃] - [여백 및 단]을 클릭하면 다음과 같이 나타납니다.

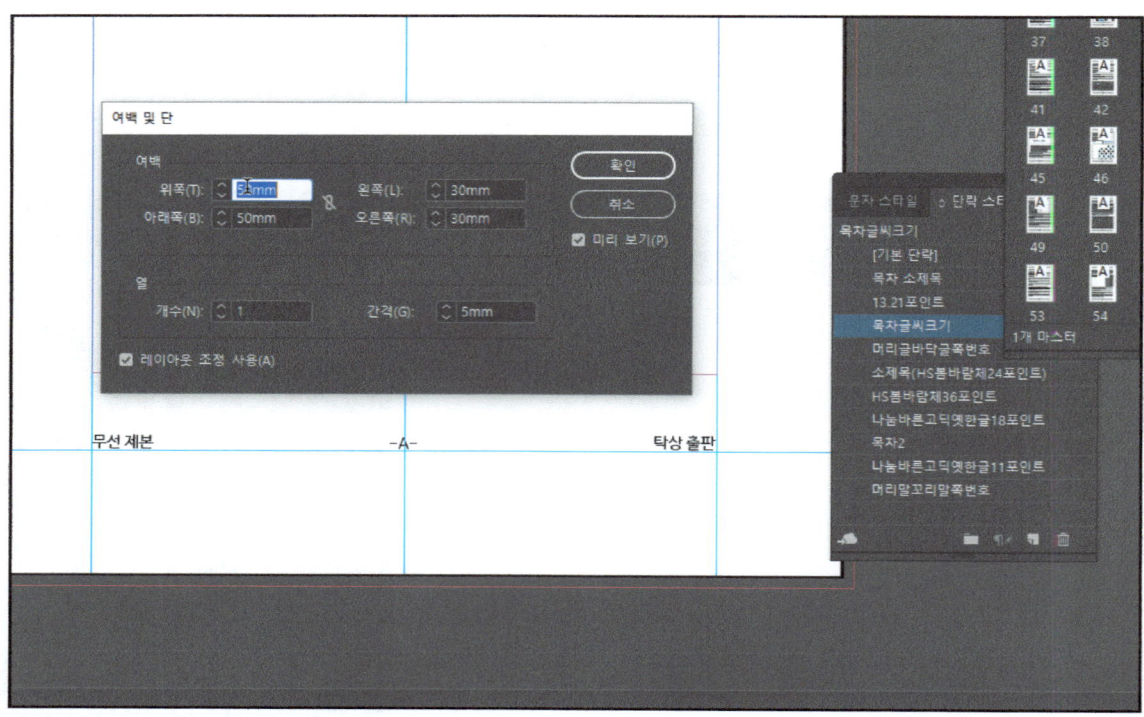

위에 보이는 화면이 인디자인에서 작성한 문서의 모든 여백을 조절하는 대화상자인데요, 가벼운 문서의 경우 즉시 변경이 되며, 필자의 경우 312페이지 책의 원고를 수정하는 것이기 때문에 상당한 시간이 걸립니다.

즉, 위의 대화상자를 보면, 필자가 앞에서 설명한 바와 같이 필자는 항상 상하 여백은 50mm 를 주고, 좌우 여백은 30mm 를 주어서 원고를 작성하고 제본을 하기 전에 원고의 좌측을 3mm 재단을 하고 제본을 합니다.

이 때, 현재 44만장 인쇄를 한 프린터의 경우 어떠한 방법을 써도 A4용지에 인쇄를 할 때 정상보다 1~2Cm 밑으로 인쇄가 됩니다.

그래서 위의 여백 조절 대화상자에서 위쪽 여백을 줄이고, 아래쪽 여백을 늘려서 문서의 여백 조절을 했습니다.

그랬더니 결과는.. 아아아아, 오호라 통제여.. 울고 싶어라.. 입니다.

인디자인은 한글 프로그램과 같이 엉망은 되지 않습니다.

그러나 전체 페이지 중에서 제대로 여백 조절이 된 것은 10% 정도이고요, 예를 들어 지금 이 책의 경우 텍스트, 즉, 글씨, 장제목, 절 제목, 문단 등이 있는데요, 글씨는 위로 올라가고 삽화는 그대로 있는 경우, 삽화는 그대로 있고, 글씨만 위로 올라갔으므로 글씨가 삽화 밑으로 가거나 위로 겹쳐지게 올라가서 보기에 흉하고 독자가 볼 때 글씨가 사라진 것같이 보이기도 하는 등의 문제가 있습니다.

이 뿐만이 아닙니다.

문제는 이런 현상이 이 반대의 현상도 나타나고, 예를 들어 지금 설명하는 단원은 '2-3-9. 여백 조절' 단원인데요, '2-3-9. 여백 조절' 이라는 단원 제목만 위로 올라가서 위에 있는 텍스트와 겹쳐서 나타나기도 합니다.

다시 말해서 한글 프로그램과 같이 개판이 되지는 않지만, - 인디자인은 모든 페이지에 프레임이라는 일종의 레이어를 사용하기 때문에 어떠한 페이지를 수정하더라도 다른 페이지는 영향을 받지 않기 때문에, 한글 프로그램과 같이 엉망은 되지 않지만,..

서로 다른 페이지는 영향을 받지 않지만, 하나의 페이지에서 여백 조절이 된 부분과 되지 않은 부분이 섞여서 결과적으로는 결국 필자의 경우 100권이나 되는 책을 버려야 하는 불상사가 발생을 한 것입니다.

이해가 되시는지요..?

그래서 급히 필자의 [유튜브 채널]에 올렸던 동영상 하단 설명을 수정하여 인디자인의 여백 및 단 메뉴는 되기는 되지만, 안 되므로 사용하지 말라고 수정하여 올렸습니다.

그래서 결국 필자는 일단 마스터 페이지를 더블 클릭하여 마스터 페이지 편집 화면에서 [Ctrl + A] 명령으로 천제 선텍을 한 다음, 마스터 페이지부터 위로 이동하고 이후 모든 페이지를 모두 위로 이동하여 다른 이름으로 저장을 했습니다.

이 작업을 무려 312페이지이므로 312번을 반복해서 작업을 했고요, 팔도 아프고 죽을 맛이지만, 이렇게 일일이 수정을 해야 한다는 것을 아시기 바랍니다.

지금 설명한 것은 사실 프로그램의 문제가 아닐 수 있습니다.

프로그래밍이라는 것은 예를 들어 ..if~ then.. 등의 프로그래밍 언어를 사용하여 어떠어떠하면 어떠어떠해라.. 는 식으로 프로그래밍을 하게 됩니다.

즉, 어도비 시스템즈의 프로그래머들이 프로그래밍을 할 때는 분명히 제대로 작동하게 프로그래밍을 했을 것입니다.

문제는 312페이지 문서의 모든 여백을 조절하는 과정에서 필자가 사용하는 컴퓨터의 사양이 딸려서 제대로 모든 여백 조절이 안 되었을 수도 있습니다.

다시 말해서 슈퍼 컴퓨터와 같은 엄청난 고성능 컴퓨터를 사용했다면 제대르 여백 조절이 되었을 수도 있습니다.

그러나 필자가 사용하는 컴퓨터도 인텔 i7-7세대 컴퓨터이고요, 필자는 물론, 어떠한 개인이 슈퍼 컴퓨터를 개인용 PC로 사용하는 사람이 있겠어요..??

따라서 어떠한 사람이라도 PC, 즉, 개인용 컴퓨터에서는 이러한 기능은 제더로 작동하지 않는다고 보아야 합니다.

그래서 필자는 무려 312페이지를 모조리 일일이 여백을 조절하여 지금도 옆에서 인쇄는 계속되고 있습니다.

그래서 지금 설명하는 단락 스타일에서도 기본적인 기능 외에는 필자는 잘 될거라고 믿지 않기 때문에 기본적인 단락 스타일 이름, 글꼴, 크기 등만 지정을 하 서 사용하는 것입니다.

2-2-10. 글꼴(Font) 설치하는 방법

바로 앞에서 필자의 경우 [단락 스타일]의 기본적인 기능만 사용해서 원고를 집필한다고 했는데요, 이 때 지정하는 글꼴, 즉, 글씨체, 폰트 사용 방법입니다.

근본적으로 윈도우즈 운영체제의 글꼴, 즉, 폰트는, C 드라이브의 윈도우즈 폴더의 Font 폴더에 들어 있고요, 글꼴 파일을 이 폴더 안에 넣으면 저절로 글꼴 설치가 됩니다.

지금 얘기하고자 하는 문제는, 아무 글꼴이나 사용하면 안 된다는 점입니다.

필자의 경우 군생활을 제외하고는 거의 한 평생을 개인 사업을 했기 때문일 수도 있겠습니다만, 필자의 경우 글꼴 제작 업체로부터 여러 번 고소를 당해서 무료 폰트, 상업용으로도 무료로 사용할 수 있는 폰트만 사용합니다.

지금 이 글을 쓰는 책의 원고에 사용된 글꼴 역시 네이버에서 상업용으로도 무료로 배포한 나눔 글꼴을 사용했고요, 지금 이 글씨는 나눔 바른고딕 옛한글 폰트입니다.

무료 폰트는 인터넷으로 얼마든지 다운로드 가능하고요, 먼저 무료 폰트를 검색하여 원하는 폰트를 다운로드합니다.

요즘은 인터넷으로 많은 사람들이 들어오게 하며 수익을 창출하는 것이 곧 사업이므로 이러한 무료 폰트를 무료로 개방하여 많은 사람들이 찾아와서 다운로드를 할 수 있는 곳이 많이 있습니다.

잘 찾아보면 무료로 사용할 수 있을 뿐만 아니라 아주 예쁜 폰트도 많이 있으므로 잘 찾아서 원하는 글꼴을 다운로드 합니다.

필자는 필자의 책에 사용할 폰트이므로 당연히 상업용으로도 무료로 사용할 수 있는 폰트를 다운로드했고요, 이렇게 다운 받은 글꼴 파일은 윈도우즈 폰트 폴더에 집어 넣으면 글꼴이 설치됩니다.

유튜브에서 '가나출판사' 검색하여 동그란 원 안에 들어 있는 필자의 얼굴을 클릭하면 필자의 [유튜브 채널]에 오실 수 있고요, 방금 무료 폰트 및 글꼴 설치하는 방법이라는 동영상을 올려 놓았으므로 필자의 [유튜브 채널]에 오셔서 관련 영상을 보시기 바랍니다. (e-Book은 책 속에 있는 링크를 클릭하면 됩니다.)

2-2-11. 문자 도구

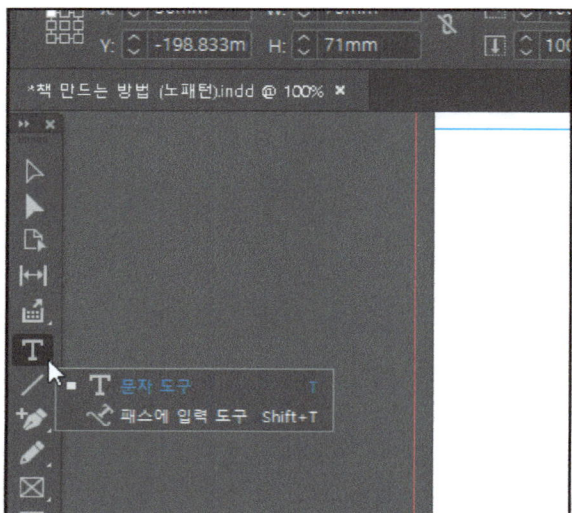

문자 도구를 꾹 누르면 좌측과 같이 2개의 도구가 나타나는데요, 위에 있는 문자 도구가 지금 이 글을 쓰는 문자 도구이고요, 패스에 입력 도구는 문자 그대로 패스에 글씨를 입력할 수 있는 도구입니다.

포토샵과 같이 어도비사에서 개발한 프로그램이기 때문이고요, 그래서 패스에 대해서 알아야 합니다.

2-2-12. 펜 도구

우측 화면 참조하여 마우스가 가리키는 펜 도구를 선택합니다.

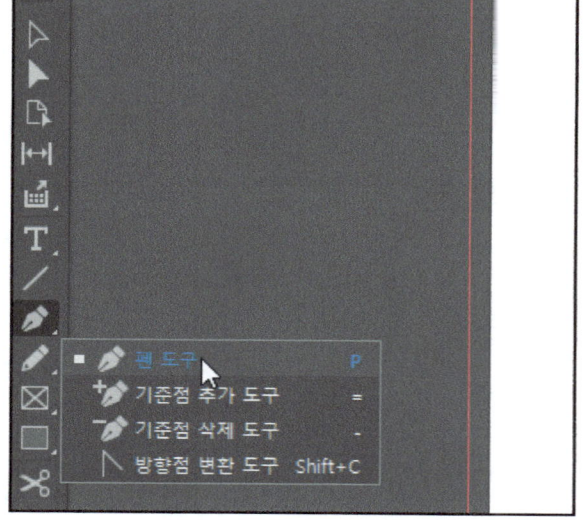

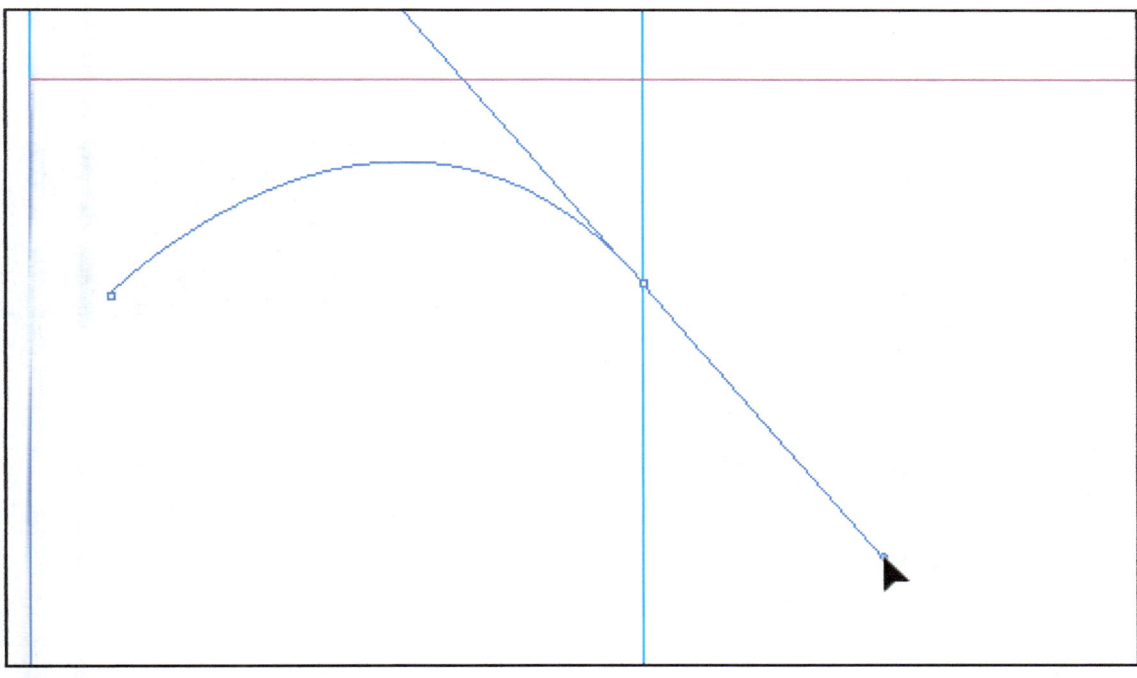

위의 화면 참조, 좌측 점을 먼저 클릭한 다음, 우측 점을 클릭하고 클릭한 그대로 마우스를 드래그하여 잡아 당기면 위와 같이 패스가 그려집니다.

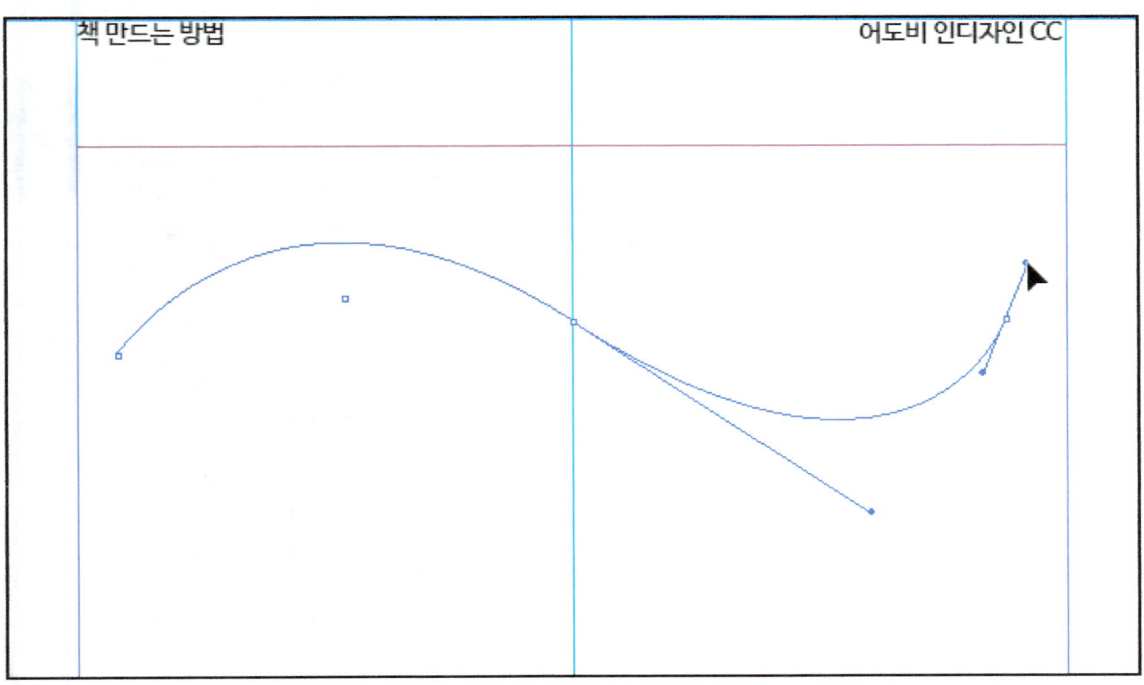

그리고 앞의 화면에 보이는 것과 같이 다시 맨 우측을 클릭하고, 클릭한 채로 마우스를 드래그하면 앞의 화면에 보이는 것과 같은 곡선이 그려지고요, 엔터를 치면 패스 그리기가 완성됩니다만, 패스가 보이지 않습니다.

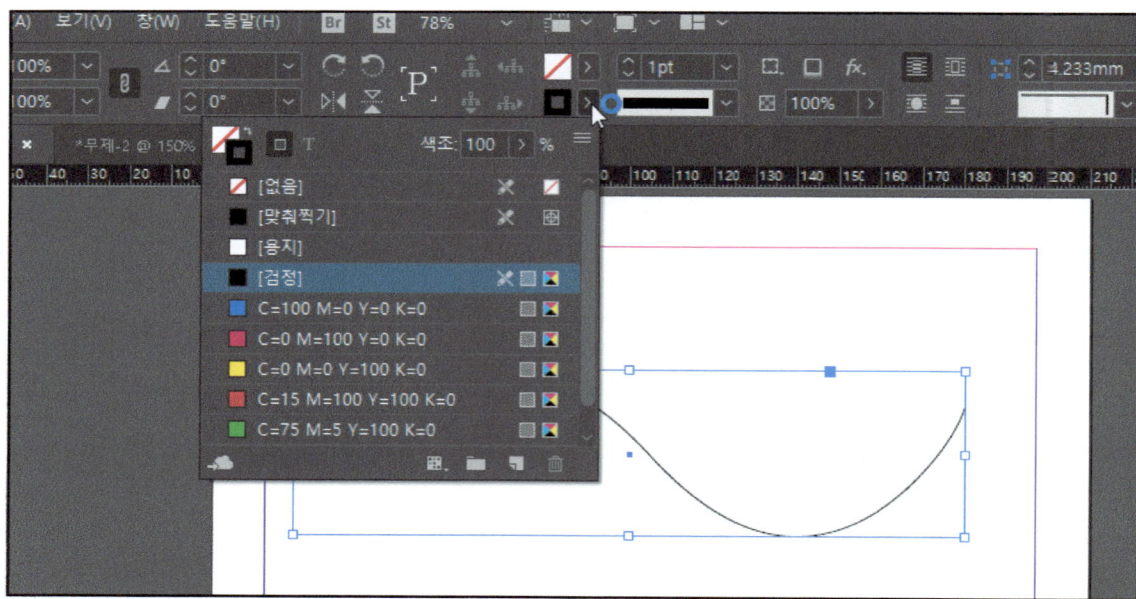

이 때는 패스를 선택하고 위의 화면 마우스가 가리키는 곳을 클릭하여 색상을 지정해 주면 패스가 나타납니다.

패스가 나타나면 우측 화면 참조하여 패스에 입력 도구를 선택하고 다음 화면에 보이는 것과 같이 먼저 글씨를 입력한 곳의 패스를 클릭하면 그곳에 커서가 나타나며, 계속 타자를 치면 패스를 따라서 문자가 입력됩니다.

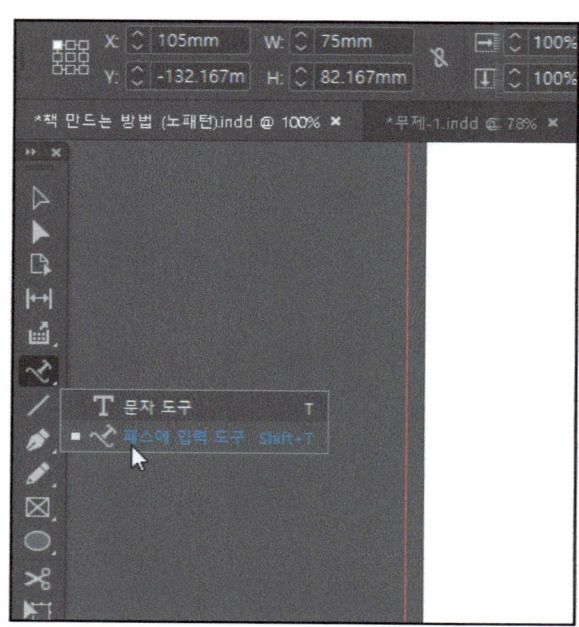

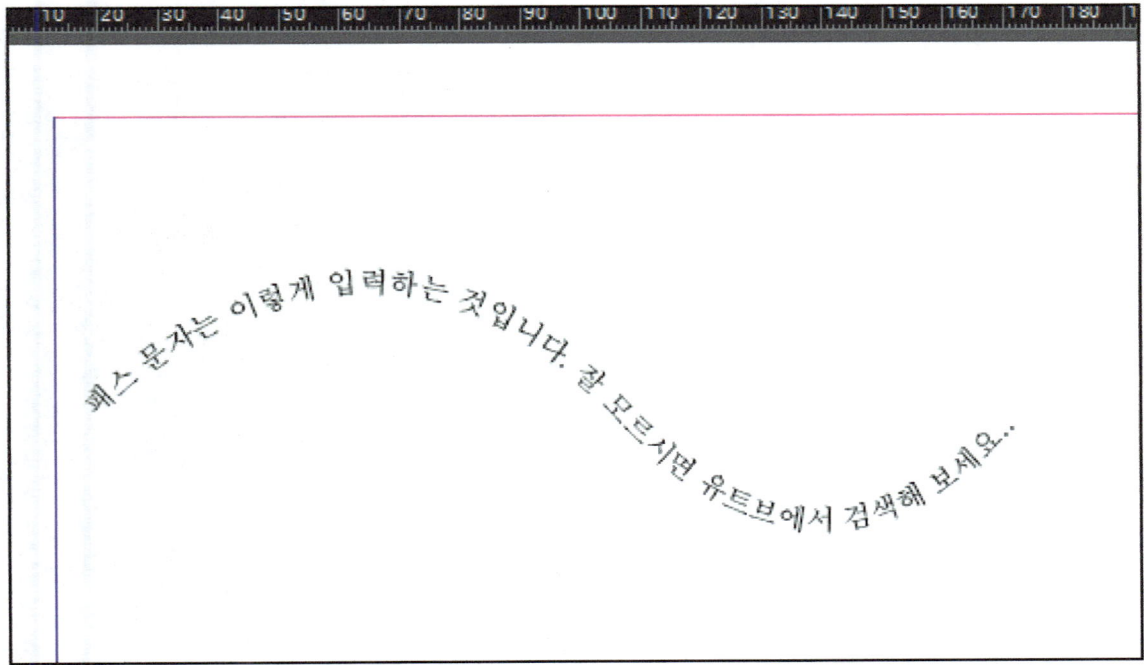

지금 설명한 것은 만일 여러분이 정말 왕초보라면 여기 설명 만으로는 이해를 할 수 없을 수도 있습니다.

이해가 잘 안 되시는 분은 유튜브에서 '가나출판사' 검색하여 동그란 원 안에 있는 필자의 얼굴을 클릭하여 필자의 [유튜브 채널]에 오셔서 '패스 문자' 등으로 검색하여 필자가 동영상을 만들어서 올려놓은 것을 보시기 바랍니다.

2-2-13. 선도구

선 도구는 문자 그대로 선을 그릴 수 있는 도구입니다.

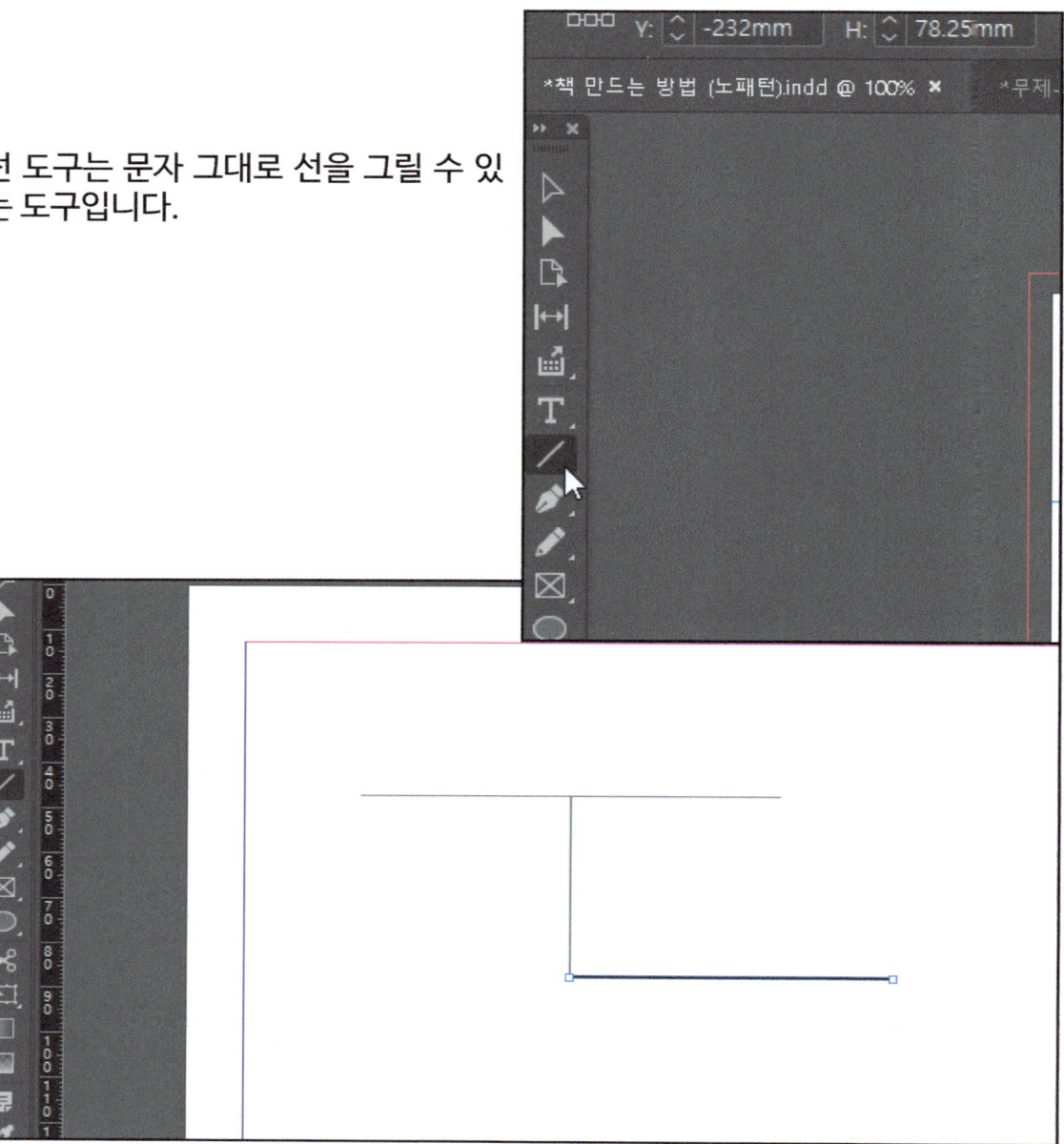

선 도구는 단순히 선만 그릴 수 있는 것이 아닙니다.

위와 같이 선 도구를 선택하고 화면에 선을 그린 다음, 다음 화면에 보이는 [획] 패널에서 화살표 등 여러가지 효과를 줄 수 있습니다.

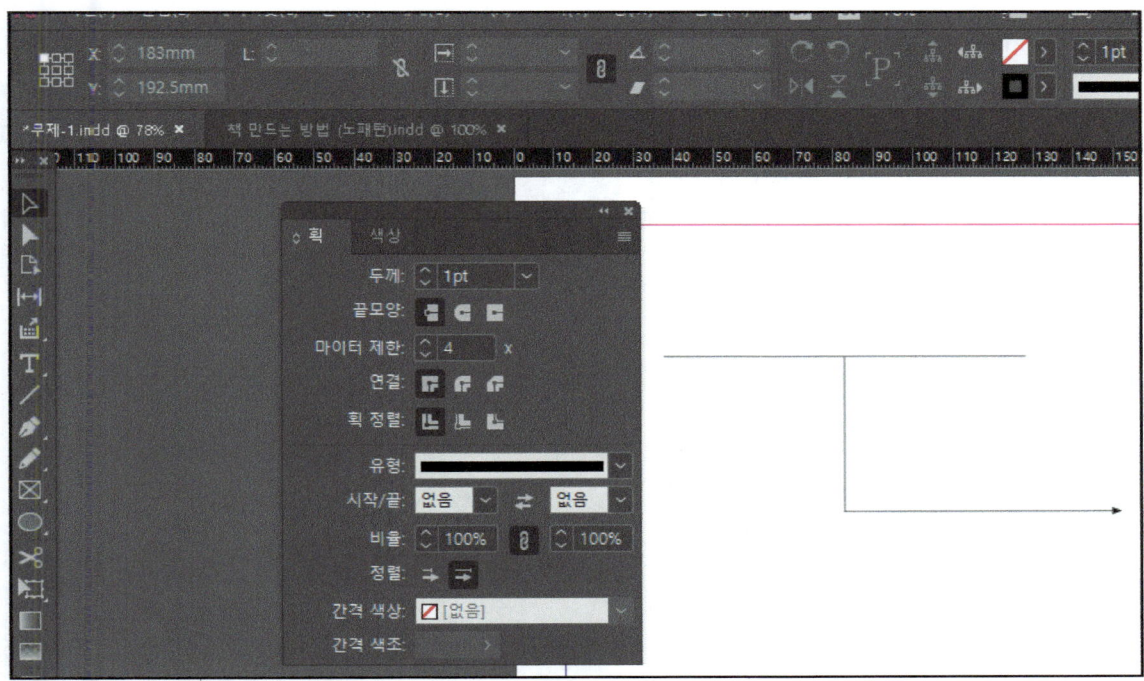

우측 화면 참조, 선의 종류 및 굵기, 색상, 효과 등도 자유롭게 지정할 수 있습니다.

[참고] 획 패널은 인디자인 메뉴 [창]-[획]에서 보이게 혹은 보이지 않게 할 수 있고요,..

이와 별개로 인디자인 상단 메뉴 밑에 있는 메뉴에서 지정할 수도 있습니다.

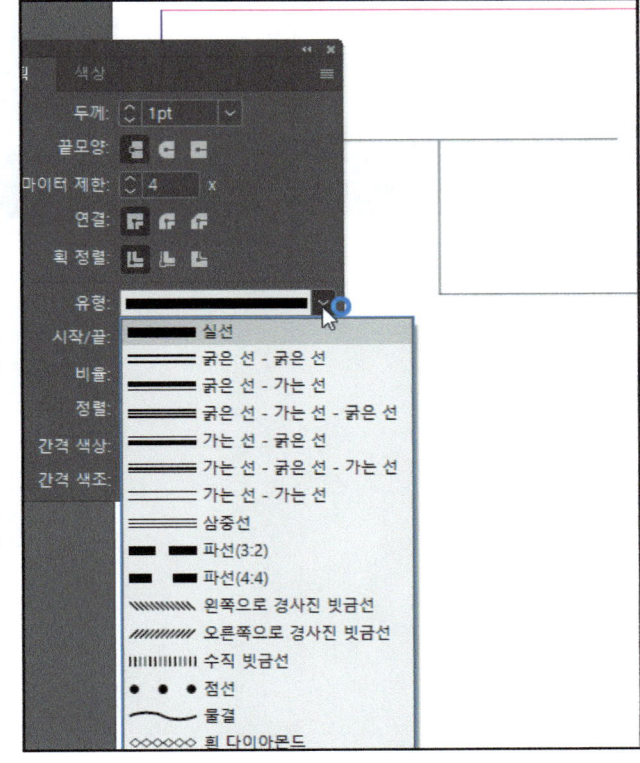

2-2-14. 펜 도구(2)

앞에서 펜 도구에 대해서 알아 보았고요, 필자의 [유튜브 채널]에 동영상으로 만들어 올렸습니다만, 우측 화면에 보이는 것과 같이 펜 도구는 다시 기준점 추가 도구, 기준점 삭제 도구, 방향점 변환 도구로 세분화되어 있습니다.

펜 도구는 화면을 클릭하고 그리는 대로 패스가 생성되며 이 패스에 기준점을 추가하여 패스를 변형시킬 때 [기준점 추가 도구]를 사용하고 반대로 기준점을 삭제할 때 [기준점 삭제 도구]를 사용합니다.

[방향점 전환 도구]는 다음 설명 참조하세요.

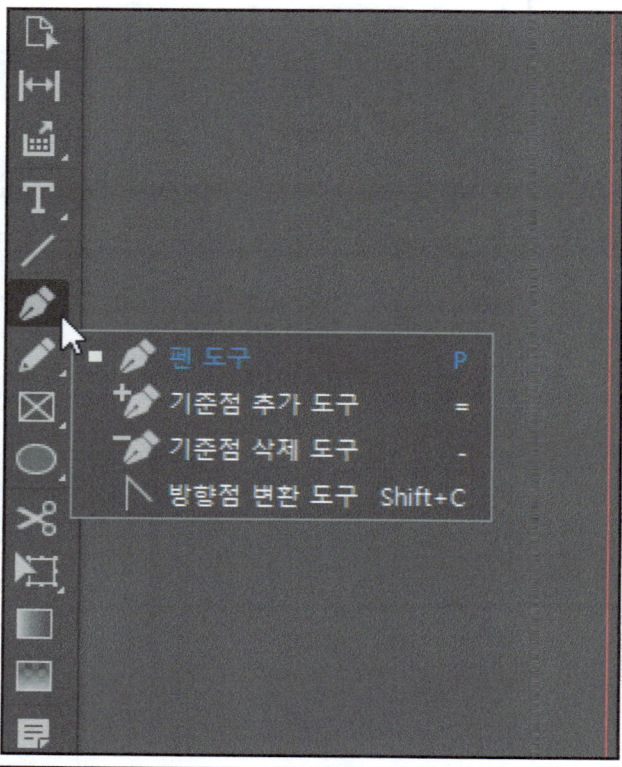

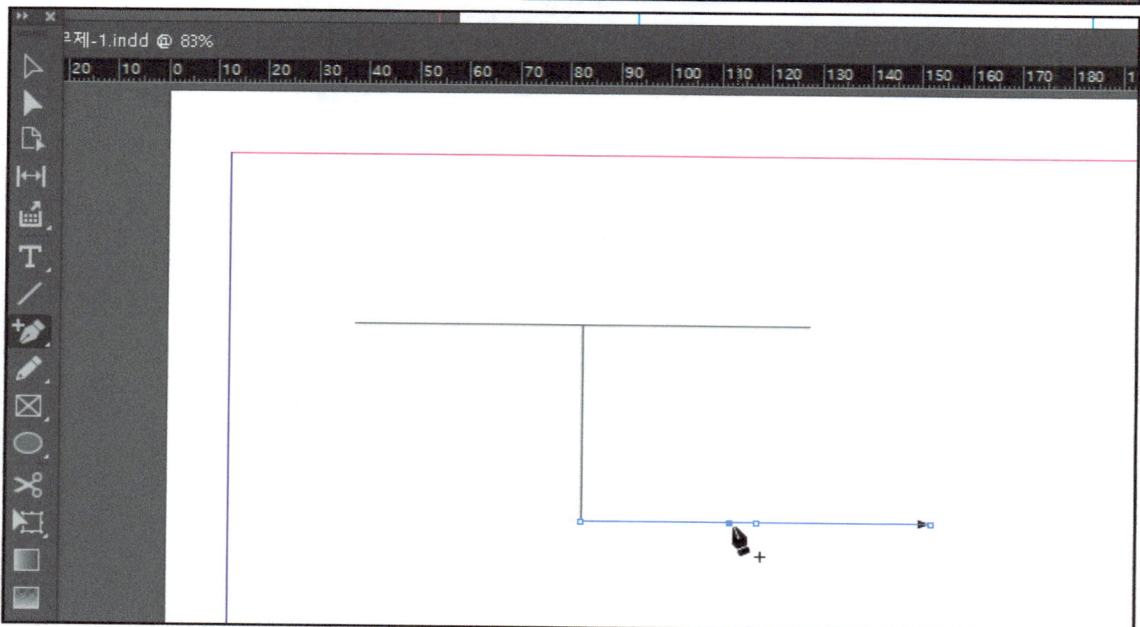

앞의 화면에 보이는 것과 같이 [기준점 추가 도구]로 아까 그렸던 선, 화살표를 클릭하면 앞의 화면에 보이는 것과 같이 기준점이 추가됩니다.

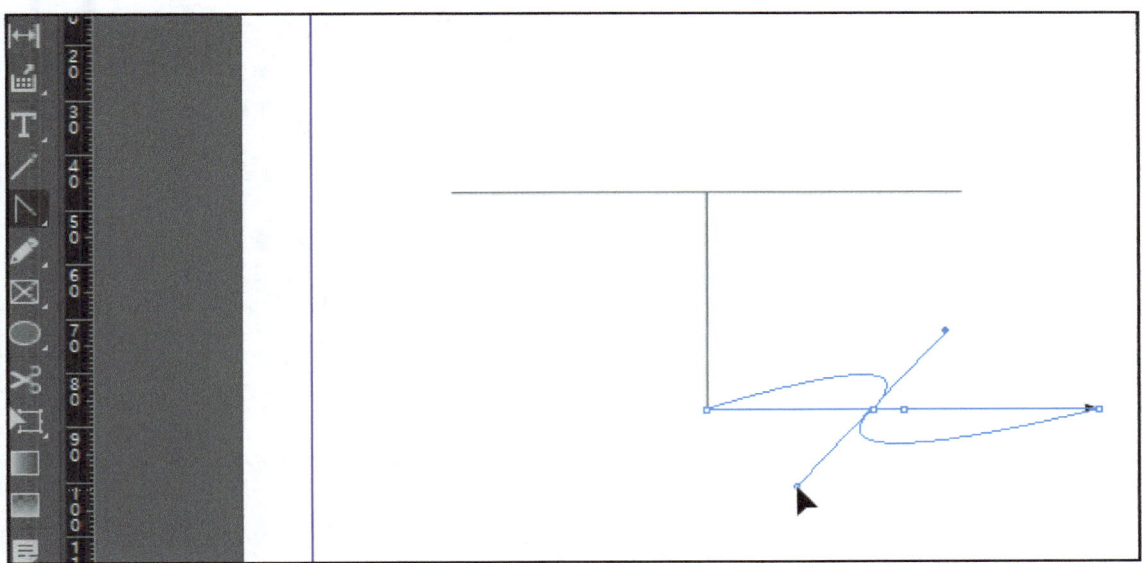

위의 화면 참조, [방향점 전환 도구]를 사용하여 방금 추가한 기준점을 클릭 드래그 하면 위의 화면에 보이는 것과 같이 패스를 변형시킬 수 있습니다.
엔터를 쳐서 결과를 확인하면 다음과 같이 변경된 것을 볼 수 있습니다.

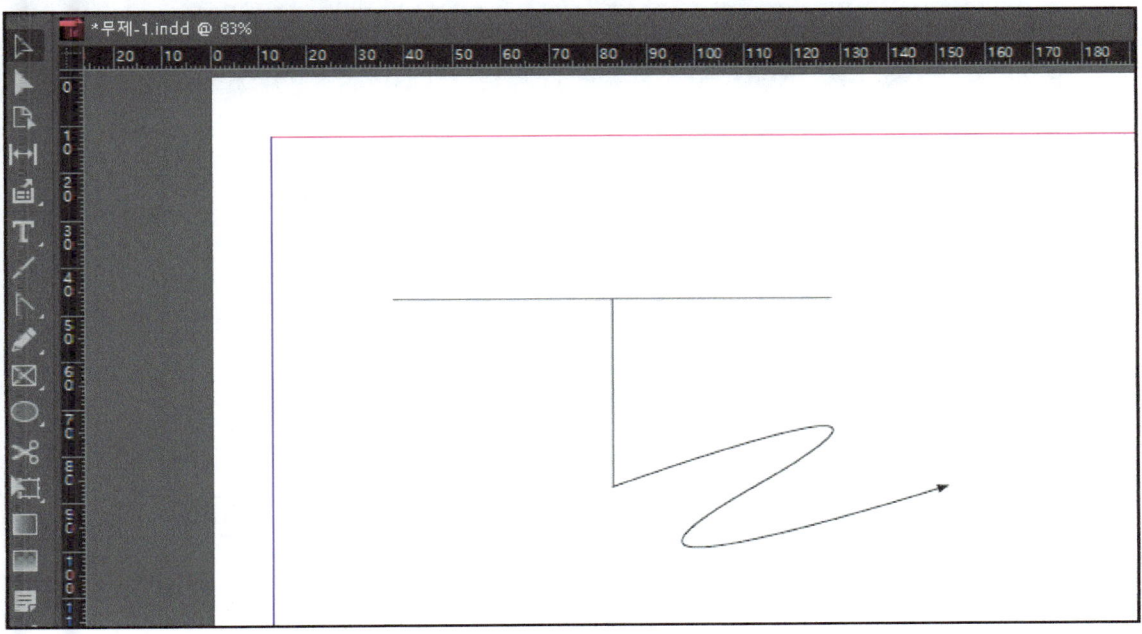

2-2-15. 연필 도구

연필 도구는 우측 화면에 보이는 것과 같이 3개의 툴로 이루어져 있는데요, 펜과 달리 연필은 문자 그대로 연필같이 자유롭게 드로잉을 할 수 있고요, 이렇게 자유롭게 드로잉을 한 선(패스)를 부드럽게 하는 도구, 선을 지우는 도구로 구성되어 있습니다.

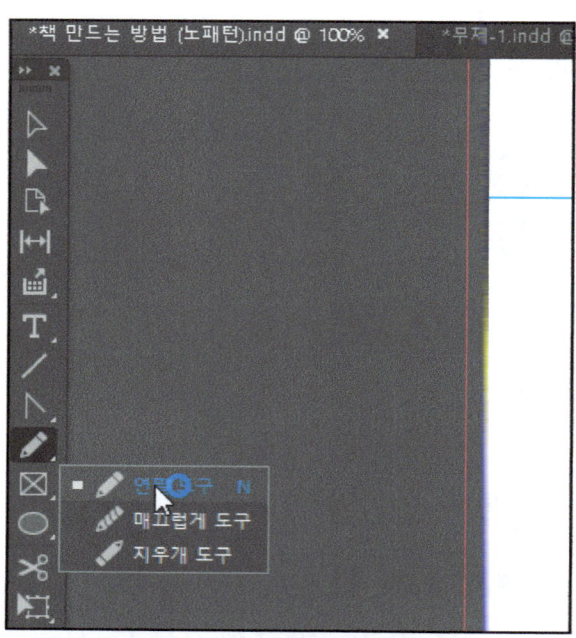

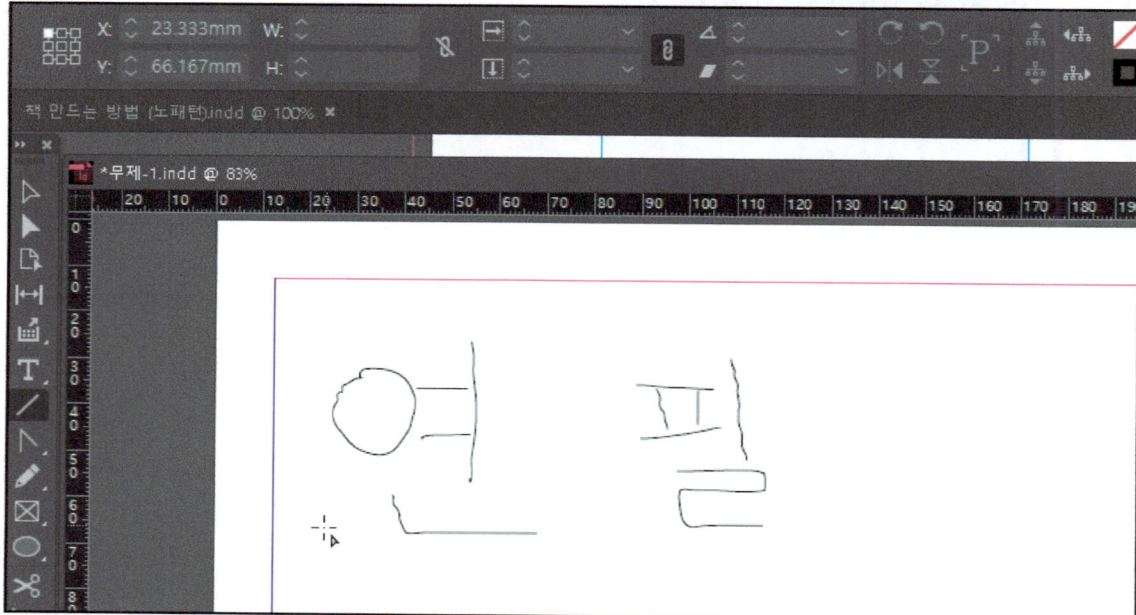

위와 같이 자유롭게 드로인을 할 수 있고요, 이렇게 자유롭게 그리는 과정에서 왜곡되거나 급격하게 구부러진 구간 등을 [매끄럽게 도구]로 문지르면 그 부분이 부드럽게 변형됩니다.

[지우개 도구]는 지우고자 하는 구간을 드래그하여 선택하거나 문지르면 그 부분이 지워집니다.
잘 지워지지 않는 부분은 선택 도구 혹은 직접 선택 도구로 선택하고 [Del] 키를 눌러서 삭제하면 됩니다.

2-2-16. 사각형 프레임 도구

지금 이 글씨를 타자하는 것은 문자 도구를 사용하여 사각형 프레임을 그린 후에 글씨를 타자하는 것입니다.

이에 비하여 이 책에 많이 들어 있는 삽화를 넣기 위해서는 우측 화면 마우스가 가리키는 [사각형 프레임 도구]로 사각 프레임을 먼저 그린 다음, 그 사각형 프레임을 선택한 상태에서 [Ctrl + Alt + V] 명령으로 붙여 넣는 것입니다.

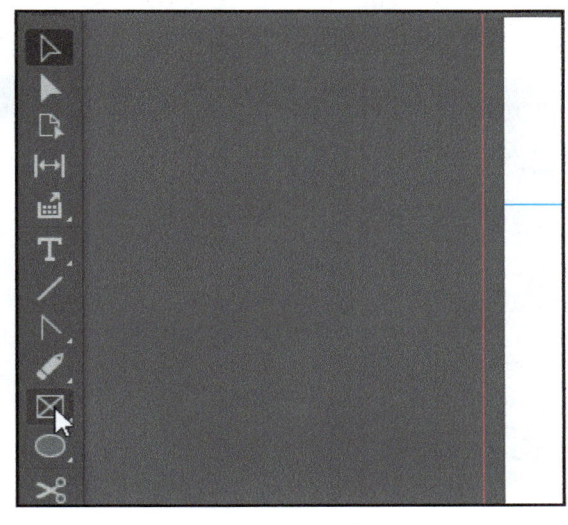

2-2-17. 글씨 타자하는 방법

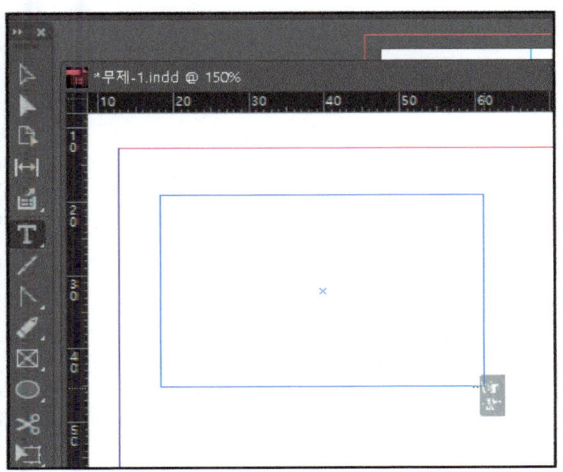

인디자인에서 글씨를 타자하기 위해서는 좌측 화면 참조, [문자 도구]로 클릭 드래그하여 사각 텍스트 박스를 먼저 그립니다.

그리고 이 사각형 텍스트 박스 안에 커서가 나타나며, 이 때 타자를 칠 수 있는 것입니다.

2-2-17. 다각형 도구

우측 화면 참조, 사각형 도구, 원형 도구, 다각형 도구 모두 그대로 사각형, 원형, 다각형 도형으로 사용할 수도 있고요, 예를 들어 다각형을 그리고 그 안에 타자를 하고 다각형이 안 보이게 해서 다각형 모습으로 글씨를 보이게 할 수도 있습니다.

좌측 화면 참조하여, 다각형 도구를 선택하고 화면에 다각형을 한 개 그립니다.

우측과 같이 타자하고 글씨 크기를 조절하여 다각형 안에 글씨가 다 들어가도록 합니다.

글씨 크기는 인디자인 메뉴 [문자] - [문자] 패널을 열고 글씨 크기를 조절할 수 있습니다.

우측 화면 (1)을 선택하고 (2)를 클릭하여 (3)을 선택해서 선의 색상을 없음으로 지정합니다.

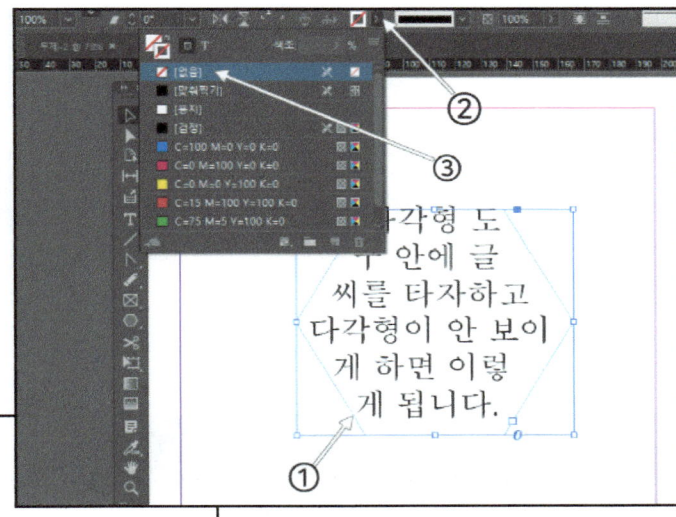

다각형의 선의 색상을 없음으로 처리해도 선이 보이지만, 이것은 인쇄할 때는 보이지 않습니다.

그리고 좌측 화면 참조하여 교정을 볼 때와 같이 [미리 보기] 화면에서도 선이 보이지 않습니다.

2-2-19. 가위 도구

가위 도구는 패스를 잘라 낼 때 사용합니다.

우측 화면 참조하여 가위 도구를 선택하고 조금 전에 그린 다각형에 가져가면 우측과 같이 나타납니다.

우측 화면 참조, 가위 도구를 선택하고 패스에 마우스를 가져가서 우측 화면에 보이는 것과 같이 가위 도구가 + 모습으로 바뀌었을 때 클릭하면 그 부분의 패스가 잘라집니다.

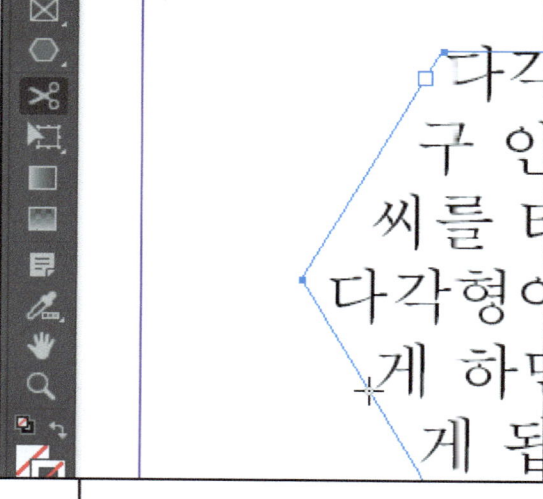

좌측 화면 참조하여, [직접 선택 도구]를 사용하여 잘라진 패스를 잡아 당기면 좌측과 같이 패스가 벌어집니다.

우측과 같이 잘라진 패스를 잡아 당겨서 변형시킬 수 있습니다.

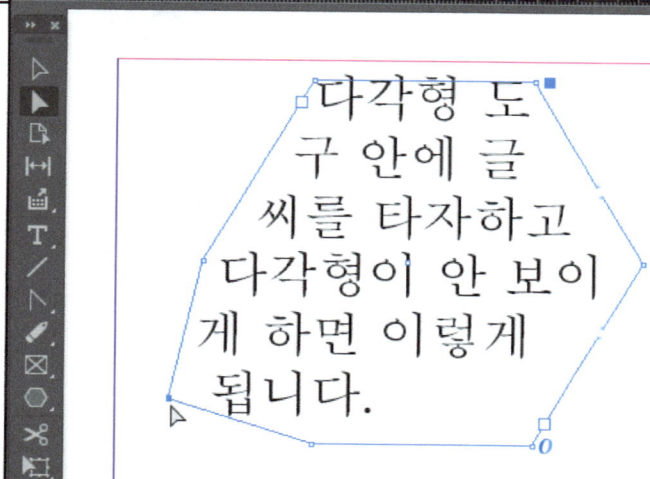

2-2-20. 자유 변형 도구

우측 화면 참조, 자유 변형 도구는 직접 선택 도구와 별반 다르지 않습니다.

개체의 크기 조절, 이동, 꼭지점에 대고 회전 시킬 수도 있습니다.

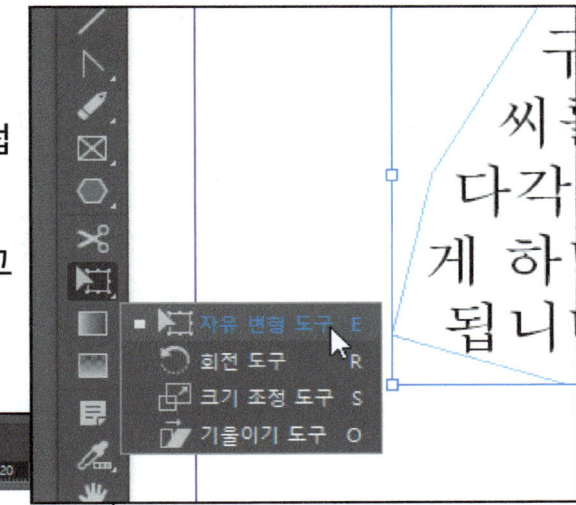

좌측 화면 참조하여, [직접 선택 도구]를 사용하여 잘라진 패스를 잡아 당기면 좌측과 같이 패스가 벌어집니다.

우측과 같이 잘라진 패스를 잡아 당겨서 변형시킬 수 있습니다.

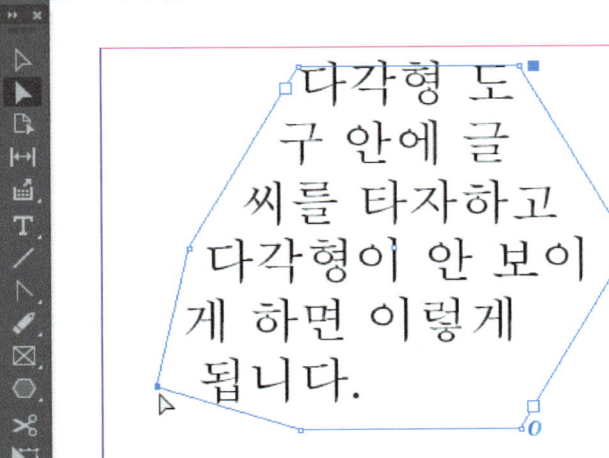

2-2-21. 회전 도구

선택 도구를 사용하여 개체의 꼭지점에 마우스를 가져 갔을 때 반달 모양으로 바뀌었을 때 클릭 드래그하면 개체를 회전시킬 수 있는데요, 우측에 보이는 [회전 도구]는 다음과 같이 사용할 수 있습니다.

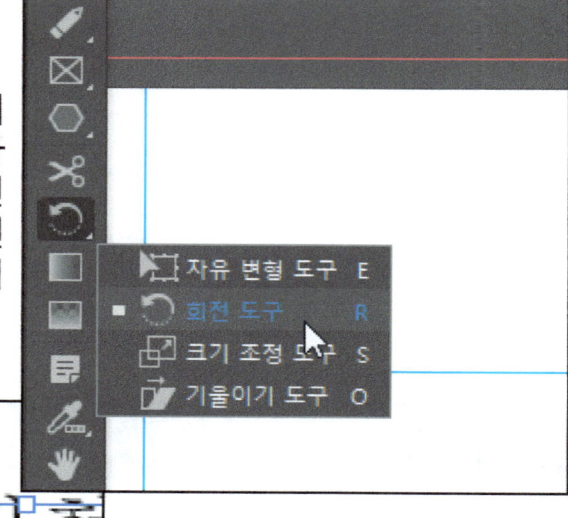

[회전 도구]를 선택하고 좌측 화면 좌상단에 보이는 것고- 같이 어느 꼭지점 혹은 작은 사각형 모양의 방향점에 가져가서 열 십자 모양으로 되었을 때 클릭하면 그 곳이 회전 중심축이 됩니다.

이제 우측과 같이 어떠한 방향점이라도 선택하고 드래그하면 조금 전에 클릭하여 생긴 회전축을 중심으로 개체를 회전시킬 수 있습니다.

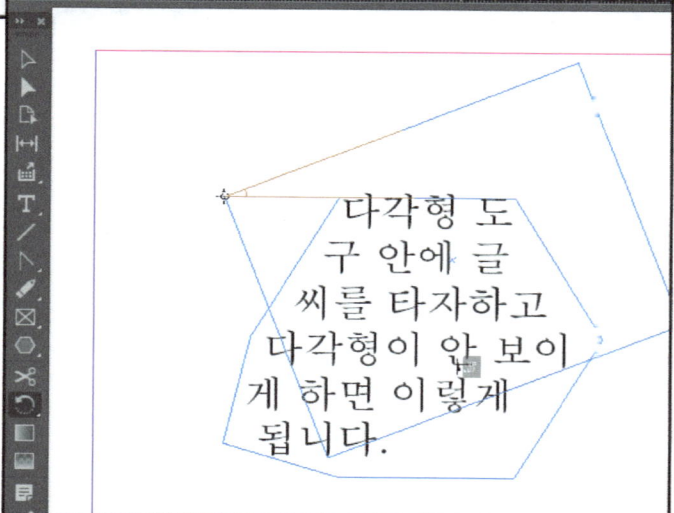

2-2-22. 크기 조정 도구

선택 도구를 사용하여 개체의 꼭지점에 마우스를 가져 갔을 때 반달 모양으로 바뀌었을 때 클릭 드래그하면 개체를 회전시킬 수 있는데요, 우측에 보이는 [크기 조정 도구]는 다음과 같이 사용할 수 있습니다.

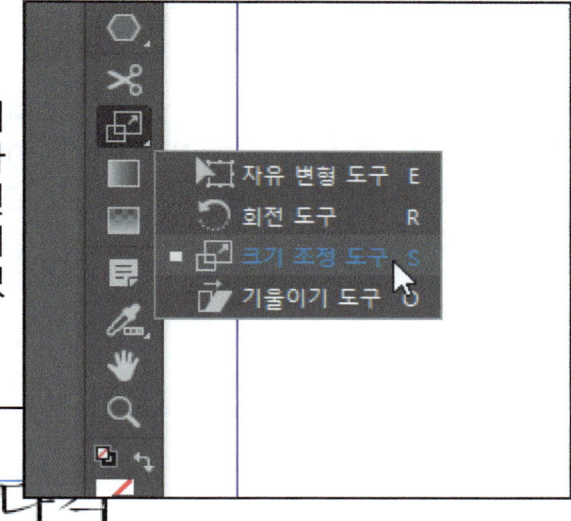

좌측 화면 참조, [크기 조정 도구]를 선택하고 좌측 화면 좌상단에 보이는 것과 같이 어느 꼭지점 혹은 작은 사각형 모양의 방향점에 가져가서 열 십자 모양으로 되었을 때 클릭하면 그 곳이 크기 조절 중심축이 됩니다.

이제 우측과 같이 어떠한 방향점이라도 선택하고 드래그하면 조금 전에 클릭하여 생긴 중심축을 기준으로 개체의 크기를 조절 할 수 있습니다.

이 때 [크기 조정 도구]를 꼭지점이 아닌, 우측과 같이 가운데 방향점을 클릭하여 그곳을 기준점으로 만든 다음 크기를 조절하면 다음과 같이 변형됩니다.

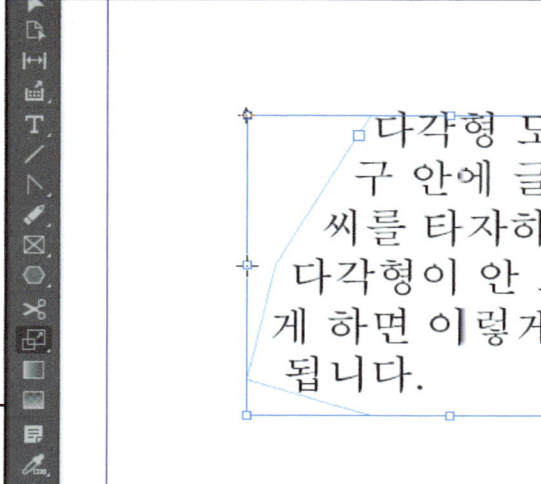

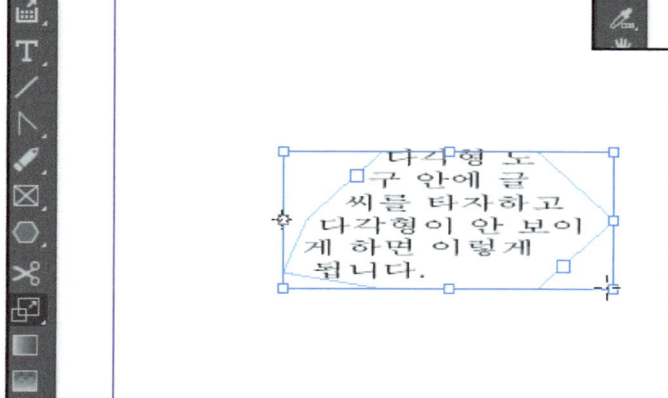

좌측과 같이 조금 전에 클릭한 중간 지점을 중심으로 변형이 됩니다.

2-2-23. 기울이기 도구

우측 화면에 보이는 [기울이기 도구]를 사용하면 개체를 기울일 수 있습니다.

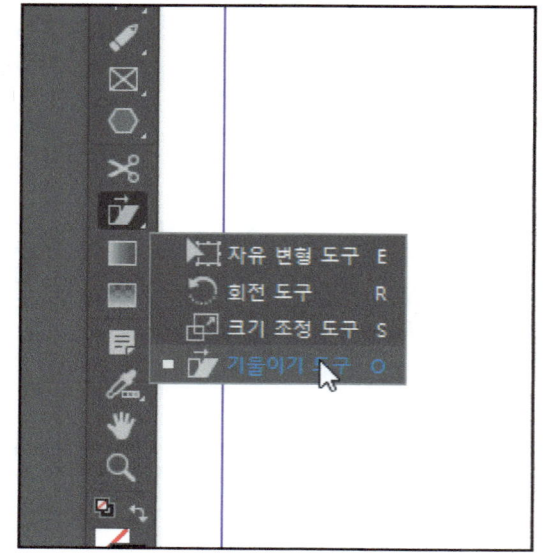

우측 화면 참조, [기울이기 도구]를 선택하고 우측 화면에 보이는 것과 같이 좌 상단 꼭지점을 클릭하면 그곳이 기울이기 기준점이 됩니다.

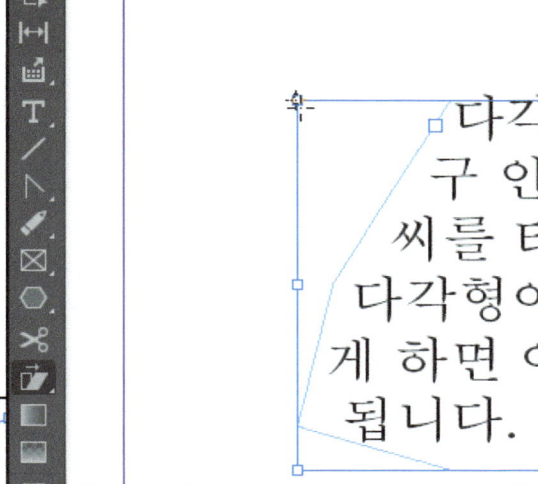

이제 다른 꼭지점을 클릭 드래그 하면 좌측 화면에 보이는 것과 같이 개체를 기울일 수 있습니다.

2-2-24. 삽화 넣는 방법

필자가 지금 열심히 진행을 하고 있습니다만, 혹시 이 책에 있는 수 많은 삽화들을 어떻게 삽입하는지 모르는 사람도 있을 수 있다는 생각에 여기서 잠깐 삽화를 넣는 방법을 설명하겠습니다.
우선 우측 화면 참조 사각형 프레임을 한 개 그립니다.

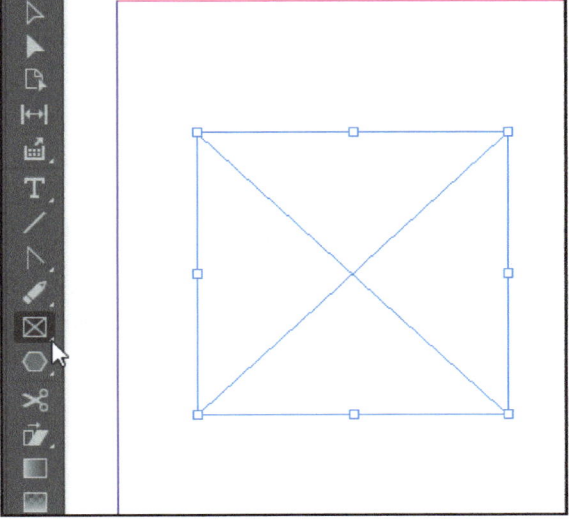

2-2-25. 알캡쳐

웬 뜸금없이 알캡쳐냐고 하실 분도 있을 텐데요, 삽화를 넣기 위해서는 이미지가 있어야 하며 화면에 보이는 모든 것을 이미지로 캡쳐하는 방법이 있어야 합니다. 윈도우즈에 기본으로 내장된 캡쳐 툴도 있지만, 필자는 알캡쳐를 사용합니다.

잘 아시는 분도 있겠습니다만, 잘 모르시는 분은 위의 화면 참조하여 알캡쳐 검색하여 다운로드하여 설치하고 실행을 합니다.
이런 정도는 누구나 할 수 있으므로 설치 및 실행하는 방법에 대해서는 생략하겠습니다.
혹시 전혀 모르시는 분을 위하여 필자의 [유튜브 채널]에 동영상을 만들어 올려 놓겠습니다.
유튜브에서 '가나출판사' 검색하여 동그라미 속에 있는 필자의 얼굴을 클릭하여 필자의 유튜브 채널에 오셔서 '화면 캡쳐' 등으로 검색해 보세요.

2-2-26. 그라디언트

우측 마우스가 가리키는 도구는 그라디언드 도구이고요, 그 밑에 보이는 도구는 그라디언트 패더도구인데요.. 그라디언트를 넣고 투명도 등을 조절할 때 사용하는 도구들입니다.

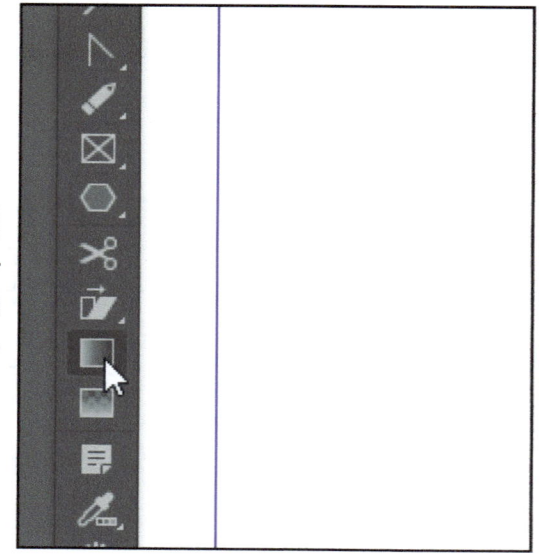

우측 화면 참조하여 화면에 우선 적당한 도형을 한 개 그리고 우측 화면의 마우스가 가리키는 그라이던트를 선택하고 개체의 위에서 아래 혹은 원하는 방향으로 클릭 드래그하면 우측에 보이는 것과 같이 그라데이션이 나타납니다.

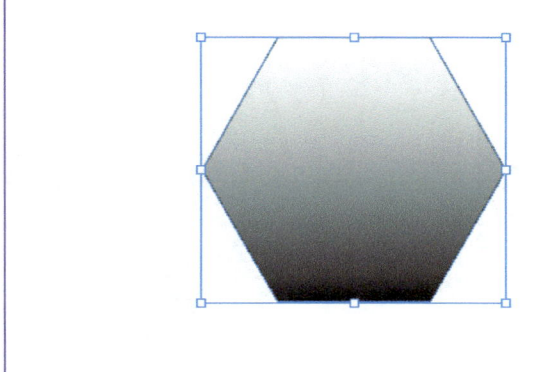

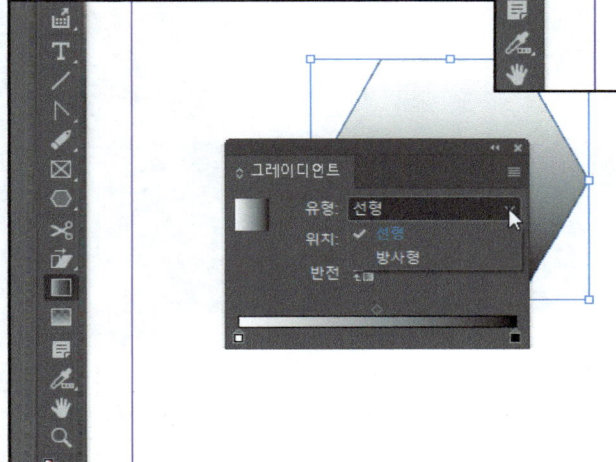

이 때 그라디언트 도구를 더블 클릭하면 좌측의 대화 상자가 나타나며 마우스가 가리키는 곳을 클릭하여 그라데이션이 선형으로 나타날지, 방사형으로 나타날지 선택할 수 있고요..
그라디언트 색상은 다음 방법으로 넣을 수 있습니다.

우측 화면 참조, 좌측 혹은 우측의 잉크통을 클릭하여 선택을 합니다.

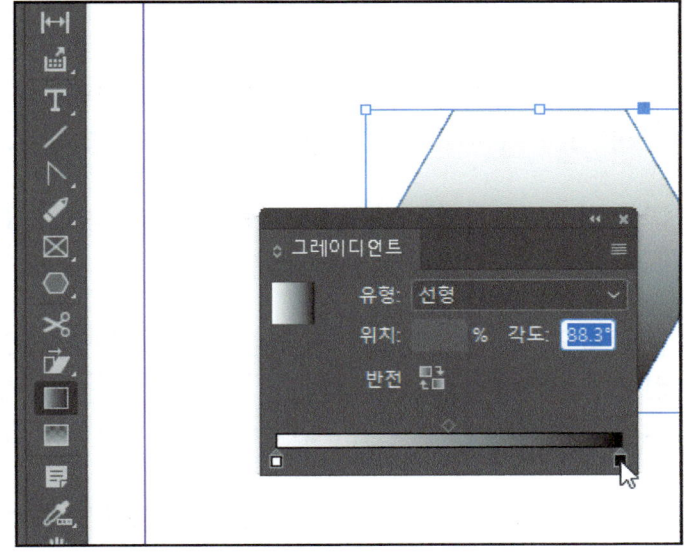

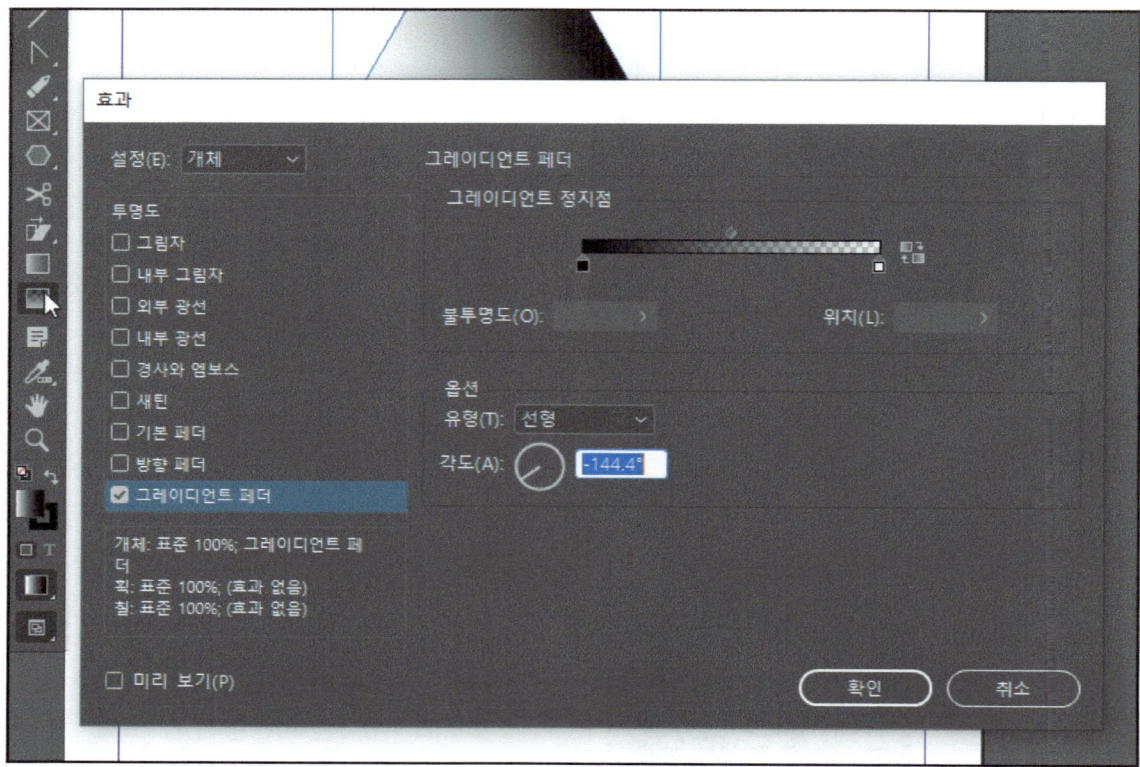

주의 및 참조 : 이 책의 앞 부분에서 필자의 다른 저서인 한글 2022 책에서 한글의 기능은 책의 원고를 집필하는 용도로는 부적합하고 한글 프로그램은 기본적으로 워드프로세서이므로 한글 프로그램으로 그래픽 등의 무리한 기능을 익히려고 애를 쓰지 말라고 기술하였더니..

어떤 한 독자가 필자에게 전화를 걸어서 한 시간이 넘게 심한 욕설을 얼마나 해 대던지 기가 막혀서 여러 날 동안 밥도 먹지 못하고 잠도 못 잔 적이 있는데요..

아무리 험한 세상이라지만, 이렇게 험한 일이 어디 있으며..
지금도 비슷한 설명을 하려고 합니다.

인디자인, 일러스트 등의 프로그램은 벡터 방식의 그래픽이라고 합니다.
반면에 포토샵으로 대변되는 2D 그래픽은 점으로 표현을 하며 인치당 몇 거의 점으로 이루어졌는가 하는 해상도라는 개념이 있습니다.

인쇄를 위한 해상도라면 300dpi(도트 퍼 인치 - 인치당 점의 수 - 많을 수록 고해상도이지만, 점의 수가 많아지므로 모든 점의 정보를 기억해야 하므로 용량이 엄청나게 커지고, 특히 포토샵에서는 글씨도 이미지로 처리하기 때문에(레스터 이미지라고 부릅니다.) 글씨를 확대하면 다음과 같이 보입니다.

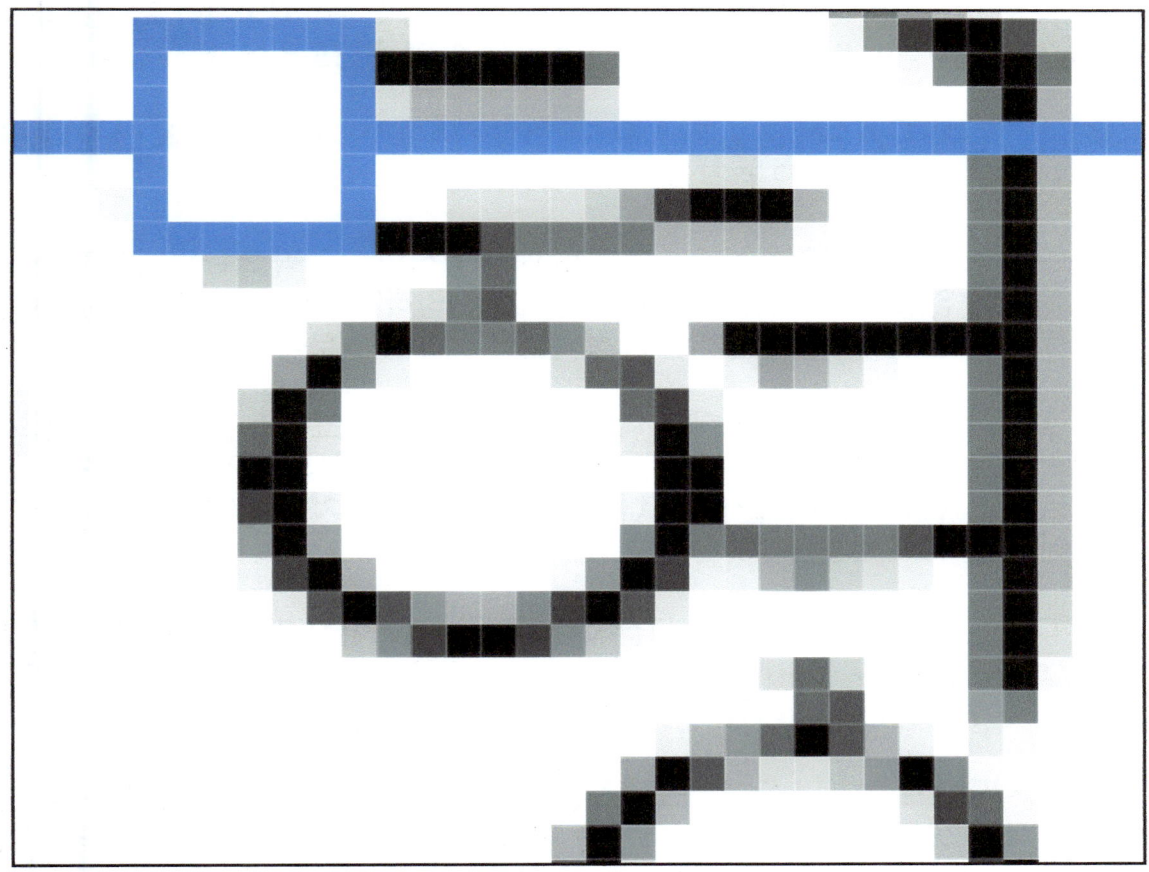

포토샵은 사진 편집 프로그램이기 때문에 위와 같이 글씨도 이미지로 처리하며 글씨를 확대하면 위의 화면에 보이는 것과 같이 가장자리가 계단 형태로 나타나며 전체적으로 글씨가 흐림 효과(포토샵에서는 가우시안 블러라는 기능으로 일부러 이렇게 흐리게 하는 기능이 있습니다.)를 준 것 같이 흐리게 보여서 책의 인쇄로는 부적합한 것입니다.

반면 일러스트로 대표하는 벡터 방식의 그래픽은 수학의 벡터 이론에 기반한 드로잉을 하기 때문에 글씨를 크게 확대를 해도 깨지지 않습니다.

그래서 일러스트나 이 책에서 다루는 인디자인은 벡터 방식의 프로그램이기 때문에 포토샵과 같이 무겁지 않기 때문에 무려 1,000페이지의 책을 써도 버벅거리지 않고 편집할 수 있는 것이고요,..

만일 포토샵이라면 1,000페이지는 커녕 2~3페이지 혹은 1페이지라도 크고 해상도가 높으면 당장에 버벅거려서 다른 작업은 할 수 없을 정도입니다.

그러나 그럼에도 불구하고 포토샵에서 작업을 하는 이유가 있으며 일러스트나 이 책에서 다루는 인디자인으로 작업을 하는 이유가 있습니다.

일러스트나 이 책에서 다루는 인디자인은 벡터 방식의 그래픽으로 가볍고 확대를 해도 깨지지 않고, 아주 작은 깨알 같은 글씨도 선명하게 인쇄가 되기 때문에 인쇄용으로 적합하지만, 지금 설명하는 그라디던트 효과 등은 부적합합니다.

다시 말해서 일러스트나 이 책에서 다루는 인디자인 프로그램과 같은 벡터 방식의 그래픽은 보통 클립아트로 표현하는 개체(이미지라고 표현하지 않고 개체 혹은 오브젝트라고 표현합니다.)로서 로고나 마크, 심볼, 또는 고차원의 인체 드로잉 같은 작업에 적합하고요..

지금 다루는 그라디언트 등은 포토샵에서 다루는 래스터 이미지 즉, 도트 이미지(점으로 표현되는 이미지 - 대표적으로 사진) 프로그램에서 자유자재로 다양한 효과를 낼 수가 있는 것입니다.

이 정도 설명으로 이해가 되실지 모르겠습니다만, 포토샵에서도 이미지의 색상 모드를 인쇄용 모드인 CMYK 모드에서는 여러가지 효과를 제대로 넣을 수가 없고요, 모니터 색상인 빛의 삼원색인 RGB 모드에서만 여러가지 효과를 제대로 줄 수가 있습니다.

그래서 일러스트나, 이 책에서 다루는 인디자인 등의 벡터 그래픽 프로그램은 포토샵이 필수로 있어야 하며, 화려하고 복잡한 색상이나 효과가 필요한 이미지는 포토샵에서 작업을 하여 일러스트나 인디자인으로 가져와서 깨알같은 글씨로 마무리를 하여 인쇄를 하는 것입니다.

그래서 필자는 이 책의 원고는 인지다인에서 집필하지만, 포토샵에서 이미지 가공을 하고 일러스트에서 표지 작업을 하여 인쇄를 해서 제본을 해서 재단을 하여 책으로 만들어서 판매를 하는 것입니다.

지금은 이 책의 주제인 책 만드는 방법에서 가장 중요한 원고 집필 프로그램인, 탁상 출판의 대명사인, 어도비 인디자인을 설명하고 있습니다만, 이 책의 지면이 끝나기 전에 필자가 책을 만드는 총체적이 방법을 설명할 것입니다.

지금은 인디자인의 툴박스(도구 상자)의 그라디언트에 관한 설명을 하는 단계이고요, 이런 기능은 포토샵에서 하는 것이 원칙이라는 것을 알려 드렸고요, 다시 말해서 필자가 이전에 집필한 한글 프로그램에서 한글 프로그램은 워드프로세서이므로 워드 기능만 충실히 공부를 하고 한글 프로그램에 내장된 그래픽 기능 등은 너무나 미약하므로 나중에 포토샵 등을 익혀서 컴퓨터 그래픽에 입문하라고 써 놓은 것을 가지고 필자에서 전화를 걸어서 무려 한 시간이 넘게 그토록 심한 욕을 한 사람이 있어서 혹시 또 그런 사람이 있을까봐 자라 보고 놀란 가슴 솥뚜껑 보고 놀란다고 이렇게 장황하게 설명을 하는 것입니다.

2-2-27. 메모

본문에 메모를 삽입할 수 있는 기능입니다.
우측 화면 마우스가 가리키는 메모 도구를 선택하고 아래 화면과 같이 메모를 삽입할 곳을 클릭합니다.

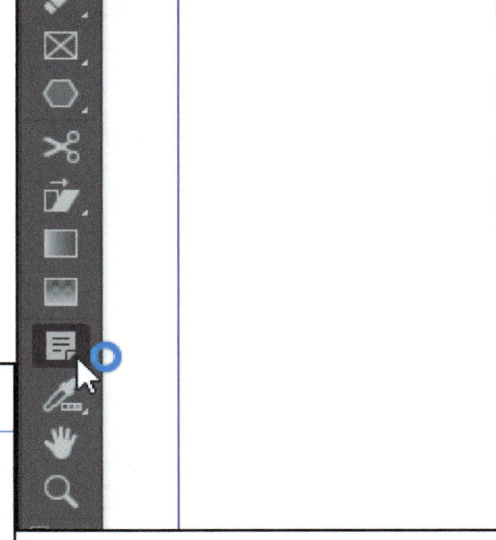

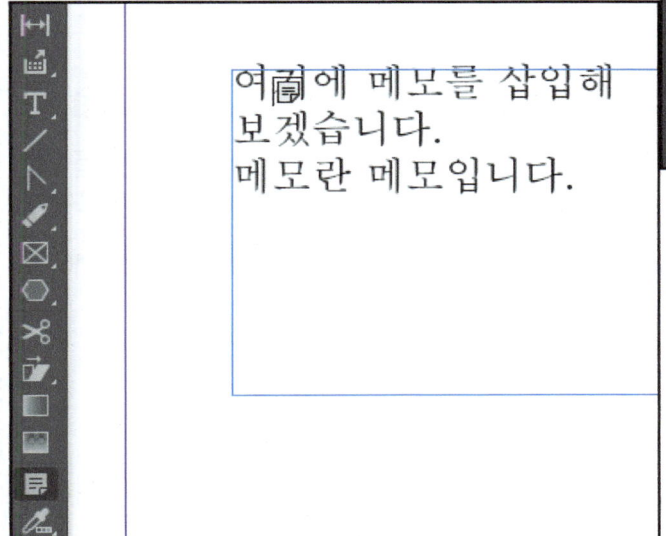

좌측과 같이 클릭하면 다음 화면이 나타나서 메모를 삽입할 수 있습니다.

우측과 같이 나타난 메모 입력 화면에 메모를 입력합니다.

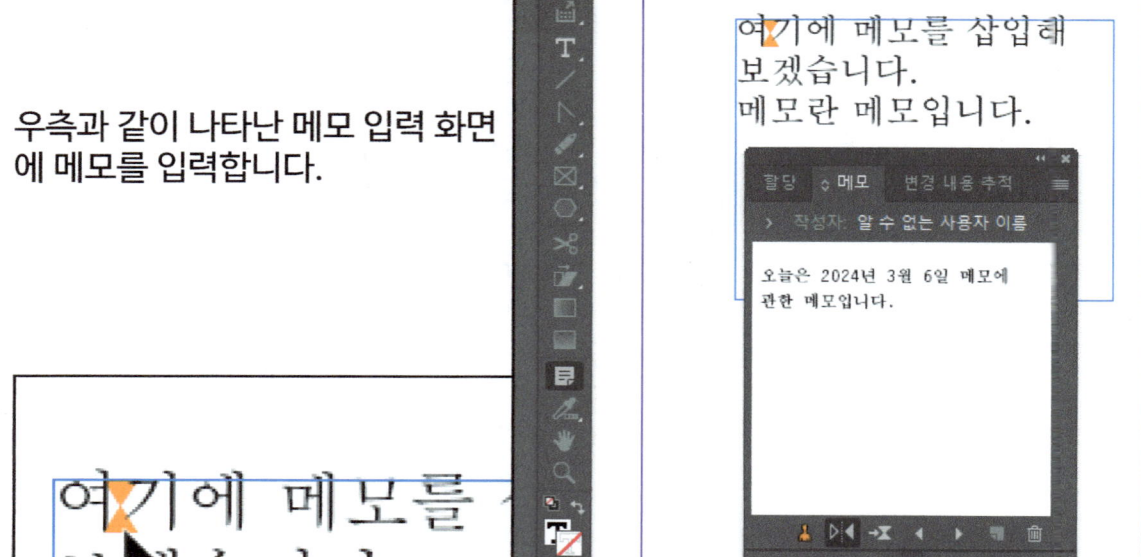

메모 창을 닫더라도 좌측 화면 마우스가 가리키는 것과 같이 메모가 삽입되었다는 표시가 납니다.

이 때 메모 도구를 선택하고 화면에 보이는 메모 표시에 가져가면 우측 화면에 보이는 것과 같이 메모가 보이며 이 때 클릭하면 다시 메모 화면이 나타나서 수정하거나 메모를 추가할 수 있습니다.

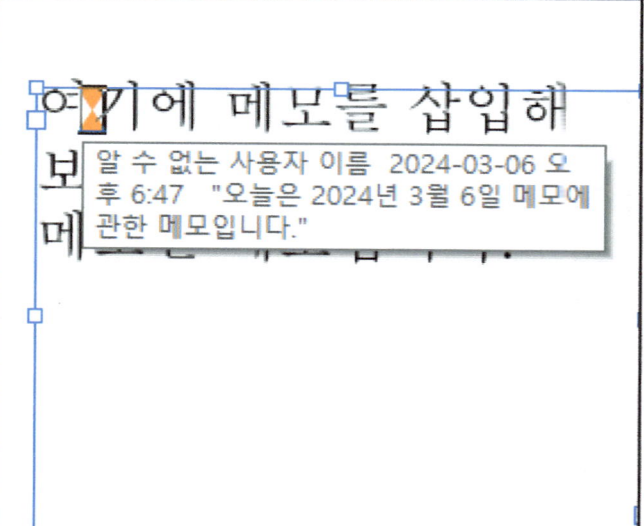

우측 화면 하단 마우스가 가리키는 [메모 표시/숨기기]를 클릭하면 메모가 안 보입니다.

다시 토글(또 클릭)하면 다음 화면과 같이 보입니다.

좌측과 같이 메모가 안 보입니다.
이 때는 좌측 마우스가 가리키는 [이전 메모로 이동]을 클릭하면 다음과 같이 메모가 보입니다.

새 메모를 입력하기 위해서는 우측 화면 마우스가 가리키는 [메모 앵커로 이동]을 클릭합니다.

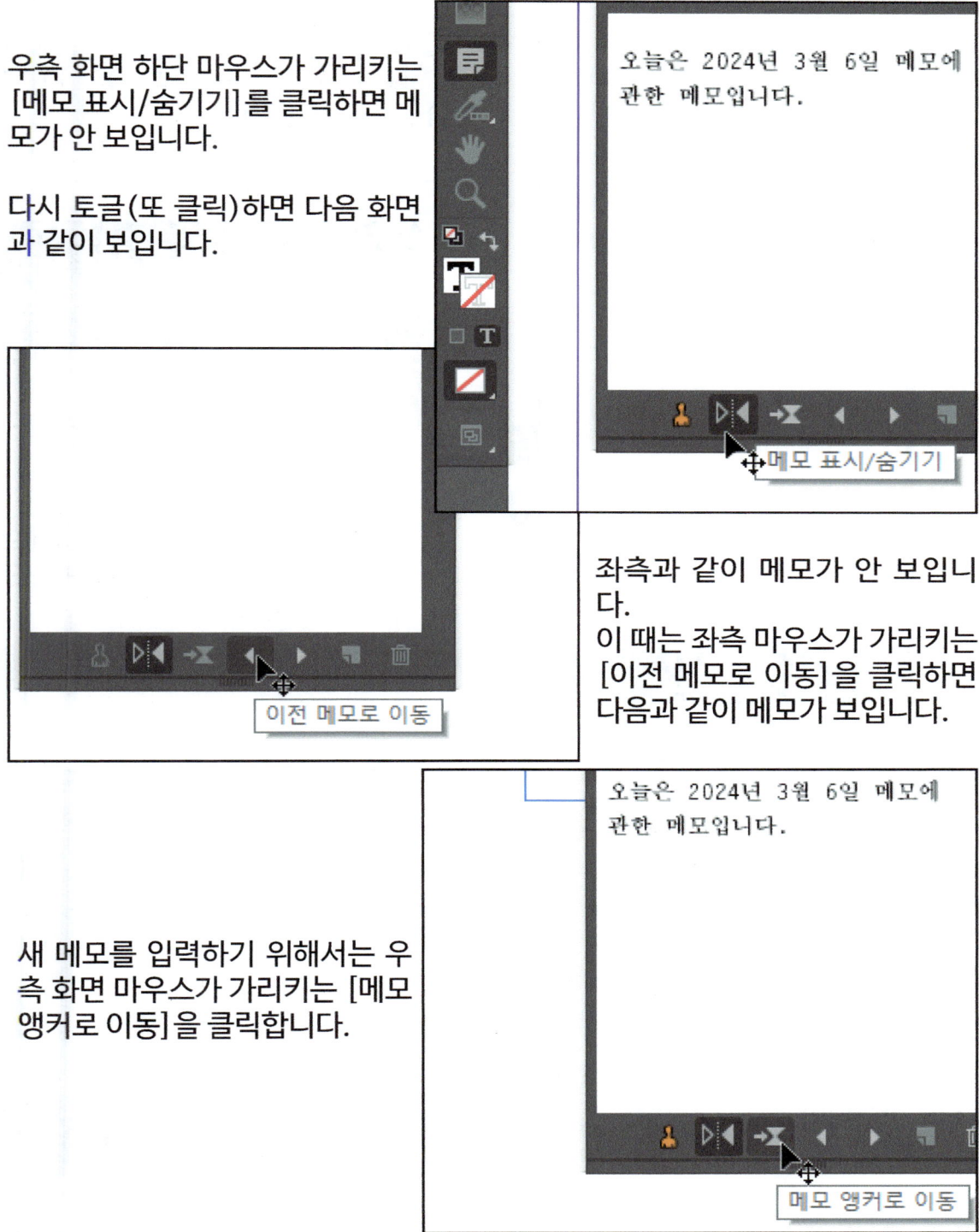

우측 화면 마우스가 가리키는 곳에 손가락이 나타나는데요, 아무리 해도 손가락 모양은 캡쳐가 안 되네요..
우측 마우스 모양이 아니라 손가락 모양일 때 클릭하면 메모가 보이고요..

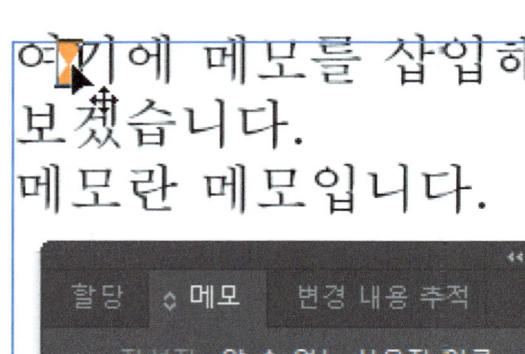

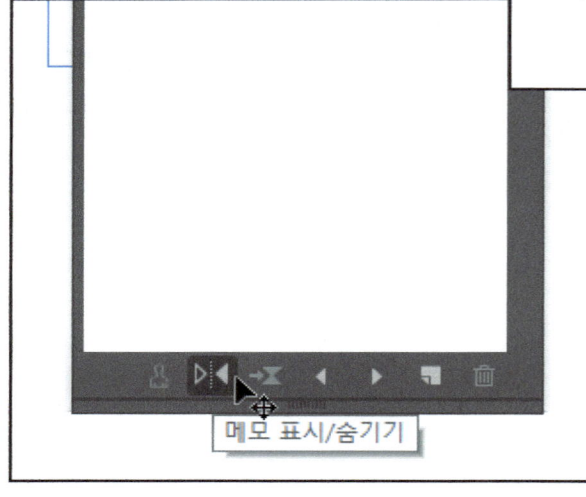

좌측과 같이 다시 하단의 [메모 표시/숨기기]를 클릭하여 메모가 사라지게 한 다음,...

우측 [새 메모]를 클릭하여 새로운 메모를 삽입할 수 있고요, 잘 안 되시는 분은 지금 설명을 반복해서 해 보시고요..

사실 필자는 책을 수십 권 썼지만, 이런 기능은 단 한 번도 사용해 본 적이 없습니다.

따라서 이런 기능에 너무 목을 매지는 마시기 바랍니다.

2-2-28. 색상 테마 도구

우측 화면 마우스가 가리키는 [색상 테마 도구]를 클릭하면 다음 화면이 나타납니다.

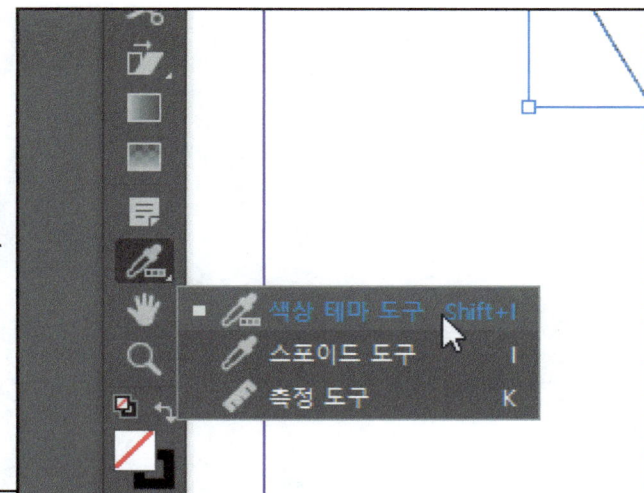

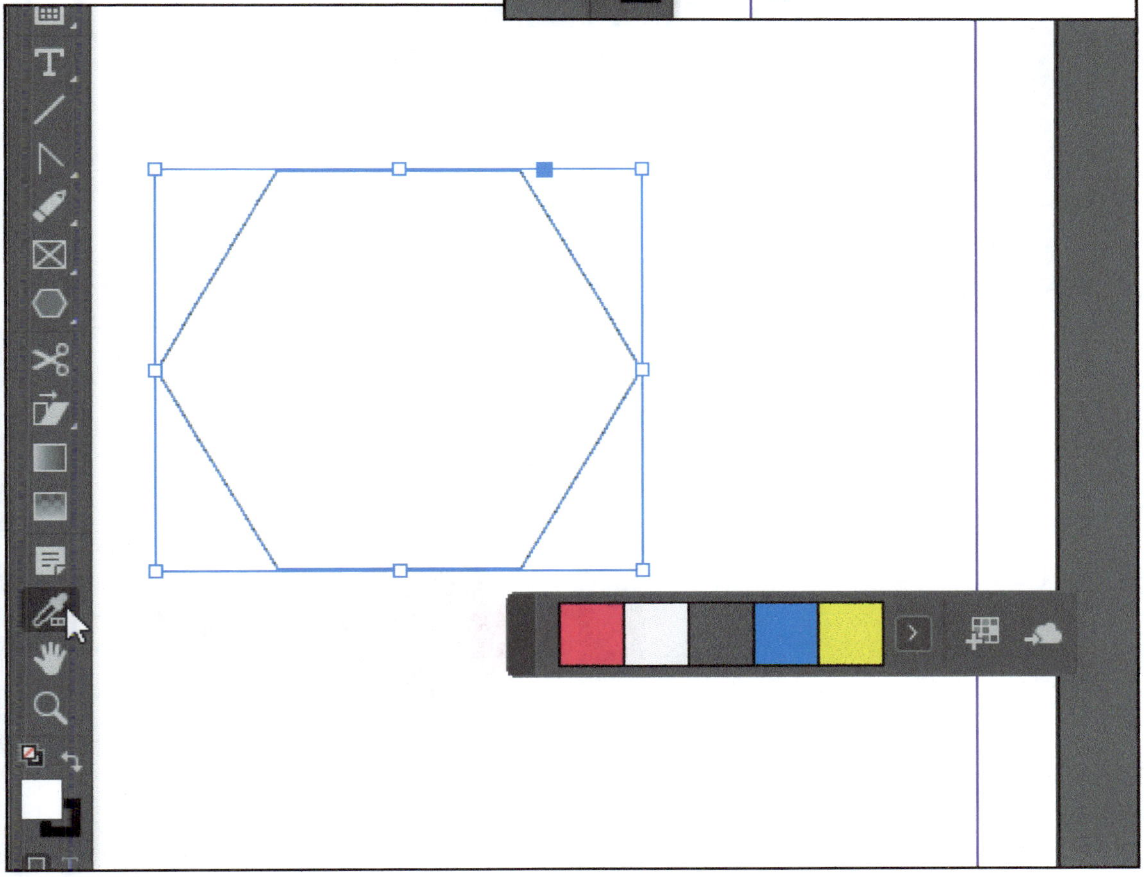

색상 테마가 나타나서 원하는 색상을 선택하고 도형에 색을 칠할 수 있는데요, 먼저 다음 작업을 선행해야 합니다.

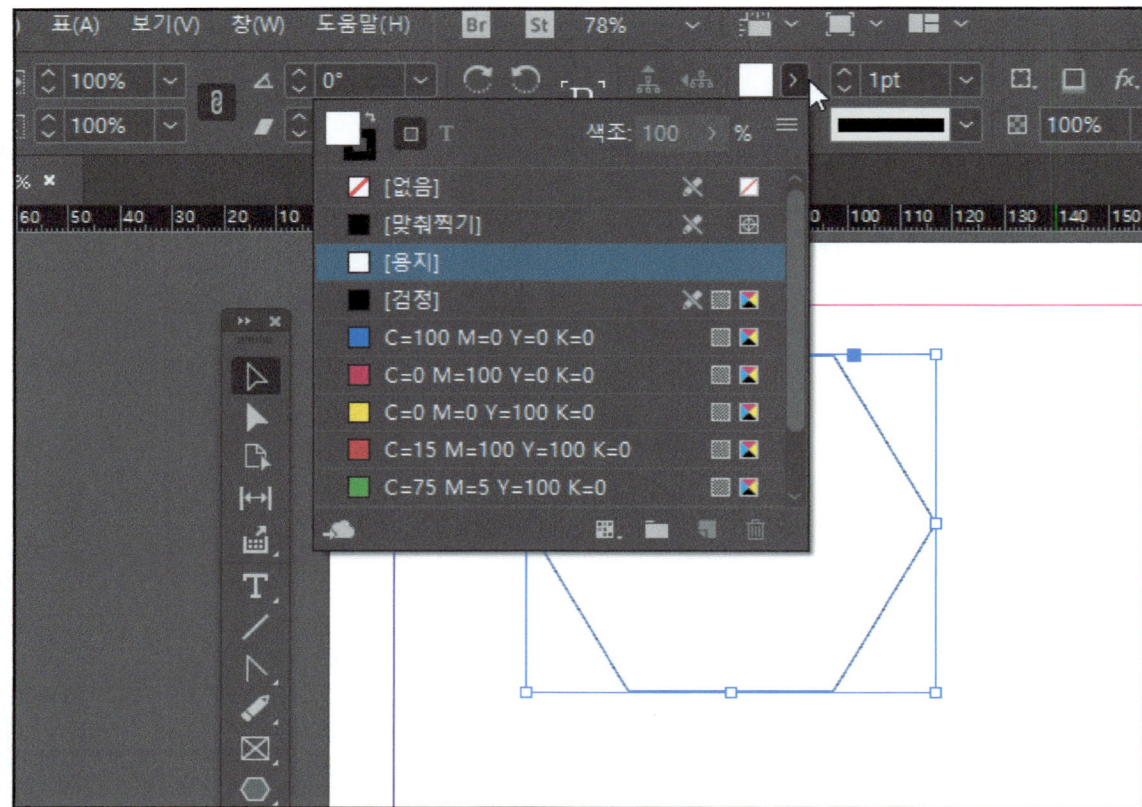

위의 화면 잘 보세요.. 도구 상자에서 선택 도구를 선택하고 화면의 도형을 먼저 클릭하여 선택한 다음, 위의 화면 상단 마우스가 가리키는 곳을 클릭하여 색상이 맨 위의 [없음]으로 되어 있으면 안 됩니다.
지금은 위에 선택된 용지 색상, 즉 흰색으로 선택하고 색상 테마에서 원하는 색을 선택하고 도형을 클릭하면 우측과 같이 칠을 할 수 있습니다.

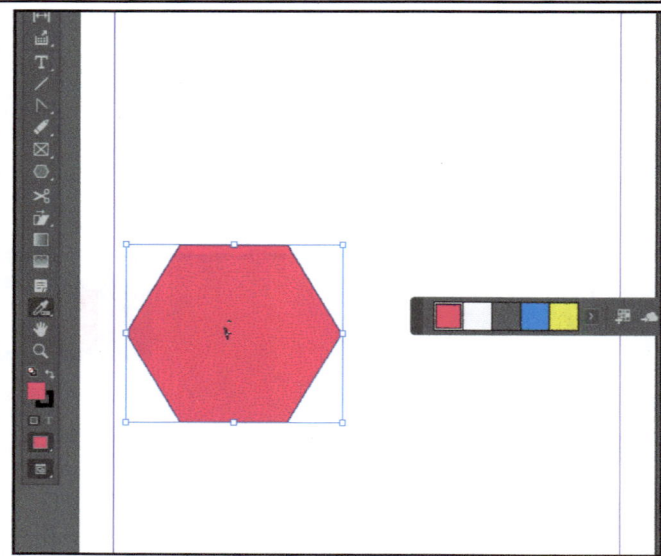

이 때 색상 테마 도구를 더블 클릭하면 아래와 같은 대화상자가 나타나는데요, 아래 설명을 꼭 꼼꼼하게 읽어보시기 바랍니다.

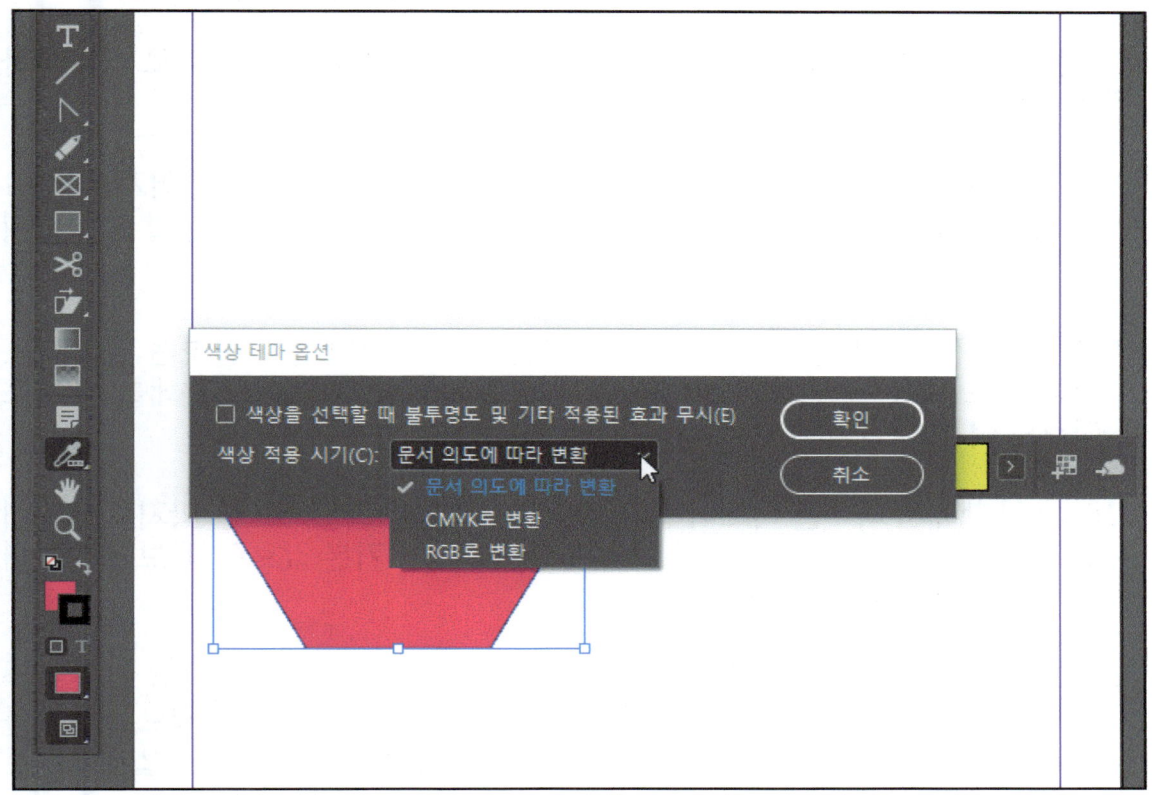

위의 화면에 보시면 CMYK, RGB 선택할 수 있는데요, 옵셋 인쇄를 위한 문서라면 위에서 CMYK를 선택해야 합니다.

그러나 이 책의 서두에서부터 설명했다시피 옵셋 인쇄는 수 천권 인쇄를 해야 하기 때문에 요즘과 같이 책이 많이 팔리지 않는 시대에는 사실상 사장된 기술이나 마찬가지입니다.

그래서 이 책은 여러분 대부분이 가지고 있는 무한잉크 프린터로 인쇄를 해서 책을 만드는 것이고요, 무한잉크 프린터로 인쇄를 한다면 위의 화면에서 RGB를 선택해야 합니다.

물론 이것이 FM은 아닙니다.
오로지 필자만의 방식이지만, 필자는 이미 저서가 수십 권 이상이며 모든 저서를 무한잉크 프린터로 인쇄를 해서 책을 만들기 때문에 이 세상 어떠한 그 누구보다 잘 안다고 할 수 있습니다.

여러분 대부분 가지고 있는 무한잉크 프린터로 인쇄를 할 때는 CMYK로 인쇄를 하면 우중충하게 인쇄가 됩니다.

이에 비하여 RGB로 인쇄를 하면 아무래도 옵셋 인쇄에 비해서는 떨어지지만, 그마나 최고 해상도로 인쇄를 하면 최대한 모니터에 보이는 색상을 구현할 수 있습니다.

이 책은 책 만드는 방법이라는 책이고요, 책을 만드는 방법을 기술하는 것이지만, 무한잉크 프린터는 당연히 컬러 인쇄이고요, CMYK 보다 RGB로 인쇄를 해야 조금이라도 더 잘 나옵니다.

그러나 이 책에서 다루는 어도비 인디자인에서 원고를 집필하고 맨 마지막 단계에서 PDF로 내보내게 되는데요, 이 책은 책이므로 그냥 기본 값으로 내 보내도 인쇄는 별 무리가 없습니다.

필자의 경우 필자가 펴 낸 책 중에는 '카메라 교본' 책도 있고요, 그래서 필자는 수시로 여기저기 다니면서 촬영한 사진들을 인쇄를 해서 여러가지 규격으로 판매를 하는데요, 이 때 CMYK로 인쇄하면 우중충해서 RGB로 인쇄를 하는 것입니다.

그러나 옵셋 인쇄를 염두에 두고 원고 집필을 한다면 용지 여백도 필자와 같이 주면 안 됩니다.

뒤에 가서 메뉴 단원에서 다시 설명하겠습니다만, 옵셋 인쇄는 여백, 도련 및 슬러그 등, 출력소에 미리 연락을 하여 해당 출력소에서 원하는 옵션을 주고 문서를 만들어야 합니다.

그리고 옵셋 인쇄는 컬러 인쇄의 경우 4도 인쇄가 기본이므로 CMYK 분판 인쇄를 하며 따라서 너무나도 당연하게 CMYK컬러를 사용해야 합니다.

그러나 다시 강조합니다만, 필자와 같이 무한잉크 프린터로 인쇄를 할 때는 CMYK보다 RGB 컬러로 인쇄를 해야 잘 나온다는 것을 아시고요, 인쇄할 때는 프린터에서 색상 관리를 선택해서 인쇄를 하시기 바랍니다.

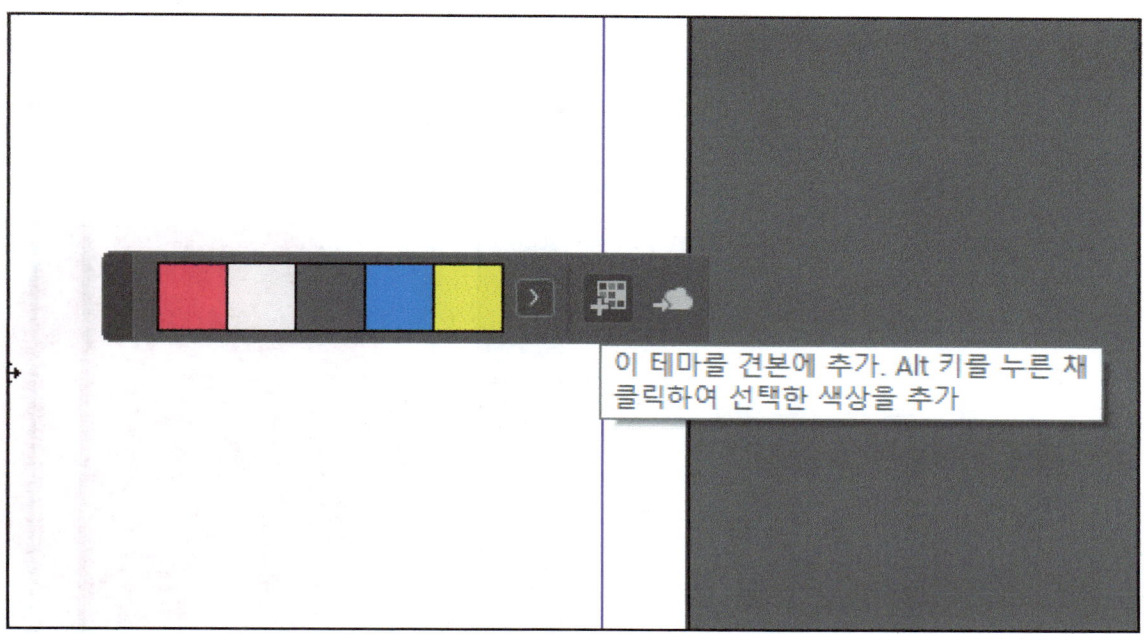

이 밖에 색상 테마에 있는 색상을 색상 견본에 추가할 수도 있습니다만, 다시 한번 강조합니다만, 필자는 수십권의 책을 집필했지만, 이런 기능은 단 한 번도 사용해 본 적이 없습니다.

일단 인디자인의 색상은 인디자인 메뉴 [창]-[색상]-[색상 견본]을 클릭하면 다음에 보이는 색상 견본이 나타납니다.

다시 강조합니다만, 인디자인은 탁상 출판 프로그램이지 그래픽 프로그램이 아닙니다.

인디자인에서는 우측에 보이는 색상 견본만 있으면 충분하고요, 이보다 화려한 색상이 필요하면 포토샵에서 작업을 해서 가져오는 것이 정석입니다.

그래서 인디자인으로 편집할 때는 포토샵을 같이 띄워놓고 작업을 하는 것이 좋습니다.

2-2-29. 손 도구

우측 화면에 보이는 손 도구는 화면을 이동할 때 사용합니다.

이 밖에 화면 이동은 인디자인 화면 하단과 우측에 있는 스크롤 바를 클릭 드래그해서 이동할 수도 있습니다.

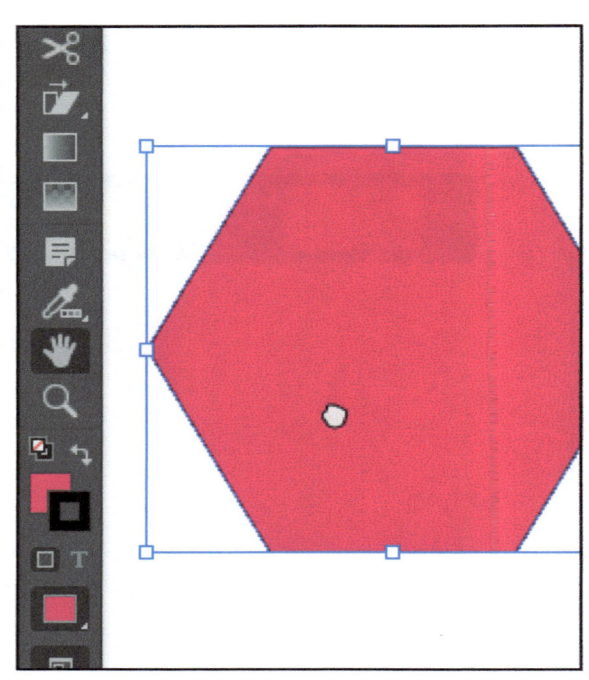

2-2-30. 확대/축소 도구

확대/축소 도구로 화면을 클릭하면 확대되며, [Alt] 키를 누르면 [확대/축소] 도구에 '-' 표시가 나타나며 이 때 클릭하면 화면이 축소되는데요, 필자는 책을 수십 권 이상 집필했지만, 이 기능 역시 단 한 번도 사용해 본 적이 없습니다.

화면 확대 축소는 필자는 키보드로 [Ctrl + +], [Ctrl + -]를 눌러서 확대 및 축소를 합니다.

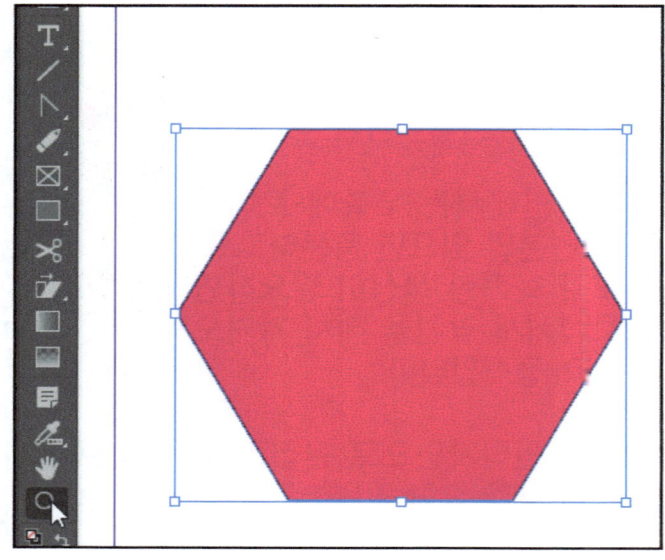

2-2-31. 기본 칠 및 획

포토샵에서는 우측 마우스가 가리키는 곳을 클릭하면 전경색은 순검정, 배경색은 순 백색으로 초기화되는데요,..

인디자인에서는 면의 색은 [없음], 선의 색은 [있음]이 됩니다.

그리고 선의 색은 기본적으로 검정색으로 초기화됩니다.

이 상태에서 아래 화면에 보이는 곳을 클릭하면 선과 면의 색상이 반대가 됩니다.

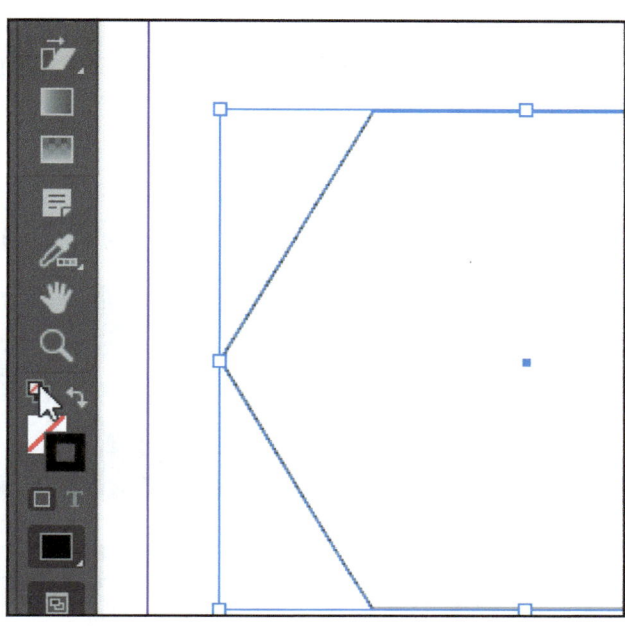

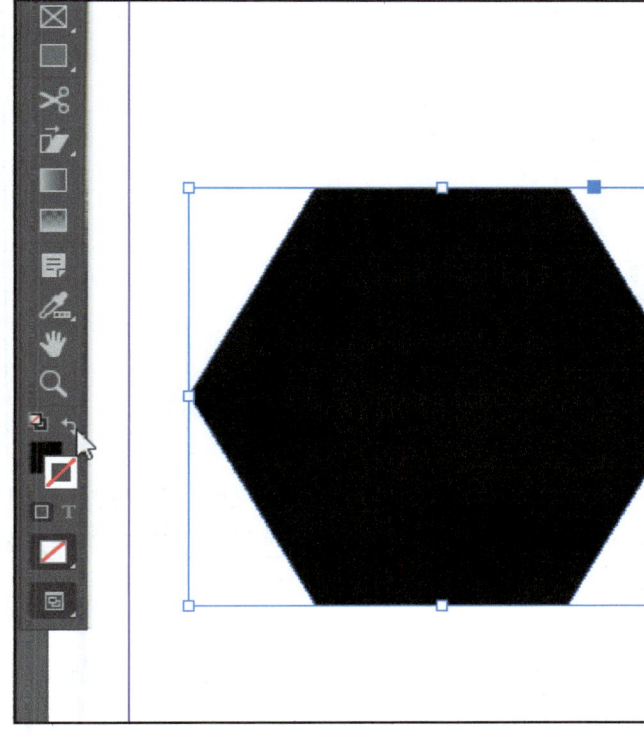

그리고 다음 화면에 보이는 곳을 클릭하면 컨테이너 및 텍스트에 적용이 됩니다.

아래 화면 (1)을 클릭하면 현재 지정된 색상이 (3)에 적용되어 나타나며, (2)를 클릭하면 텍스트, 즉, 글씨에 똑같은 효과가 나타납니다.

이 때 (4)를 클릭하면 앞에서 색상 지정할 때와 똑같이 선과 면의 색상이 바뀌어 나타납니다.

포토샵과 비슷해 보이지만 이 부분은 포토샵과 완전히 틀린데요, 포토샵은 래스터 이미지, 인디자인이나 일러스트는 벡터 이미지이기 때문에 그렇습니다.

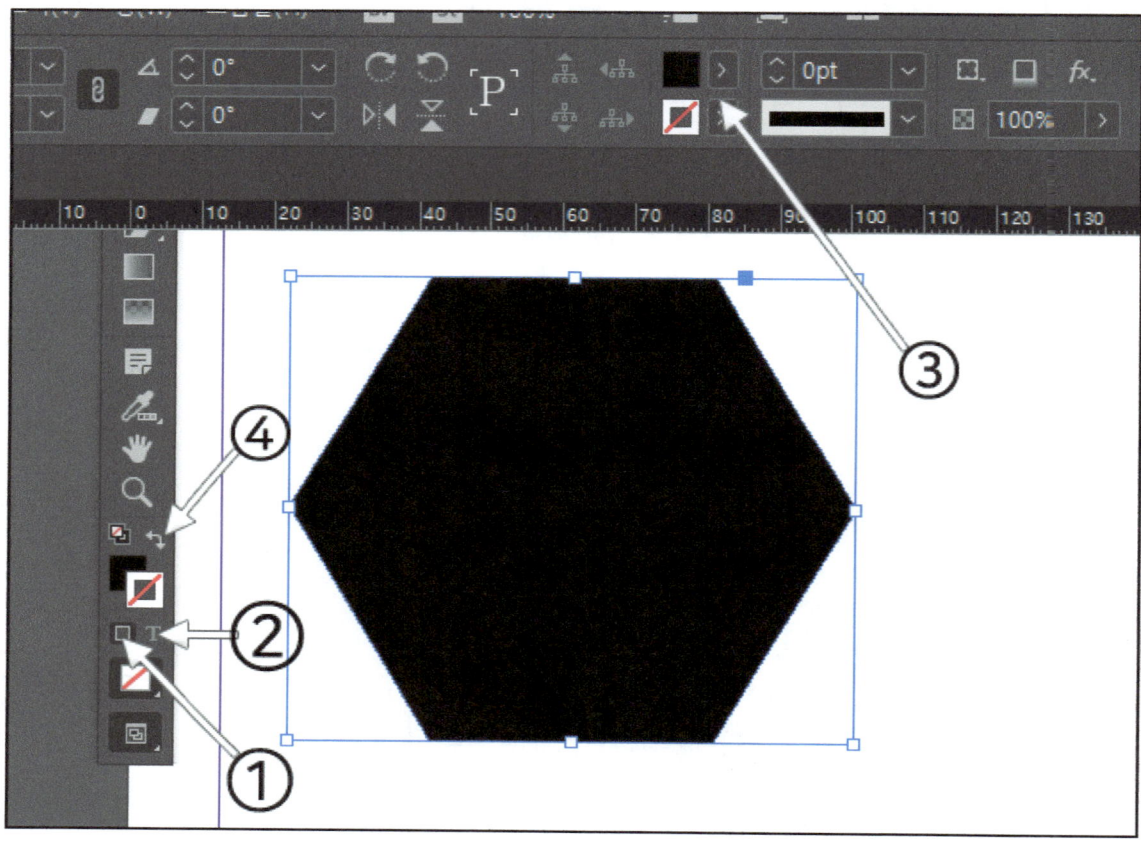

혹시 포토샵만 사용 해 보신 분이라면 인디자인이나 일러스트의 색상 체계가 무척 혼란스러울텐데요, 이해가 잘 안 되시면 유튜브에서 '가나출판사' 검색하여 필자의 [유튜브 채널]에 오셔서 관련 영상을 검색해 보시기 바랍니다.

지금 영상을 만들어서 "인디자인 일러스트 색상 체계 및 색상 지정 방법" 이라는 타이틀로 동영상을 만들어서 올려 놓았습니다.

2-2-32. 적용 안 함

우측 하면에 보이는 [적용 안 함(적용 함)] 도구는 화면 맨 위의 메뉴를 누르지 않고 툴 박스(도구 상자)에서 눌러도 선택된 개체에 색상을 적용 및 적용 안 함을 선택할 수 있습니다.

인디자인이나 일러스트에서는 선과 면으로 구성되기 때문에 선과 면의 색상에 각각 적용되는 기능입니다.

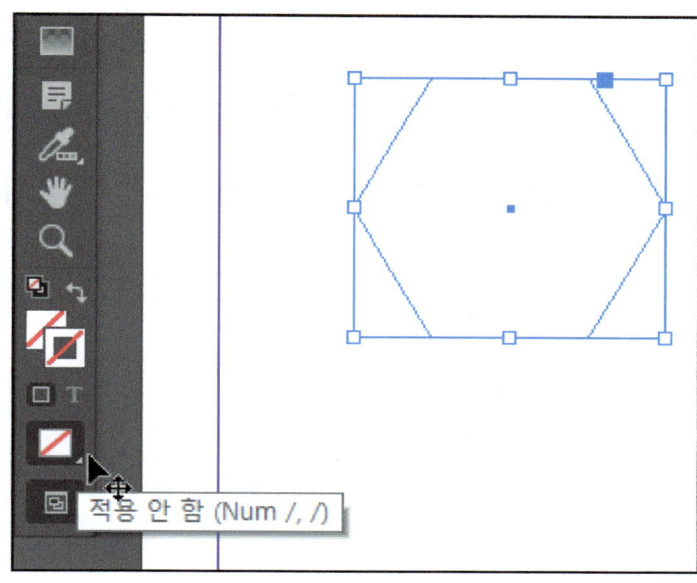

2-2-33. 보기(표준/미리 보기)

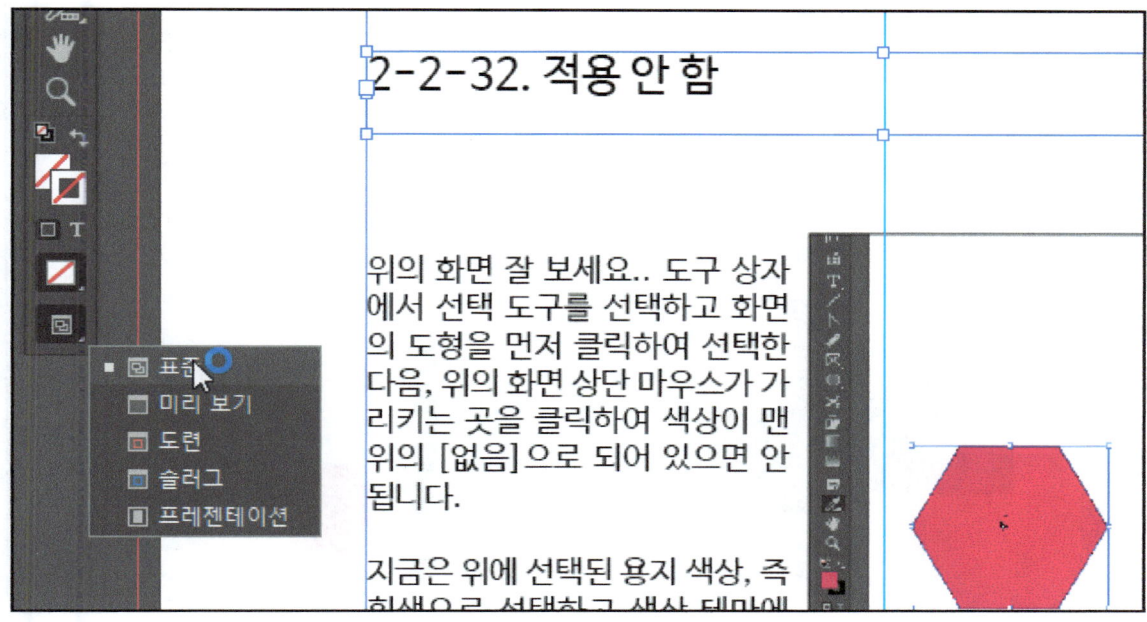

인디자인에서는 화면이 보이는 방식이 2가지가 있는데요, 앞의 화면에 보이는 것은 현재 집필하는 문서의 레이아웃이 보이는 상태이며, 텍스트 박스, 이미지 박스 (사각형 프레임), 가이드 등이 모두 보이는 상태입니다.

이 상태에서는 편집할 때는 편리하지만, 교정을 볼 때는 불편합니다.

그래서 교정을 볼 때는 아래와 같이 [미리 보기]화면에서 교정을 보는 것이 좋습니다.

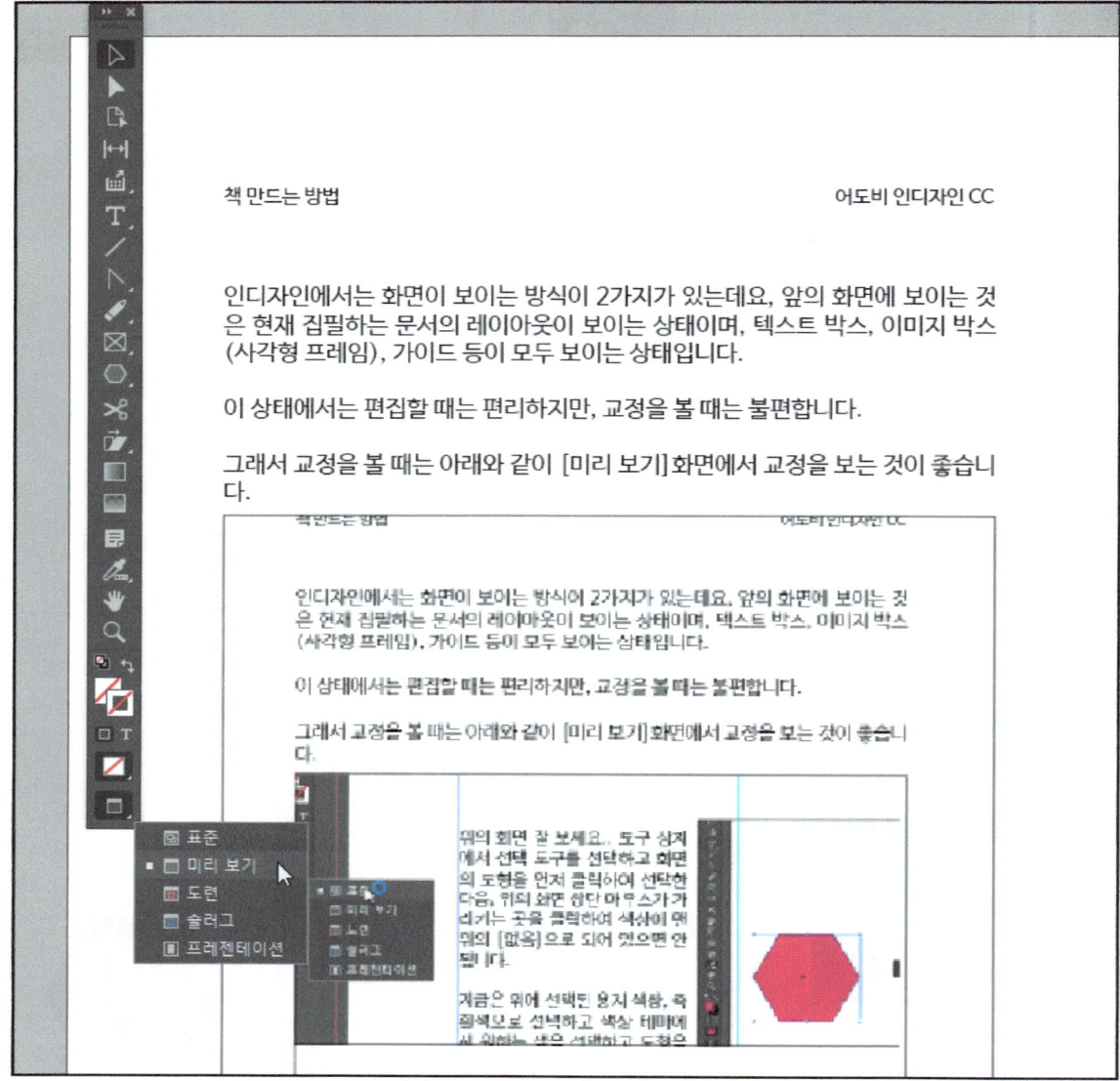

2-2-34. 도련/슬러그

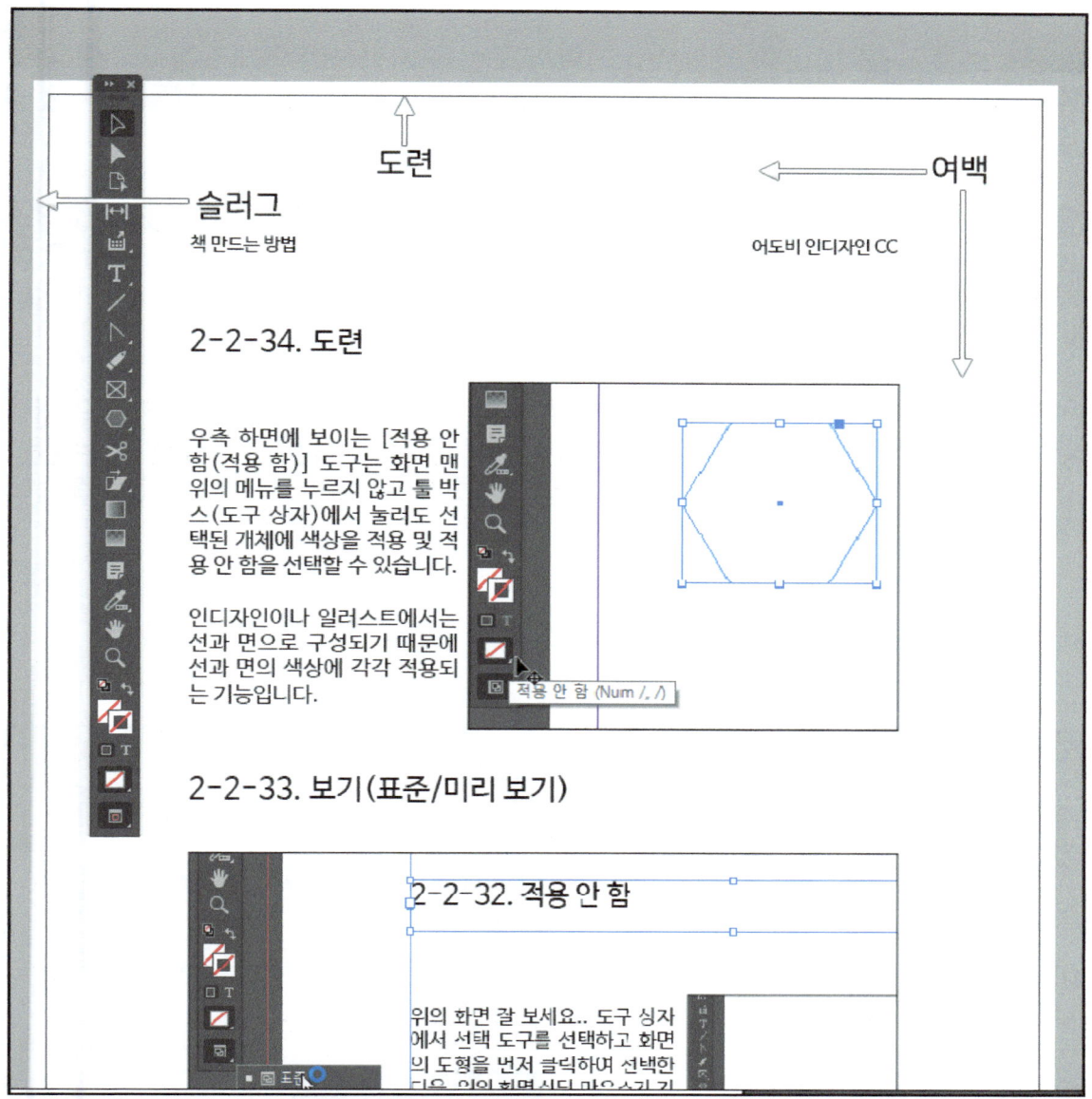

앞에서도 설명했습니다만, 이 책은 옵셋 인쇄를 한 것이 아니라 여러분 대부분이 사용하는 무한잉크 프린터로 인쇄를 한 책이고요, 이렇게 무한잉크 프린터로 인쇄를 할 때는 필자의 경우 상하 50mm 여백을 주고, 좌우 30mm 여백을 주어 편집을 하고 인쇄를 한 다음, 제본을 하기 전에 좌측을 3mm 재단을 해서 잘라내고 제본을 한 다음, 다시 가장자리 재단을 해서 책을 만든다고 했습니다.

그러나 지금 설명하는, 앞의 화면에 보이는 도련 및 슬러그는 옵셋 인쇄를 위한 설정입니다.

도련 : 보통 가장자리로부터 3mm 띄워서 도련을 지정하며 인쇄소에서 재단을 할 때 칼날의 오차를 고려하여 종이 끝으로부터 3mm 안쪽으로 재단선을 주는 것입니다.

슬러그 : 도련선 바깥쪽에 도련보다 더 많은 공간을 두는 여백이며 이곳에 출력소 담장자에게 전할 메모 등을 적을 수 있습니다만, 실제로는 이곳은 그냥 0mm로 따로 여백을 지정하지 않고요, 이메일이나 팩스, 전화 등으로 출력소 담당자와 커뮤니케이션을 합니다.

여백 : 필자의 경우 앞에서 설명한 바와 같이 무한잉크 프린터로 A4 용지에 인쇄를 하기 때문에 상하 50mm, 좌우 30mm 여백을 주지만, 옵셋 인쇄를 할 때는 판형(책의 최종 크기)을 고려하여 인쇄소와 먼저 상담을 한 뒤에 지정하는 것이 좋습니다.

2-2-35. 프리젠테이션

프리젠테이션은 보통 MS 오피스에 들어 있는 파워포인트를 사용하거나 한글 프로그램에 들어 있는 한쇼를 사용하는 것이 보통이지만, 인디자인에서도 프리젠테이션 기능을 제공합니다.

아니 어쩌면 인디자인은 어도비사의 프로그램군이기 때문에 탁상 출판 프로그램이면서 그래픽 프로그램 요소를 가장 많이 함유한 프로그램이기 때문에 프리젠테이션으로 가장 좋은 프로그램이라고 할 수도 있습니다.

자유자재로 편집할 수 있으니까요..

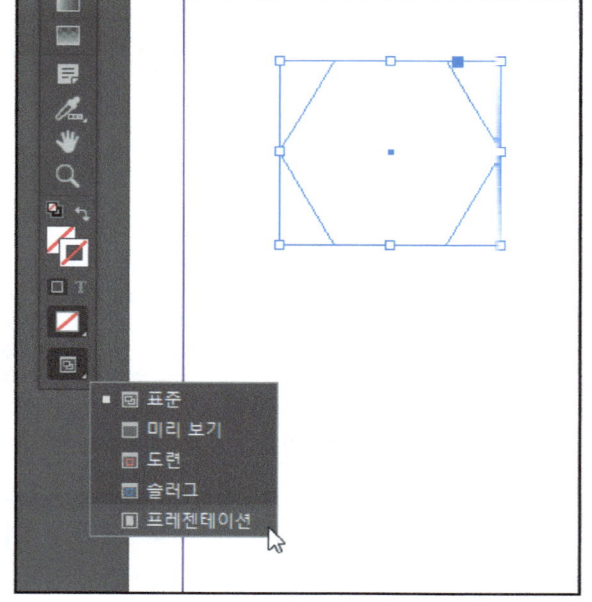

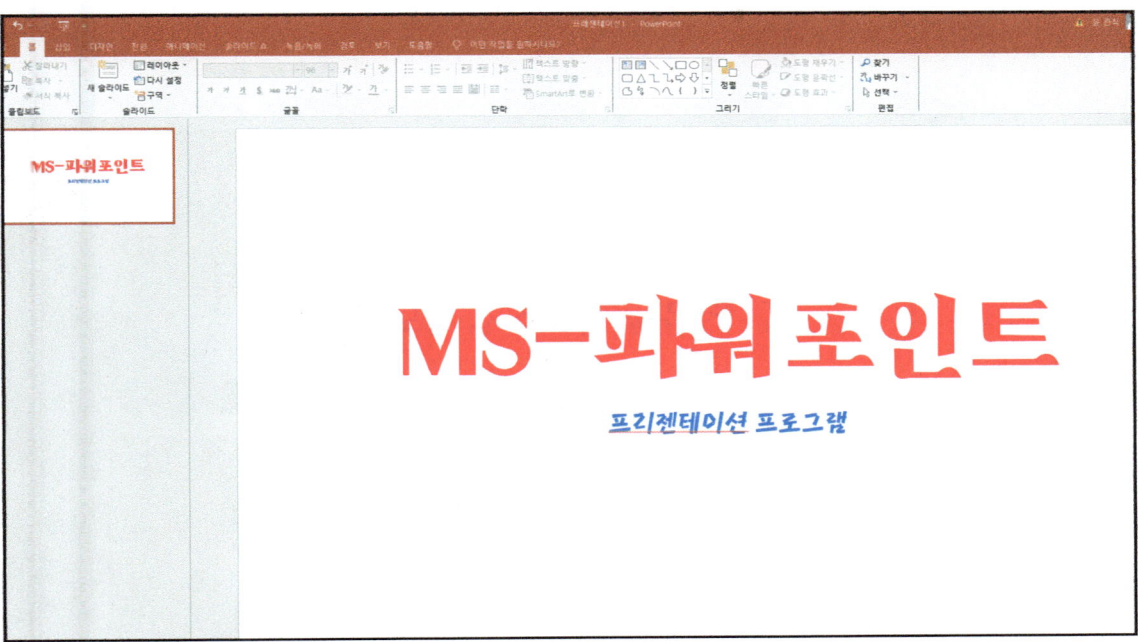

위의 화면은 프리젠테이션의 대명사 마이크로소프트 오피스 프로그램군에 들어 있는 파워포인트 편집 화면이고요, 아래는 테마를 적용한 프리젠테이션 화면입니다.

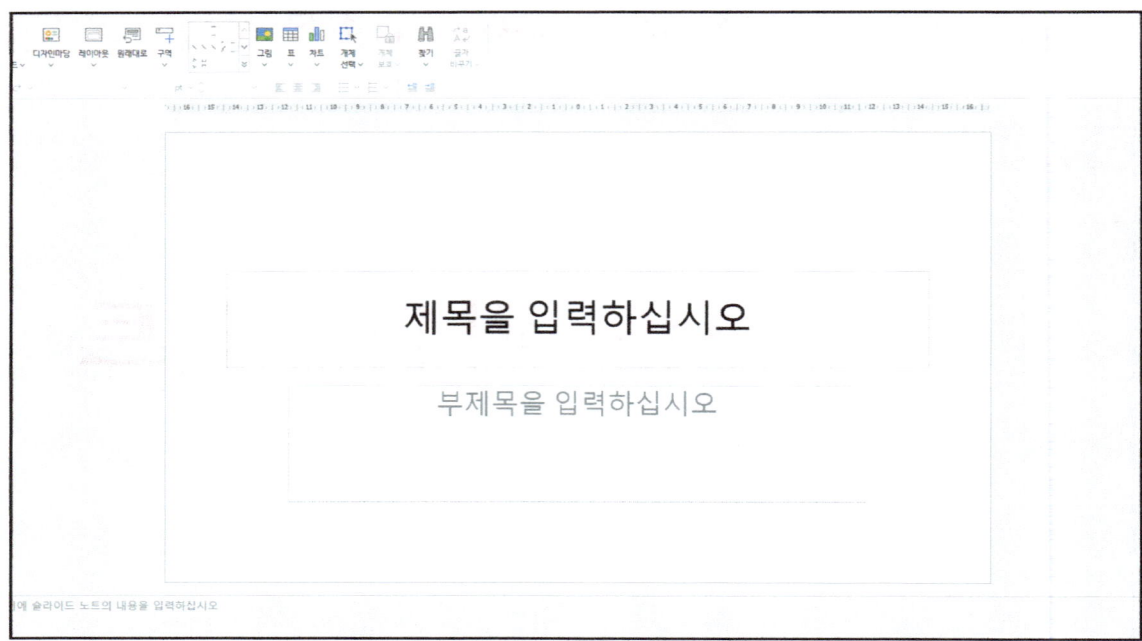

위의 화면은 한글과 컴퓨터사의 한글 프로그램군에 들어 있는 한쇼 편집 화면이고요, 아래는 테마를 적용한 프리젠테이션 화면입니다.

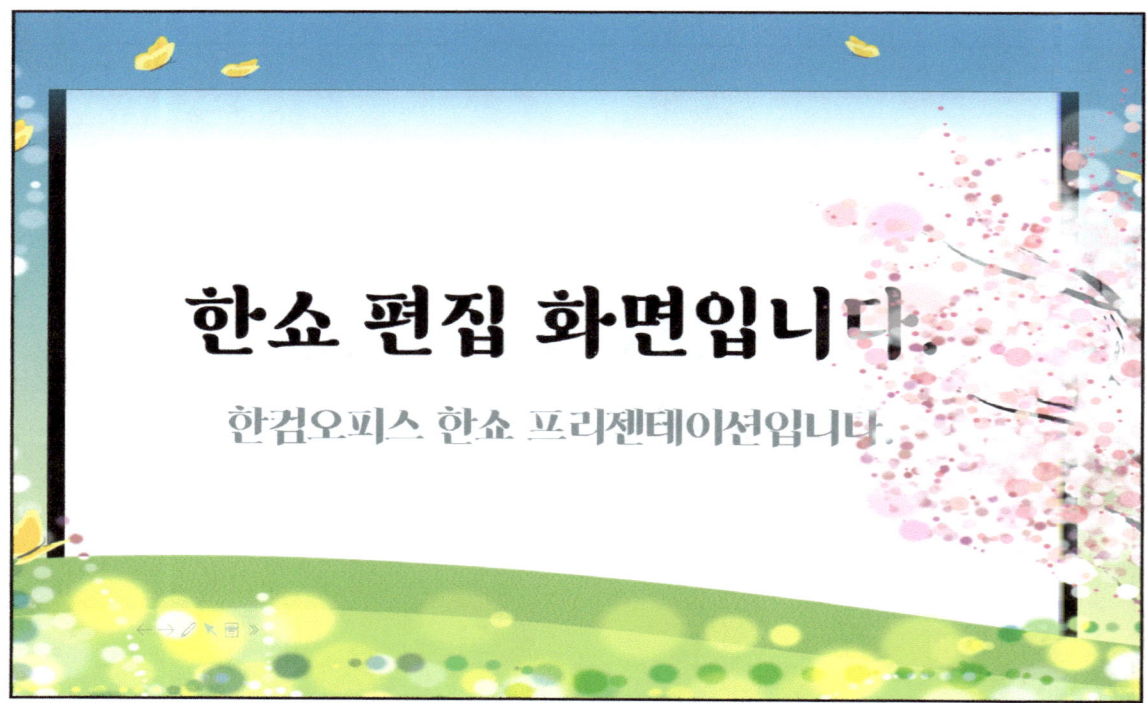

제 3 장 파일 메뉴

3-1. 새로 만들기

[파일] 메뉴에서 가장 위쪽에 있는 메뉴는 우측 화면에 보이는 문서, 책, 라이브러리입니다만, 여기서는 문서만 다루겠습니다.
어차피 문서 외에는 거의 사용할 일이 없습니다.
위의 마우스가 가리키는 문서를 클릭하면 다음 화면이 나타납니다.

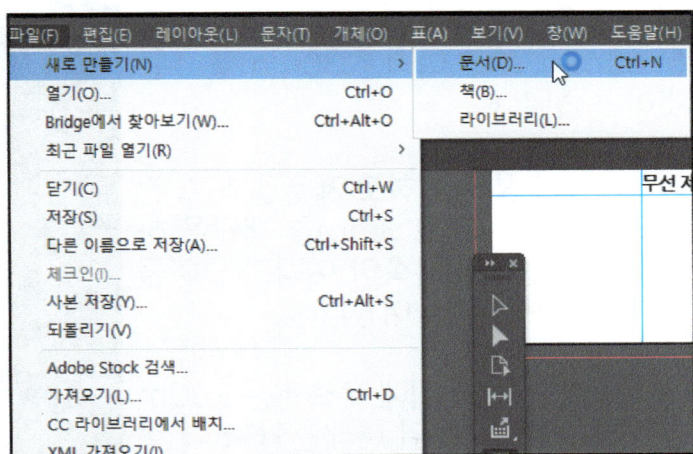

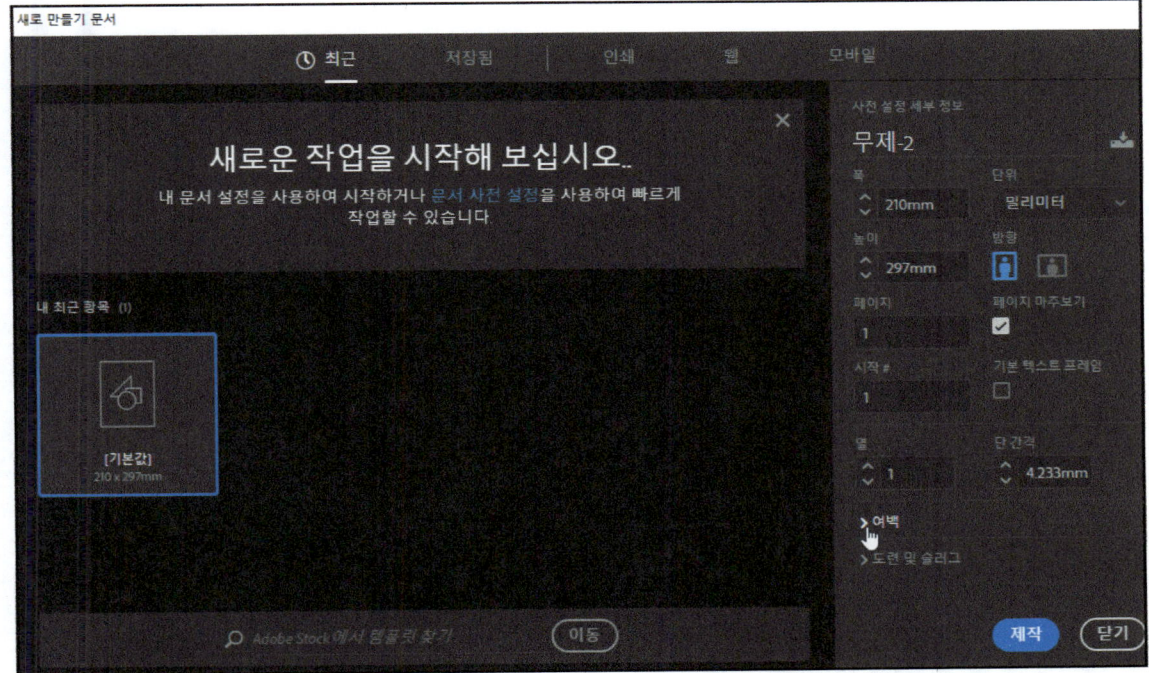

위의 화면에서 기본 값은 A4용지이고요, 만일 용지 크기를 달리 한다면 위에서 용지 규격을 적어야 합니다만, 어차피 대부분의 문서는 A4입니다.

그리고 위의 손가락이 가리키는 [여백]을 클릭하면 다음 화면이 나타납니다.

우측 하면에 보이는 것이 기본 값인데요, 여러분이 이 책을 보고 필자와 같이 책을 만든다면 우측 화면에서 상하 여백은 50mm, 좌우 여백은 30mm를 주는 것이 좋습니다.

이렇게 원고를 작성하고 제본을 하기 전에 좌측을 재단기로 3mm를 재단을 하면 자연스럽게 제본쪽이 여백이 줄어들어 책이 예쁘게 만들어집니다.

그리고 제본을 한 뒤에 우측면은 20Cm 남기고 잘라내고, 위 아래는 1Cm씩 잘라내면 필자의 책과 똑같이 됩니다.

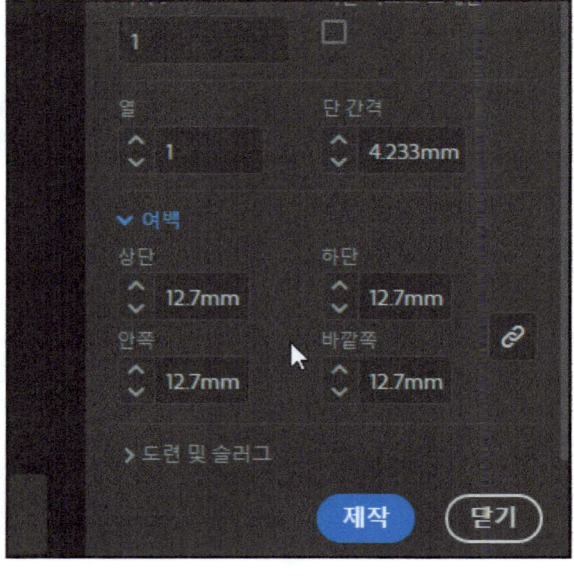

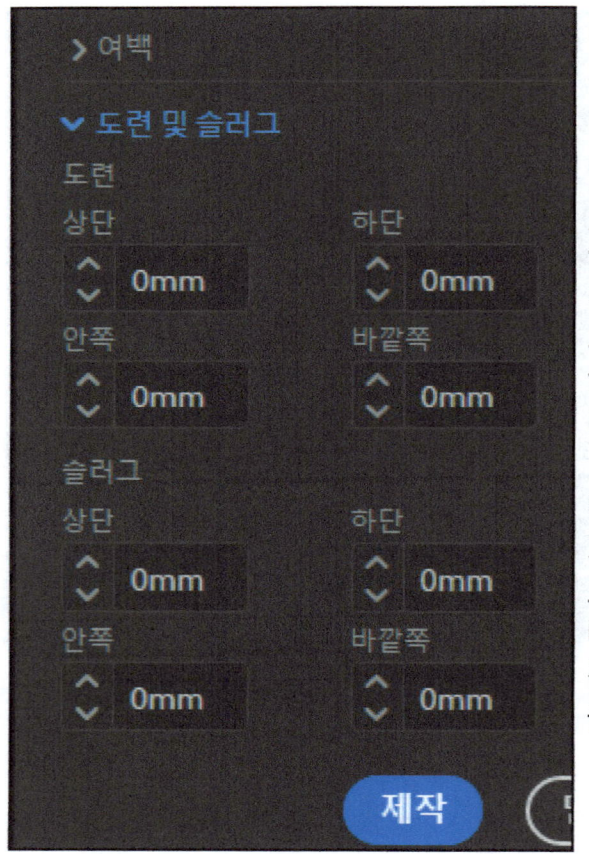

3-1-1. 여백/도련/슬러그

도련 및 슬러그는 앞에서 자세하게 설명하였으므로 생각이 잘 나지 않는 분은 앞쪽의 내용을 읽어보시고요, 여기서는 무한잉크 프린터로 인쇄를 한다는 가정 하에 도련 및 슬러그는 지정하지 않습니다.

다만, 옵셋 인쇄를 해야 한다면 도련은 가장자리에서 3mm 띄어서 재단선을 그려주면 되고요, 슬러그는 출력소에 보내는 메모 등을 삽입하는 기능입니다만, 전화, 문자, 팩스, 이메일 등이 발달된 요즘에는 사용하지 않는 기능입니다.

3-2. 저장/다른 이름으로 저장

이 책을 보시는 분이라면 이 메뉴를 모르는 사람은 없겠습니다만, 이 책은 책이므로 간단히 설명하자면 맨 처음에는 당연히 다른 이름으로 저장이 되고요, 자신의 PC 어딘가에 자신만이 아는 적당한 폴더를 만들로 저장을 하게 디며 이후 작업을 하는 도중에 [Ctrl + S] 명령으로 수시로 저장을 하면서 작업을 해야 합니다.

3-3. 사본 저장

MS-엑셀이나 우리나라 토종 워드인 한글 프로그램에서는 환경 설정에 따라 자동으로 백업 파일이 만들어지지만, 인디자인은 안 됩니다.

뒤에 가서 환경 설정 설명할 때 다시 설명하겠습니다만, 인디자인을 실행하는 폴더에 백업 파일을 만들 수도 있지만, 필자의 경우 안 됩니다.

그래서 인디자인 메뉴에 사본 저장이라는 메뉴가 있는 것입니다만, 사실 백업이란 사용자가 스스로 백업을 하는 것이 원칙입니다.

일단 인디자인 메뉴 [파일] - [사본 저장]을 클릭하면 원하는 경로에 파일 이름 뒤에 (사본)이라는 이름이 붙은 사본이 만들어집니다만, 백업이라는 측면에서 본다면 다음 방법으로 백업을 하는 것이 좋습니다.

필자는 저서가 수십 권에 이르며 또한 필자의 저서 중에는 카메라 교본 책도 있고요, 그래서 필자는 카메라를 가지고 수시로 여기 저기 다니면서 촬영한 각종 사진을 여러 규격으로 인쇄를 해서 판매를 하기 때문에 책의 원고나 사진의 원본이 사라지면 그야말로 큰일입니다.

그래서 필자는 대 용량 HDD를 여러 개 사용하여 여러 겹으로 백업을 해 놓습니다.

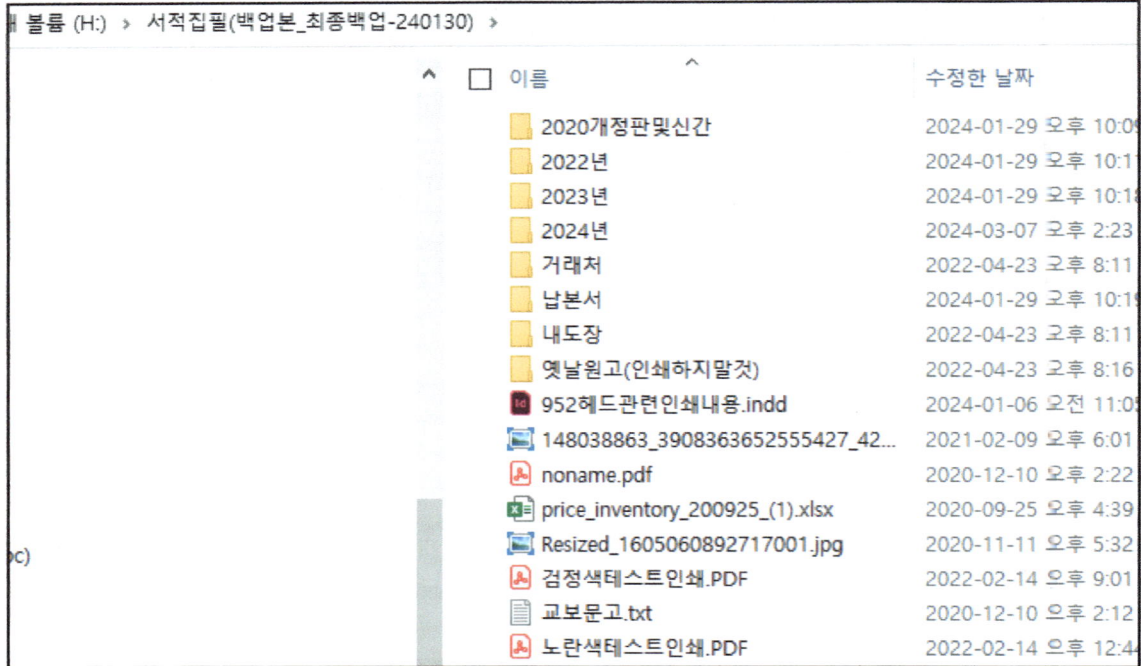

위는 필자가 현재 이 책을 집필하는 컴퓨터에서 이 책은 현재 E 드라이브에서 집필을 하지만, 위에 보이는 것은 H 드라이브이고요, 이곳에 백업 파일을 저장해 두고, 그리고 다른 컴퓨터에도 백업본이 있고요, 그리고도 HDD 도킹 스테이션을 사용하여 외장하드에도 백업을 하는 등 이중 삼중으로 백업을 해 놓고 있습니다.

필자로서는 필자의 수 많은 저서들의 원본 파일과 수 많은 사진들의 원본 다일이 재산 목록 1호이며 이들 파일이 소실되면 주문이 들어와도 책을 인쇄할 수 없거나 사진을 인쇄할 수 없으므로 큰 낭패를 넘어 필자의 사업은 망하는 수준에 들어서는 것이기 때문에 이렇게 철저하게 백업을 해 놓은 것입니다만, 이는 일반 개인이라도 마찬가지입니다.

필자가 사업을 하기 전에 개인 자격이었을 때에도 백업을 열심히 했지만, 과거에는 컴퓨터 기술이 발달하지 못하였으며 특히 저장 매체인 HDD의 고장이 잦아서, 실제로는 필자의 남아 있는 자료는 최근의 자료 이외에는 거의 없습니다.

필자와 같이 백업의 중요성을 깊이 인식하고 분명히 철처하게 백업을 해 두었지만, 과거에는 HDD의 고장이 잦아서 필자가 백업 해 둔 필자의 필생의 자료들을 모두 소실했기 때문입니다.

다행히 옛날 자료들도 일부 남아 있는 자료들도 있는데요, 필자는 백업의 필요성을 너무나 잘 알기 때문에 HDD 이외에 CD와 DVD에 최대한 많은 백업을 해 놓았기 때문에 이들 매체에 저장된 자료는 상당히 남아 있지만, CD는 고작 640Mb, DVD 역시 고작 4.7Gb 밖에는 저장할 수 없기 때문에 옛날 당시에도 중요한 자료들만 뽑아서 구워 놓았던 것들이 천만 다행이라고 할 수 있습니다.

그러나 필자가 현재 사용하는 가장 큰 용량의 HDD는 4Tb이고요, 모든 백업 하드의 총 용량은 아마도 수십 Tb 이상입니다만, 필자가 옛날에 CD, DVD로 백업해 둔 매체들은 너무 많아서 중량으로 치면 약 10Kg 의 어마어마한 양이지만, 정작 데이터 량은 지금 나오는 Hdd에 비해어 1/10도 아니고 1/100도 아니고 1/100만 분의 일 정도 밖에는 안 됩니다.

쉽게 말해서 필자가 현재 가지고 있는 옛날 백업 CD, DVD는 오래 되어 읽어들이지 못해서 버린 것만 해도 수 백개는 되지만, 현재 가지고 있는 것도 수 백개는 됩니다.

그래도 그렇게 백업을 해 놓았기 때문에 지금도 가끔씩 유용하게 사용합니다.

3-4. 가져오기

필자가 이 책을 집필하면서 사용하는 수 많은 삽화는 앞에서 소개한 화면 캡쳐 프로그램인 알캡쳐로 캡쳐한 이미지가 가장 많고요, 이 책의 장, 절 등이 끝나는 부분에 삽입한 삽화는 지금 설명하는 [파일] - [가져오기] 명령으로 삽입하는 것입니다.

이렇게 삽입하는 이미지는 따로 폴더를 만들어서 저장해 두고 필요시 가져다 사용하는 것입니다.

예를 들어 인디자인 메뉴 [파일] - [가져오기] 명령으로 나타나는 앞의 화면에서 마우스가 가리키는 파일을 선택하고 가져오기를 하면 우측 화면에 보이는 것과 같이 나타납니다.

이것은 알캡쳐 프로그램으로 화면 캡쳐를 하여 삽입한 것과 동일합니다.

이 때 우측 삽입한 이미지의 가운데 동그라미를 클릭하면 사각형 프레임

바깥으로 가져온 이미지의 천체적인 크기가 나타나며 꼭지점을 드래그, 그냥 드래그하면 가로 세로 비율이 유지되지 않으므로 [Shift]키를 누른 채로 드래그하면 우측 화면에 보이는 것과 같이 가로 세로 비율이 유지된채로 크기를 조절할 수 있습니다.

앞에서 배운 인디자인 툴 박스(도구 상자)에 있는 [크기 조절 도구]를 사용해서 조절할 수도 있지만, 지금 설명하는 것은 그냥 툴 박스(도구 상자) 맨 위의 화살표 모양 [선택 도구]를 사용해서 작업을 합니다.

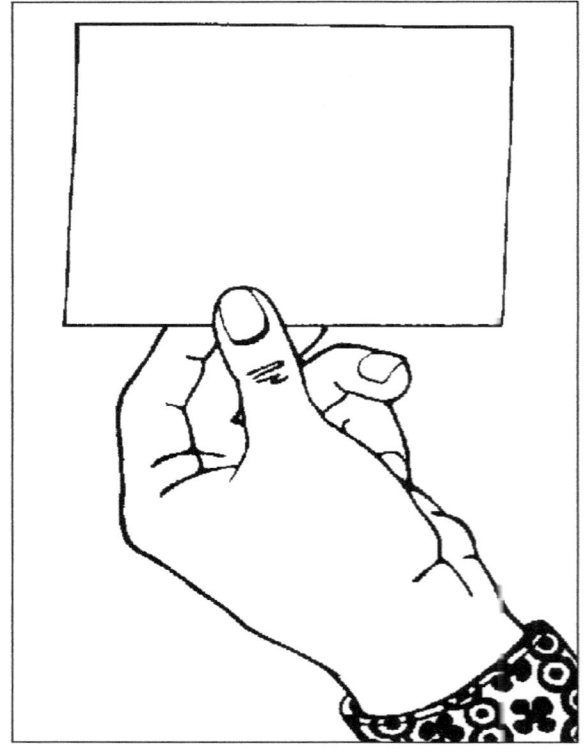

3-5. Adobe PDF 사전 설정

이 책은 종이책과 전자책을 동시에 집필하는 것이므로 종이책과 전자책에 관한 내용을 모두 다루어야 합니다.

그래서 지금은 종이책에 대한 설명이고요, 인디자인으로 만든 원고는 인디자인에서 PFD 문서로 저장을 하고, 이 문서는 어도비 PDF 리더에서 읽어들여서 인쇄를 합니다. (이것은 뒤에 가서 설명을 하는 전자책 문서인 PDF 파일과는 틀립니다. - 똑같은 PDF 파일이지만, 지금 설명하는 것은 전자책 PDF가 아닌, 종이책 PDF입니다.)

이렇게 종이책 인쇄를 위한 종이책 즉, 인쇄용 PDF로 내보내기 위한 사전 설정이고요, 사실 별 의미는 없지만, 아래 화면에 보이는, 아래 화면 마우스가 가리키는 [고품질 인쇄]를 선택하고 인쇄를 해야 한다는 설명이고요, 그 밑에 보이는 [출판품질]로 저장을 해도 인쇄된 결과물에서 큰 차이는 없습니다.

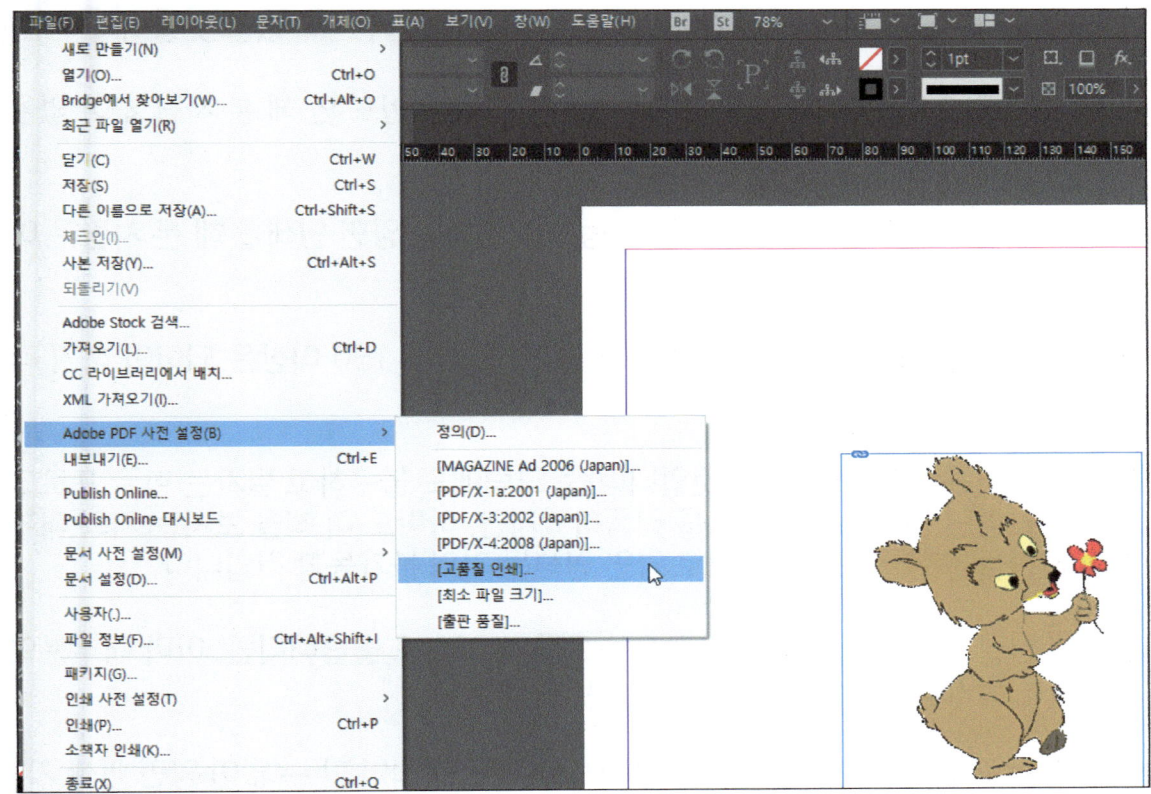

즉, 지금은 종이책 원고 집필을 끝내고 교정을 완료한 다음에 인쇄를 할 때는 반드시 인쇄용 PDF 문서로 변환을 해야 하고요, 이 때 앞의 화면에 보이는 [고품질 인쇄]를 하든 [출판 품질] 인쇄를 하든 실제로는 큰 차이는 없습니다.

그리고 뒤에 가서 전자책, 즉, epub 문서가 아닌, PDF 전자책으로 저장할 대는 지금 저장하는 인쇄용 PDF가 아닌 전자책용 PDF로 저장을 해야 합니다.

그리고 전자책에 관한 내용은 뒤에 가서 다시 자세하게 다루게 되므로 지금은 종이책이라고 생각하고 종이책 인쇄용, 즉, 인쇄용 PDF로 저장을 하는 것이고요, PDF 저장 화면에서 [대화용 PDF]로 저장을 하면 전자책이 되고, [인쇄용 PDF]로 저장을 하면 전자책이 아닌 종이책용, 즉, 인쇄용 PDF 파일이 되는 것입니다.

3-5-1. PDF로 저장을 해야 하는 이유

우리나라 사람으로 한글 프로그램을 모르는 사람은 아마 거의 없을 것입니다.

그리고 한글 프로그램에서 작성한 문서를 인쇄를 한 번도 안 해 본 사람 없이 없을 것입니다.

그러나 한글 프로그램으로 숙제, 논문 등을 작성하고 양면 인쇄를 해 본 사람은 아마 거의 없을 것입니다.

한글 프로그램으로 양면 인쇄를 하려면 적어도 I.Q가 150 이상은 되어야 하기 때문입니다.

필자는 아이큐가 150이 안 될 것입니다만, 그럼에도 불구하고 필자는 한글 프로그램에서도 양면 인쇄하는 노하우를 터득하였지만, 아마도 이 책을 보시는 거의 대부분의 사람들은 한글 프로그램으로 양면 인쇄는 거의 불가능할 것입니다.

필자의 말을 못 믿으시겠다면 직접 테스트를 해 보셔도 좋습니다만, 아마 대부분의 사람들은 필자의 말에 공감을 하실 것입니다.

이미 한글 프로그램으로 양면 인쇄를 시도했다가 안 되어 할 수 없이 양면 인쇄 기

기능이 있는 프린터의 양면 인쇄 기능으로 인쇄를 하기 때문일 것입니다.

그러나 프린터의 양면 인쇄 기능은 절대로 사용하면 안 되는 악의 축이라는 것을 알아야 합니다.

프린터의 양면 인쇄 기능은 일단 인쇄된 종이가 건조되는 시간 동안 기다려야 하기 때문에 필자와 같이 매일 수 천 페이지씩 인쇄를 하는 사람은 불가능한 방법이고요..

이렇게 한쪽면에 인쇄가 되고 건조되는 시간 동안 기다렸다가 종이가 다시 그 좁은 프린터 속으로 기어 들어가서 뒤집어져서 반대편에 인쇄가 되는 방식입니다.

그런 기술을 개발한 사람들은 대단한 사람들임에는 틀림이 없지만, 필자의 경험을 잠시 들려 드리겠습니다.

필자도 옛날에 한글 프로그램으로 양면 인쇄가 안 되기 때문에 양면 인쇄 기능이 있는 프린터로 양면 인쇄를 했던 기억이 있습니다.

그리고 혼비백산, 등골이 오싹, 등에 식은 땀이 줄줄 흐르고 덜덜덜덜 떨면서 귀신이 있는 줄 알고 기절초풍을 했던 일이 있습니다.

사연인즉슨 다음과 같습니다.

양면 인쇄를 하는 도중에 한 쪽면 인쇄를 하고 건조되고 다시 기어 들어간 종이가 우당탕탕 하더니 나오지 않습니다.

그래서 플래시를 켜고 프린터를 이잡듯이 뒤졌지만, 그 큰 A4용지가 보이지 않는 것입니다.

심지어 프린터를 절반 정도 분해를 했어도 그 큰 A4 용지가 보이지 않았습니다.

그래서 귀신이 있다고 생각을 하고 덜덜덜덜 떨면서 등에 식은땀이 줄줄 흐는 것입니다만, 프린터를 절반 정도 분해를 하고 플래시를 겨고 계속 찾다가 드디어 찾았는데요, 그 큰 A4 용지 한 장이 손톱 크기의 절반 정도로 압축되어 헤드 옆에 끼어 있었습니다.

귀신도 놀라고 하늘도 놀라고 땅도 놀랄 일이었습니다.

잉크젯 프린터를 사용하면서 우당탕탕 경험을 하지 않은 사람이 없을 것입니다.

그 정도로 무한잉크 프린터는 악의 축일 정도로 헤일 수 없이 많은 사람들의 정신 건강을 해치고 성질 급하고 성질 불 같은 사람은 오해머로 프린터를 박살이 나도록 .. 콩가루가 되도록 때려 부수고 싶은 충동이 일어나지 않은 사람이 없을 것입니다.

그 정도로 수 많은 사람들을 죽음으로 몰아가는 무한잉크 프린터이지만, 필자와 같이 프린터 1대로 100만장 인쇄하는 노하우를 터득하면 허허 웃음만 나옵니다.

일단 무한 잉크 프린터는, 무한... 이라는 이름이 있으므로 무한..히 사용해야 합니다.
실제로 필자는 무한히 사용합니다만, 전세계 100억 인구 중에서 천상천하 유아독존 오로지 필자 한 사람만이 그렇게 하니 문제이지만요..

이 책은 '책 만드는 방법' 이라는 책이지만, 필자의 경험담을 거울 삼아 여러분도 100만장 까지는 아니더라도 최소한 10만장 이상 인쇄하는 기술만 터득하면 굳이 옵셋 인쇄를 하지 않고 무한잉크 프린터로 인쇄를 해서 책을 만들어도 충분히 타산이 맞습니다.

암튼..
필자의 예전 경험을 계속하겠습니다.

당시 프린터가 우당탕탕하면서 종이가 걸린 것이었습니다만, 공교롭게도 그 종이가 프린터 헤드 캐리지에 걸려서 헤드 밑과 옆에 말려 들어가면서 압축되어 손톱 크기의 절반 정도로 압축되어 헤드 옆에 즉, 캐리지 옆에 끼어서 프린터 패널에는 캐리지 걸림이라는 메시지가 뜬 사건이었습니다.

또 필자는 이런 경험도 했습니다.

무한잉크이든, 잉크젯 프린터는 잉크를 카트리지에 담고 카트리지에서는 헤드에 있는 버퍼 역할을 하는 챔버로 잉크를 보내고 챔버에서는 프린터 헤드로 잉크를 보내는데요, 프린터 헤드에서는 고온 고압으로 잉크를 안개보다 훨씬 미세한 입자로 만들어서 뿜어내는 것입니다.

이 때 프린터 헤드의 뿜어내는 압력이 어느정도인가 하면요 총알과 같습니다.

실제로 필자는 A3 두꺼운 책 표지 용지 255g 아주 두꺼운 용지를 여러 장 집어넣고 인쇄를 하는 도중에 권총을 쏘는 아주 큰 귀청 떨어지는 "탕' 소리가 나서 기겁을 하여 점검을 해 보았더니 그 두꺼운 A3 표지 용지 여러 장이 권총으로 총을 빵 쏜 것과 같이 총알 구멍이 뻥 뚫어져 있습니다.

물론 필자와 같이 프린터 헤드가 터지는 경험을 할 확률은 매우 희박하므로 여러분은 걱정할 필요는 없습니다.

다만 양면 인쇄 기능이 있는 프린터의 양면 인쇄 기능을 사용하면 안 된다는 것을 아시기 바랍니다.

그렇다면 어떻게 해야 양면 인쇄를 할 수 있을까요?

PDF 문서로 저장을 하고 반드시 어도비 리더에서 읽어들여야 양면 인쇄를 할 수 있습니다.

자세한 것은 필자의 [유튜브 채널]에 동영상으로 만들어서 올려 놓았으므로 필자의 유튜브 채널에 오셔서 동영상을 보시기 바랍니다.

한 가지 유의할 점이 있는데요, 물론 전자책 단말기를 가지고 있는 분이나 모바일 등으로 전자책을 보시는 분이라면 잘 아시겠습니다만, 필자가 이 책을 어도비 인디자인에서 집필을 하고 전자책으로 저장을 하는데요, 필자는 epub 3.0으로 저장을 합니다.
epub 2.0이나 전자책 PDF 파일은 종이책과 같다고 할 수 있고요, 진정한 전자책이라면 epub 3.0 으로 저장을 해야 멀티미디어 등이 지원되고요, 따라서 구형 단말기에서는 재생이 안 될 수도 있습니다.

PC 혹은 모바일이라 하더라도 예를 들어 이 책은 어도비 인디자인에서 만든 전자책이라고 하더라도 어도비 epub 뷰어에서는 제대로 재생이 안 됩니다.
여러분이 이 책을 전자책으로 구입하셨다면 이 책 속에 무수히 많은 링크가 있고요, 링크를 클릭하면 대부분 필자의 유튜브 채널에 올려 놓은 동영상에 연결됩니다.
유튜브는 구글에서 운영하기 때문에 PC에서도 구글 크롬에서 재생하는 것이 가장 좋고요, 모바일에서도 [ReadEra] 앱으로 재생하는 것이 가장 좋습니다.

그러나 종이책 인쇄를 하기 위해서는, 인디자인 메뉴 [파일] - [Adobe PDF 사전설정] - [고품질 혹은 출판 품질] 을 선택하면 다음 화면이 나타납니다.

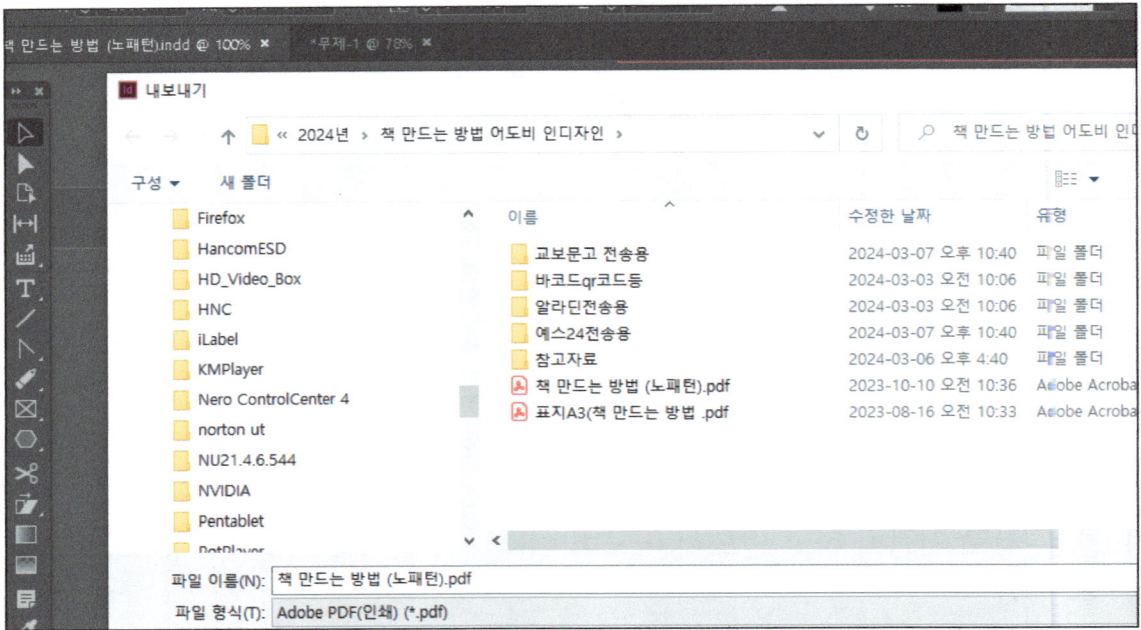

위의 화면은 단지 파일을 어디에 저장할지 묻는 화면이고요, [저장]을 클릭하면 다시 다음 화면이 나타납니다.
위의 화면은 인쇄용 PDF로 저장하는 것이고요, 전자책은 전자책 PDF로 저장을 해야 합니다만, 필자는 전자책은 무조건 epub 3.0 으로 저장을 합니다.

우측 화면에서는 아무것도 건드리지 말고 그냥 기본 값으로 [내 보내기]를 클릭하면 화면 상단 가운데 쯤에 막대기가 움직이면서 한참 동안 저장을 합니다.

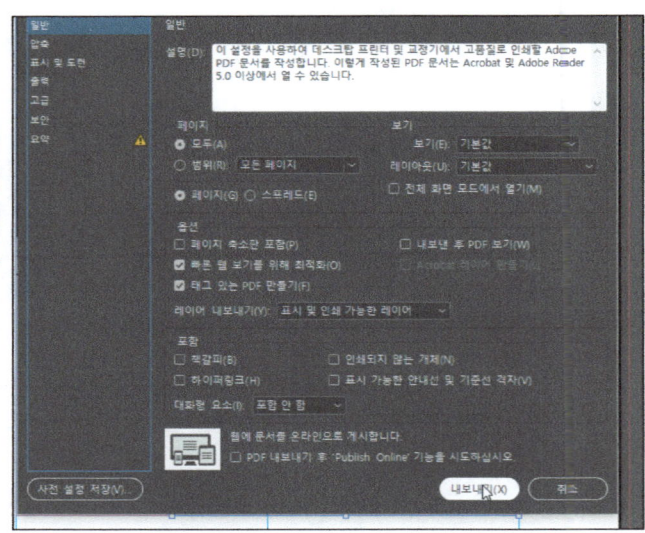

우측 화면 마우스가 가리키는 PDF 파일, 방금 저장된 PDF 파일을 더블 클릭하여 실행을 합니다.

만일 자신의 PC에 어도비 리더가 없다면 인터넷 검색하여 어도비 리더를 설치해야 합니다.

반드시 어도비 리더를 설치해야 합니다.

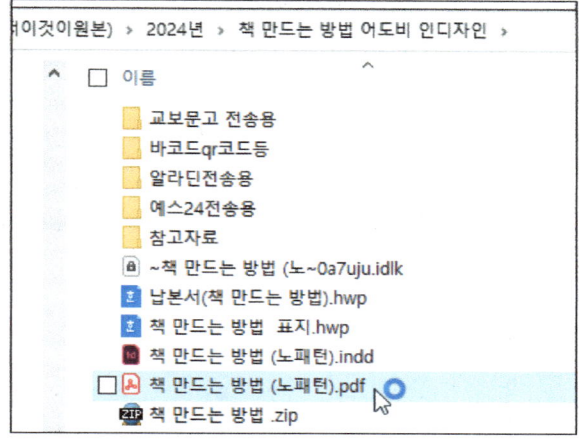

우리나라 토종 워드인 한글 프로그램에도 PDF 기능이 있고요, 앞에서 소개한 알캡쳐 제작사인 이스트소프트사의 알PDF도 있지만, 어도비 리더가 아닌 어떠한 PDF 문서도 양면 인쇄는 불가능합니다.
반드시 어도비 리더를 설치해야 양면 인쇄를 할 수 있습니다.

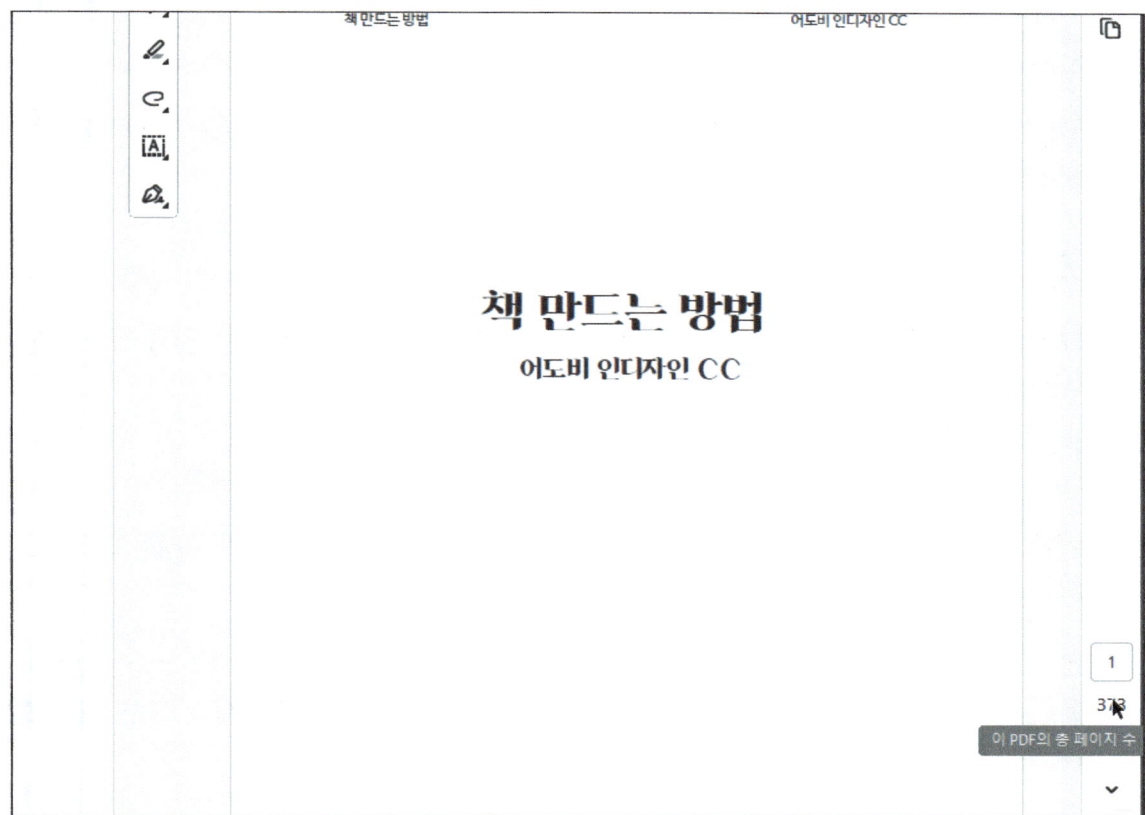

어도비 리더에서 읽어들이면 앞의 화면 우측 하단 마우스가 가리키는 곳에 문서의 총 페이지와 현재 몇 페이지인지 나타납니다.

필자는 책을 쓰는 것이 직업인 동시에 출판사 및 인터넷 쇼핑몰을 운영하고 있고요, 필자는 책을 만들 수 있는 모든 시설을 갖추고 있기 때문에 고객들이 보내오는 사진을 인쇄 하기도 하고 원고를 인쇄를 해서 책을 만들어서 보내드리기도 하는데요,..

오호라 통제여..
고객들이 보내오는 원고의 대부분은 가장 먼저 여백이 없습니다.
문서가 여백이 없으니 책이 예쁘게 만들어질 리가 없습니다.

그리고 대부분의 고객들이 페이지를 중구남방 제 멋대로 엿장수 맘대로 넣어서 보냅니다.

나는 어떡하라구.. 나~는 어떡 하라구~~~~~
유행가 가사가 생각납니다.

도대체 나는 어떡하라고 페이지를 엿장 수 맘대로 넣거나 안 넣거나.. 이런 쿤서를 보내서 인쇄를 해 달라고 합니다.

참으로 기가 막힐 노릇입니다.

어떠한 경우에도 PDF 문서를 인쇄할 때는(물론 다른 모든 어떠한 인쇄라도 마찬가지이지만,..)

위의 화면 우측 하단 마우스가 가리키는 페이지가 인쇄가 되는 것입니다.

위의 화면 우측 하단 마우스가 가리키는 곳을 보면 총 페이지수와 현재 페이지가 보이고요, 1페이지는 무조건 원고의 가장 첫 페이지입니다.

그런데 대부분의 고객들은 원고를 보내면서 페이지를 넣더라도 첫 페이지 빼고, 속지 빼고, 머리말 부분 빼고, 정도의 차이는 있지만, 암튼 처음 몇 페이지를 빼고 페이지를 넣어서 문서를 만들어서 보냅니다.

그러면 현재 PDF 문서를 읽어들인 어도비 리더이든 어떠한 여타의 프로그램이든 인쇄할 때는 무조건 문서의 첫 페이지부터 인쇄가 되는데 고객들이 보내오는 문서는 첫 페이지는 쪽번호가 없고 그 다음, 혹은 그그 다음 쪽부터 페이지를 넣거나 페이지가 맞지도 않습니다.

그러면, 인쇄는.. 문서의 10페이지를 인쇄할 때 문서의 10페이지에는 예를 들어 5페이지라고 페이지가 적혀 있습니다.

이게 책이 되겠냐고요..??

더구나 무한잉크 프린터는 필자와 같이 매일 수 천 페이지씩 인쇄를 하다보면 필연적으로 종이가 두장 이상 겹쳐 들어가는 수가 있습니다.

페이지가 맞는 문서는 해당 페이지만 다시 인쇄하면 되지만, 페이지가 맞지 않는 문서는 근본적으로 인쇄가 불가합니다.

이 긴 설명을 제대로 이해를 하실지 모르겠습니다만, 간단히 말해서 문서를 인쇄할 때는 무조건 맨 첫 장부터 1페이지가 시작돼야 합니다.

그래서 필자의 책은 무조건 표지 넘기면 바로 1페이지가 보입니다.

그래야 인쇄가 제대로 되기 때문입니다.

여러분도 당연히 그렇게 해야 합니다.

그리고, 문서는 반드시 짝수로 끝나야 합니다.

홀수로 끝나도 안 되는 것은 아니지만, 안 됩니다.

왜 그런고 하면요..

어도비 리더에서 읽어들인 PDF 문서에서 일단 [Ctrl + P] 명령으로 인쇄 명령을 내리면 다음 화면에 나타나는 대화상자가 나타나는데요..(아주 중요한 내용입니다.)
다음 설명을 아주 잘 들으셔야 합니다.

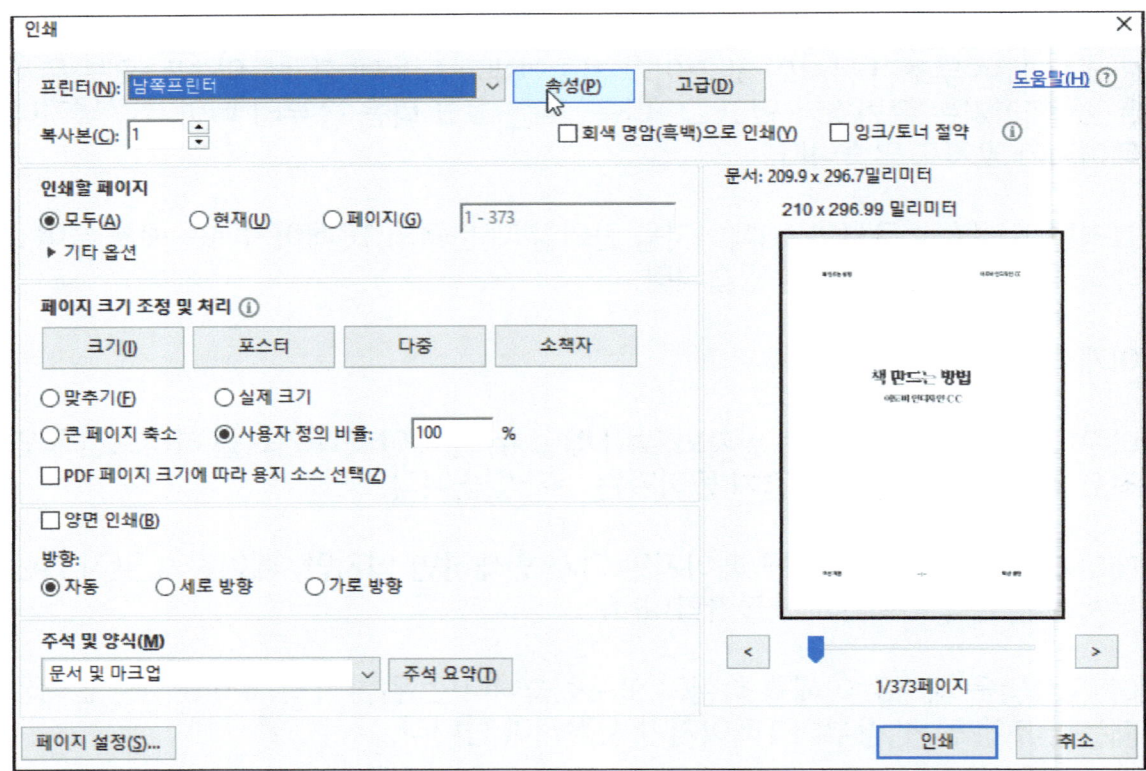

한PDF 안 됩니다.
알PDF 안 됩니다.

기타 인터넷 검색하면 수 많은 PDF 관련 프로그램들이 있지만, All 안 됩니다.

무조건 어도비 리더만이 양면 인쇄를 할 수 있습니다.

명심하시고요..

위의 화면에서 우선 상단 마우스가 가리키는 속성을 클릭하여 프린트 해상도를 설정해야 합니다.

새것 프린터 상태에서는 [최상]의 품질로 인쇄를 해도 잘 나옵니다.

그러나 필자와 같이 매일 수 천 페이지씩 인쇄를 하게 되면 절대로 안 됩니다.
반드시 최대 해상도로 인쇄를 해야 합니다.

현재 화면에 보이는 것은 HP OfficeJet Pro 8210 프린터의 프린터 명령을 보는 것인데요, 우측 화면에 보이는 것과 같이 [용지/품질] 탭에서 최대 해상도로 지정을 했습니다.

만일 프린터 속성에서 에뮬레이터를 하여 프린터 드라이버를 HP OfficeJet 7610 으로 바꾸었다면 인쇄 속도가 너무 느릴 수 있습니다.
이는 굉장히 많은 설명이 필요한데요, 딴지 걸지 않고 꼼꼼하게 읽으실 분만 읽으시기 바랍니다.

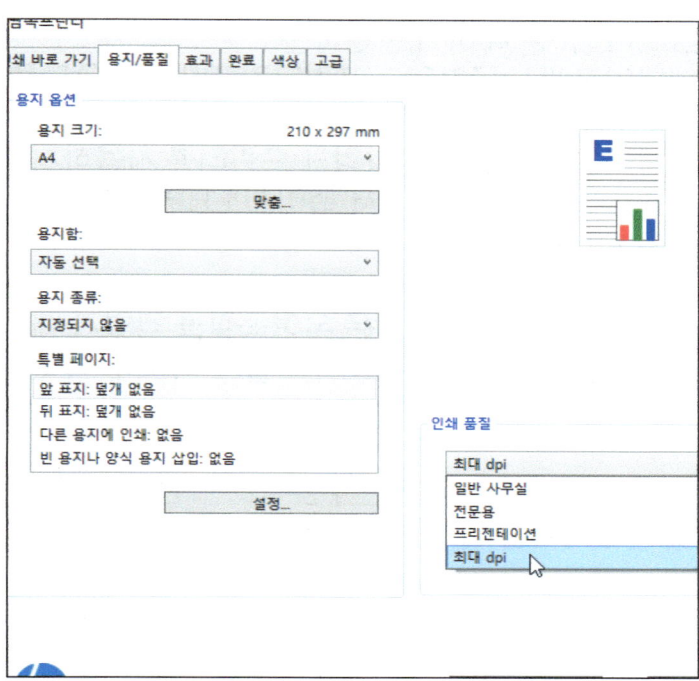

필자는 오랫동안 개인 사업을 해 왔습니다만, 개인 사업을 하기 전에 개인 자격일 때부터.. 옛날에는 캐논, 엡슨 등의 타 메이커 프린터도 사용한 적이 있지만, 필자가 본격적으로 사업을 시작한 이후로는 오로지 HP프린터만 사용하고 있으며 필자가 지금까지 구입한 HP 프린터 총 수량은 아마도 100대는 될 겁니다.

HP 입장에서 본다면 필자는 그야말로 큰 고객이 아닐 수 없습니다.

필자 역시 오로지 HP 프린터만 이렇게 많이 구입했으므로 HP를 선호할 것 같지만, 실상은 전혀 아닙니다.

아마도 필자가 죽어서 눈을 감을 때까지, 아니 눈을 감고 나서도 HP를 비난을 할 것입니다.

HP는 프린터에 관한 한 필자 생각에 세계 최고의 메이커요, 우주선이 얼마나 정밀한지 모르지만, 필자가 아는 한 HP 프린터는 우주선보다 정밀합니다.

이렇게 정밀하게 만들기 때문에 필자가 프린터 1대로 무려 100만장 인쇄하는 노하우를 터득했으며, 물론 천상천하 유아독존 오로지 필자만 가능한 일이지만...

그러나 HP는 특히 대한민국을..
대한민국에서 무한잉크 프린터가 개발되었으므로..

대한민국 국민들이 무한잉크 프린터를 사용하지 못하도록 필자가 죽는 날까지, 눈을 감는 날까지를 넘어서 죽어서도 HP를 비난을 할 정도로 지긋지긋하게 방해 공작을 합니다.

필자는 헤일 수 없이 많은 우여곡절을 겪었기 때문에 결국 프린터 1대로 100만장 인쇄하는 방법을 터득했지만, 필자 이외에 이렇게 할 수 있는 사람은 아마 없을겁니다.

만일 여러분이 사용하는 무한잉크 프린터를 무언가 잘 못 하여 자칫 업데이트 버튼을 눌렀다가는 다시는 프린터를 사용할 수 없게 됩니다.

마이크로소프트사이든, HP이든, 업데이트라는 허울좋은 이름으로 전세계의 모든 컴퓨터를 들여다보고 있으며 불법 사용자를 색출하거나 무한잉크 프린터를 사용한다는 것이 적발되면 즉시 프린터를 못 쓰게 만들어 버립니다.

프린터 드라이버를 띄우고 필요한 프로그램을 설치를 해야 프린터를 사용할 수 있으며 프로그램 설치시 사용자는 알던 모르던 약관을 허용해야 프린터를 사용할 수 있으므로 모조건적으로 허용을 하는 것이고요, 그래서 HP는 법적으로 면척을 받습니다.

그러나 이러한 것은 우리나라가 강력하게 조치를 하여 징벌적 배상금을 천문학적으로 매겨야 하지만, 정부에서 그렇게 하지 않으니 문제입니다.

암튼..
각설하고 필자의 경우 한달에 평균 6리터의 리필 잉크를 사용합니다.

매일 수 천 페이지씩 인쇄를 하며 매일 고객들이 주문하는 사진 인쇄를 하기 때문이고요, 이것을 HP 정품 잉크로 사용한다면 1,000만원도 넘는 금액입니다.

6리터 정품 잉크 계산을 해 보세요..
아마 웬만한 계산기 숫자가 모자랄 것입니다.
이렇게 많은 잉크를 사용하며 인쇄를 하기 때문에 필자가 책을 만들어서 판매를 할 수가 있는 것이며 밥을 먹고 살 수 있는 것입니다.

그런데 HP 에서는 리필 잉크도 사용하지 못 하도록 합니다.
그 비싼 HP 정품 잉크를 사서 쓰라고 합니다.

정품 잉크를 대한민국에서 판매하는 리필 잉크와 같이 싸게 팔던지 약간만 비싸게 팔면 필자부터 HP 정품 잉크를 쓰겠습니다.

필자가 한달 평균 약 6리터의 리필 잉크를 사용하지만, 잉크 가격은 불과 6~7만원 밖에 안 됩니다.

정품 잉크라면 1,000만원도 넘지만요..

이러니 정품 잉크를 쓰겠냐고요..

여러분도 이 책을 보시기 때문에 결국 필자와 똑같은 길을 걸어야 합니다.

필자는 HP의 그 엄청난 방해 공작을 모두 물리치고 지금 현재에도 필자 옆에서 여러 대의 프린터가 쉬지 않고 인쇄 중입니다만, 여러분도 이렇게 해야 한다는 뜻입니다.

푸념 비슷하게 길게 얘기했지만, 여러분 모두 반드시 알아야 하는 내용이며, 다시 인쇄 명령으로 돌아가겠습니다.
아니 추가 설명을 해야 하겠으며 여러분도 반드시 추가 설명을 읽으셔야 합니다.

일단 프린터야 비슷하지만, 필자는 현재 오로지 HP 프린터만 사용하므로 HP프린터를 기준으로 설명을 하겠습니다.

HP OfficeJet 프린터는 HP에서 오피스용 프린터로 개발하여 전세계적으로 아마도 사람 숫자보다 더 많이 팔렸을 겁니다.

그리고 프린터도 계속 개발을 계속하여 새로운 제품이 쏟아져나오고, HP OfficeJet, 즉, 오피스젯 프린터가 널리 사용되던 시절에는 아직 대한민국에서 무한잉크 프린터를 많이 사용하지 않던 시절입니다.
그래서 오피스젯 프린터를 무한잉크로 사용하지 못하도록 방어기재를 조금만 넣었고요, 그 대표적인 프린터가 A3 올인원 프린터인 HP OfficeJet 7110 프린터입니다.

HP OfficeJet 7110 프린터는 아마도 이 프린터를 사용하다가 홧병으로 죽은 사람도 헤일 수 없이 많을 것입니다.

그 정도로 사람을 죽음으로 몰아가는 지옥의 악마와 같은 프린터입니다.
다시 말해서 일반인은 절대로 사용할 수 없는 프린터입니다.

HP OfficeJet 7110, 7514, 7610, 7612 모델이 모두 같은 계열이며 같은 헤드를 사용하는 동일 시대 프린터들인데요.. 모두 사람 잡는 프린터들입니다.

사람 잡는 정도가 아니라 사람을 잡아먹고도 남을 프린터들입니다.

이 정도로 얘기를 해도 실감이 나지 않는 사람은 해당 프린터를 사용해 보지 않으신 분들일텐데요..

암튼 이 중에서 가장 개 똥개보다 못한 프린터가 바로 HP OfficeJet 7110 A3 프린터이고요, 일반인은 절대로 사용하지 못할 아주 못 된 프린터이지만, 당시 우리나라에 무한잉크 프린터가 아직 널리 퍼지지 않은 시절에 나온 프린터이기 대문에 HP에서 미처 방어기재를 넣지 않았습니다.

그래서 필자는 다른 사람은 절대로 사용하지 못할 HP OfficeJet 7110 프린터를 가지고 표지 인쇄를 하며 일반인은 절대로 사용하지 못할 프린터이지만, 필자에게는 오히려 방어기재, 예컨대 무한 칩이 없는 프린터이기 때문에 일반인은 오해머로 프린터를 박살이 나서 콩가루가 되도록 때려 부숴도 시원치 않아서 혹시 자살을 한 사람도 있을 것으로 생각되는 징글 징글한 프린터를 아주 잘 쓰고 있습니다.

물론 아주 잘 쓰고 있다는 말은 어폐가 있고요, 어떤 때는 인터벌에만 30분 이상 걸릴 때도 있습니다.

복장 터지고 때려 부수고 싶을 때도 매일 있지만, 필자는 잘 알기 때문에 살살 달애서 30분이 아니라 3시간을 인터벌로 시간을 보내더라도 프린터를 박살 내지 않고 지금도 A3 표지, 평량 255g 두꺼운 A3 용지에 표지 인쇄를 하고 있고요, 지금 이 시간에도 계속 인쇄를 하고 있습니다.

여러분도 책을 만들기 위해서는 A3 용지에 두꺼운 용지를 넣고 표지를 인쇄를 해야 하기 때문에 필자와 같이 하려면 HP OfficeJet 7110 프린터를 사용하는 것이 가장 좋지만, 아마도 HP OfficeJet 7110 프린터를 사용하다가는 미쳐버리거나 일찍 죽거나 기타 정상적인 삶은 포기해야 할 겁니다.

필자가 지금 지루할 정도로 길게 설명을 하지만, 정작 아직 문제는 거론하지도 않았습니다.

문제는 이들 프린터 모델 다음에 나온 프린터들입니다.

지금까지 거론한 HP OfficeJet.. 오피스젯.. 그리고 그 뒤에 Pro가 붙은 모델들이 나올 무렵 대한민국에서 무한잉크 프린터가 널리 퍼졌고요, HP에서 대한민국에서 무한잉크를 사용하지 못하도록 갖은 방어기재를 많이 넣은 모델이 바로 이 후속 모델인 오피스젯 프로 모델들입니다.

아마 프린터를 사용하지 않는 사람은 거의 없으니 필자와 같이 자세히는 모르더라도 어느정도는 아는 분들이 많이 있을텐데요, 설명을 더 들으셔야 하며 아주 잘 들으셔야 합니다.

필자는 이 무렵 HP OfficeJet Pro 8210 무한잉크 프린터를 한꺼번에 5대, 지금까지 구입한 것은 15대 정도 되고요..

그리고 당시 A3 신형 모델인 HP OffieJet Por 7720 무한잉크 프린터를 구입했고요, 당시 구입가가 50만원 정도 할 때입니다.

이 비싼 프린터를 구입한 이유가 필자는 책을 만들어야 하기 때문에 A3 표지를 인쇄하려고 구입했지만, 아아아아... 어헉...

HP에서 오피스젯 "프로" 모델들은 오피스용으로 A4용지만 인쇄를 하고 두꺼운 용지, 특수용지, 아트지, 스노우지, 백상지, 인화지, 유포지, 기타 어떠한 종이도 A4 용지 및 A4용지와 같은 얇은 평량의 A3 용지만 급지가 되고 다른 용지는 절대로 급지가 안 되게 만들었다니까요..

아아아아 부르르르 떨리고 화가 치밀어서 이 글을 못 쓰겠습니다.
그러면서 HP에서는 A4 용지 이외의 인화지 등의 특수 용지에 인쇄를 하고 싶으면 거의 100만원에 육박하는 비싼 포토 프린터를 구입하라고 HP 오피스젯 프로 모델들은 모두 카트리지에 칩을 달아서 무한잉크로 개조하면 프린터가 먹통이 되어 못 쓰게 해 버리고, 오피스젯 프린터들은 A4용지만 인쇄를 하게 만든 것입니다.

거의 100만원에 육박하는 포토 프린터를 무한잉크로 개조하면 또 비용이 들어가니 이래저래 거의 200만원 들여서 A3 프린터를 사용해야 하니 이게 말이 되는가 이 말입니다.

정말 웬쑤같은 HP 에휴..

그래서 필자는 그 비싼 돈을 들여 구입한 HP OfficeJet Pro 7720 무한 프린터를 사용하지 못하고 지금까지 몇 년인지 모르게 창고에 처박아 두고 있으니 HP 욕을 하지 않을 수가 있는가 이 말입니다.

그래서 할 수 없이 A4용지에 인쇄하는 책의 인쇄는 HP OfficeJet Pro 8210을 지금까지 사용하고 있으며(이들 프린터도 인화지나 기타 A4 용지 이외는 급지가 안 됩니다.)..

A3 표지 인쇄는 이전 모델을 사용하고 있는데요, HP OfficeJet 7514, 7610, 7612 모델들은 위에 스캐너가 달려 있어서 웬만한 사람은 들지도 못 합니다.

특히 필자는 약 4년 전에 심장 수술을 받았고요, 다행히 죽지 않고 살아나기는 하였으나 힘을 못 쓰기 때문에 이 모델들은 필자가 절대로 들 수가 없기 때문에 무게가 가벼운(약 7Kg) HP OfficeJet 7110 프린터로 표지 인쇄를 하는 것입니다.

무한 잉크 프린터에 무칩이니 유칩이니 하는 것은 모두 HP에서 HP정품 잉크를 사용하는지 아닌지, 무한잉크로 개조를 했는지 탐지하는 것들이며 만일 무한잉크로 개조를 했거나 카트리지 수명이 정해진 기간을 지나면 인쇄가 되지 않도록 하는 HP의 방어기재입니다.

그래서 필자는 HP가 제 아무리 세계 최고의 글로벌 기업이라고 해도 절대로 인정을 하지 않습니다.
천민자본주의 총본산이라고 생각합니다.

사실 그래서 필자가 이러한 HP의 악마와 같은 방어기재를 넣은 덕분에 이러한 것들을 깨뜨리다보니 프린터 1대로 100만장 인쇄하는 노하우를 터득한 것이니 결과적으로는 고마운 HP이기도 합니다.

하고 싶은 얘기는 너무너무 많습니다만, 이 정도만 얘기했더도 이미 어떤 프린터를 사용해야 하는지 감을 잡았을 것입니다.

그럼 다시 양면 인쇄에 관한 설명으로 돌아가겠습니다.

아니 조금 더 설명을 해야 할 것이 있습니다.

바로 프린터 드라이버 에뮬레이터입니다.

3-5-2. 프린터 드라이버

드라이버는 Driver, 즉, 나사를 돌리는 드라이버입니다.

그러나 기계는 나사가 눈에 보이므로 드라이버로 돌려서 잠그거나 풀 수 있지만, 컴퓨터에서 사용하는 파일은 눈에 보이지 않기 때문에 컴퓨터에서 사용하는 기기를 조절하기 위해서는 눈에 보이지 않는 드라이버 파일을 사용해야 합니다.

예를 들어 여러분이 프린터를 사용하고 있다면 이미 컴퓨터에 프린터 드라이버 파일이 설치되어 있는 것입니다.

다시 말해서 드라이버 파일은 그 드라이버 파일로 작동하는 기기를 작동하게 해 주고 최적의 상태가 되도록 조절할 수 있는 프로그램입니다.

필자가 지금 지겨울 정도로 길게 설명하고 있는 프린터, A4용지에 원고를 인쇄하는 용도로는 HP OfficeJet Pro 8210 모델 무한잉크 프린터를 여러 대 사용하여 인쇄를 하고 있으며, A3 표지 인쇄는 HP OfficeJet 7110 구형 프린터로 인쇄를 하고 있습니다.

이렇게 프린터가 나올 때마다 해당 프린터의 고유 드라이버 파일이 있으며 이것을 드라이버를 설치했다.. 라고 말을 합니다.
그런데, 예를 들어 프린터 드라이버는 해당 프린터 모델의 고유한 드라이버 파일만 있는 것이 아닙니다.

예를 들어 프린터는 HP에서 만들었다 하더라도 마이크로소프트 운영체제에서 제공하는 기본 프린터 드라이버로 인쇄를 할 수도 있습니다.

물론 이렇게 완전히 생뚱 맞은 프린터 드라이버는 작동이 제대로 안 되는 경우도 있지만, HP 프린터의 경우 HP OfficeJet Pro 8210 프린터를 HP OfficeJet 7610 프린터 드라이버 혹은 여타의 다른 HP 프린터 드라이버를 사용할 수 있습니다.

이 중에서 HP 프린터의 경우 HP OfficeJet 7610 프린터 드라이버의 인쇄 경령이 가장 좋습니다.

이유는 이 때 만들어진 HP Officejet 7610 드라이버는 아직 우리나라에 무한잉크 프린터를 사용하는 사람이 많지 않던 시절이기 때문에 HP에서 HP 프린터로 인화지든, 어떠한 용지든 최고 해상도 그리고 여백없이 인쇄가 되도록 만들었기 때문입니다.

다시 거듭 강조합니다만, 이후 나온 HP OfficeJet Pro… 모델들은 대한민국에서 무한잉크 프린터를 사용하는 사람들이 많아지면서 A4 용지 이외에는 급지가 안 되게 만든 모델들입니다.

그리고 구형 오피스젯 프린터들이건, 신형 오피스젯 프로 모델들이건 프린터 패널에서 메뉴를 누르다가 무언가 잘 못 하여 프린터 업데이트 또는, 필자의 경우 대형 사진도 인쇄를 하므로 대형 플로터도 있는데요, 이른바 e-프린터라는 기능이 바로 프린터를 검사하여 무한잉크를 사용하거나 개조한 카트리지를 사용하면 못 쓰게 만드는 기능입니다.

미칠 노릇이지만, HP에서는 세계 최고의 부자이며 세계 최고의 글로벌 메이커이면서도 이런 짓을 서슴없이 저지릅니다.

아니 프린터를 팔았으면 되었지, 그 프린터를 구입한 사람이 프린터를 구워먹든, 삶아먹든 무슨 상관을 하는가 이 말입니다.

그래서 필자가 사용하는 대형 플로터는 e-프린터 기능을 사용해야 네트워크로 컴퓨터에서 프린트 명령을 내릴 수가 있는데요, 필자는 이 기능을 사용하지 않고 아예 플로터를 컴퓨터와 연결하지 않고 USB SD 카드에 파일을 복사해서 플로터에 꽂고 인쇄를 합니다.

컴퓨터와 온라인으로 연결하면 대형 플로터가 온라인으로 연결되는 순간 HP 서버에서 감시를 하여 아차하면 플로터를 못 쓰게 만들 수 있기 때문입니다.

위에 보이는 것이 필자가 사용하는 대형 플로터인데요, 위의 화면 좌측 상단 마우스가 가리키는 부분이 6색 카트리지가 들어가는 부분이고요, 위에 보이는 것이 필자가 따로 구입해서 사용하는 대용량 6색 카트리지입니다.

HP에서는 이렇게 사용하지 못 하도록, 원래 위에 보이는 카트리지의 약 1/3~1/4 크기의 작은 용량의 카트리지가 장착되어 있고요, 이 카트리지에는 HP에서 프로그래밍을 하여 기한이 지나거나 잉크가 다르면 인쇄가 되지 않도록 하는 명령어가 내장된 칩이 달려 있습니다.

세계 최고의 글로벌 메이커 HP에서 이런 야비한 짓거리를 하니 원..

그래서 위에 보이는 대용량 6색 카트리지는 제조 업체에서 칩을 해킹을 하여 HP에서 인쇄가 안 되도록 프로그래밍을 한 것을 무력화시키는 칩이 달려 있어서 위에 보이는 것과 같이 대용량 카트리지를 사용해서도 인쇄가 되는 것이며 필자는 위에 보이는 대용량 카트리지에 들어 있는 잉크도 가격이 저렴한 리필 잉크를 사용합니다.
그러나 정품 카트리지는 한 색상당 아래와 같이 대략 12만원입니다.
6색 플로터이므로 6개 가격은 70만원이 넘습니다.

더구나 위에 보이는 정품 카트리지는 용량이 매우 적기 때문에 정품 카트리지 70만원어치를 구입하더라도 필자의 경우 사진을 인쇄하여 판매를 해야 하는데, 약간 비약하자면 70만원어치 정품 잉크 카트리지 구입하여 7만원어치 인쇄하면 땡입니다.

그래서 필자는 앞에서 보았던 대용량 카트리지로 개조를 하였고 잉크도 필자가 현재 모든 프린터에 사용하는 리필 잉크, 6리터에 약 6만원 정도인 국산 리필 잉크를 사용하는 것입니다.

이렇게 필자와 같이 할 경우 인쇄물의 색상이 제대로 나오지 않습니다.

HP에서 정품 잉크 카트리지를 사용하지 않을 경우 플로터가 작동되지 않도록 하는 것과 별개로 정품 잉크를 사용하지 않으면 색상이 제대로 나오지 않게 만들어져 있기 때문입니다.
사실 이것은 어떠한 프린터이든 마찬가지이므로 HP 탓을 할 필요는 없습니다.

그래서 필자는 인쇄를 해야 하는 사진을 사진 편집 소프트웨어에서 보정을 합니다.
그냥 인쇄를 하면 완전 생뚱맞은 색상으로 인쇄가 되기 때문에 반드시 색상 보정을 해서 인쇄를 하며, 이 또한 일반인은 거의 불가능한 일입니다.

원래 사진과 다른 색상으로 인쇄가 되는 인쇄물을 원래 사진과 같은 색상으로 인쇄가 되도록 하는 것이 쉬운 기술인가 이 말입니다.

다시 필자가 현재 A4 용지에 책의 원고 인쇄를 하는 HP Officejet Pro 8210 프린터의 프린터 드라이버를 살펴 보겠습니다.

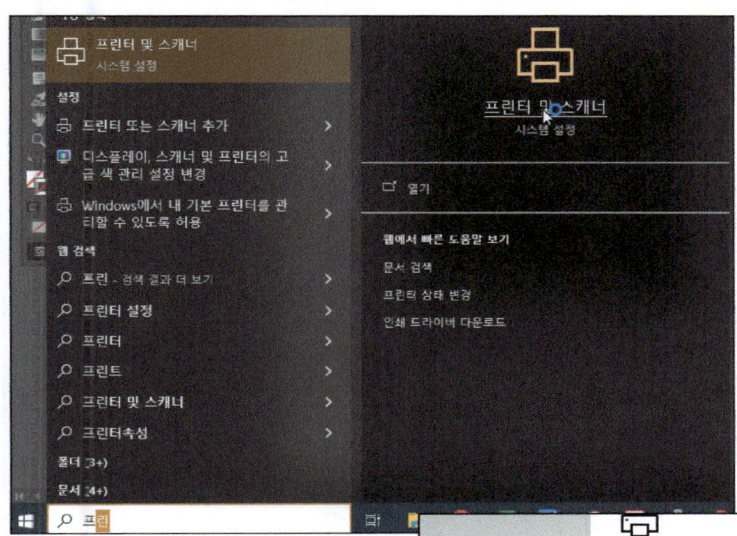

좌측 화면 참조하여 [시작] 옆의 검색어 입력 란에 "프린" 까지만 입력하고 나타나는 우측의 [프린터 및 스캐너]를 클릭하면 다음 화면이 나타납니다.

필자는 똑같은 HP Office Jet Pro 8210 모델의 프린터가 여러 대 작동하기 때문에 알아보기 쉽게 우측과 같이 북쪽 프린터, 남쪽 프린터, 이런식으로 프린터 이름을 바꾸었고요, 우측 마우스가 가리키는 남쪽 프린터를 클릭하면 다음 화면이 나타납니다.

우측 화면에서 마우스가 가리키는 [관리]를 클릭하면 다음 화면이 나타납니다.

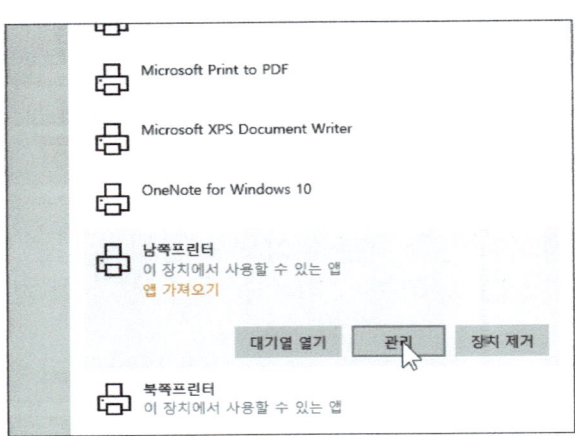

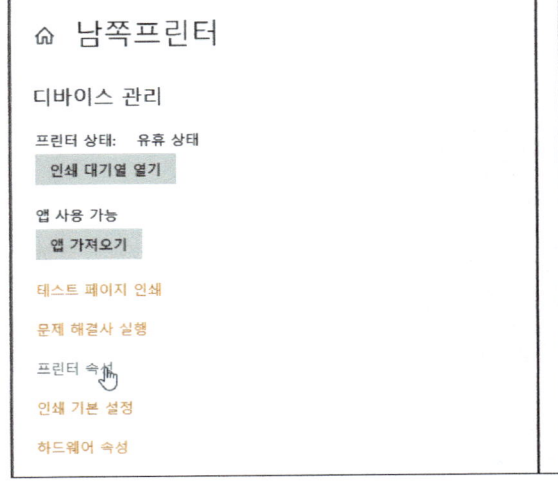

좌측 화면에서 마우스가 가리키는 [프린터 속성]을 클릭하면 다음 화면이 나타납니다.

우측 화면에서 맨 위의 메뉴에서 [고급] 탭을 클릭하고, 우측 화면 마우스가 가리키는 곳을 클릭하면 현재 선택된 프린터는 HP OfficeJet Pro 8210 모델이지만, 다른 프린터 모델들의 드라이버가 보입니다.

이 중에서 HP의 프린터들은 우측에 보이는 드라이버 중에서 HP OfficeJet 7610 series 를 선택하는 것이 가장 좋습니다.

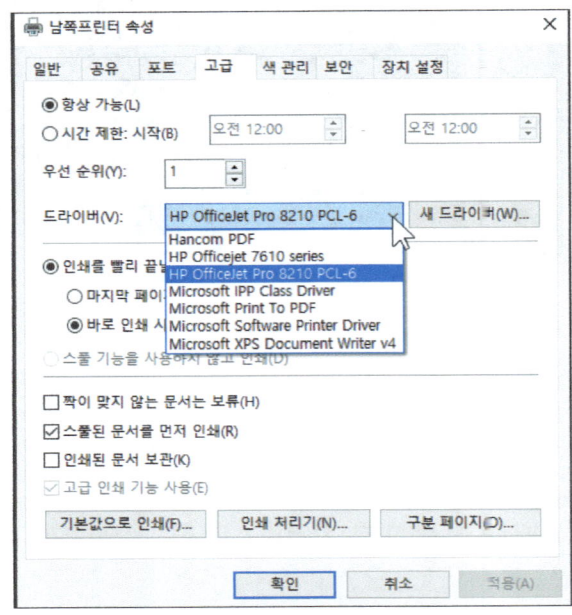

이렇게 하는 것을 프린터 드라이버를 에뮬레이터(흉내)한다고 하는데요, 만일 위에 보이는 HP OfficeJet 7610 series 드라이버가 보이지 않으면 그 우측에 보이는 [새 드라이버]를 클릭하여 해당 드라이버를 설치해야 하는데요, 윈도우즈 버전

에 따라 설치가 안 될 수도 있고요, 윈도우 10이나 윈도우 11의 경우 업데이트를 해야 이 드라이버가 설치될 수도 있습니다.

그러나 인터넷 검색해 보면 윈도우즈 운영체제를 업데이트하지 않고 드라이버를 설치할 수 있는 있는 파일을 다운로드할 수도 있고요, 이 드라이버 파일을 다운로드하여 설치하는 과정에서 화면의 안내를 잘 읽어보고, HP에서 사용자를 현혹하여 화면에 보이는 안내에서 잘 못 누를 경우 설치가 안 되므로 주의깊에 여러 번 읽어보고 HP의 간교한 계략에 말려들지 않고 설치를 해야 합니다.

예를 들어 프린터를 온라인으로 연결하고 HP의 친절한 서비스를 받는 것이 동의, 또는 프린터 데이터를 HP에 전송하는 것에 동의.. 등이 있는데요, 이러한 친절함 뒤에는 프린터를 못 쓰게 만드는 악마의 얼굴이 숨어 있다는 것을 결코 잊어서는 안 됩니다.

또 HP에서는 점점 더 프린터 사용자들을 자사의 서버에 묶어서 노예처럼 부리기 위하여 예전에는 HP 홈에서 필요한 모델의 드라이버 파일만 다운로드할 수 있었으나 최신의 프린터들은 온라인으로 연결하여 자동으로 프린터를 설치하도록 하고 있는바, 어떤 방법을 사용하든 HP의 이러한 계략에 말려들지 않고 프린터 드라이버만 설치하는 방법을 연구하고 터득해야 합니다.

다음 화면은 현재 설명하는, 필자가 A4 책의 원고 인쇄에 사용하는 HP Officejet Pro 8210의 프린터 명령 화면입니다.

원고 PDF 파일을 읽어들이고 [Ctrl + P] 명령을 내리면 우측 화면이 나타나고요, 필자와 같이 프린터가 여러 대 있을 경우 반드시 우측 화면에서 (1)을 클릭하여 프린터를 지정해야 하고요, (2)의 [속성]을 클릭하면 다음 화면이 나타납니다.

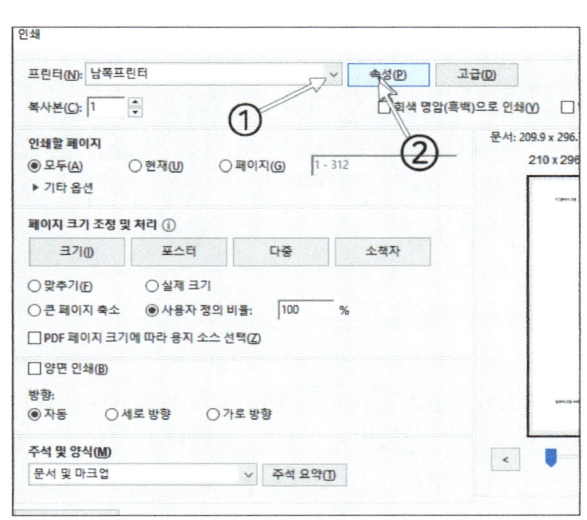

우측 화면이 HP OfficeJet Pro 8210 프린터의 오리지널 드라이버이고요, A4용지 이외에는 급지가 안 되므로 다른 것은 쳐다볼 것도 없고요, 우측 화면 상단 메뉴 바에서 [용지/품질]을 클릭하면 다음 화면이 나타납니다.

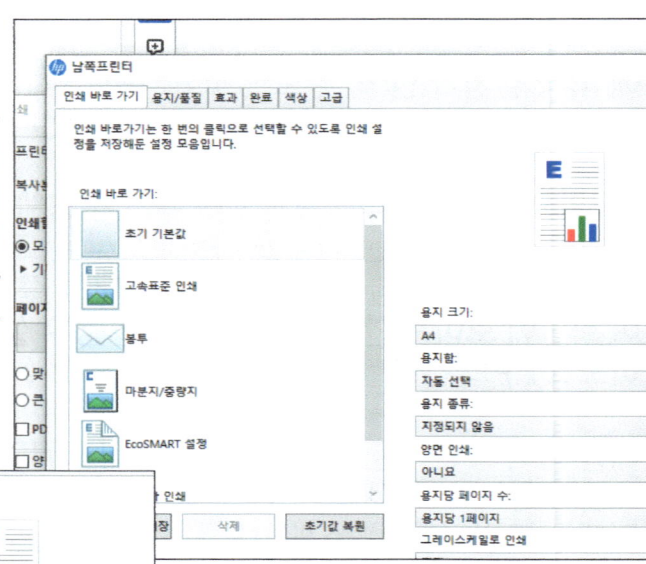

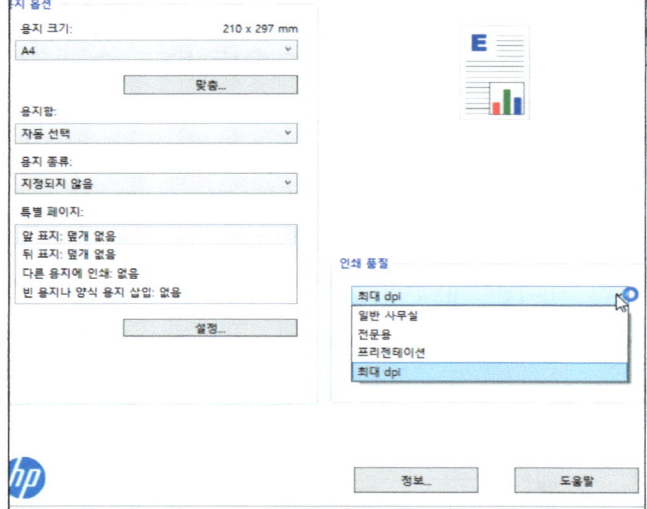

좌측 화면에서 마우스가 가리키는 곳을 클릭하고 [최대 DPI]를 선택하면 이 프린터의 최고 해상도로 인쇄가 됩니다.

그러나 필자가 앞에서 지겨울 정도로 길게 설명한 바와 같이 지금 설명하는 오피스젯 "프로" 모델들의 프린터들은 A4 용지 이외에는 급지가 안 되게 만들어졌고, 해상도를 위에 보이는 것과 같이 최대 DPI로 인쇄를 해도 인쇄 품질이 좋지 않게 인쇄가 됩니다.

미칠 노릇입니다.

그래서 이 프린터가 HP OfficeJet Pro 8210 신형 프린터이지만, 고해상도 인쇄 및 어떠한 인쇄도 가능한 HP OfficeJet 7610 드라이버, 즉, 완전 구형 드라이버로 에뮬레이터를 하여 인쇄를 해야 최고 해상도로 인쇄가 되는 것입니다만..데휴..

일단 지금 설명하는, 필자가 현재 원고 인쇄에 주력으로 사용하는 신형 프린터인 HP OfficeJet Pro 8210 프린터라 하더라도 지금까지 설명한 내용을 이해를 하신 분이라면, HP OfficeJet 7610 series 드라이버로 에뮬레이터를 하여 인쇄를 하면 인쇄 품질은 최고 해상도로 인쇄가 됩니다.

그러나,..
그러나.. 아아아아..

필자가 현재 사용하는 주력 프린터들은 이미 인쇄량이 수십 만장, 많게는 약 45만 장에 육박합니다.

대체로 40만장 정도까지 인쇄했을 때는 지금까지 설명한 방법으로 HP Officejet Pro 8210 프린터를 HP OfficeJet 7610 series 드라이버로 에뮬레이터 하여 최고 해상도로 인쇄를 하면 잘 나왔습니다.

그러나 인쇄량이 40만장이 넘어가자, 다른 프린터는 20만장 정도 인쇄를 하자 이렇게 프린터 드라이버를 인쇄가 가장 잘 되는 HP OfficeJet 7610 series 드라이버로 바꾸자 인쇄가 안 되거나 비정상 작동을 합니다.

그래서 할 수 없이 인쇄 품질은 떨어지지만, 어쩔 수 없이 원래 오리지널 드라이버인 HP OfficeJet Pro 8210 프린터 드라이버로 인쇄를 하는 것입니다.

그래서 헤드는 소모품이므로 헤드만 새것으로 교체를 하면 원래대로 HP Officejet 7610series 드라이버로 바꾸어 인쇄를 해도 잘 될 것으로 생각하고 헤드를 교체해 보았지만 여전히 안 됩니다.

지금까지의 설명을 이해를 하신 분이라면 아직 인쇄량이 그리 많지 않을 때는 HP 프린터는 대부분 다른 모델의 프린터라 하더라도 HP OfficeJet 7610 series 드라이버로 인쇄를 해야 가장 잘 나온다는 것을 알았을 것입니다.

다시 말해서 구형 프린터, 즉, HP OfficeJet 7110, 7514, 7612 등의 프린터는 지금 설명한 것과 같이 HP OfficeJet 7610 드라이버로 인쇄를 해야 가장 잘 나오며, 어떠한 용지라도 인쇄가 가능하며 신형 프린터라도 인쇄량이 많지 않을 때는 예를 들어 필자가 현재 주력으로 사용하는 HP OfficeJet Pro 8210, 8710, 8720 모델들도 HP OfficeJet 7610 series 드라이버로 인쇄를 해아 인쇄 품질이 가장 좋게 나옵니다.
그리고 필자와 같이 인쇄량이 많아지면 인쇄 자체가 안 되므로 어쩔 수 없이 신형 프린터 고유 드라이버로 인쇄를 해야 하지만, 헤드만 새것으로 교체를 하면 될 수 있을 것으로 생각했지만, 헤드를 교체해도 마찬가지였습니다.

이렇게 필자가 HP 프린터 드라이버 중에서는 가장 좋다는 HP OfficeJet 7610 series 드라이버 인쇄 명령 화면은 다음과 같이 구성되어 있습니다.

우선 인쇄 명령 대화상자에서 우측 화면의 마우스가 가리키는 곳을 클릭하여 HP Officejet 7610 series 드라이버를 사용하는 프린터, 우측 화면에 보이는 것은 네트워크 상에 있는 프린터이고요, 필자는 프린터가 여러 대이기 때문에 항상 인쇄 명령을 내릴 때마다 프린터를 확인해야 하고요, 가끔씩 이것을 잊고 엉뚱한 프린터에 인쇄 명령을 내려서 버리는 종이도 상상을 초월할 정도로 많습니다.

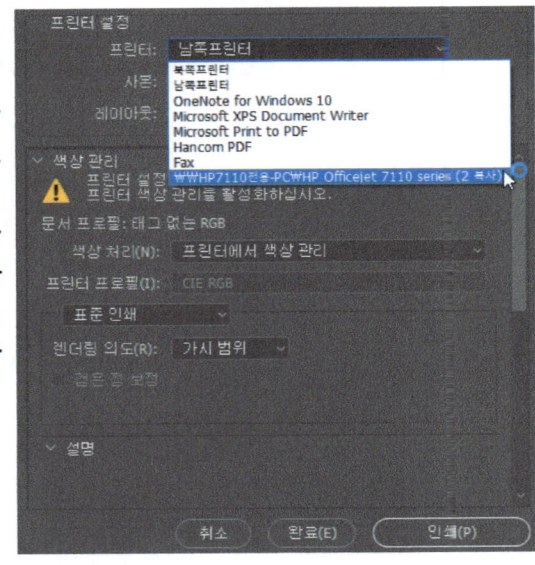

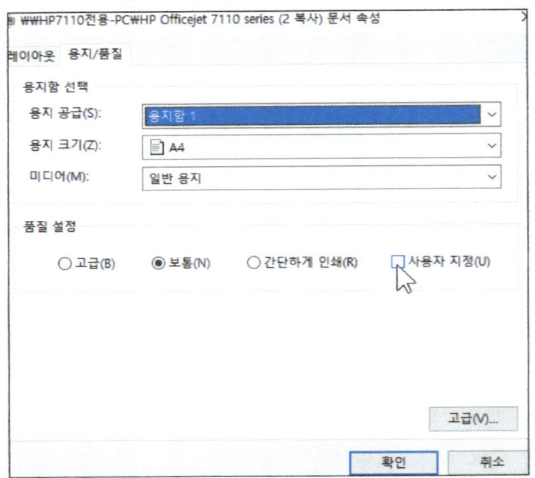

좌측 화면에서 마우스가 가리키는 [사용자 지정]을 클릭하여 선택하고,...

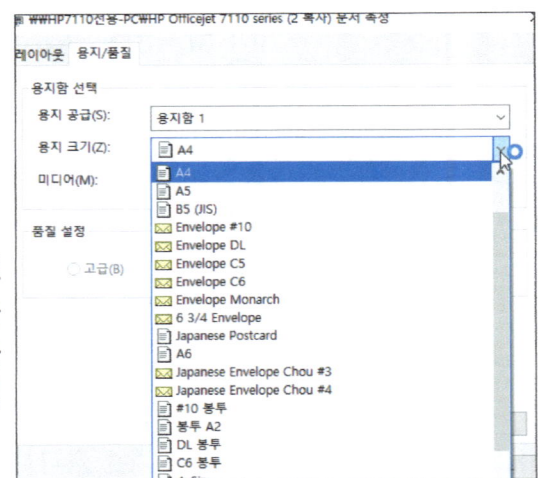

지금 이 프린터는 A3 프린터이기 때문에 표지 인쇄시 반드시 우측 마우스가 가리키는 곳을 클릭하여 A3 용지로 지정을 해야 하는데요, 반드시 [A3- 좁은 여백] 용지를 선택해야 합니다.

만일 인화지에 인쇄를 한다면, HP 최고 비싼 최고급 인화지가 아닌 바에는 우측 화면에서 그냥 HP 고급 인화지를 선택하고, 아트지, 스노우지 등의 두꺼운 표지 용지에 인쇄를 한다면 [HP 에브리 데이 인화지(무광택)]을 선택해야 합니다.

광택, 무광택, 선택 유무에 따라 프린터 헤드에서 분사는 잉크량이 달라지므로, 아트지, 스노우지 등은 원래 잉크젯 프린터 용이 아니라 레이저 프린터 용지이므로 반드시 무광택을 선택해야 잉크 분사량이 적어서 흘러내리지 않습니다.

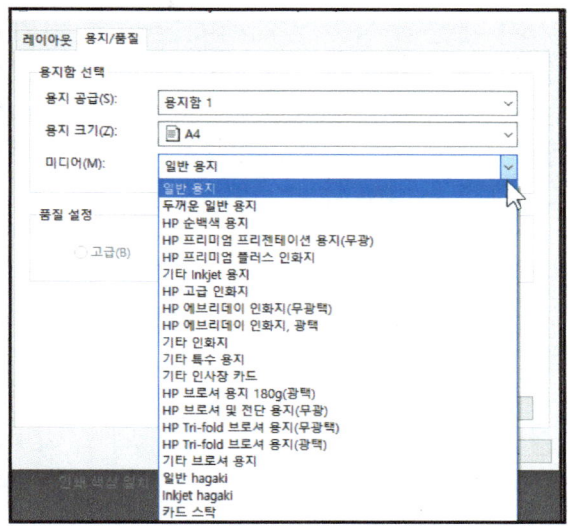

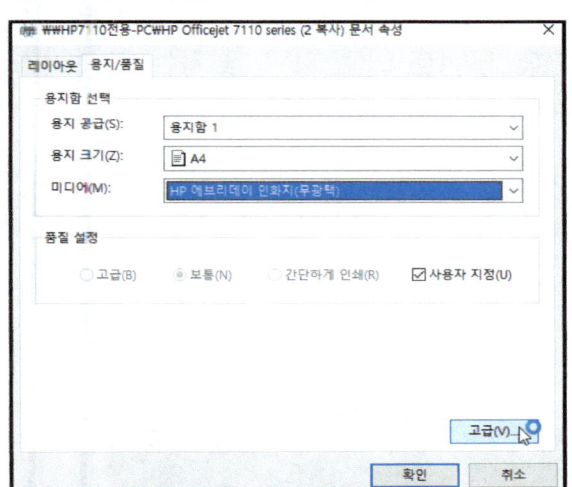

그리고 좌측 화면 마우스가 가리키는 [고급]탭을 클릭합니다.

참고로 잉크젯 프린터에서는 아트지나 스노우지를 인쇄하면 종이에 코팅이 되어 있기 때문에 잉크가 줄줄 흘러 내립니다. 그래서 아트지나 스투우지는 레이저 프린터로 인쇄를 해야 합니다.

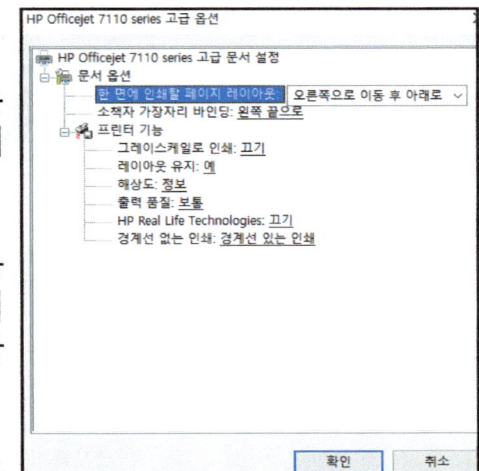

우측 화면을 보면 출력 품질 보통으로 되어 있는데요, 이것은 가장자리 여백이 있는가 없는가에 따라 선택 범위가 제한적입니다.

인화지는 여백없이 가장자리 끝까지 인쇄 가능하며 최고 해상도로 인쇄 가능하지만, 인화지 이외에는 용지 종류에 따라 여백 없이 인쇄는 가능하지만, 최대 해상도 인쇄는 불가능합니다.

이 프린터는 어차피 사진 인쇄용 및 표지 인쇄용

이기 때문에 사진 인쇄시에는 고급 인화지로 설정하고 가장자리 여백없이 최고 해상도로 인쇄를 하고, 인화지가 아니면 이렇게 인쇄 불가능하므로 최대 해상도보다 낮은 최상으로 선택할 수 밖에 없고요, 표지 인쇄의 경우 사진이 아니므로 이렇게 인쇄를 해도 되지만, 가장자리 여백이 있으면 안 되므로 여백 없는 인쇄를 선택하고 인쇄를 합니다.

만일 여러분이 이책으로 공부를 하여 필자와 같이 HP OfficeJet 7110 프린터로 지금 설명한 인쇄 명령을 내릴 때까지 프린터가 인터벌에 걸리는 시간이 길면 한 달.. 이해가 되세요..

길면 한 달, 짧으면 하루, 필자와 같이 더 짧으면 한 시간이나 최소한 10분~30분 정도 걸립니다.

이러니 복장 터지는 것이 아니라 오해머를 들고 프린터를 박살이 나서 콩가루가 될 때까지 때려 부수고 싶은 충동이 하루에도 열 두번도 더 들지만, 필자는 만성이 되어 한 시간에 한 장 인쇄를 하더라도 프린터를 살살 달래서 인쇄를 합니다.

또 사실 필자가 약간 과장해서 얘기를 한 것이고요, 아주 약간 과장한 것이지만, 절대로 허무맹랑한 얘기가 아니고요, 필자의 경우 그래도 이 프린터로 하루 최대 24시간 가동을 하면 A3 표지 100장 정도는 인쇄 가능합니다.

유튜브에서 '가나출판사' 검색하여 동그란 동그라미 속에 들어 있는 필자의 얼굴을 클릭하여 필자의 블로그 혹은 유튜브 채널 등에서 검색하면 지금 설명하는 HP OfficeJet 7110 잉크 카트리지 에러로 프린트가 안 될 때 카트리지 초기화 하는 방법을 올려 놓았으므로 앞의 화면 참조하여 찾아 보시기 바랍니다.

PDF 문서로 인쇄를 해야 하는 이유에 대해서 설명을 하다가 프린터 설명으로 이어졌고요, 다시 PDF 문서 인쇄 화면 설명입니다.

앞의 설명을 제대로 이해를 하셨는지 모르겠습니다만, 바로 직전의 설명은 A3 두꺼운 표지 용지 인쇄용 A3 프린터인 HP OfficeJet 7110 프린터에 관한 설명이었고요, 여유가 되시는 분은 HP 프린터가 아닌 엡슨 프린터를 구입하시면 용지를 프린터 뒤에서 집어넣게 되어 있어서 평량 300g 아주 두꺼운 용지도 인쇄 가능합니다.

HP오피스젯 프린터는 기본적으로 용지를 프린터 앞에서 집어 넣어서 로울러가 용지를 말아올려서 프린터 뒤에서 반달처럼 휘어져서 급지가 되는 형식이기 때문에 평량 255g 이상의 용지는 급지가 안 됩니다.

따라서 필자가 사용하는 책의 표지는 평량 255g 용지를 사용하지만, 이보다 더 두꺼운 표지면 더욱 좋고요, 그래서 평량 300g 용지를 사용하기 위해서는 HP프린터는 불가능하므로 엡슨 프린터를 사용하면 좋지만, 가격이 훨씬 비싸고요, 필자는 오로지 HP프린터만 사용하므로 엡슨 프린터에 대해서는 알 수 없습니다.

그리고 레이저프린터는 책의 인쇄에는 적합하지 않습니다.

우선 무한잉크 프린터는 필자의 경우 한달 평균 리필 잉크를 6리터를 사용하지만, 고작 6만원 정도이고요, 아마 개인이 리필 잉크 6리터를 쓰려면 6만년은 써야 할 겁니다.

이에 비하여 레이저프린터, 레이저 복합기, 레이저 복사기 등은 현존하는 최고의 인쇄 기계이지만, 무한 잉크 프린터와 같이 그야말로 무한하게 사용할 수 있는 기기는 전무하고요, 레이저 복사기는 수 백만원에서 수 천 만원에 이르기 때문에 책의 인쇄에는 접합하지 않을 뿐더러 레이저로 인쇄 혹은 복사한 문서는 시일이 지나면 점점 흐려지다가 종국에는 인쇄한 내용이 사라져 버립니다.

무한잉크 프린터라 하더라도 아주 저가형, 칼라 헤드에 3색이 들어가는 싸구려 가정용 프린터는 책의 인쇄는 불가능할 뿐만 아니라 모든 잉크를 염료를 사용합니다.

염료 잉크로 인쇄한 종이는 물에 넣으면 모두 풀어져서 글씨가 사라져 버리고요, 물에 넣지 않더라도 햇빛에 노출시키면 역시 인쇄한 내용이 모두 사라져 버립니다.

그러나 이런 저가형 싸구려 프린터가 이닌, 최소한 HP 오피스젯 프린터들은 모두 검정은 안료, 빨강, 파랑, 노랑은 염료를 사용하며 이러한 프린터로 인쇄한 인쇄물은 물에 넣어도 번지는 않지만, 햇빛에 노출시키고 오래 지나면 이 역시 인쇄한 내용이 사라지고 검정색 안료로 인쇄된 부분만 남습니다.

그래서 필자도 한 때는 CMYK 4색 모두 안료를 사용해서 인쇄를 했습니다만, 햇빛에 오랜 기간 노출되면 이 역시 인쇄한 내용이 변색되고 사라져 버립니다.

그래서 필자는 지금은 검정 안료, 빨강, 파랑, 노랑은 염료를 사용해서 인쇄를 하며, 만일 4색 모두 안료를 사용한다면 필자가 지금까지 설명한 모든 고난이 최소한 2배로 늘어납니다.

따라서 CMYK 4색 모두 안료를 사용하지 않고, HP 오피스젯 프린터들인 기본으로 검정은 안료, 빨강 파랑 노랑은 염료를 사용하며 이렇게 인쇄를 해도 물에 번지지 않고 결과물도 좋으며, 4색 모두 안료를 사용하는 프린터는 하루가 멀다하고 고장이 나지만, 검정만 안료, 빨강 파랑 노랑은 염료를 사용하는 프린터는 제대로 관리만 잘 하면 거의 무한하게 사용할 수 있습니다.

다시 한 번 강조합니다만, 이 책의 주제 "책 만드는 방법" 을 익혀서 책을 만든다면 필자가 하는 그대로 하는 것이 가장 좋고요, 필자의 경우 한달 평균 6리터의 어마어마한 리필 잉크를 사용하며,..,.

그리고 가장 중요한..
프린터 1대당 현재 가장 많은 인쇄량을 보이는 프린터는 약 44만장 인쇄를 했고요, 앞으로 얼마나 더 인쇄를 할지 아직은 알 수 없지만, 필자는 프린터 1대로 100만장 인쇄하는 방법이라는 책을 펴 냈으므로 이 프린터가 계속 인쇄를 하여 그야말로 100만장 인쇄량을 달성하기를 바라며 아마도 앞으로 5년 ~ 10년 후일 겁니다.

다시 프린트 명령 화면입니다.
앞에서 설명한 것과 같이 사진 인쇄를 하기 위해서는 프린터가 어떤 모델이 되었든 HP OfficeJet 7610 series 드라이버가 가장 좋고요, 이 경우 우측 화면에서 (1)을 클릭하여 [HP 고급 인화지]를 선택하고(2)에 체크를 하고 (3)을 클릭하면 다음 화면이 나타납니다.

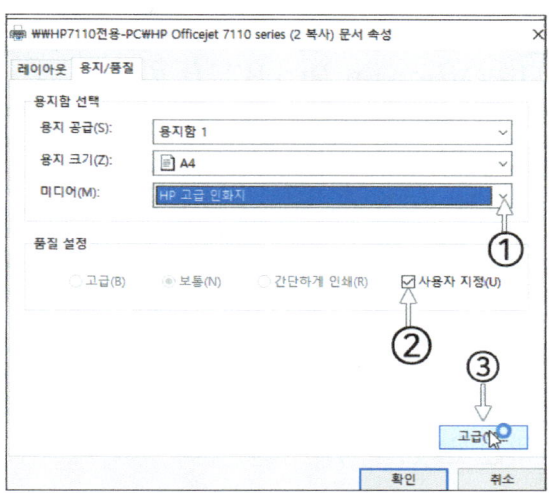

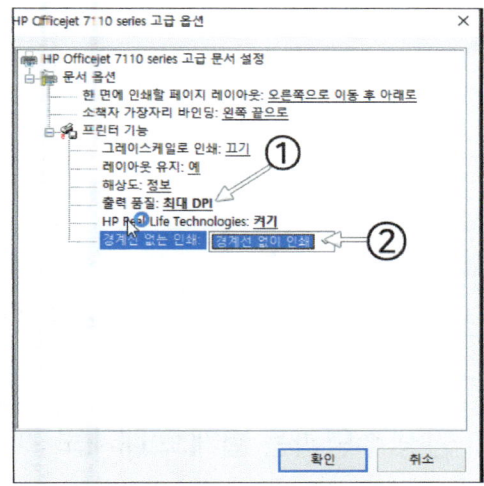

좌측 화면 참조, 용지는 어떠한 용지라도 상관이 없습니다.
A4용지에 원고 인쇄를 하더라도 좌측과 같이 설정하면 인쇄 속도는 느리더라도 가장 고해상도로 인쇄되어 옵셋 인쇄 뺨치게 잘 나옵니다.

이렇게 인쇄를 하면, 이렇게 인쇄를 하는 것이 인화지에 사진을 인쇄할 때 내리는 인쇄 명령이므로 이렇게 인쇄를 하면 옵셋 인쇄보다 오히려 더 잘 나옵니다만, 아쉽게도 필자의 경우 프린터의 인쇄량이 40만장이 넘어가자 이 인쇄 명령이 듣지를 않습니다.

필자 생각에 아마도 무한잉크 개조 업체.. 가 아니라 무한프린터 개조 원 발명자가 HP 프린터의 바이오스 롬을 해킹을 하여 재프로그래밍을 하는 과정에서 무언가 100% 완벽하게 프로그래밍을 하지 못해서 그런 것이라는 생각입니다만,..

필자 역시 정보 처리 자격증이 있고요, 어떠한 프로그래밍을 하든, 소스 파일이 없으면 그야말로 무에서 유를 창조하는 것이기 때문에 기본적으로는 불가능하고요, 이렇게 불가능한 것을 가능하게 만들었으므로 이 정도 에러는 아무것도 아니라는 것을 알아야 합니다.
그래서 필자는 현재 주력으로 사용하는 A4 용지 인쇄용 HP OfficeJet Pro 8210

을 우측에 보이는 것과 같이 HP OfficeJet Pro 8210 원래의 프린터 드라이버로 인쇄를 하며 그래서 우측과 같이 [용지/품질] 탭에서 [최대 dpi]로 지정하고 인쇄를 합니다만, 앞에서 설명한 HP Officejet 7610 드라이버의 저급 인쇄 [최상]과 같거나 이보다 낮은 품질의 인쇄 밖에는 안 됩니다.

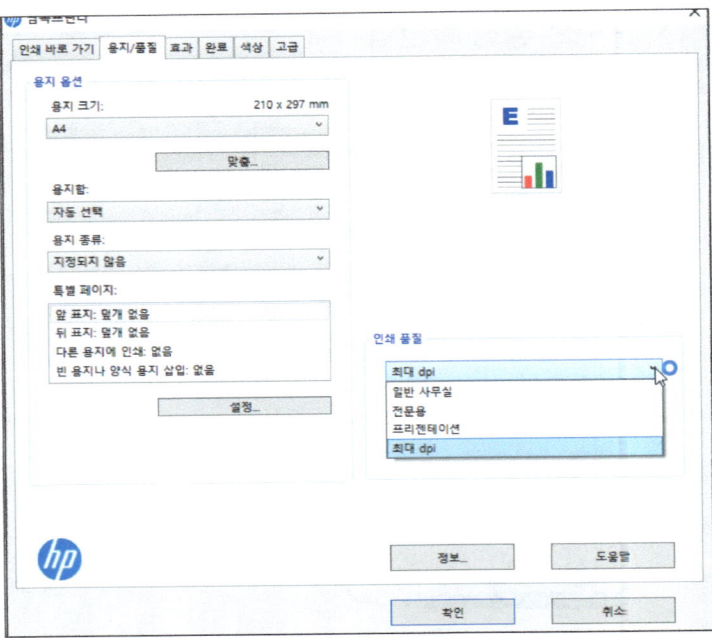

그래서 가끔씩 인쇄 해상도 때문에 문제가 될 때도 있는데요, 어차피 책이므로 어느 정도만 나오면 됩니다만, 헤드 수명이 다 된 것은 어떠한 방법을 사용해도 회복 불가능합니다.

필자의 경험상 프린터 헤드 1개 수명은 제조사의 권장 수명과는 별개로 대체로 20만장 이상 인쇄를 할 수 있습니다.

물론 필자와 같이 프린터 1대로 100만장 인쇄하는 노하우를 절반이라도 터득한 사람이라야 가능한 수량입니다.

따라서 이 책을 읽으시는 여러분은 필자와 같이 100만장 혹은 현재 필자가 사용하는 프린터의 가장 많은 인쇄 수량인 44만장까지 욕심을 내지 마시고요, 프린터, 무한잉크 프린터 1대로 10만장만 인쇄를 해도 충분히 수지 타산이 맞는다는 것을 아시기 바랍니다.

이 정도만 인쇄를 해도 현재 필자가 펴내는 책이 대략 310페이지 정도이 정가 23,000원이고요, 이런 책 100권은 인쇄할 수 있는 양입니다.

그러면 무한잉크 프린터 대략 40만원 투자하여 정가로 230만원어치 인쇄를 하는 것이므로 수지 타산이 충분히 맞는 것입니다.

이상 여러가지 설명을 했습니다만, 꼭 필요한 설명이기에 길게 장황하게 설명을 했고요, 그래도 모자라는 부분은 필자의 블로그 혹은 [유튜브 채널]에 동영상으로 만들어서 올려 놓았으므로 유튜브에서 '가나출판사' 검색하여 동그란 원 속에 있는 필자의 얼굴을 클릭하여 들어가 보시기 바랍니다.

여러분이 이해를 했던 못 했던 무한정 프린터 설명만 할 수 없으므로 이제 다시 양면 인쇄 설명입니다.

필자가 현재 주력으로 사용하는 A4 원고 인쇄용 프린터인 HP OfficeJet Pro 8210 프린터로 PDF 문서 인쇄 명령을 내린 것이고요, 앞에서 최대 dpi로 지정을 했고요, 그리고 우측 화면에서 (1)에

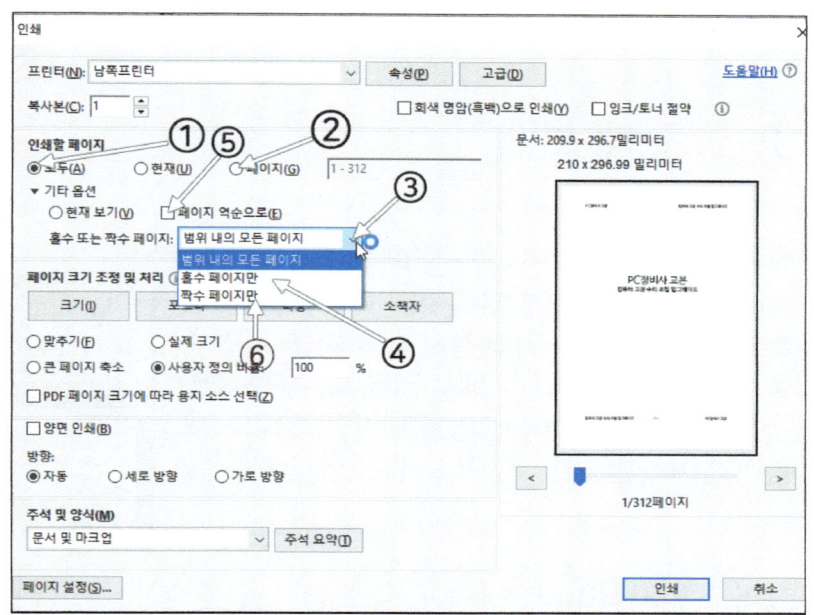

체크가 되어 있는 상태이고요, 무한잉크 프린터로 인쇄를 하다보면 필연적으로 잦은 실수 및 에러가 나므로 그 때마다 인쇄 중지하고 (2)를 클릭하여 원하는 페이지를 다시 인쇄를 해야 하고요, 지금은 (3)을 클릭하고 (2)의 홀수쪽을 지정하고 인쇄를 합니다.

이렇게 홀수쪽을 먼저 인쇄를 하고 모든 인쇄가 끝난 뒤 용지를 뒤집어 넣고, (5)를 체크하여 역순 인쇄로 지정하고 다시 (3)을 클릭하여 이번에는 (6)의 짝수쪽 인쇄를 합니다.

이렇게 하면 간단하게 양면 인쇄가 되고요, 필자가 매일 반복하는 일입니다.

그러나 이렇게 간단하면 필자가 이렇게 책을 쓸 일도 없을 것입니다.

이 과정에서 어떤이는 죽음보다 더한 고통을 맛 볼 수 있으며 필자와 같은 경지에 오르기까지 참으로 오랜 기간이 소요될 수도 있습니다.

그러나 필자 역시 한 때는 인쇄가 잘 못 되어 버리는 종이가 필자의 키 높이보다 더 높이 쌓인 적도 있다는 것을 아시고요,..

적어도 잘 못 하여 자신의 키보다 높이 못 쓰는 종이가 쌓이기 전에는 포기하지 마시고 도전을 하시기 바랍니다.

3-5-3. 내 보내기

저장하기와 달리 인디자인 메뉴 [파일] - [내 보내기]를 클릭하면 우측 화면이 나타나며 우측 화면에 보이는 여러가지 확장자를 가진 파일로 내 보낼 수 있는 메뉴인데요, 우측 화면에 현재 선택된 것이 인쇄용 PDF 파일이고요, 종이책이라면 당연히 이렇게 저장을 해야 합니다.

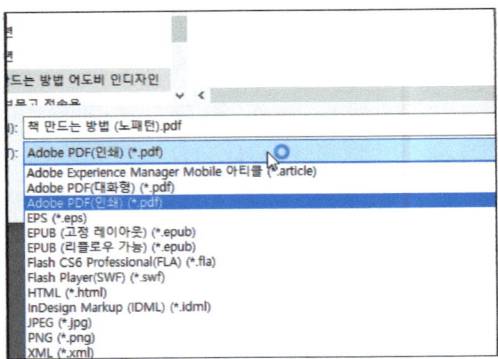

그리고 전자책이라면 [PDF(대화형)]을 선택하고 저장을 해야 하는데요, PDF 전자책과 epub 2.0 전자책은 종이책과 같은 형태이고요, epub 3.0으로 저장을 해야 멀티미디어 등 최신 기능들이 저장이 됩니다만, 뒤에 다시 설명을 하게 됩니다.

3-5-4. 문서 설정

문서 설정 역시 맨 처음에 [파일] - [새로 만들기] - [문서]에서 지정하고 문서를 작성하다가 용지에 관한 무언가 설정을 바꿀 필요가 있을 때 혹은 용지 설정을 확인하고 싶을 때 여기 메뉴를 클릭해서 수정 및 확인 할 수 있는 메뉴입니다.

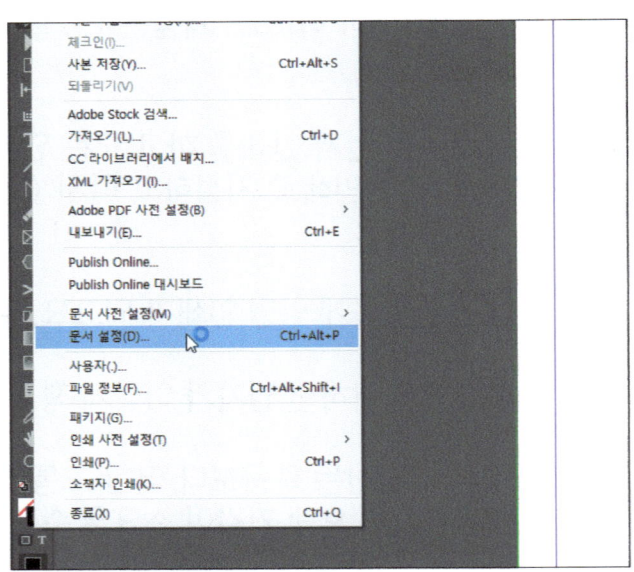

문서 사전 설정, 사용자, 파일 정보, 패키지, 인쇄 사전 설명, 인쇄, 소책자 인쇄..

인쇄에 관해서는 앞에서 PDF 문서를 어도비 리더에서 읽어들여야 양면 인쇄를 할 수 있고, 양면 인쇄를 하는 방법까지 자세하게 기술하였으므로 여기서는 생략합니다.

다만, 인디자인으로 편집을 하다보면 이 내용이 인쇄시에 잘 나오는지 확인할 필요가 있을 경우가 있습니다.

왜냐하면 인디자인은 편집시 버벅거리지 않게 하기 위하여 편집 화면에서는 저해상도로 보여주기 때문에 실제 인쇄시에도 잘 나오는지 확

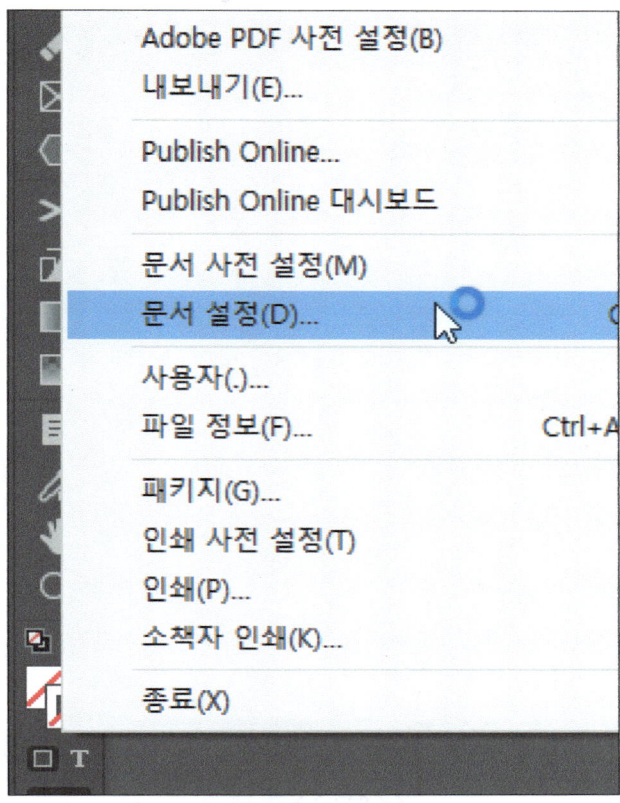

인할 때 등인데요, 이 때는 국산 토종 워드인 한글 프로그램이든, 포토샵이든, 웹 문서이든, 어떠한 프로그램이든지 일단 [Ctrl + P] 명령을 내리면, 예를 들어 한글 프로그램이나 이 책에서 다루는 인디자인의 경우 현재 페이지 혹은 전체 페이지 등 원하는 페이지만 인쇄할 수 있는 메뉴가 있습니다.

다만, 이 책과 같은 원고는 책이기 때문에, 사진은 사진이기 때문에 PDF 문서로 변환을 해서 인쇄를 해야 잘 나온다는 것을 알아야 하며, 그래서 탄생한 것이 PDF입니다.

즉, 서로 다른 프로그램, 서로 다른 환경에서 만든 수 많은 서로 다른 파일들을 인쇄할 때는 똑같은 하나의 국제 규격, 즉 PDF 문서로 만들어서 통일된 환경에서 인쇄를 하는 것이 바로 PDF 문서입니다.

그래서 인디자인에서도 PDF로 변환을 해서 인쇄를 하는 것이며, 이 중에서 책은 반드시 어도비 리더로 읽어들여야 양면 인쇄를 할 수 있는 것입니다.

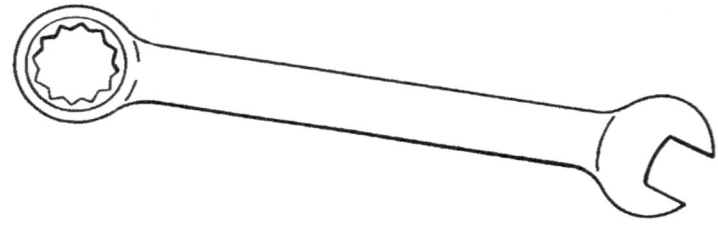

제 4장 편집 메뉴

4-1. 가져오기 및 연결

[편집] 메뉴에서 여러가지 메뉴를 생략하고 우측에 보이는 [가져오기 및 연결] 메뉴입니다.

필자가 이 책을 집필하여서 이 책 속에 있는 수 많은 삽화는 대부분 앞에서 소개한 알캡쳐 프로그램으로 캡쳐를 하여 붙여 넣거나, 번호 등이 필요한 삽화의 경우 역시 알캡쳐로 캡쳐한 화면을 포토샵으로 불어들여 번호, 화살표 등을 넣어서 다시 화면 캡쳐를

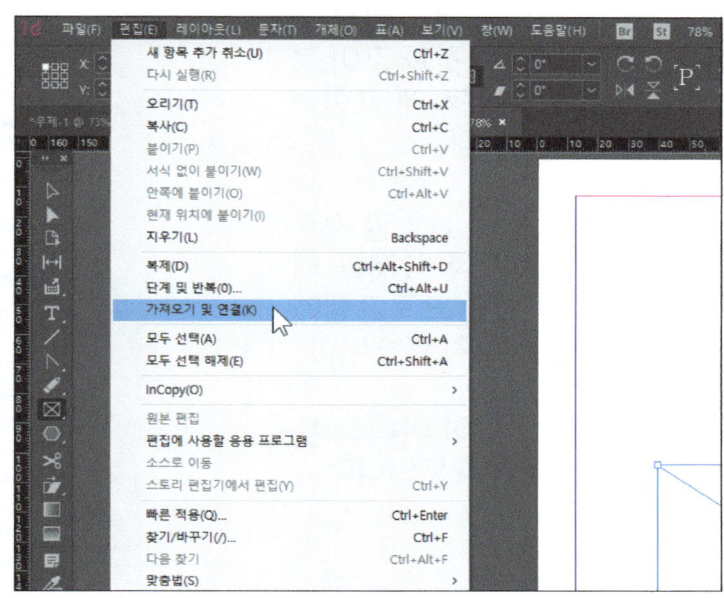

하여 다시 인디자인 원고 집필 화면에 삽화로 삽입한 것입니다.
이 때 컴퓨터는 OLE(Object Linking Embedding)라는 기능이 있습니다.

그리고 컴퓨터에서 사용하는 개체 혹은 경로는 부모, 자식 등으로 구분되는 디렉토리 구조가 있으며 빌게이츠가 개발한 도스(Dos)를 기반으로 하는 오늘날의 윈도우즈 운영체제에서도 이 원칙은 철저하게 지켜지며, 특히 컴퓨터 프로그래밍을 할 때 부모의 속성을 자식이 그대로 물려 받거나 물려 받지 않는 경우고 있고요, 지금 설명하는 OLE란, 예를 들어 OLE 기능으로 이 책의 삽화로 사용한 그림 등이 그 그림이 원래 있던 곳에서 원래 프로그램에서 수정을 하면 이 그림을 가져다 사용한 모든 곳에 있는 그림 등이 원본이 수정된 것과 똑같이 수정되는 기능입니다.

언듯 보면 매우 편리한 기능인 것 같지만, 사실은.. 몰론 필자의 지극히 개인적인 생각입니다만, 절대로 사용하면 안 되는 악의 축입니다.

예를 들어 원본 파일 한 개를 여러 곳에서 가져다 사용한 것을 모르고, 혹은 깜박 잊고 원본 파일을 삭제라도 하는 날이면 이 파일을 가져다 사용한 모든 곳이 문제가 발생을 합니다.
그래서 필자는 절대로 이 기능을 사용하지 않습니다.

예를 들어 우리나라 토종 워드인 한글 프로그램에 그림을 삽입하면 이 그림의 속성에서 우측 화면에 보이는 것과 같이 붙여 넣은 그림을 문서에 포함하는 기능이 있습니다.

즉, 이렇게 그림을 삽입할 경우 원본을 수정하거나 삭제를 해도 이 그림은 한글 프로그램에서 전혀 영향을 받지 않습니다.

그림이 링크된 것이 아니라 문서에 삽입되었기 때문입니다.

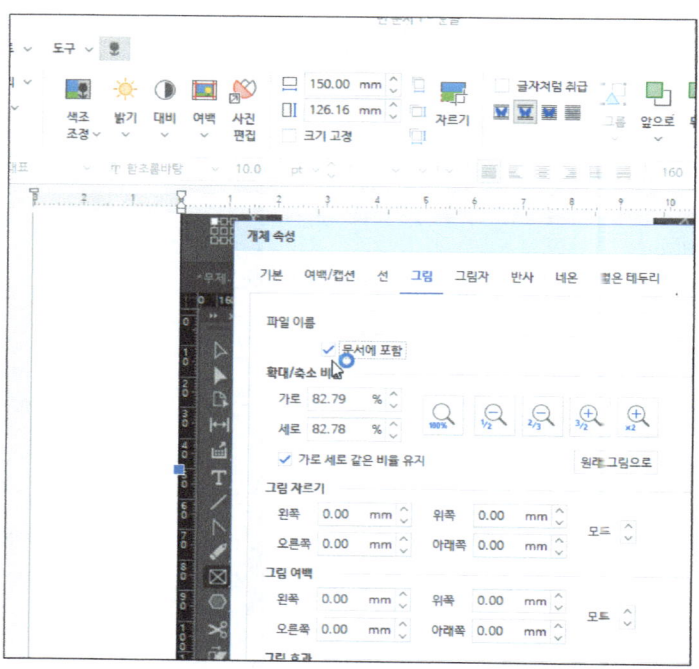

따라서 인디자인에서도 가능하면 이미지를 가져오기 하거나 연결해서 사용하지 않는 것이 좋습니다.

4-2. 찾기/바꾸기

[찾기/바꾸기]는 중요한 메뉴이며 아마 이 메뉴는 여러분 대부분 잘 알고 있을 것입니다.

F는 Find 즉, 찾다는 단어를 Ctrl과 합쳐서 [Ctrl + F] 명령을 내리면 만국 공통 대부분의 모든 프로그램에서 공통적으로 사용하는 [찾기] 단축키이며 프리미어에서는 다음과 같은 독특한 단축키가 자주 사용됩니다.

[Ctrl : J] 명령인데요, 원하는 페이지로 이동하는 단축키입니다.

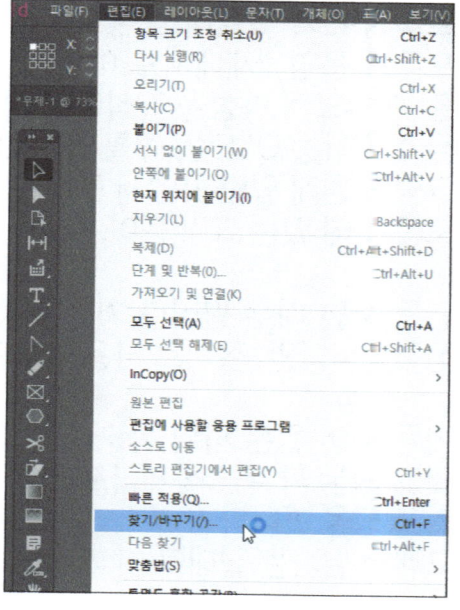

필자는 이 책을 집필하면서 현재 150페이지를 집필 중이고요, 이 페이지를 복제를 해서 사용하는 경우가 아주 많습니다.

이 때 페이지를 복제를 하기 위해서는 우측 화면에 보이는 페이지 패널에서 복제하고자 하는 페이지에서 마우스 우측 버튼을 클릭하고 복제를 하면 복제된 페이지는 다음 화면에 보이는 것과 같이 맨 끝에 나타납니다.

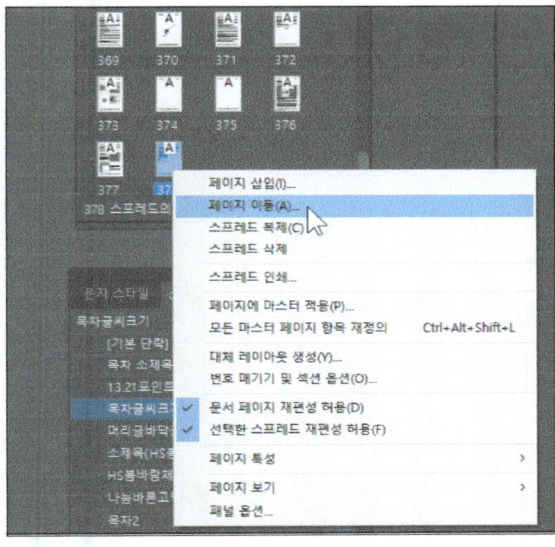

좌측 화면에 보이는 것과 같이 복제된 페이지를 선택하고 마우스 우측 버튼을 클릭하여 나타나는 부 메뉴에서 [페이지 이동]을 클릭하면 다음 화면이 나타납니다.

우측 마우스가 가리키는 곳에 이동할 페이지를 입력하고 엔터를 치면 해당 페이지로 이동합니다.

4-3. [Ctrl + J]:페이지 이동

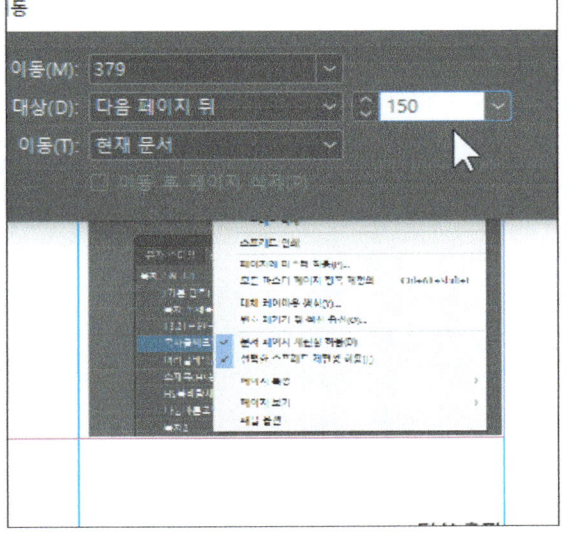

만일 페이지를 여러 페이지 복제를 했다면 이동한 페이지가 복제한 마지막 페이지가 나타나게 됩니다.

이 때 [Ctrl + J] 명령을 내리면 우측 화면에 보이는 창이 나타나며 여기에 원하는 페이지를 입력하고 엔터를 치면 방금 편집하던 페이지로 즉시 갈 수 있습니다.

다시 말해서 인디자인에서 [Ctrl + J] 명령은 많이 사용하는 메뉴이며 중요한 단축키이므로 반드시 외워야 합니다.

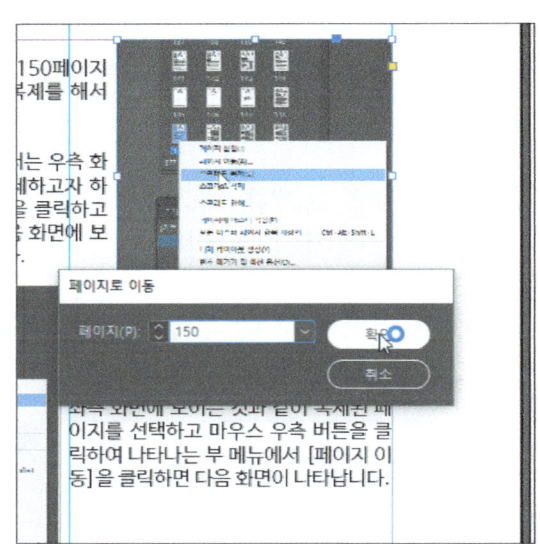

4-4. 맞춤법

인디자인이나 한글의 맞춤법은 참으로 껄끄러운 기능입니다.

인디자인의 맞춤법과 우리나라 토종 워드인 한글 프로그램의 맞춤법은 거의 똑같다고 해도 과언이 아닐 정도로 비슷한데요, 인디자인은 영어권 국가에서 만든 프로그램이고요, 한글 인디자인의 경우 한글로 메뉴 등이 나오기는 하지만, 기본적으로 한글 언어팩이 없습니다.

그래서 어렵게 언어팩을 설치하고, 언어팩만 설치해서 되는 것이 아니고요, 한글 사전을 추가해야 하며, 꼭 해 보시고 싶으신 분은 필자의 [네이버 블로그]에 오셔서 검색어 '맞춤법' 으로 검색하여 해당 포스트를 읽어보시기 바랍니다.

이렇게 어렵게 설치한 한글 팩과 한글 사전을 제대로 설치하는 것도 매우 어렵고 까다롭지만, 이렇게 어렵고 까다로운 것을 극복하고 제대로 설치를 했다 하더라도 예를 들어 일본이나 중국에서 문자를 보낼 때 문자 한 자 입력하고 위에 나타나는 문장에서 선택을 하는 것처럼 추천 단어 중에서 선택을 해야 합니다.

반면에 우리나라는 세종대왕님이 500년 앞을 내다보고 만드신 한글의 우수성 때 때문에 일본이나 중국과 달리 세계에서 가장 빨리 문자를 보낼 수 있으며 타자 속도 역시 세계에서 가자 빠르게 칠 수 있습니다.

이와 마찬가지로 우리나라 토종 워드인 한글 프로그램이나 인디자인의 맞춤법 기능은 제대로 작동한다 하여도 틀린 단어 밑으로 추천 단어가 나타나며 일일이 선택을 해야 하며, 시간도 무지무지하게 무진장 많이 걸립니다.

그리고 가장 큰 문제는 맞춤법 검사에 몇 날 며칠이 걸릴 정도로 오래 걸리며, 전혀 소득이 없는 헛 일을 하는 것입니다.

예를 들어 필자가 이 책을 쓰면서 이 책의 내용을 모른다면 얼마나 기가 막히는 일이겠는지요?

예를 들어 박사 학위 논문의 경우 특별한 하자가 없는 한 대부분 인정이 됩니다. 이미 박사 학위를 받을만큼 충분한 실험과 학위를 신청하는 분야의 전문가이기 때문입니다.

이 책과 같은 책도 마찬가지입니다.

자신이 썼다 하더라도 내용을 속속들이 잘 알 수 없을 수가 있으며 이 책과 같은 경우 필자가 별로 중요하지 않은 메뉴는 계속 설명을 생략하고 넘어 가는데요, 이러한 부분을 필자가 일일이 모두 기억하지 못 할 수도 있습니다.

그래서 필자는 어떠한 경우에도 프로그램의 맞춤법 기능은 절대로 사용하지 않습니다.

오로지 원고를 다 쓰고 한 번, 두 번, 세 번, 최소한 세 번은 글자 한자 한자 또렷이 숙독을 하면서 반복해서 읽어가면서 교정을 봅니다.

그리고도 속도를 내서 숙독하면서 몇 번 더 교정을 봅니다.

이 과정에서 자기가 쓴 책의 원고를 거의 외우다 시피 하는 것입니다.

이 세상에 어떠한 독자도 자신의 책을 자신만큼 자세하게 여러 번 반복해서 읽는 사람은 없으니까요..

따라서 다시 얘기합니다만, 인디자인의 맞춤법 기능을 제대로 사용해 보고 싶은 사람은 매우 어려운 과정을 거쳐서 맞춤법을 사용할 수는 있겠으나 이 책과 같이 두꺼운 책의 경우 숙독해서 읽어도 자기가 쓴 책이기 때문에 빠르면 하루, 늦어도 이삼일이면 읽을 수 있습니다.

그러나 맞춤법 검사를 하면 이보다 훨씬 많은 시간이 걸리며 책의 내용은 전혀 알 수가 없습니다.

오로지 틀린 단어 맞는 단어 고르기만 반복하기 때문에 그야말로 짜증이 납니다.

요즘 인공지능 AI 연구가 활발하므로 일일이 틀린 단어, 맞는 단어를 자동으로 고쳐준다면 모를까.. 설사 그런 AI가 나타난다 하여도 필자는 절대로 그런 AI 맞춤법 기능을 사용하지 않을 것입니다.

자신이 쓴 책이므로 교정을 보면서 여러 번 숙독을 해서 자신이 쓴 책에 대해서 달달 외울 정도가 되도록 교정을 보는 것은 책을 쓰는 사람의 의무이자 책무라고 생각하기 때문입니다.

4.5. 투명도 혼합 공간
4.6. 투명도 병합 사전 설정

이 메뉴는 상당히 껄끄러운 메뉴인데요, 인디자인 뿐만이 아니라, 컴퓨터에서 사용하는 색상 시스템에 대해서 전반적인 설명을 해야 합니다.

결론부터 얘기하자면 필자와 같이 하면 이 메뉴는 전혀 신경 쓸 필요가 없습니다.

필자가 앞에서도 설명했습니다만, 인디자인이나 일러스트는 벡터 그래픽 드로그램이며, 포토샵은 사진 편집으로 대변되는 이미지 편집 프로그램입니다.

인디자인에서도 어느정도 그래픽이 가능하기는 하지만, 필자의 경우 인디자인의 그래픽 기능은 거의 전혀 사용하지 않습니다.
필요시 포토샵에서 작업을 하여 가져와서 사용을 합니다.

인디자인의 색상에 대해서 이해를 하려면 우측 화면 참조, 인디자인 메뉴 [파일] - [인쇄 사전 설정] - [기본 값]을 클릭하면 다음 화면이 나타납니다.

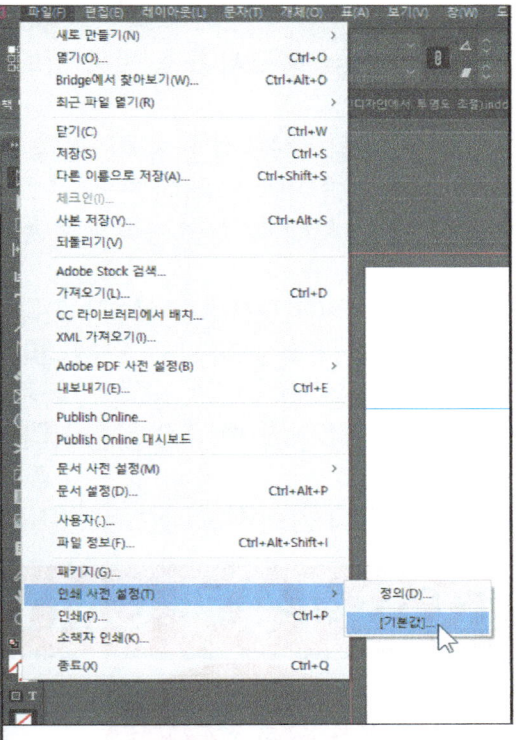

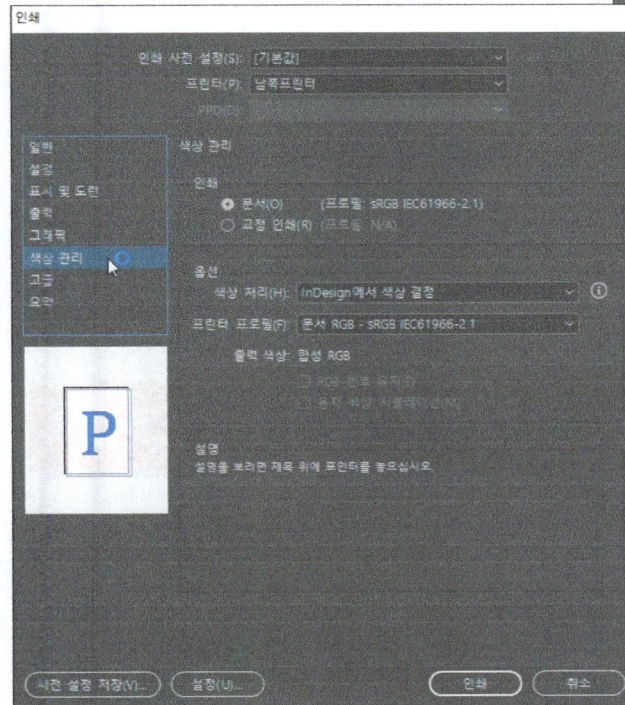

좌측 화면에서 [색상 관리]를 클릭하면 화면 우측에 프린터 프로핑이 sRGB.. 컬러로 선택되어 있습니다.

4-7. 컴퓨터에서 사용하는 색상 시스템

색상은 크게 빛의 삼원색과 염료의 삼원색이 있습니다.

빛의 삼원색은 모니터에서 보이는 색상이며 모두 합치면 흰색이 됩니다.
그리고 모니터에서 보이는 색상은 이른바 트루컬러, 즉, 자연색으로 반짝 반짝 아름답게 빛이 납니다.

그러나 인쇄는 완전히 다른 문제입니다.
염료를 사용하여 종이에 인쇄를 해야 하기 때문에 우선 종이에서 염료의 일부를 흡

수하여 예를 들어 검정색을 인쇄를 하면 흐린 검정, 우중충한 검정, 이상한 검정으로 인쇄가 되는 불상사가 발생을 합니다.

그래서 인쇄할 때는 검정색 한 개를 더 넣어서 CMYK 색상을 사용하며 아무리 그렇게 하여도 종이에 인쇄하는 것은 모니터에서 바라보는 반짝 반짝 아름답게 빛나는 것은 모두 사라지고 전체적으로 우중충하게 인쇄가 됩니다.

그래서 모니터에 보이는 색상이 최대한 표현되도록 개발된 것이 인화지이며 인화지 중에서도 광택 인화지는 모니터에서 보이는 것과 같이 반짝 반짝 빛이 나도록 개발된 특수 용지이지만, 광택 인화지에 인쇄한 이미지는 옆에서 바라보면 빛이 반사되어 이미지가 잘 보이지 않습니다.

그래서 고광택 인화지보다는 무광이나 반광 인화지를 사용하는 것입니다.

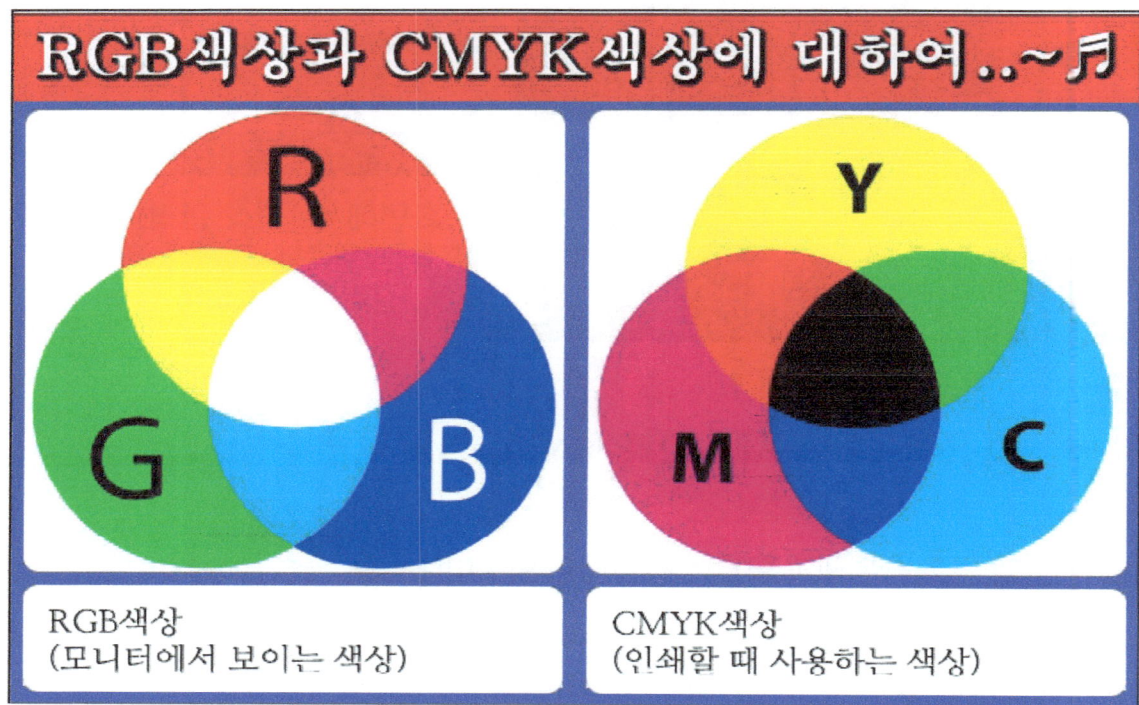

위의 화면은 필자가 판매하는 모든 사진의 판매 화면에 보이는 내용인데요, 위와 같이 RGB 색상과 CMYK 색상은 사실상 완전히 다른 색상 시스템이며 인디자인에서도 이와 같이 RGB 색상과 CMYK 색상을 선택할 수 있지만, 무한잉크 프린터로 인쇄를 할 때는 어차피 프린터에서 sRGB로 변환되어 인쇄가 됩니다.

다시 인디자인 메뉴 [파일] - [인쇄 사전 설정] - [기본 값]을 클릭하여 나타나는 대화상자에서 [색상 관리]를 클릭한, 우측에 보이는 하면의 마우스가 가리키는 곳을 클릭하면 여러가지 컬러 시스템이 나타납니다.

여기서 중요한 것은 RGB와 sRGB 이며 다른 것은 전혀 몰라도 전혀 상관이 없습니다.

이 책에서 여러 번 언급하는 2D 그래픽의 대명사, 사진 편집 프로그램의 대명사 어도비 포토샵이 있고요, 이와 쌍벽을 이루면서 협력 관계에 있는 HP는 프린터 제조사입니다.

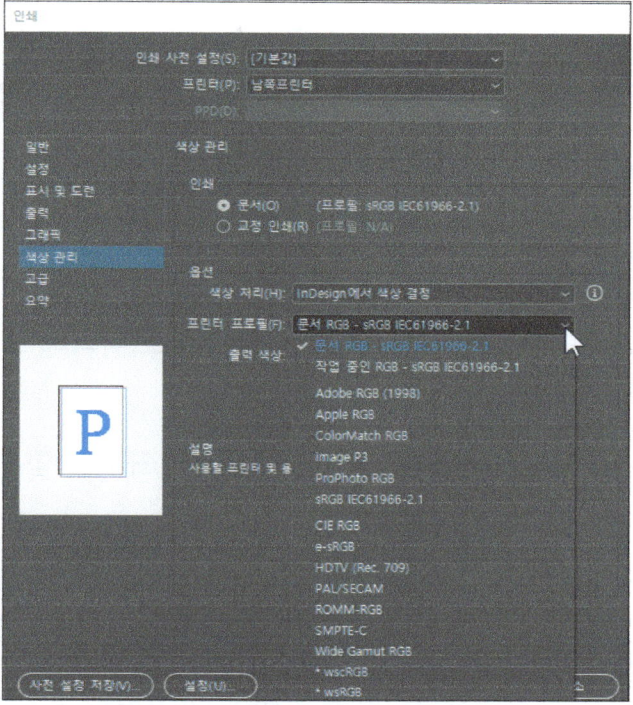

앞에서 설명한 바와 같이 모니터에서 바라보는 색상은 빛의 삼원색인 RGB 컬러를 사용하며, 컴퓨터 초기에는 단색 즉, 흑백이었다가 8색, 16색, 256색 등으로 조금한 컬러를 사용하다가 곧 트루컬러로 표현하는 1,600만 컬러를 표현할 수 있는, 이른바 자연색을 사용하며 가장 큰 특징은 자연색을 표현할 뿐만 아니라 모니터는 빛으로 표현하는 색상이기 때문에 빛 자체가 빛이 나기 때문에 반짝 반짝 아름답게 보입니다.

그러나 종이에 인쇄를 하는 것은 완전히 다른 문제이며 가장 큰 문제는 모니터에 보이는 1,600만 컬러를 모두 표현할 수 없다는 점입니다.

그래서 모니터에 보이는 색상을 개발한 어도비사와 프린터의 대명사로 불리는 HP가 협업을 하여 모니터에 보이는 색상의 일부를 생략한 간략한 색상 시스템인 sRGB컬러를 만들어 내게 됩니다.

그러나 1,600만 컬러를 모두 표현, 그리고 이보다 훨씬 많은 2,400만 컬러, 그리고 이보다 훨신 많은 컬러인 32비트 컬러까지 표현할 수 있는 어도비사는 불만이 성겼습니다.

즉, 모니터에서는 자연색을 표현할 수 있는데, 인쇄 때문에 자연색을 포기하고 간략한 색상을 사용한다는 것이 도저히 참을 수 없기 때문입니다.

그래서 HP와 협업을 하여 만든 간략한 색상인 sRGB컬러와 별개로 어도비사에서 독자적으로 RGB컬러를 개발하였고요, 오늘날까지 전세계적으로 컬러시스템 천하통일을 이룩한 것입니다.

그러나 오늘날에도 여전히 인쇄는 모니터에 보이는 색상을 완벽하게 구현할 수 없습니다.

그래서 오늘날에도 인쇄할 때는 여러분이 알건 모르건 무조건 sRGB로 인쇄가 됩니다.

이 책에서 다루는 인디자인이든, PDF로 변환한 문서이든 일단 프린터 명령을 내리면,.. 과거에는 컬러를 지정해야 하는 경우도 있었으나 오늘날에는 대부분 자동으로 그냥 저절로 프린터에서 색상을 관리하여 컴퓨터에서 RGB 혹은 CMYK 컬러 등으로 작업을 한 것과는 별개로 자동으로 무조건 sRGB컬러로 변환하여 인쇄가 이루어지는 것입니다.

따라서 일반인은 RGB, CMYK 컬러 시스템을 몰라도 상관이 없으며 프린터에서는 무조건 자동으로 저절로 sRGB 컬러로 인쇄가 된다는 것을 몰라도 상관이 없으나 이 책으로 공부를 하는 여러분은 반드시 알아야 하는 것입니다.

4-8. 카메라 색상

우측 화면은 DSLR 카메라 색상 설정 화면인데요, 스마트폰도 요즘 나오는 스마트폰 기종에 따라 색상 시스템을 선택할 수 있는 스마트폰의 경우 우측 화면에 보이는 것과 같이 색상 시스템을 선택할 수 있는 기종도 있습니다.

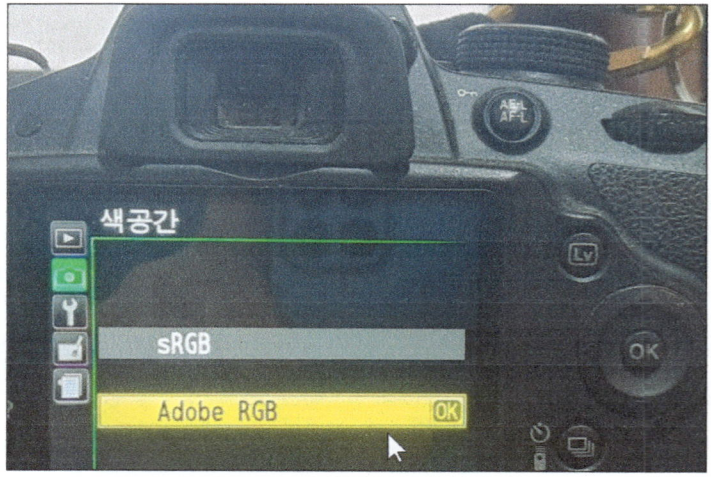

그렇다면 DSLR이나 스마트폰 카메라 설정에서 컬러 시스템은 어떤 컬러 시스템을 선택해야 할까요..?

당연히 Adobe RGB를 선택해야 합니다.

그러나 현실은 대부분 sRGB를 사용합니다.

그것이 기본 값이기 때문에 대부분의 사람들, RGB, CMYK, sRGB 등에 대해서 잘 모르는 사람들은 그냥 기본 값인 sRGB로 촬영을 하는 것이 보통입니다.

필자가 이것을 알 수 있는 이유 및 방법이 있습니다.

필자는 카메라 교본 책도 펴 냈으므로 필자가 촬영한 사진을 여러 규격으로 인쇄하여 판매를 하기도 하고요, 고객들이 보내오는 사진을 인쇄를 해서 보내주는 서비스도 판매를 하는데요, 고객들이 보내오는 사진의 80% 정도는 sRGB 컬러로 촬영한 사진이기 때문입니다.

우측 화면은 포토샵 화면인데요, 마우스가 가리키는 곳을 보면 현재 포토샵에 불러온 이미지의 컬러 시스템은 RGB라고 표시되어 있습니다.

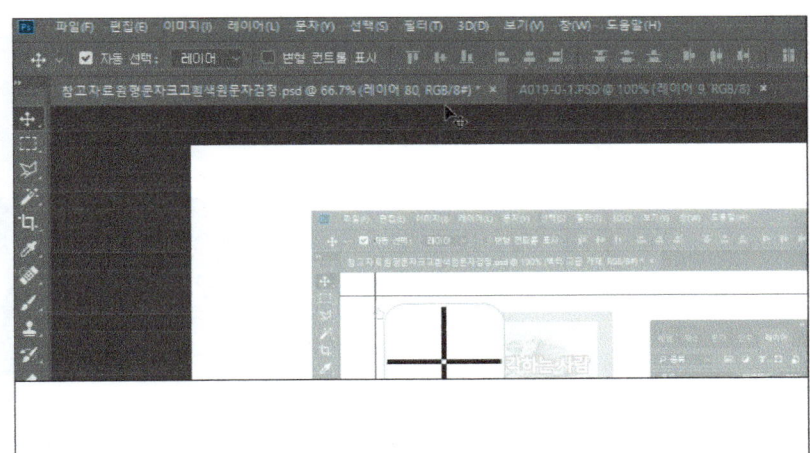

그리고 아래 화면을 보세요..

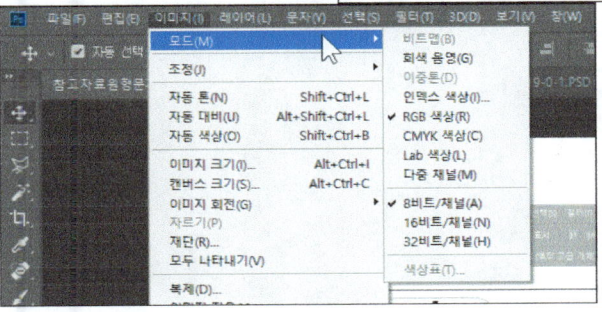

좌측 화면은 포토샵 메뉴 [모드]를 보는 것인데요, 여기서 컬러 시스템을 바꿀 수 있습니다.

포토샵은 사진 편집 프로그램이며, 인디자인은 이 책과 같은 원고 작성 프로그램이며 당연히 인쇄를 위한 프로그램이기 때문에 인디자인의 메뉴 [파일]-[인 쇄 사전 설정]에 색상 관련 설정을 할 수 있는 메뉴가 있는 것이고요, 사용자가 콜러 시스템을 선택할 수는 있지만, 특별한 경우가 아니면 인디자인 기본 값으로 사용하면 아무런 문제가 발생하지 않습니다.

그러나 여기에 조건이 있습니다.

이미 앞에서 설명한 것과 같이 인디자인이나 일러스트레이터 등의 프로그램은 포토샵과 달리 사진 편집 프로그램이 아닙니다.

다시 말해서 인디자인에서 이미지 편집이 필요할 경우 인디자인에서 작업을 하지 말고 포토샵에서 작업을 해서 가져오면 아무런 문제가 발생하지 않습니다.

따라서 이 책을 보시는 여러분은 인디자인과 더불어 포토샵을 무조건적으로 배워야 합니다.

그래야 자유자재로 원고 편집을 할 수 있습니다.

4-8. 색상 설정

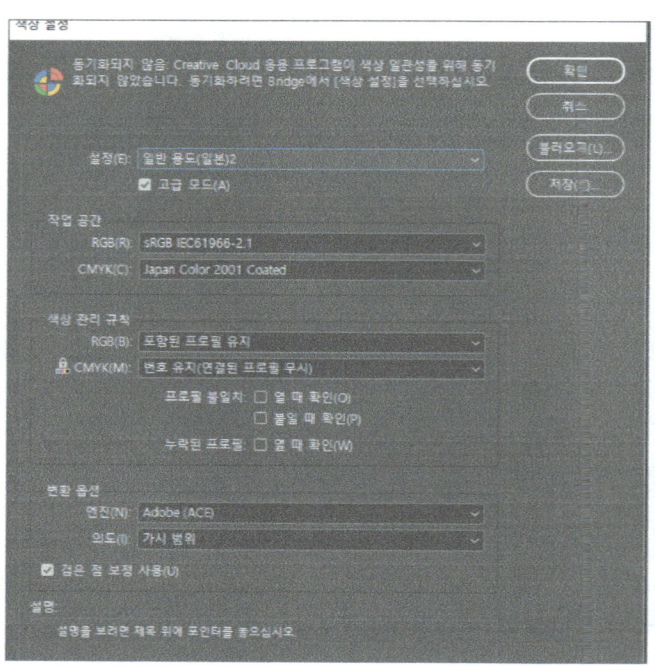

인디자인 메뉴 [편집]-[색상 설정]을 클릭하면 우측과 같은 화면이 나타나며, 지금까지 설명한 컬러 시스템을 이해를 하신 분이라면 우측 화면에서는 아무것도 건드릴 필요가 없습니다.

인디자인은 인쇄를 위한 솔루션이므로 당연히 sRGB컬러를 사용한다는 것만 알면 되겠습니다.

4-9. 환경 설정

인디자인 메뉴 [편집]-[환경 설정]에서 인디자인 전반에 관한 설정을 할 수 있지만, 사실은 우측 화면에서 아무것도 만지지 않고 그냥 기본 값으로 사용하면 무난합니다.

다만, 예를 들어 우리나라 토종 워드인 한글 프로그램이나 MS-엑셀 프로그램 등은 자동으로 백업 파일을 만드는 기능을 제공하는데요, 인디자인에서도 우측 [파일 처리]를 보면, 우측 화면에 보이는 경로가 기본 경로이며 이 곳에 백업 파일이 만들어지는데요, 찾아가는 것도 복잡하고 까다롭지만, 필자의 경우 무언가 알 수 없는 오류가 있어서 이곳에 백업 파일이 만들어지지 않습니다.

그래서 위에 보이는 인디자인 메뉴 [편집]-[환경 설정]-[파일 처리] 화면에서 백업 파일 저장 위치를 현재 이 문서가 저장된 위치를 지정했지만, 이곳에도 백업 파일이 만들어지지 않습니다.

인디자인이 무언가 다른 이상이 있다면 다시 설치하기라도 하겠지만, 지금 이 책, 여러분이 보시는 바와 같이 다른 것은 전혀 문제가 없습니다.

그리고 필자는 앞에서도 설명했습니다만, 지금 보시는 책의 원고를 포함한 필자의 중요 데이터는 이중 삼중으로 백업을 해 놓습니다.

어제도 중요한 파일 폴더, 대용량 폴더 백업을 했는데요, 다음 설명을 주목하세요.

4-10. 백업 명령 robocopy

필자는 현재 윈도우 11, 윈도우10, 윈도우7, 이렇게 3가지 운영체제를 사용하고 있는데요, 모두 윈도우즈 운영체제입니다.

그러나 컴퓨터라는 기계가 발명된 것도 고작 몇 십년에 지나지 않고요, 특히 우리나라에 컴퓨터가 처음 들어온 것은 겨우 1980년대입니다.

물론 우리나라에 맨 처음 들어온 컴퓨터는 1960년대입니다만, 필자와 같은 개인이 컴퓨터를 접할 수 있었던 것은 1970년도 말부터이며 1980년도에 들어서야 비교적 쉽게 컴퓨터를 구입할 수 있었습니다.

당시에는 빌게이츠가 세계 최초로 개발한 개인용 PC 운영체제로 도스(Dos)를 사용했고요, 세계 최초로 개발된 PC에 세계 최초로 개발된 운영체제인 도스(Dos)를 사용했기 때문에 영어권 국가가 아닌 우리나라에서, 필자가 처음 컴퓨터 공부를 시작할 때는 아직 컴퓨터에 관한 변변한 책도 없던 시절이어서 빌게이츠가 도스(Dos)를 만들면서 매 파일마다 설명서를 집어 넣어놓은 Read.txt 파일을 반 역을 해서 공부를 했습니다.

문제는 세계 최초로 개발된 PC 운영체제이다보니 그야말로 엿장수 맘대로, 빌게이츠 맘대로 갖다 붙인 이름들이니 거의 한 뼘 두께나 되는 콘사이스를 펼쳐서 번역을 해도 제대로 번역이 안 되는 단어가 수두룩 했습니다.

지금은 이러한 단어들이 그대로 대명사 혹은 명사가 되어 초등학생도 알 수 있지만, 당시에는 이렇게 어렵게 공부를 했고요..

그래서 옛날에는 컴퓨터 실력이라는 것이 도스(Dos)를 얼마나 잘 사용하는가 하는 것으로 결정되었고요,.. 그리고..

그리고.. 옛날에는 컴퓨터 하드웨어 특히 HDD(하드 디스크 드라이브)가.. 초기 컴퓨터에는 HDD 없이 플로피 디스크 드라이브로 작동되었고요, 처음에는 5.25인치 커다란 디스크를 사용하다가 나중에 3.5인치 디스크를 사용했고요, 그래서 지금도 옛날 PC 케이스에 업그레이드를 해서 사용하는 PC에는 이른바, 옛날 식의 FDD(플로피 디스크 드라이브)가 붙어 있을 것입니다.

그러다가 HDD라는 영구 저장매체가 개발되어 드디어 HDD를 사용하게 되었지만, 당시 기술의 한계로 HDD 고장이 매우 잦았습니다.

그래서 디스크 관련 유틸리티로 유명한 시만텍사의 노턴유틸리티를 몰라서는 컴퓨터 실력히 형편없는 사람이라는 평가를 받았고요, 이 중에서도 디스크 에러를 고칠 수 있는 노턴 디스크 닥터는 참으로 유용하게 사용하던 유틸리티였습니다.

그러다가 컴퓨터 기술이 점점 발달하면서 특히 우리나라의 삼성전자에서 HDD를 만들기 시작하면서 전세계의 HDD 불량이 없어진 것입니다.

그러나 우리나라의 삼성은 너무나 거대한 글로벌 회사이다보니 HDD 같은 쬐그만 것은 생산하지 않고 그 기술을 그대로 시게이트에 물려주었습니다.

그래서 지금은 시게이트 하드를 구입하면 삼성 하드를 구입하는 것과 같다고 보시면 됩니다.

이상 컴퓨터의 역사에 관한 간단한 설명을 했고요, 지금은 모두 윈도우즈 운영체제를 사용하지만, 컴퓨터 내부적으로는 여전히 도스 명령어로 작동을 합니다.

그래서 지금도, 윈도우즈 운영체제에서도 도스 명령이 그대로 작동하며 도스 명령에서 복사, 즉, 카피 명령은 Copy이고요, 디렉토리까지 복사하는 강력한 명령이 Xcopy입니다.

그리고 오늘날의 윈도우즈 운영체제에서도 유감없이 위력을 발휘하는 로보카피, 즉, 인공지능 카피 명령인 robocopy 명령을 발전을 했고요..

지금부터 이 robocopy 명령어 설명을 하려고, 지금까지 긴 설명을 한 것입니다.

윈도우즈 탐색기를 띄우고 탐색기에서 복사 및 이동을 해도 되지만, 대용량 파일의 경우 윈도우즈 탐색기에 하루 종일 걸릴 것이 robocopy 명령을 사용하면 한 시간이면 충분합니다.

그래서 대용량 파일 복사, 즉, 필자와 같이 대용량 파일이 많은 사용자의 경우 대용량 파일의 백업에 반드시 필요한 robocopy 명령을 필수적으로 알아야 하며 필자도 어제 robocopy 명령으로 약 400Gb의 어마어마한 용량의 파일을 한 시간 만에 백업(복사)을 할 수 있었습니다.

윈도우즈 제어판에서 제공하는 백업 기능은 사실 매우 미약합니다.

원래 윈도우즈 운영체제란, 컴퓨터가 제대로 작동하도록 하는 기능이 우선이고요, 세부적으로 들어가서 전문적인 기능은, 소위 파워 유저는 윈도우즈의 기본 기능을 거의 사용하지 않고 전문 유틸리티를 사용하는 것이 대부분입니다.

다른 유틸리티는 여기서는 생략하고요, 여기서는 윈도우즈에서도 사용할 수 있는 도스 명령인 Robocopy 명령어 설명만 하도록 하겠습니다.

우측 화면 참조 [시작] - [cmd] 를 입력하고 우측 화면 마우스가 가리키는 [관리자 권한으로 실행]을 클릭합니다.

시스템 파일까지 복사하는 강력한 명령을 사용해야 하기 때문에 반드시 [관리자 권한으로 실행]을 해야 합니다.

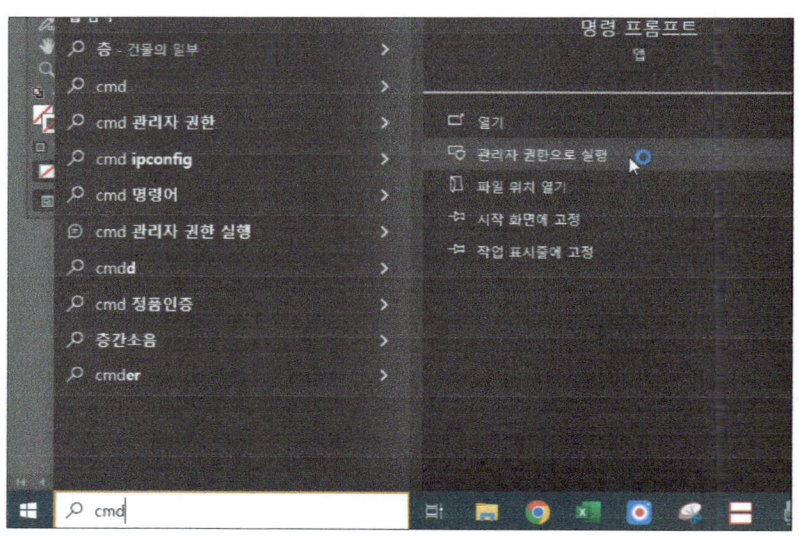

여기서 잠깐, 우선 선행해야 하는 작업이 있습니다.

옛날의 초기 운영체제인 도스(Dos - Disk Operating System) 운영체제와 오늘날의 Wondows(윈도우즈) 운영체제의 가장 큰 차이점은 도스(Dos)는 모든 명령을 직접 타자를 해야 하며 윈도우즈는 마우스로 대신 한다는 점입니다.

그리고 오늘날의 윈도우즈 운영체제에서는 여러가지 명령을 동시에 실행할 수 있습니다.

예를 들어 이 책과 같은 원고 작업, 즉, 타이핑을 하면서 음악을 듣고, 인터넷 창을 여러 개 열고 웹 서핑도 하며, 프로그램도 이 책을 집필하는 어도비 인디자인과 포토샵, 기타 여러가지 유틸리티도 동시에 실행을 하고 있습니다.

이상 설명한 것과 같이 도스에서는 모든 것을 키보드로 일일이 타자를 하여 명령을 내려야 하기 때문에 간단한 경로 및 폴더 이름을 입력하는 것도 번거로운 일이 됩니다.

그래서 미리 복제할 원본 폴더 이름과 대상 경로의 폴더 이름을 가장 간단하고 알기 쉬운 이름으로 미리 바꾸거나 만들어 놓아야 합니다.

그리고 원본보다 타켓의 크기가 같거나 조금이라도 커야 합니다.
즉, 원본의 용량보다 적은 저장 공간에는 저장할 수 없습니다.
그래서 미리 탐색기에서 다음과 같이 저장 공간 확인을 해야 합니다.

먼저 원본 파일의 용량을 확인 한 다음, 우측 화면에 보이는 것과 같이 탐색기에서 [내 PC]를 클릭하면 자신의 컴퓨터에 설치되어 있는 모든 저장 공간 및 남은 용량을 보여줍니다.

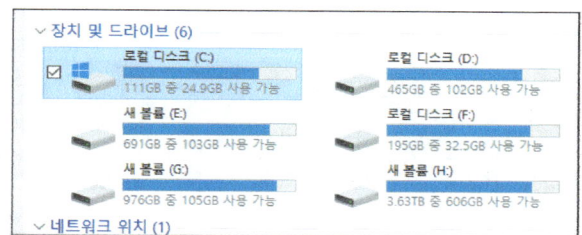

로보 카피 명령의 기본은 다음과 같습니다.

robocopy 원본 경로 대상 경로 /mir

위의 명령어 맨 마지막에 있는 /mir 은 미러 즉, 원본과 똑같이 미러링을 하라는 명령입니다.

이 명령을 내릴 경우 대상 경로에 파일이 있을 경우 무조건 원본과 똑같이 만들어 버리기 때문에 반드시 폴더 내용을 확인하고 명령을 사용해야 합니다.

지금 실습을 위하여 우측 화면에 보이는 폴더를 복사해 보겠습니다.

우측 화면에 보이는 폴더는 현재 이 책을 집필하는 원고 포함 필자가 집필한 모든 원고가 저장되어 있는 폴더이며 필자가 알아보기 쉽게 길게 이름을 붙

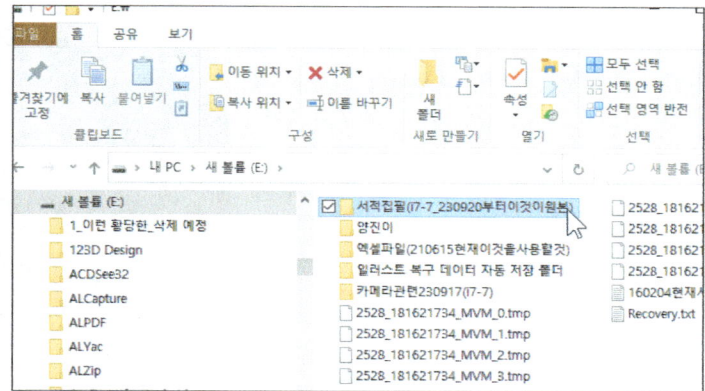

여서 이 이름을 일일이 타자를 하려면 어렵습니다.

그래서 우측 화면에 보이는 것과 같이 탐색기에서 [F2]를 눌러서 [Ctrl + C]명령으로 폴더 이름을 클립보드에 저장합니다.

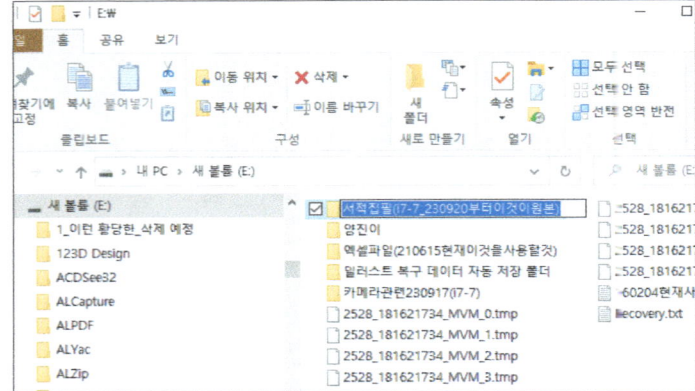

클립보드에 복사한 경로를 [Ctrl + V] 명령으로 붙여 넣으면 우측 화면과 같이 됩니다.

그리고 좌측에 보이는 것과 같이 아까 열어 놓은 CMD 도스 명령어 실행창에서 좌측과 같이 경로를 입력하고 위의 화면에서 클립보드에 저장해 놓은 경로를 붙여 넣습니다.

그리고 한 칸 띄우고 아까 탐색기에서 보았던 가장 용량이 많이 남은 드라이브를 선택하고 "H:₩"까지만 입력하고 다시 앞의 경로를 복사에서 [Ctrl + V] 명령으로 붙여 넣기 한 다음 맨 끝에 /mir 옵션을 주고 엔터를 치면 우측과 같이 실행됩니다.

이 때 명령어에 등장하는 ₩ 는 경로를 표시하는 기호로서 키보드의 /(슬러시)와는 다릅니다.

키보드의 백 스페이스 바로 좌측의 돈 표시(₩) 이며 루트 디렉토리를 의미합니다.

앞에서도 잠깐 설명했습니다만, 웬만한 복사 등은 그냥 탐색기에서 실행해도 되지만, 용량이 큰 파일의 경우 탐색기에서 복사 및 붙여넣기를 실행하면 자칫 컴퓨터가 오류가 나거나 다운 될 정도로 버벅거립니다.

이 때 지금 설명한 로보카피 명령을 사용하면 가볍게 복제가 되며 시간도 탐색기에서 실행하는 것보다 훨씬 빠른 시간 내에 복제가 됩니다.

다만 도스 명령이므로 도스에 대한 이해가 있어야 하며 모든 명령어를 일일이 키보드로 타자를 해서 입력해야 하므로 타자 역시 정확하게 입력해야 합니다.

또한 앞에서도 소개했습니다만, 윈도우즈 운영체제는 단지 컴퓨터가 제대로 작동하게 해 주는 오퍼레이팅 시스템(Operating System)이며 전문적인 용도에서는 기능이 매우 미약하기 때문에 이른바 소위 파워 유저들은 특수한 유틸리티를 사용한다고 했는데요, 디스크 검사 기능도 여기에 해당됩니다.

요즘은 워낙 하드웨어 성능이 뛰어나기 때문에 따로 디스크 검사 등은 실행하지 않아도 거의 문제가 생기지 않지만, 간혹 디스크 검사를 실행해야 할 필요가 있을 때, 이 때에도 윈도우즈에서 실행하는 것보다는 앞에서 설명한 CMD 도스 명령어 실행창에서 체크디스크(CHKDSK) 명령을 실행하는 것이 좋습니다.

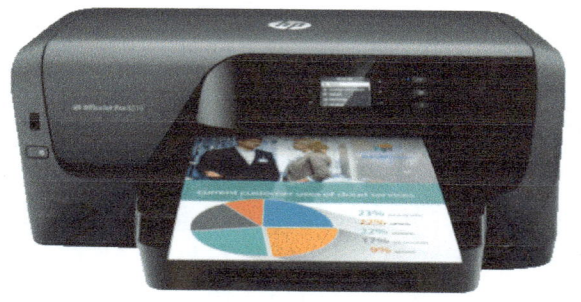

제 5 장 레이아웃 메뉴

5-1. 페이지

인디자인 메뉴 [레이아웃] - [페이지] 메뉴는 우측과 같이 구성되어 있고요, 다음 화면에 보이는 [페이지] 패널에서 작업을 해도 됩니다.

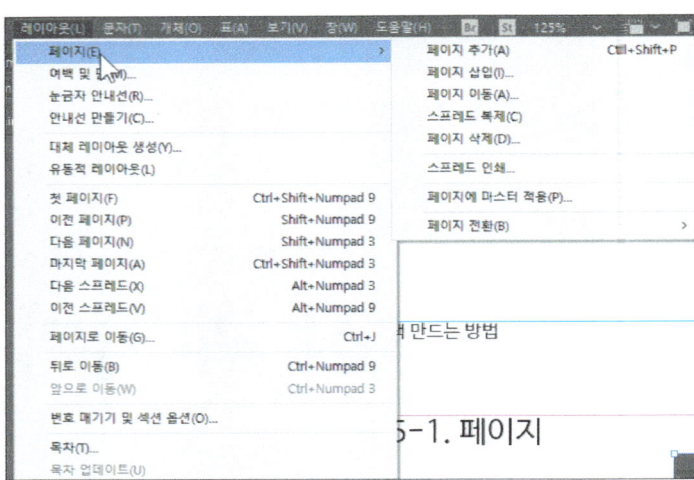

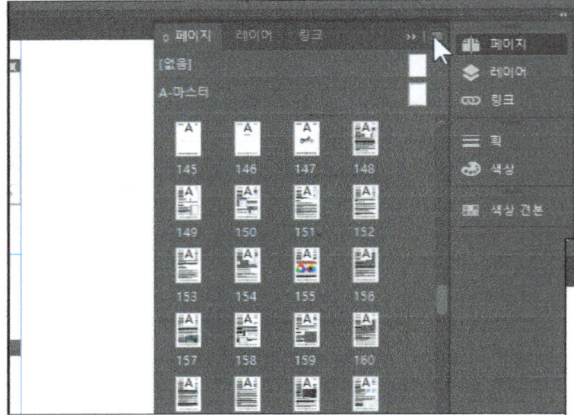

좌측의 [페이지] 패널은 인디자인 메뉴 [창] - [페이지]를 클릭하면 나타나고요, 좌측 마우스가 가리키는 곳을 클릭하면 위의 화면에 보이는 메뉴가 그대로 나타납니다.

5-1-1. 페이지 삽입

인디자인에서 메뉴 [페이지] 패널을 클릭하면 항상 현재 편집하고 있는 페이지가 나타나며 여기서 우측에 보이는 것과 같이 [페이지 삽입]을 클릭하면 다음 화면이 나타납니다.

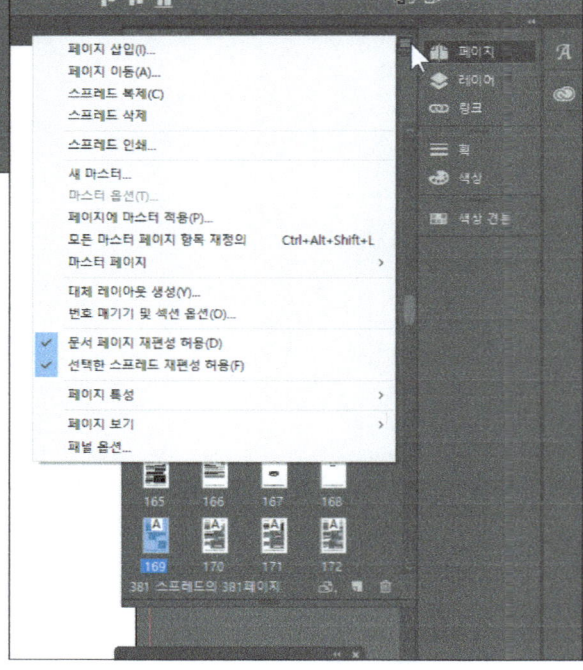

페이지를 어디에 삽입할 것인지 묻는 화면이고요. 기본 값은 페이지 뒤 입니다.

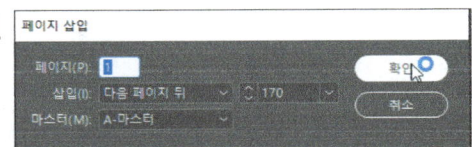

5-1-2. 페이지 복제

우측 화면 참조, 현재 페이지를 선택하고 마우스 우측 버튼을 클릭하여 [페이지 복제] 를 클릭하면 현재 페이지가 복제되어 맨 마지막 페이지가 됩니다.

이 때 현재 복제하는 페이지를 머리 속에 기억해 두어야 합니다.

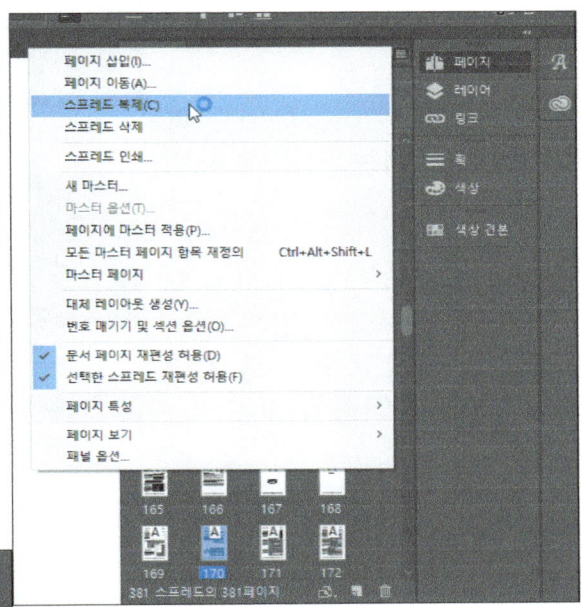

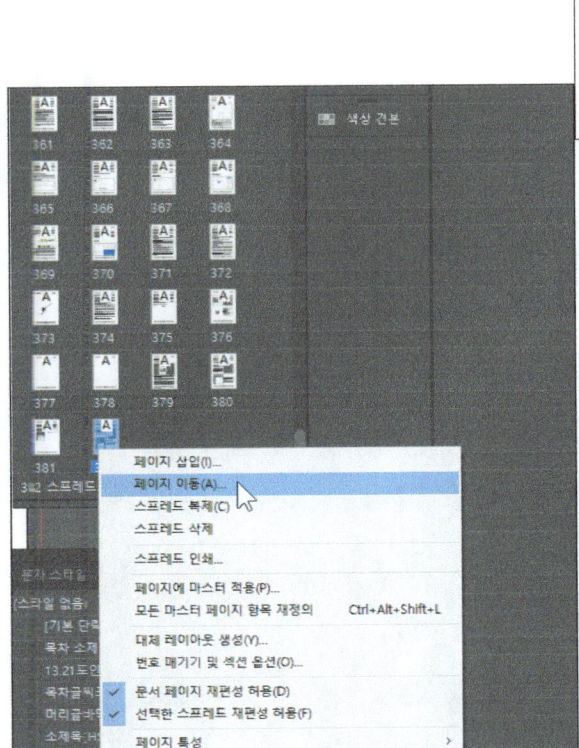

5-1-3. 페이지 이동

위의 화면에서 페이지 복제를 하여 좌측 화면과 같이 맨 마지막 페이지로 복제가 되었고요, 좌와 같이 맨 마지막으로 복제된 페이지를 선택하고 마우스 우측 버튼을 클릭하여 [페이지 이동]을 클릭하면 다음 화면이 나타납니다.

복제한 페이지를 어디로 이동할 것인지 묻는 화면이고요, 아까 복제할 때 기억해 두었던 170페이지를 입력하고 [확인]을 클릭하면 복제한 페이지가 170페이지 뒤로 이동합니다.

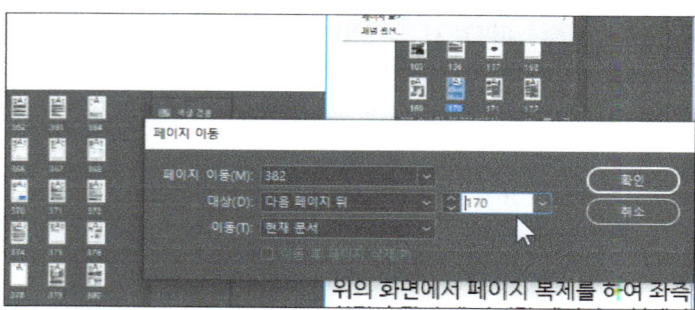

이 때 페이지는 이동했어도 페이지 패널에서는 마지막 페이지가 선택되어 있습니다.

그래서 이 때는 [Ctrl + J]를 누르면 우측 화면이 나타나고요, 170을 입력하고 엔터를 치면 170페이지로 이동합니다.

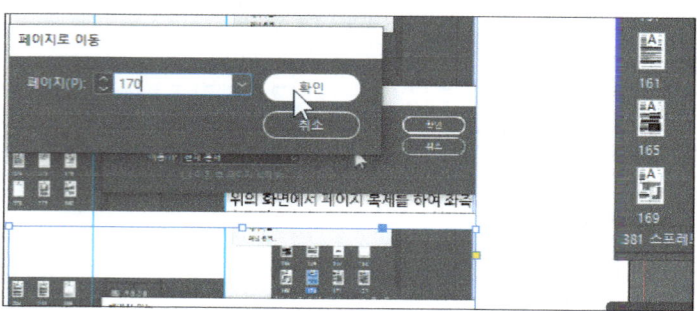

5-1-4. 마스터 페이지

인디자인에서는 마스터 페이지라는 독특한 기능이 있습니다.

우리나라 토종 워드인 한글 프로그램에서는 머리말 꼬리말 입력 기능이 있고요, 이 책에서 다루는 인디자인에서는 마스터 페이지에서 머리말과 꼬리말 쪽번호 등을 넣을 수 있습니다.

우측 화면 참조, [페이지] 패널에서 우측 마우스가 가리키는 마스터 페이지를 더블 클릭하면 다음 화면이 나타납니다.

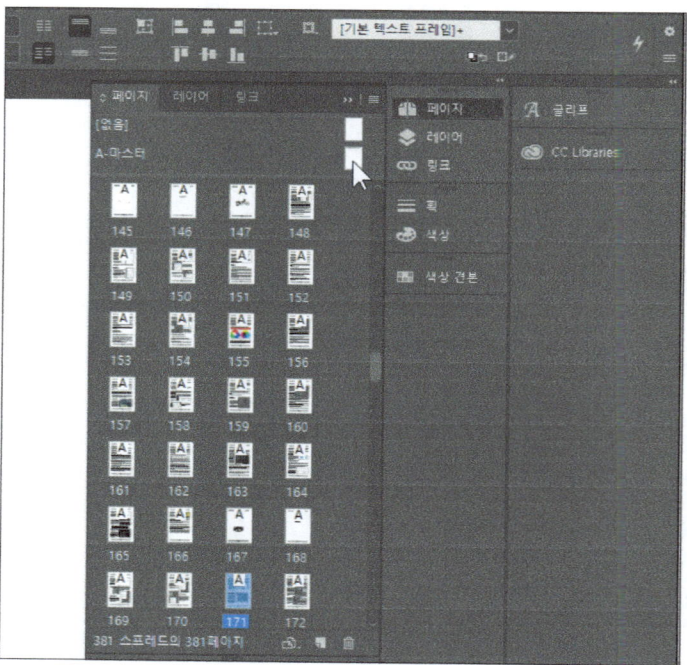

우측에 보이는 마스터 페이지에서의 편집 방법은 여느 페이지 편집하는 것과 똑같습니다.

다만, 페이지를 삽입하는 곳은 [문자] - [특수문자] - [표시자] - [현재 페이지 번호]를 클릭하여 "-A-" 이렇게 입력했는데요, 이렇게 입력하면 이렇게 입력되어 있는 곳에 페이지가 "-171-" 이렇게 나타납니다.
머리말 꼬리말 따로 입력하는 양식은 없고요, 일반 편집 화면에서 입력하는 것과 똑같이 [문자 도구]로 일단 텍스트 박스를 그린 다음 입력하면 되고요, 책이므로 머리말 꼬리말이 예쁘게 나와야 하므로 약간 신경을 써야 합니다.

이 밖에 마스터 페이지에 패턴을 넣거나 색상, 무늬 등도 넣을 수 있습니다.

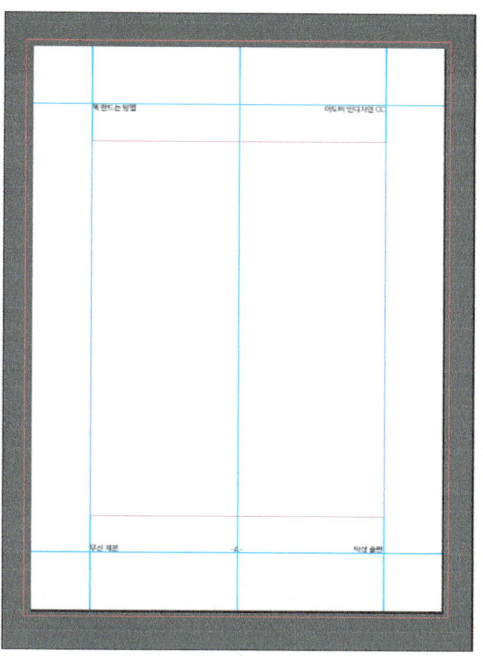

5-1-5. 페이지에 마스터 적용

방금 마스터 페이지에서 작업한 것은 우측 화면 참조, 마스터 페이지를 선택하고 마우스 우측 버튼을 클릭하여 나타나는 부 메뉴에서 우측 화면 마우스가 가리키는 [페이지에 마스터 적용]을 클릭하면 다음 화면이 나타납니다.

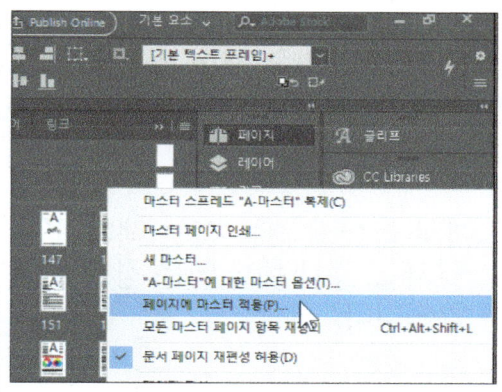

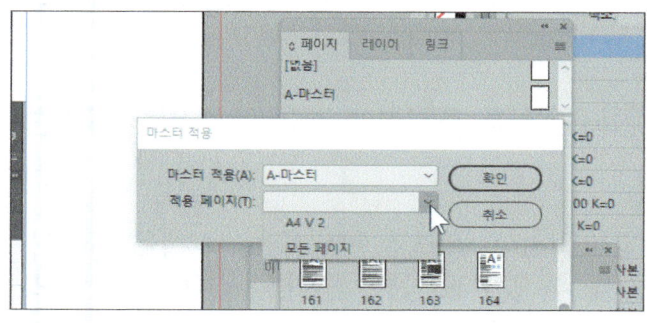

좌측 화면 마우스가 가리키는 곳을 클릭하고 [모든 페이지]를 선택하고 [확인]을 클릭하면 모든 페이지에 마스터 페이지가 적용됩니다.

5-2. 여백 및 단

이 부분은 상당한 보충 설명이 필요한데요, 인터넷 검색해 보면 대부분 된다는 내용으로 도색이 되어 있지만, 사실은 안 됩니다.

인터넷에 올린 수 많은 사람들이 필자와 같이 많은 경험이 없기 때문인데요..

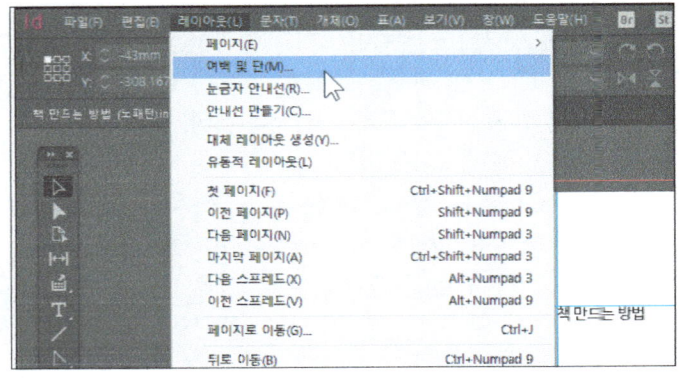

필자가 이 책의 앞 부분에서부터 우리나라 토종 워드인 한글 프로그램은 우리나라 사람은 누구나 배워야 하는 필수 소프트웨어 1호이며 실제로 동사무소 등에서 사용하는 관공서 문서 등은 아주 좋은 프로그램이지만, 이 책과 같은 책의 원고 집필은 어려운 것이 아니라 불가능하나고 이미 여러 번 언급하였습니다.

이 이유는 우선 페이지가 많아지만 버걱거려서 편집할 수가 없고요, 이 책과 같은 책의 원고는, 혹은 여타의 문서라도 문서를 작성한 뒤에 오탈자가 있는지 검사를 하지 않는 경우는 없습니다.

특히 이 책과 같은 책의 원고는 원고 집필을 끝내고 교정을 보는 기간이 더 걸릴 정도로 보고 또 보고 가능한 여러 번 교정을 보아야 하며 그렇게 교정을 철저하게 보아도 나중에 책으로 출간 된 뒤에 보면 오 탈자가 또 발견됩니다.

그래서 옵셋 인쇄를 하는 책이라면 오탈자 사전을 만들어서 책의 맨 뒤에 넣어서 오 탈자 교정 내용을 넣은 경우도 있는데요, 필자와 같이 책을 만들면 그것은 필요가 없습니다.

혹시 책이 출간된 이후에 오탈자가 발견되면 이후 출간하는 책은 다시 인쇄하기 전에 원고를 교정하면 되니까요..

이 책과 같이 옵셋 인쇄를 하지 않고 무한잉크 프린터로 인쇄를 해서 책을 만들게 되면 단 한 권의 책이라도 즉석에서 만들 수 있고요, 옵셋 인쇄와 같이 많은 양의 인쇄를 하지 않아도 되며 오탈자가 발견되어도 즉시 교정할 수 있다는 점입니다.

여담입니다만, 여러분도 이 책으로 공부를 하여 필자와 같이 책을 만들게 되면 필연적으로 필자가 걷는 길을 걷게 되므로 필자의 경우를 또 소개를 합니다.

필자는 무한잉크 프린터로 인쇄를 해서 책을 만들기 때문에 일차적으로 무한잉크 프린터로 인쇄하는 양이 곧 책의 수량이 됩니다.

필자가 현재 구축한 디지털 프린팅 시스템은 필자와 같은 개인 출판사로 본다면 세계 최고의 수준이라고 할 수 있습니다.

이렇게 세계 최고의 수준을 갖춰놓고 책을 만들어도 하루 최대 생산량이 대략 300페이지 책 20권이 고작입니다.

생각해 보세요, 300페이지 책 20권이면 6,000페이지입니다. 이 중에는 종이가 겹쳐 들어가는 수도 있고, 실수도 하기 때문에 실제로는 거의 7,000페이지 인쇄를 해야 합니다.

우리나라 사람으로서 무한잉크 프린터를 사용하지 않는 사람이 없으므로 무한잉크 프린터로 하루에 7,000페이지 인쇄를 한다면 믿는 사람이 없을 것입니다.

그러나 필자는 이렇게 책을 만들고 있고요, 결국 하루 최대 생산량이 20권이고요, 책의 주문이 이보다 많으면 밤을 새워도 주문을 댈 수가 없습니다.

그러면 몇 날 며칠 밤을 꼬박 새워가면서 책을 만들게 되며 밤을 새운다 한들 생산량이 약간 더 늘어날 뿐 획기적으로 늘어날 수는 없습니다.

무한잉크 프린터가 무한정 프린팅을 할 수 있는 것이 아닙니다.

더구나 그냥 인쇄를 하는 것이 아니라 인화지에 인쇄를 하는 것과 같이 최대 해상도로 인쇄를 하기 때문에 프린터의 인쇄 속도가 빠르지도 않습니다.

그래서 여러 대의 프린터를 사용해서 인쇄를 하는 것이고요..

그런데 이렇게 하루 최대 생산량이 20권인데 어떤 때는 100권이 넘는 주문이 들어올 때도 있습니다.
그러면 밤을 새워도 모자라기 때문에 어쩔 수 없이 납기를 연장할 수 밖에 없는데요, 그렇다고 시설을 무한정 늘릴 수도 없습니다.

무한잉크 프린터의 특성상 필자와 같은 최고 수준의 최최고 기술자도 프린터 3대까지는 가능하지만, 4대는 어렵습니다.

4대 이상 프린터를 가동할 수도 있겠지만, 필자와 같은 수준에 도달한 사람은 전무하다고 볼 수 있는데요, 이렇게 여러 대의 프린터를 관리하면 못 쓰는 종이가 사람 키보다 더 높이 쌓입니다.

그래서 무한잉크 프린터는 제 아무리 용 빼는 재주가 있는 사람이라도 필자가 보는 견지에서는 3~4대가 한계입니다.

다만, 필자는 책만 인쇄를 하는 것이 아니라 가장 가깝게는 A3 표지 인쇄를 해야 하며, 사진의 주문이 들어오면 사진 인쇄도 해야 하며 대형 사진의 주문이 들어오면 대형 플로터에 인쇄를 해야 하므로 실제로는 5~6대의 프린터를 가동하지만, 여전히 책의 원고 인쇄는 3대 이상 돌릴 수가 없습니다.

그렇다면 시설을 증설하여 종업원을 두면 어떨까요..?

실제로 필자와 비슷한 사업을 하면서 종업원을 여러 명 두고 대량 인쇄를 하는 업체도 있습니다.

그러나 필자가 직접 원고를 집필하고 직접 인쇄를 하고 직접 제본을 하고 직접 재단을 해서 책을 만드는 이유는 인건비 때문입니다.
종업원을 여럿 둔다면 결국 옵셋 인쇄를 하는 것보다 비용이 더 들어갑니다.

그래서 여러분이 이 책으로 공부를 하여 필자와 같이 직접 책을 만들게 된다 하여도 최대 생산량은 300페이지 책 기준 하루 최대 20권, 그것도 거의 날을 새다 시피 해야 하며 순항 속도로 본다면 하루 12권~15권이 고작입니다.

다행히 필자의 책은 그리 많이 팔리는 것도 아니지만, 그리 적게 팔리는 것도 아니고요, 필자의 현재 속도, 즉 하루 최대 생산량 300페이지 책 20권 생산량으로 지금까지는 밀리지 않고 만들어 내고 있습니다.

그래서 책을 출간할 때는 일단 국립중앙도서관에 ISBN을 신청을 하여 발급 받는 것과는 별개로 교보 문고 등의 대형 서점에 보낼 때는 최소한 책을 100권 정도 인쇄를 해서 재고를 쌓아놓고 판매를 시작합니다.

잠시 다른 설명을 했습니다만, 여러분 모두 알아야 하는 내용이기에 소개를 했고요, 인디자인 메뉴 [레이아웃] - [여백 및 단]을 클릭하면 우측 화면이 나타나는데요.. 사람 쥑이는 일이 발생합니다.

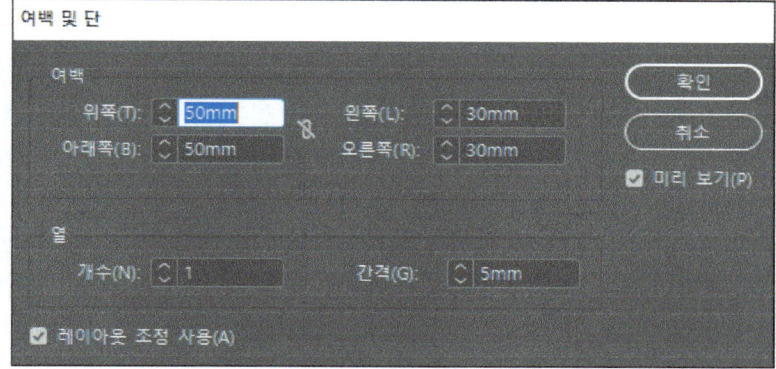

일단 이 메뉴를 페이지에서 실행하면 해당 페이지의 여백 및 단만 수정되기 때문에 이 메뉴는 반드시 마스터 페이지에서 실행해야 하는데요..

마스터 페이지에서 이 메뉴를 실행하여 위의 하면에서 여백을 조절하면 조절이 되어야 하는데 안 되는 것은 아니고요, 제대로 조절이 안 됩니다.

에휴.. 소리가 절로 나는데요. 아이고오 소리도 나는데요.. 그야말로 곡 소리가 납니다.

필자는 이 책을 쓰는 사람이기 때문에 인디자인을 얼마나 신뢰를 히겠어요..?

위의 메뉴 역시 인디자인을 신뢰를 하여 이 메뉴를 사용했다가 책을 무려 100권이나 버렸습니다.

에휴.. 소리가 절로 나는데요. 아이고오 소리도 나는데요.. 그야말로 곡 소리가 납니다.

아주 중요한 내용이므로 다시 한 번 설명을 하겠습니다.

우리나라 토종 워드인 한글 프로그램은 페이지가 많아지만, 버벅 거려서 편집이 거의 불가능하다고 조금 전에도 설명을 했고요, 그리고 결정적인 문제는 원고의 집필을 끝내고 교정을 볼 때 내용의 첨삭이 이루어지면 원고가 그야말로 이판 사판 엉망이 되어 버리기 때문에 책의 원고 집필용으로는 불가능하다고 했습니다.

한글 프로그램은 1페이지에서 엔터 한 번만 쳐도 312페이지 문서 끝 페이지까지 영향을 미치기 때문입니다.

그래서 교정을 보면서 내용의 첨삭이 이루어지면 그야말로 이팡 사판 개판이 되어 뒤죽 박죽, 50페이지에 있어야 할 삽화가 15페이지에 나타나는 등 매 페이지마다 신경 써서 레이아웃을 맞춰가면서 편집한 모든 것이 개판이 되어 버립니다.

그래서 결국 원고 힘들여 쓰고 교정을 보는 시간이 원고를 쓰는 시간의 열 배도 더 걸리기 때문에 차라리 모조리 폐기를 하고 한글 프로그램이 아닌, 인디자인이나 일러스트 등의 다른 프로그램으로 원고를 다시 쓰는 것이 더 빠른 기가 막히는 일이 벌어지는 것입니다.

그런데..
그런데...
그런데....

인디자인에서도 그런 일이 발생을 했습니다.

물론 인디자인에서는 매 페이지마다 프레임이라는 특수한 기법을 사용하기 때문에 교정을 아무리 많이 보아도 교정하는 페이지만 수정될 뿐 다른 페이지는 전혀 지장이 없습니다.

문제는 다음 사건에 기인합니다.

필자는 무한잉크 프린터 여러대로 인쇄를 하여 책을 만들고 있으며 현재 가장 인쇄량이 많은 프린터는 약 44만장 인쇄를 했고요, 대략 40만장 인쇄를 할 때까지는 이상 없이 인쇄가 잘 되었고요..

현재 인쇄량이 44만장이 되었어도 인쇄는 여전히 잘 됩니다.

그런데 대략 40만장이 넘어가면서 인쇄되는 페이지가 대략 밑으로 약 1~2센티 정도 내려가서 인쇄가 됩니다.

필자는 프린터 1대로 100만장 인쇄하는 방법이라는 책도 펴 낸 사람이므로 프린터의 웬만한 고장은 100% 필자 스스로 해결을 합니다.

우측 화면은 프린터를 앞에서 바라본 모습인데요, 프린터를 분해를 해 보면 헤드 옆 밑에 센서가 달려 있습니다.

그래서 프린터가 작동할 때 잘 바라보면 프린터 헤드에서 밑으로 빛이 나오는 것을 볼 수 있습니다.

이것이 용지의 가로폭과 상하 폭을 인식하는 센서이고요, 그래서 인쇄량이 많아져서 잉크 분진이나 종이 분진이 센서에 쌓이면 용지를 감지하지 못하여 어느날 프린터가 우당탕한 박살이 나는 소리와 함께 멈추면서 캐리지 걸림 메시지가 나옵니다.

프린터 사용자는 프린터가 갑자기 우당탕탕 박살이 나는 소리와 함께 멈추었으므로 가슴이 덜덜덜덜 떨리고 손도 덜덜덜덜 떨면서 프린터를 들고 프린터 가게로 갑니다.

프린터 가게에서는 속으로 휘파람을 휘익 불면서 센서 한 번 쓰윽 하고 닦아주고 몇 만원 청구합니다.

이게 잉크젯 프린터, 무한잉크 프린터 우당탕탕 개리지 걸림 해결 방법입니다.

웃지 마시고요,..

이런 경험을 해 보지 않은 무한잉크 프린터 사용자는 단 한 사람도 없을 것입니다.

암튼 필자는 이런 저런 프린터의 고장은 헤드 수리까지 완벽하게 하기 때문에 프린터 1대로 100만장 인쇄하는 방법을 터득한 것인데요, 프린터의 인쇄 수량이 40만장이 넘어갈 무렵부터 아래로 1~2센티 가량 내려가서 인쇄가 되는 것을 못 고쳤습니다.
지금까지 설명한 센서 문제로 보았지만, 센서를 교체를 해도 문제가 여전합니다.

그래서 어쩔 수 없이, 아직도 인쇄는 잘 되는, 총 인쇄 수량이 44만장이 넘어간 프린터에서 인쇄하는 원고만 위로 1~2센티 올려서 인쇄용 PDF 문서로 다른 이름으로 저장하여 인쇄를 합니다.

이 때, 일일이 한 페이지씩 위로 이동하자니 너무 시간이 많이 걸리므로 바로 앞에서 설명한, 인디자인, 마스터 페이지에서 메뉴 [레이아웃] - [여백 및 단] 명령으로 여백을 조절하였습니다.

제 아무리 인디자인이라 하더라도 총 페이지 수가 312페이지에 달하는 원고이므로 이것이 수정 되는데는 약간의 시간, 약 30초~1분 정도의 시간이 걸렸고요..,

천하의 어도비 프로그램이므로, 일단 믿었고요, 대체로 여러 페이지 검토를 해 보았지만, 대체로 제대로 모두 위로 올라갔습니다.

이렇게 원고를 위로 올려서, 즉 여백을 조절해서 위쪽의 여백을 줄이고 아래쪽의 여백을 늘려서 PDF 문서로 저장을 하고..

그리고도 인쇄를 하기 전에 적어도 무작위로 10페이지 이상 검사를 해 보았지만, 이상이 없었고요, 그래서 그 상태로 책을 인쇄를 하여 무려 100권 정도 인쇄를 했을 때 문제를 발견하였습니다.

이 세상에는 늦었다고 생각하는 시점이 가장 빠른 시점이라는 말도 있고요, 그리고 발명이라든지, 발견이라든가, 무언가 획기전인 전환점이 되는 계기가 있습니다.

필자의 경우 프린팅을 하다가 용지 걸림이 발생을 했고요, 그래서 걸린 용지 빼 내고 인쇄된 용지를 검사하여 다시 인쇄할 페이지를 확인하다보니 인쇄가 제대로 안 된 것을 발견했습니다.

오호라 통제여..
천하의 어도비..
천하의 어도비 인디자인이 이렇게 허무할 수가..
으아아아..
그야말로 원고가 뒤죽박죽이라는 것을 그때서야 발견한 것입니다.

예를 들어 어떤 페이지는 삽화는 그대로 있고 글씨만 위로 올라갔고요, 그것도 밑에 있는 글씨가 위에 있는 글씨 위로 올라가거나 위에 있는 삽화는 그대로 있고 밑에 있는 글씨가 위에 있는 삽화의 밑으로 들어가서 보이지 않는 등..

그야말로 뒤죽박죽이라는 것을 그제서야 발견한 것입니다.

아아아아..

그래서 기가 막히지만, 무려 100권의 책을 폐기하였습니다.

여러분이라면 책을 폐기하지 않고 판매를 할 수 있겠어요?

그렇지 않아도 옵셋 인쇄를 한 책보다 떨어지는데 책의 내용이 중간 중간 전체 페이지의 적어도 절반 정도는 지금 설명한 것과 같이 뒤죽박죽으로 인쇄가 된 책을 판매할 수가 있겠냐고요..??

그래서 어쩔 수 없이 1페이지부터 일일이 312페이지를 한 페이지씩 [Ctrl + All] 명령으로 전체 선택을 한 다음, [Shift]키를 누르고 위로 2번 화살표 키를 누르면 20픽셀씩 위로 올라가고요, 무려 312페이지를 모두 이렇게 수정을 해서 인쇄를 하고 있습니다.

그래서 우측 화면에 보이는 것과 같이 이 프린터에서 인쇄하는 원고만 "위로 이동한 것" 이라는 이름으로 따로 저장을 해서 인쇄를 하는 웃지 못할 사건을 소개하였습니다.

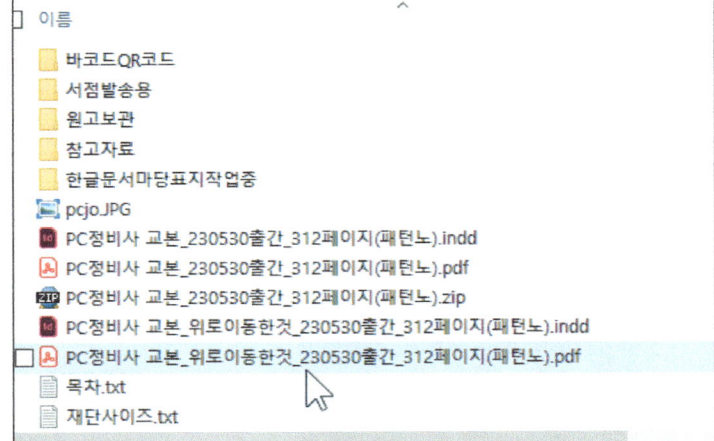

필자 생각에 아마도 이것은 인디자인 프로그램의 문제라기 보다는 컴퓨터에서 프로그램을 제대로 소화를 하지 못하는 것이 더 큰 영향을 받는다고 봅니다.

만일 슈퍼 컴퓨터로 작업을 한다면 제대로 될지도 모릅니다.

그러나 개인용 컴퓨터로 슈퍼 컴퓨터를 사용하는 사람은 없습니다.
따라서 결국 이 기능은 안 되는 기능이라고 보아야 할 것입니다.

5-3. 안내선 만들기

어도비 인디자인은 어도비 포토샵, 어도비 일러스트레이터와 마찬가지로 가이드 및 눈금자 기능을 제공하는데요, 안내선은 다음과 같이 사용하는 것이 일반적입니다.

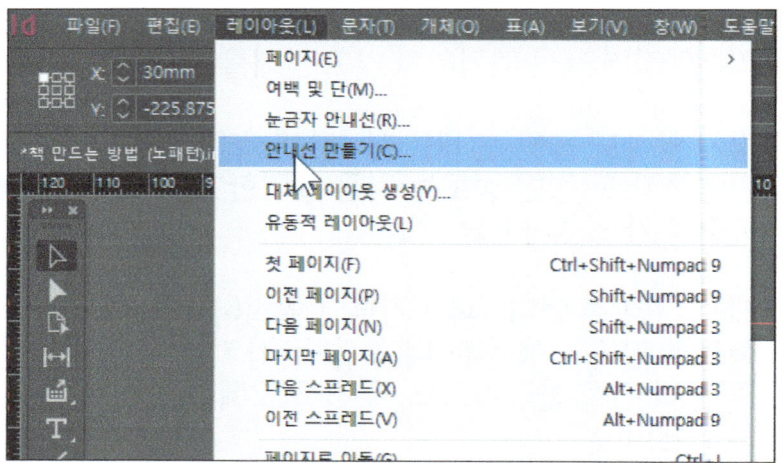

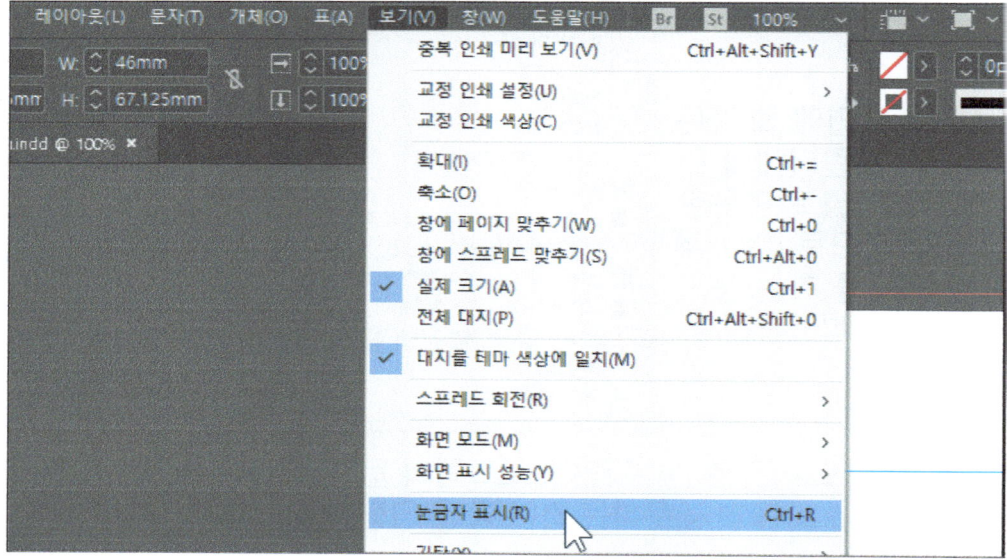

위의 화면 참조하여 인디자인 메뉴 [보기] - [눈금자 표시]를 클릭하면 다음 화면에 보이는 것과 같이 상단과 좌측에 눈금자가 나타납니다.

우측 화면에 보이는 것과 같이 눈금자가 나타나며 이 때 우측 화면 마우스가 가리키는 눈금자 중간쯤을 선택하고 클릭 드래그하면 가이드(안내선)이 나옵니다.
안내선은 다시 클릭 드래그하여 눈금자로 가져서 없애거나, 눈금자를 선택하고 [Del] 키로 삭제..

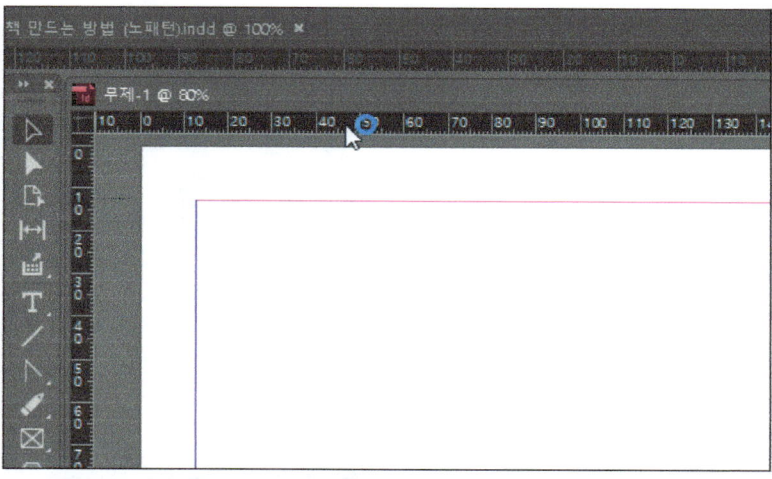

여러분이 보고 있는 이 책도 우측과 같이 필자가 미리 가이드를 세우고 화면 레이아웃을 맞춰서 편집을 하고 있고요, 인쇄할 때는 가이드는 보이지 않고 본문만 인쇄가 됩니다.

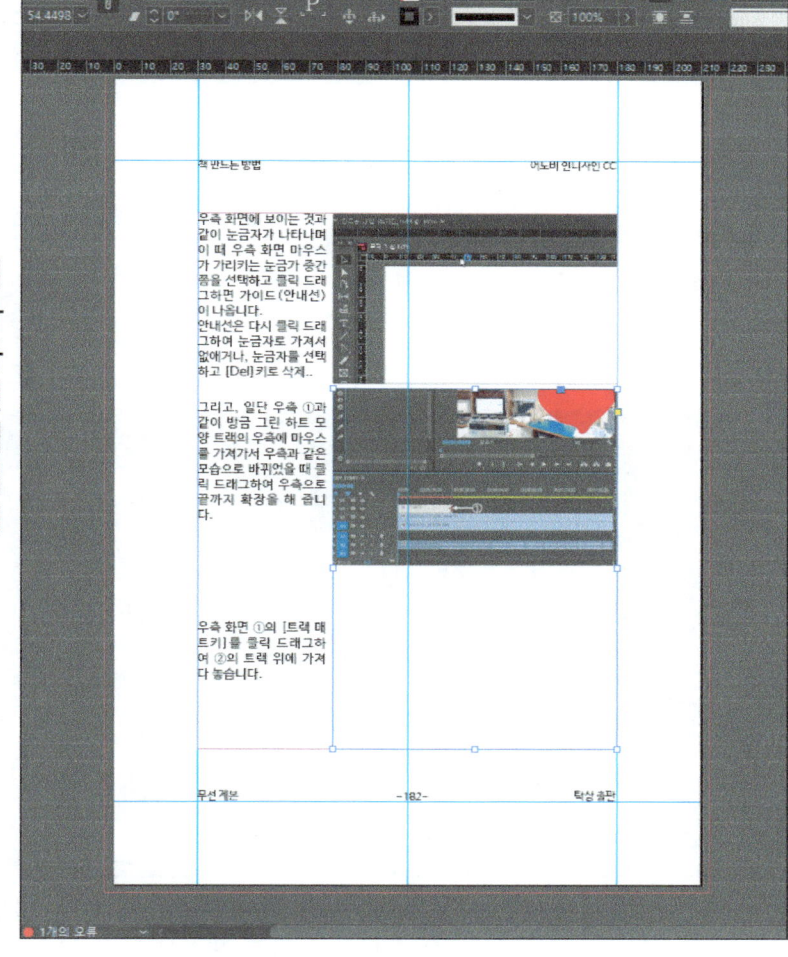

5-4. 목차

우측 화면 목차 메뉴는 매우 중요한 메뉴입니다.

인디자인에서 목차를 만들 때는 본문에 사용한 스타일을 긁어모아서 목차를 만들게 됩니다.

따라서 목차는 원고를 끝까지 집필을 한 뒤에 만들게 됩니다.

원고를 끝까지 집필을 하고 목차가 들어갈 시작 페이지에서 우측 마우스가 가리키는 [목차]를 클릭하면 다음 화면이 나타납니다.

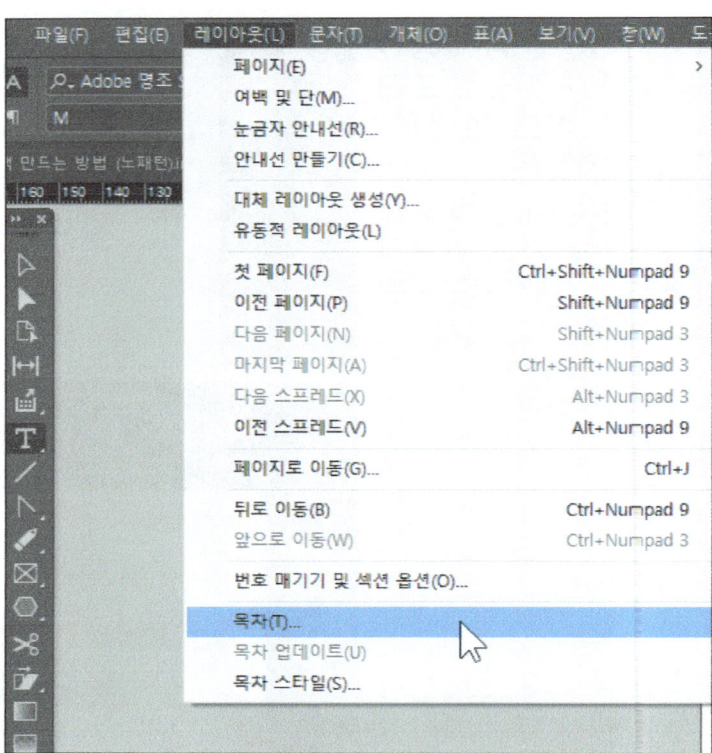

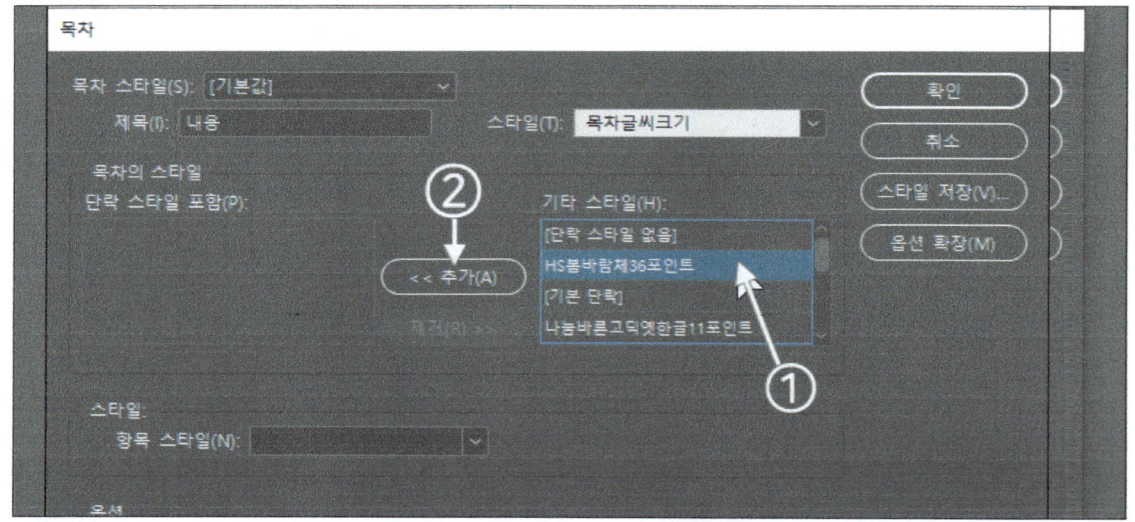

위의 화면 (1)은 필자가 이 책을 집필하면서 사용한 장 제목 스타일이고요, 이것을 선택하고 (2)를 클릭하면 이 항목이 좌측에 나타납니다.

이런 식으로 본문에 사용한 스타일, 예를 들어 편, 부, 장, 절 등의 스타일을 선택하고 좌측으로 보낸 다음, [확인]을 클릭하면 우측과 같이 나타납니다.

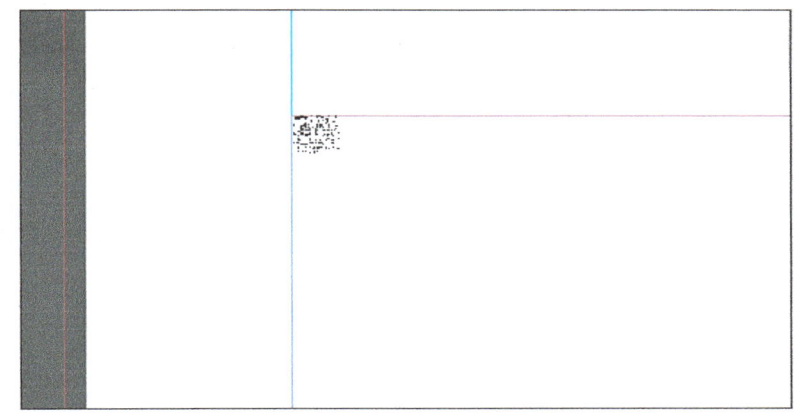

마우스에 목차가 붙어서 따라다니며 이 때 가능하면 좌상단에 대고 클릭하면 우측과 같이 목차가 나타납니다.

나타난 목차는 우측과 같이 본문에 사용한 스타일을 긁어오기 때문에 본문에 사용한 스타일 크기로 나타납니다.

이것을 다시 [단락 스타일] 패널에서 [기본 단락]을 선택하면 다음 화면에 보이는 것과 같이 본문 크기로 바뀝니다.

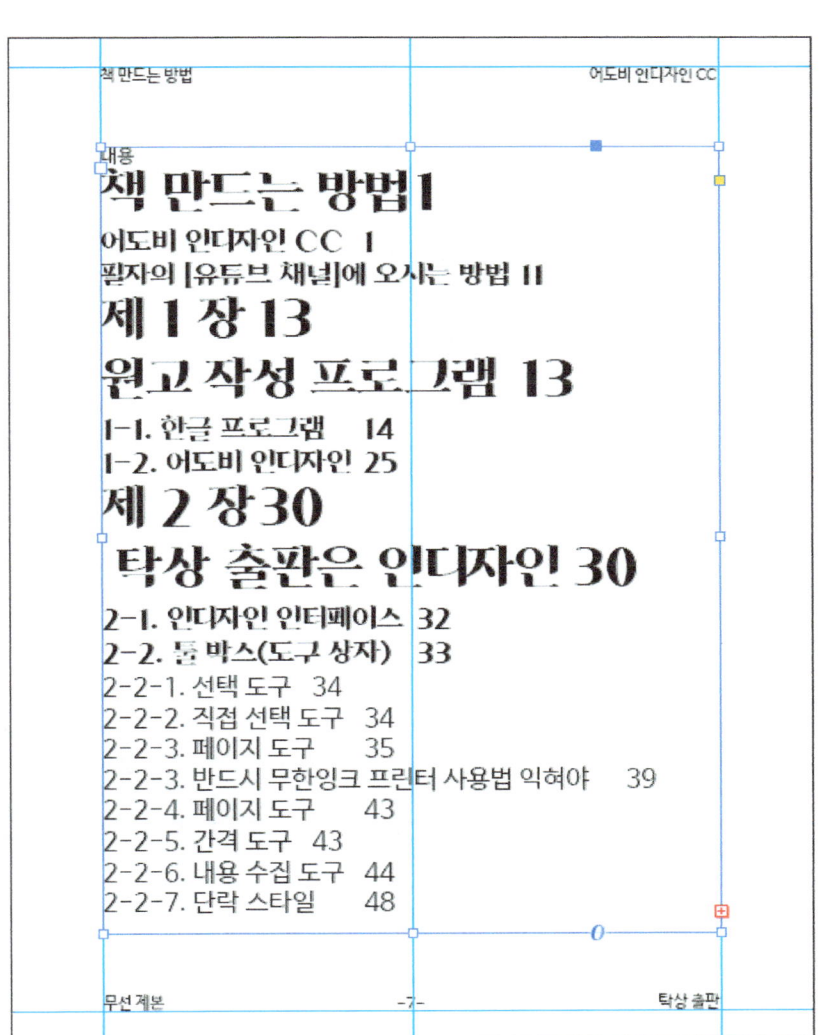

우측과 같이 나타난 목차가 본문 스타일로 바뀌었습니다.

현 상태에서 [Shift + Ctrl + T]를 누르면 다음 화면에 보이는 것과 같이 나타납니다.

우측 화면 (1)을 클릭하고 (2)에 점(마침표)을 찍고 (3)을 클릭하면 우측 화면에 보이는 것과 같이 목차가 만들어집니다.
다른 모습으로 목차를 만들 수도 있고요, (3)을 클릭 드래그하여 점의 길이를 조절할 수 있습니다.

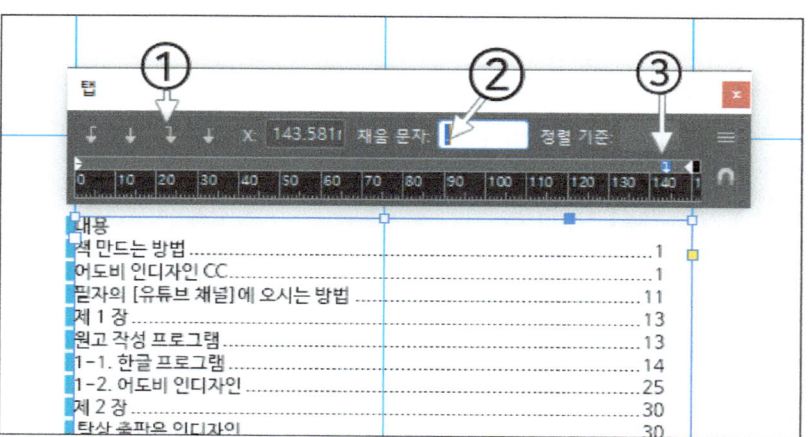

화면 모드를 미리 보기 모드로 바꾸면 우측과 같이 인쇄 모양으로 볼 수 있고요, 우측에 보이는 모습은 목차 스타일을 본문 스타일로 바꾸고 다시 보기 좋게 약간 손을 본 것입니다.

이 부분은 다소 까다롭기 때문에 필자의 유튜브 채널에 동영상으로 만들어 올려 놓겠습니다.

| 책 만드는 방법 | 어도비 인디자인 CC |

2-7. 애니메이션 변형	88
2-12. 키프레임 제거하는 방법	89
2-13. 크기가 변하는 애니메이션	91
2-14. 비디오 효과	96
2-15. 비디오 전환 효과	97
2-16. 흐르는 애니메이션	98
2-17. 프레임 애니메이션	100
2-18. 트랙 위치 이동	100
2-19. 원형 안에 동영상 나타내기	106
2-20. 하트 안에 동영상 나타내기	110
2-21. 유튜브 인트로 영상 만들기	113
2-22. 글씨가 서서히 사라지는 애니메이션	135
2-23. 4k, 8k 영상	140

제 3장
카메라(Camera)	141
3-1. 카메라 선택	143
3-2. 카메라의 3대 요소	150
3-3. 삼성 갤럭시 점프2 스마트폰 화질	153
3-4. 액션캠	158
3-5. DSLR	164
3-6. 삼성 NX1	166
3-7. 삼성 NX500	168
3-8. 삼성 NX200	169
3-9. 삼성 NX10	171
3-10. 삼성 NX20	173

제 4장
프리미어 고급 과정	183
4-1. 인제스트	185
4-2. 하이엔드 카메라 소개	189
4-3. 프록시 설정	191
4-4. 프리미어에서 화살표 만들기 사용하기	198
4-5. 포토샵에서 화살표 그리기	200
4-6. 포토샵에서 만든 화살표 가져오기	205

유튜브에서 '가나출판사' 검색하여 동그라미 속에 들어 있는 제 얼굴을 클릭하여 필자의 [유튜브 채널]에 오셔서 검색어 '인디자인 목차 만들기' 로 검색하여 필자가 올려 놓은 동영상을 시청해 보시기 바랍니다.

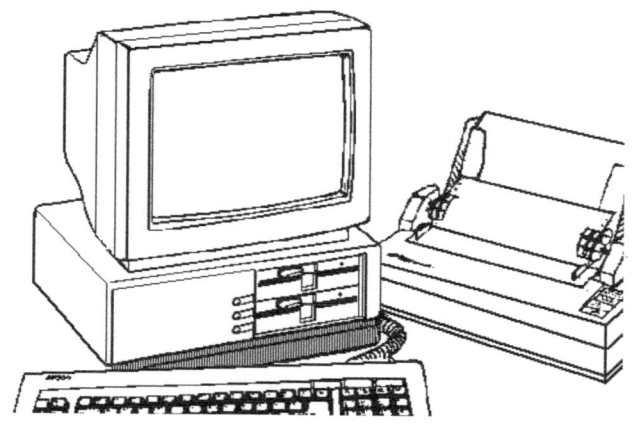

제 6 장 문자 메뉴

6-1. 글꼴 추가

인디자인 메뉴 [문자]-[typekit 글꼴 추가]메뉴는 글꼴을 추가할 수 있는 메뉴이지만, 글꼴 설치하는 방법은 앞에서 자세하게 설명했고요, 유튜브에서 '가나출판사' 검색하여 동그라미 속에 들어 있는 제 얼굴을 클릭하여 필자의 [유튜브 채널]에 오셔서 검색하여 동영상을 보시기 바랍니다.

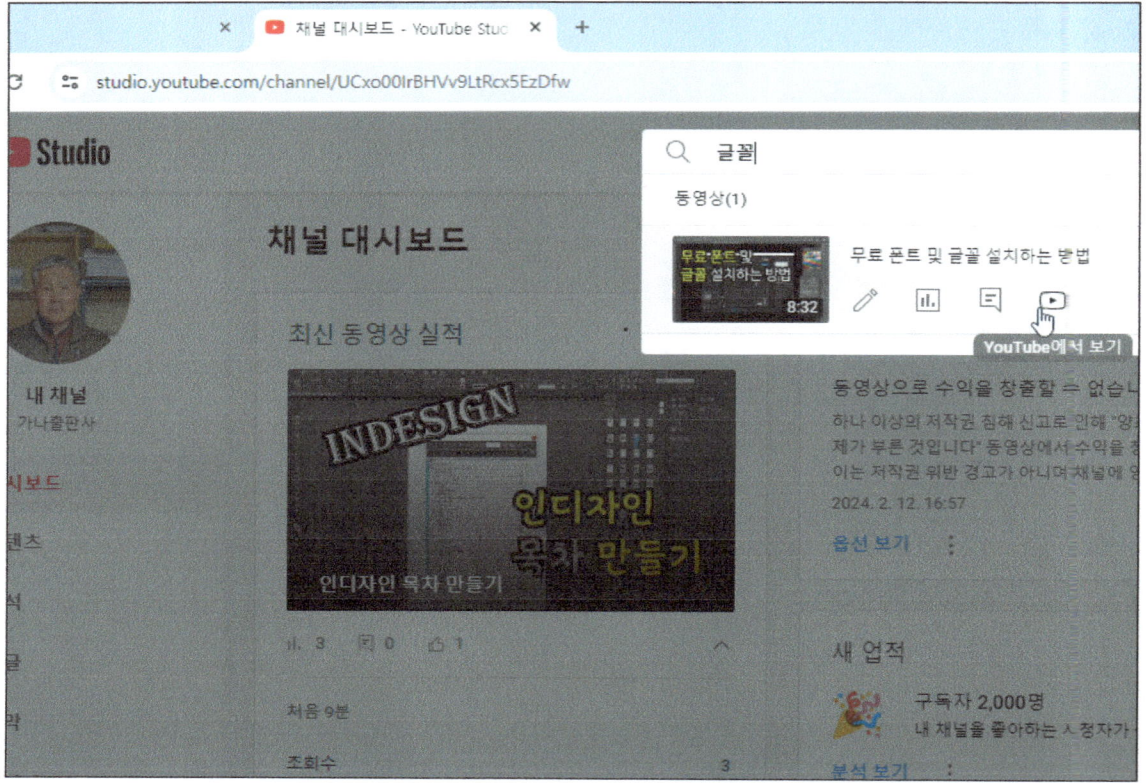

6-1-1. 글꼴

인디자인에서 사용하는 글꼴, 크기 등도 인디자인 메뉴 [문자]-[글꼴] 혹은 [크기] 등에서 지정해도 되지만, 상단 메뉴바 밑에서 선택 및 지정하거나,..

인디자인 메뉴 [창]-[문자]-[문자 및 단락]을 클릭하여 해당 패널을 열어 놓고 선택 및 지정하는 것이 일반적입니다.

(1) : 글꼴을 지정합니다.
(2) : 크기를 지정합니다.
(3) : 줄 간격입니다.
(4) : 글자 간격입니다.
(5) : 장평입니다.
(6) : 이탤릭체입니다.

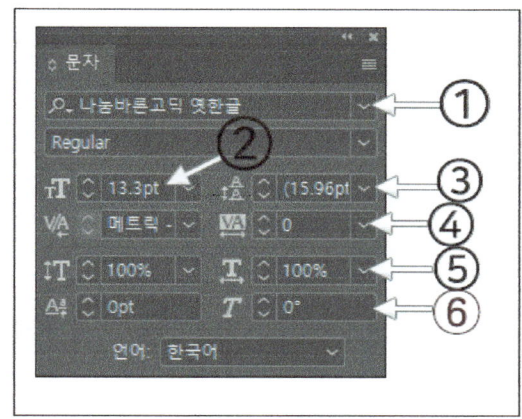

예를 들어 다음 화면에 보이는 것과 같이 문자를 [선택 도구]로 클릭하여 선택을 하고 (3)을 클릭하면 다음 화면이 나타납니다.

6-1-2. 문단 간격

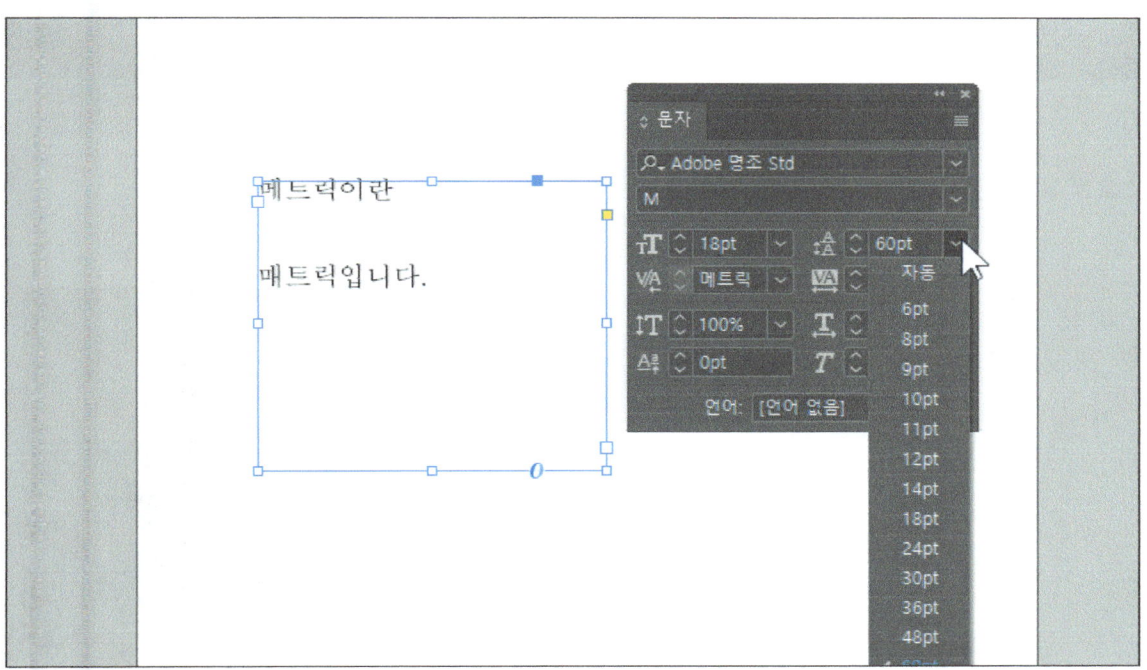

기본 값은 [자동]이며 위의 화면에서 수치가 높을 수록 문단 간격이 벌어지며 위에서 60pt를 선택하면 위에 보이는 정도로 벌어지며 72포인트보다 더 크게 벌리고 싶을 때는 마우스가 가리키는 곳에 직접 수치를 써 주면 됩니다.

6-1-3. 자간

글씨 간격을 벌어지게
하는 기능입니다.

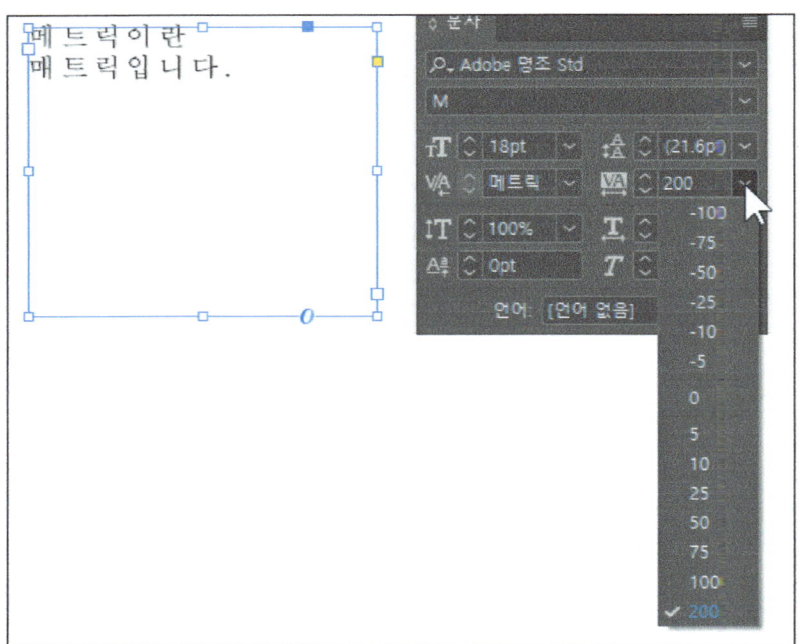

6-1-4. 장평

글씨를 가로 폭이 커지
게 왜곡시키는 기능입
니다.

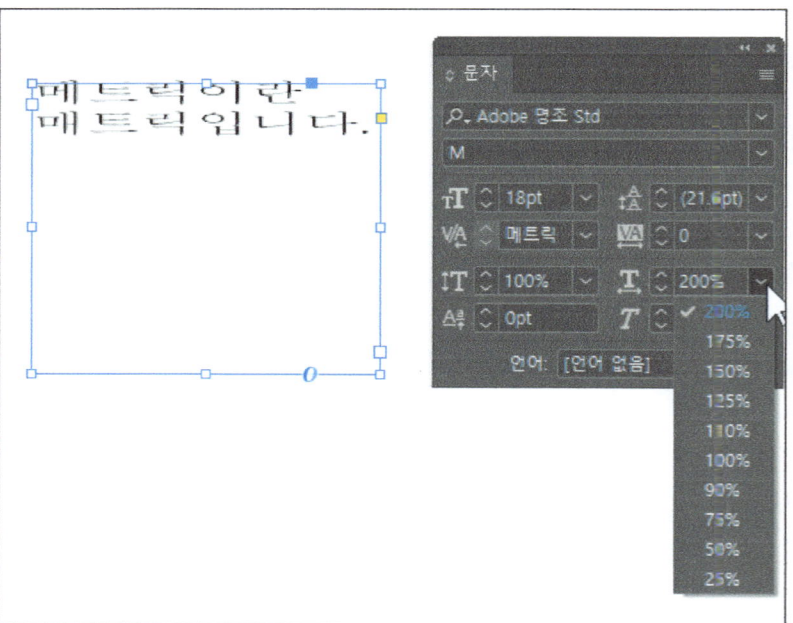

6-1-5. 이탤릭

글씨를 이탤릭체로 기울어지게 하는 기능이고요, 이것은 툴 박스(도구 상자)에서 [기울이기 도구]를 사용해서 텍스트 박스를 기울여도 동일한 효과가 납니다.

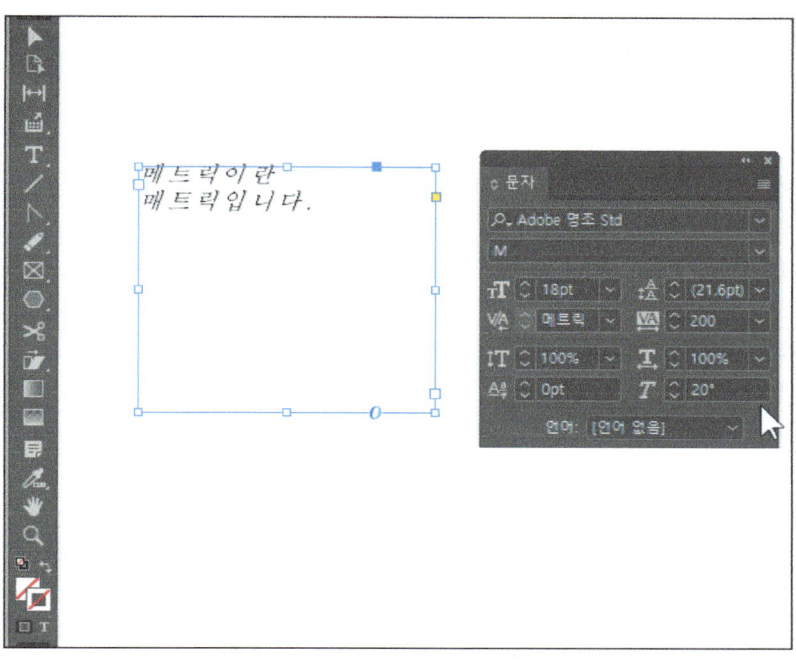

6-1-6. 메트릭

앞에서 소개한 자간, 문단 간격 등과 비슷한 기능이지만, 문자 간격에 대하여 시각적, 메트릭 중에서 선택할 수 있는 기능인데요, 인디자인에서는 기본적으로 글꼴에 포함된 자간 정보를 사용하도록 메트릭이 기본 값으로 설정되어 있으며 이것을 해제하려면 우측 화면 참조 0을 선택하면 됩니다.

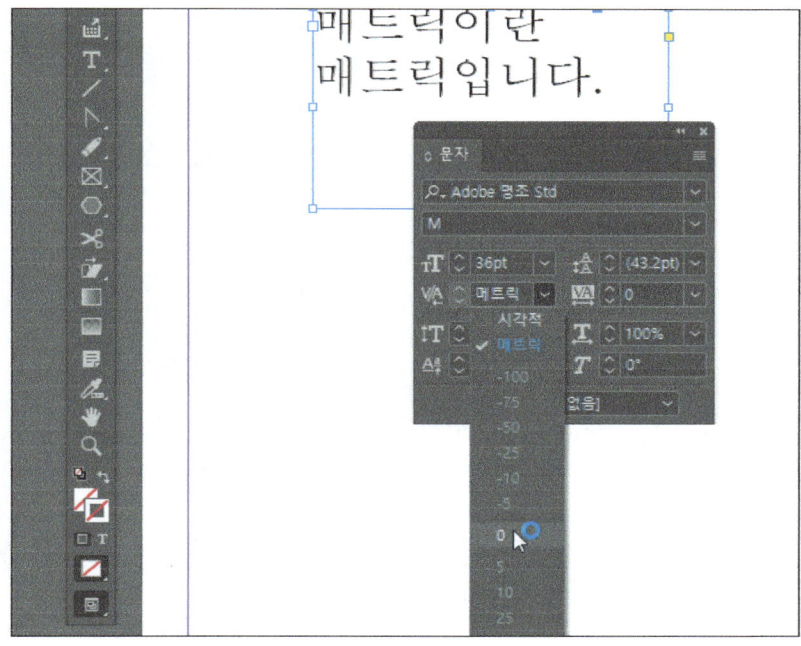

앞에서 자간에 대하여 설명을 했는데요, 지금 설명하는 것은 앞에서 설명한 자간과 비슷하지만, 약간 다른 개념이고요, 예를 들어 우측 한글과 영문을 모두 [메트릭]을 적용하면 글자 고유의 자간을 적용하여 맨 앞자와 다음 문자와 사이가 벌어집니다.

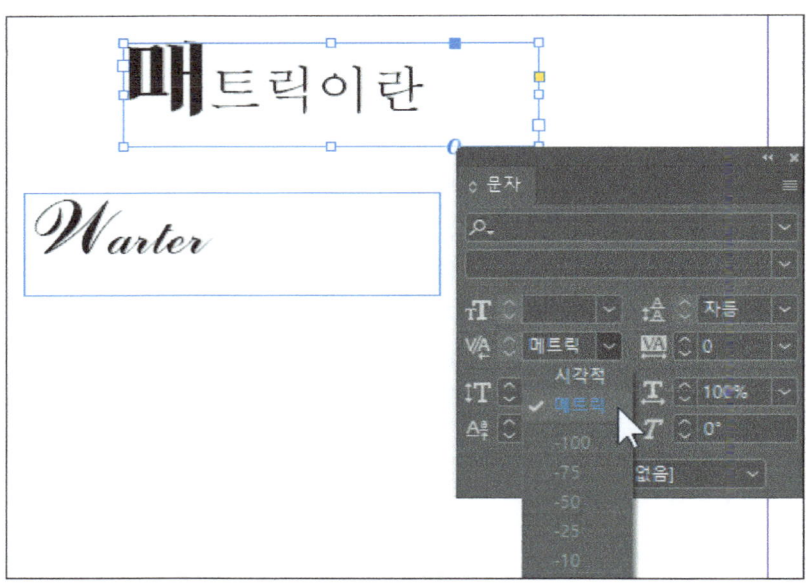

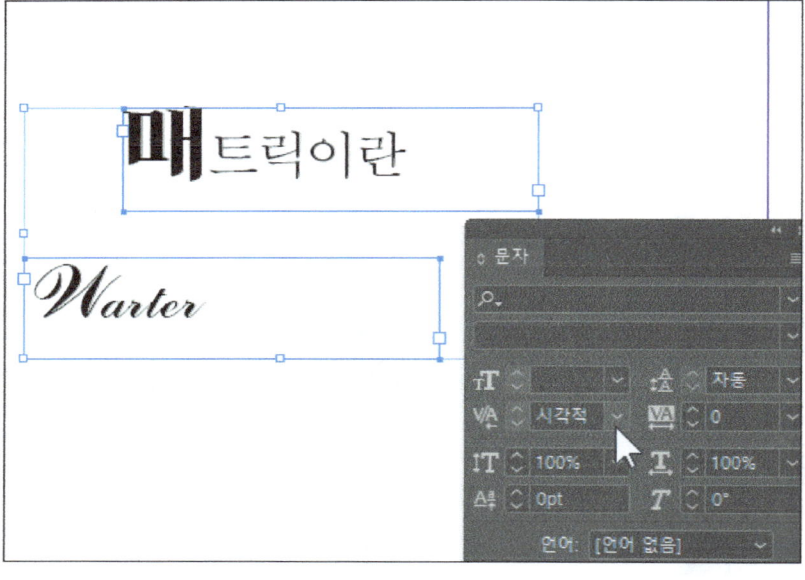

그러나 좌측 화면에 보이는 것과 같이 한글, 명문 모두 시각적 자간을 적용하면 좌측에 보이는 것과 같이 크게 조절한 첫 자와 다음 글자 간격이 자연스럽게, 즉, 시각적으로 보기 좋게 정렬됩니다.

이것이 매트릭과 시각적 차이입니다.

그러나 이 기능도 사실 차라리 첫 글자를 따로 입력해서 따로 편집을 해서 따로 효과를 주어서 따로 붙여주는 것이 더 나을 수도 있습니다.

실제로 첫 글자만 따로 입력하면 훨씬 더 다양한 효과를 줄 수 있고요, 훨씬 큰 시각적 효과를 거둘 수 있습니다.
보다 자세한 것은 필자의 유튜브채널에 올려 놓았으므로 유튜브에서 '가나출단사'

검색하여 동그라미 속에 들어 있는 필자의 얼굴을 클릭하여 필자의 [유튜브 채널]에 오셔서 '메트릭' 등의 검색어로 검색하여 동영상을 보시기 바랍니다.

6-2. 글리프

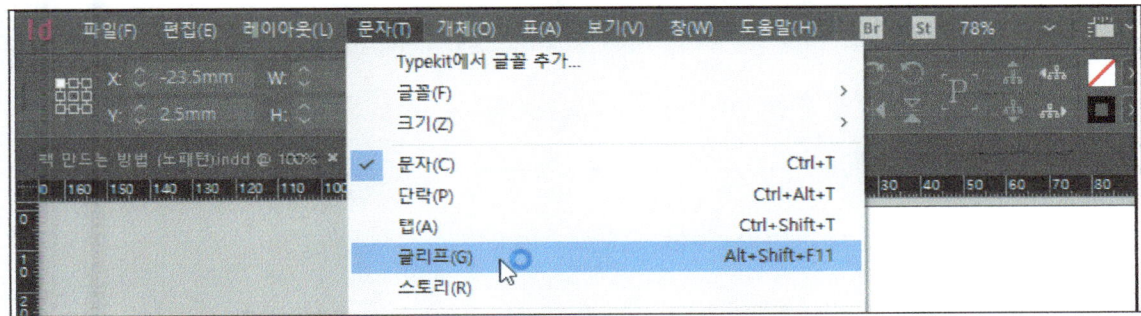

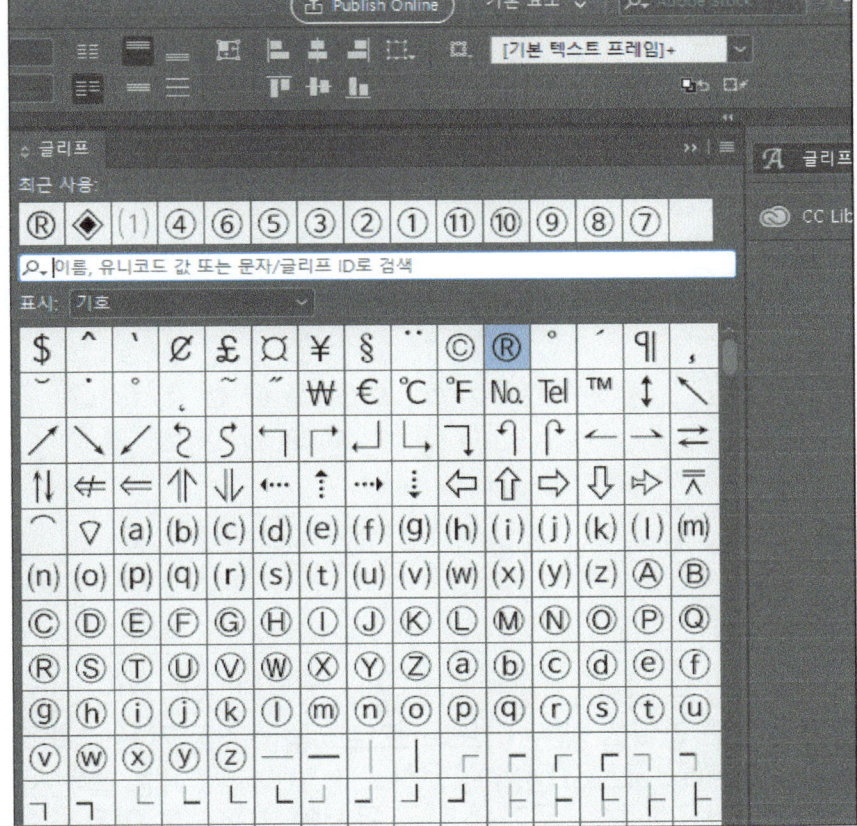

글리프는 특수 문자를 입력할 수 있는 아주 중요한 기능입니다.

마이크로소프트 윈도우즈 운영체제에도 기본적으로 문자표가 있지만, 여기 보이는 인디자인 글리프, 포토샵의 글리프, 그리고 어도비 일러스트레이터 프로그램을 구동하고 글리프를 실행하면 우측 화면에 보이는 것과 같이 특수 문자를 쉽게 입력할 수 있습니다.

사실 글리프는 우리나라 사람이라면 누구나 사용하는 한글 프로글매에서도 쉽게 불러다 쓸 수 있습니다.

한글 프로그램은 프로그램이 무겁지 않기 때문에 바로 구동이 되며 한글 프로그램에서 [Ctrl + F10]을 누르면 즉시 한글 문자표가 나타납니다.

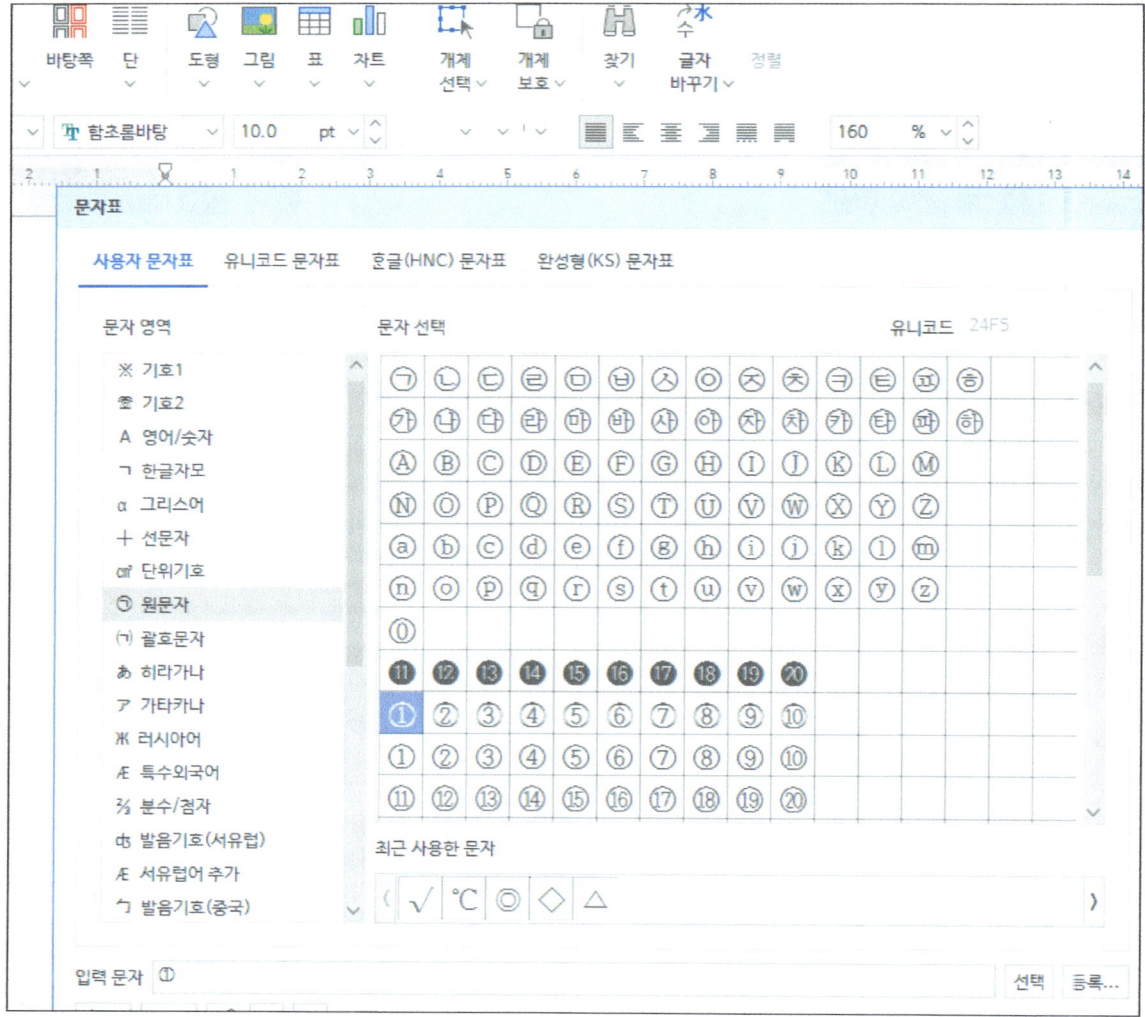

그래서 필자는 예를 들어 필자의 블로그 혹은 유튜브나 페이스북 등의 SNS에서 특수 문자를 입력할 때는 어도비 프로그램군은 무거운 그래픽 프로그램이기 때문에 가벼운 한글 프로그램을 실행하고 [Ctrl + F10]을 눌러서 위의 한글 문자표를 호출하여 필요한 특수 문자를 한글 문서에 입력하고 이것을 복사해서 붙여 넣습니다.

6-3. 스토리
6-4. 스토리 편집기

인디자인 메뉴 [문자] - [스토리]창을 열고 우측 마우스가 가리키는 [시각적 여백 정렬]을 클릭하면 여백이 시각적으로 자동 정렬됩니다.

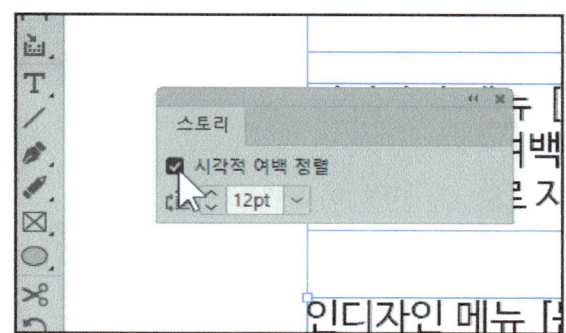

그리고 인디자인 메뉴 [편집] - [스토리 편집기]는 이 책과 같이 문자와 삽화 등이 섞여 있는 문서에서 글씨만 블록을 씌우고 인디자인 메뉴 [편집] - [스토리 편집기]를 실행하면 아래와 같은 창이 뜹니다.

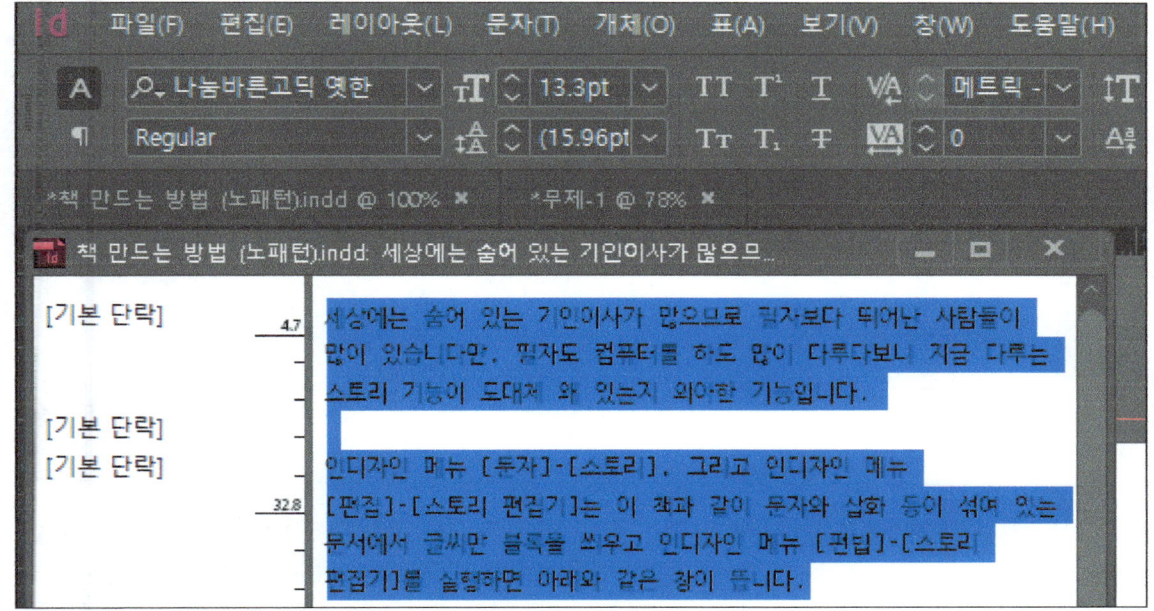

화면의 왼쪽에는 스타일이 나타나고 오른쪽에 텍스트가 나타나며 여기서 문자 패널을 호출하여 수정하고 싶은 문자를 수정할 수 있는 기능이며 텍스트가 텍스트 박스에 넘치면 밑줄이 나타납니다만, 이것은 인디자인 화면 하단에 항상 넘치는 텍스트가 나타나며 이것을 클릭하여 수정하면 됩니다.

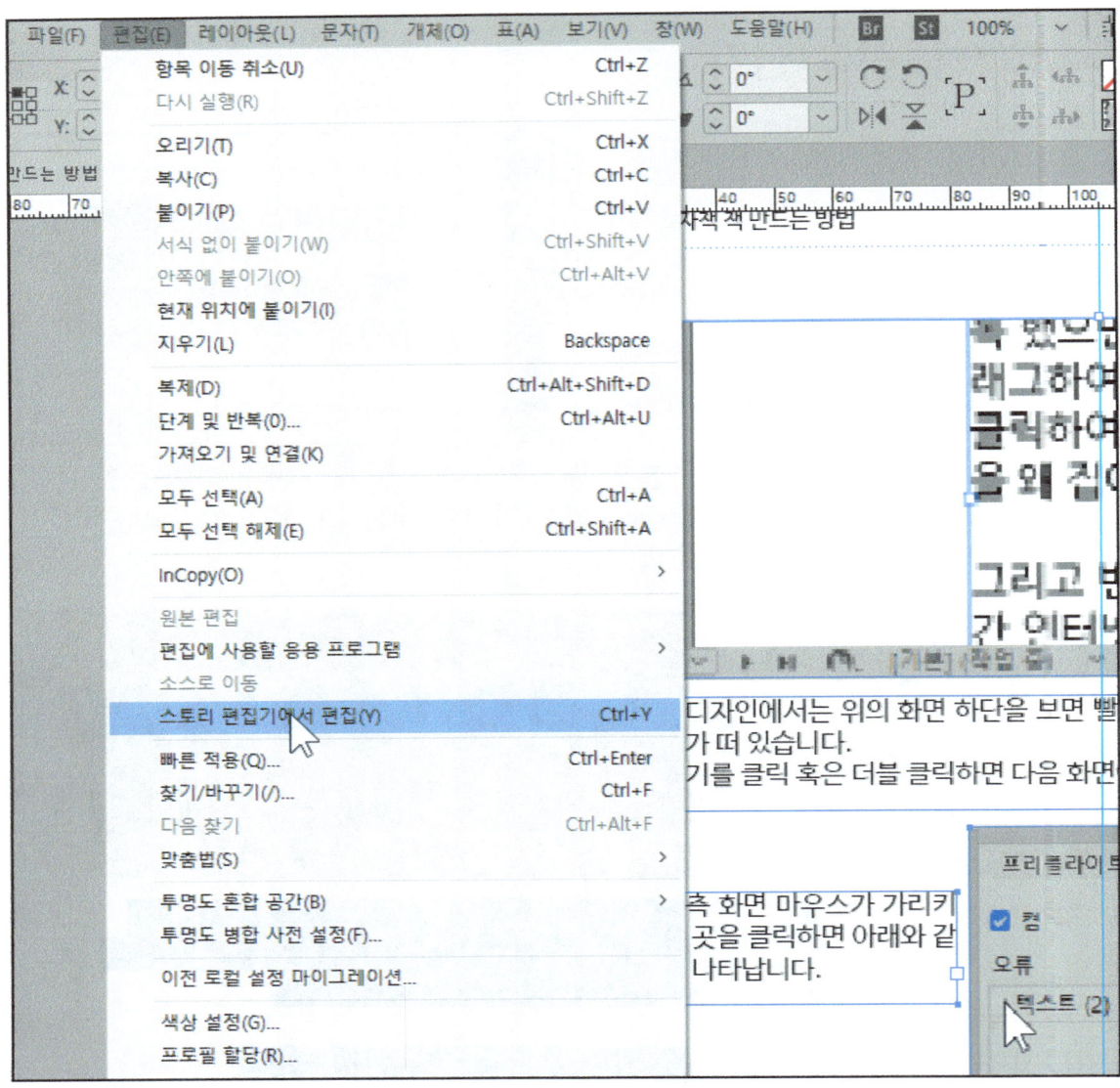

만일 이 책과 같이 한 페이지에 삽화, 문자 등이 여러 개 들어 있는 경우 [Ctrl + A] 명령으로 전체 선택을 하고 위의 화면에 보이는, 인디자인 메뉴 [편집]-[스토리 편집기에서 편집]을 클릭하면 현재 페이지에 있는 모든 텍스트만, 텍스트 수게 맞는 창이 여러 개 떠서 각각의 하나의 텍스트 단에 대한 수정을 할 수 있지만, 이런 기능이 왜 있는지 알 수가 없습니다.

이 책과 같이 수 백 페이지의 모든 내용이 한꺼번에 수정을 할 수 있다면 유용한 기능이지만, 한 페이지 수정 기능은 별 의미가 없다고 하겠습니다.

거듭 강조합니다만, 인디자인의 [레이아웃]-[여백 및 단] 기능 사용하지 않기, 그리고 지금 설명하는 스토리, 스토리 편집기에서 편집, 기타 이 책에서 다루지 않는 메뉴는 특별한 경우가 아니면 사용하지 않거나 아니면 누구나 알 수 있는 너무나 쉬운 기능은 그냥 넘어 갔으므로 참고하여 공부하시기 바랍니다.

6-5. 넘치는 텍스트

인디자인에서 문서를 편집하면서 혹은 편집을 끝내고 교정을 보려면 우측 화면 하단에 보이는 것처럼 인디자인 화면 하단 좌측에 [오류 없음]이라고 나와야 하는데요..

필자가 현재 집필하고 있는 문서의 하단 좌측을 보면 우측 화면에 보이는 것과 같이 2개의 오류라고 뜹니다.

이 때는 2개의 오류 부분을 더블 클릭하면 다음 화면이 나타납니다.

우측 화면에 2개의 텍스트 오류가 있다는 풍선 도움말이 나타납니다.

우측 마우스가 가리키는 곳을 클릭하여 경로를 찾아들어갑니다.

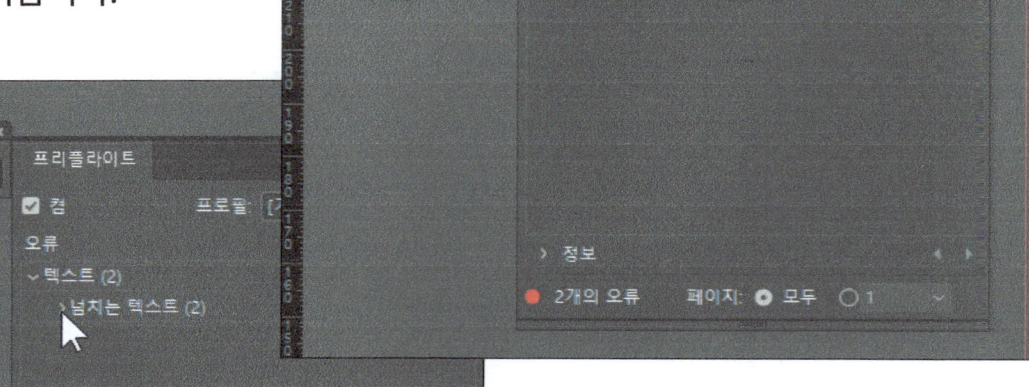

좌측 마우스가 가리키는 곳을 클릭하여 다시 더 깊이 들어갑니다.

우측가 같이 넘치는 텍스트가 있는 페이지가 표시됩니다.

해당 페이지가 보이는 텍스트 프레임을 더블 클릭합니다.

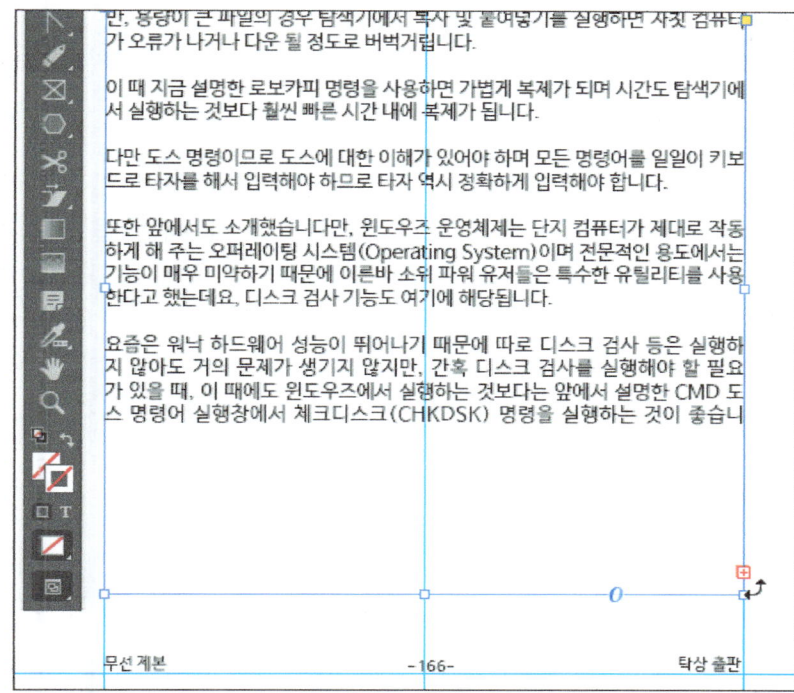

좌측 화면 우측 하단, 마우스가 가리키는 곳에 빨간 표시가 있는 것은 이곳에 보이지 않는, 숨어 있는 글씨가 있다는 뜻입니다.

텍스트 박스를 잡아 늘려서 안 보이는 문자를 확인합니다.

아래와 같이 글씨가 아니라 이미지가 들어 있습니다.

삭제를 해야 합니다.

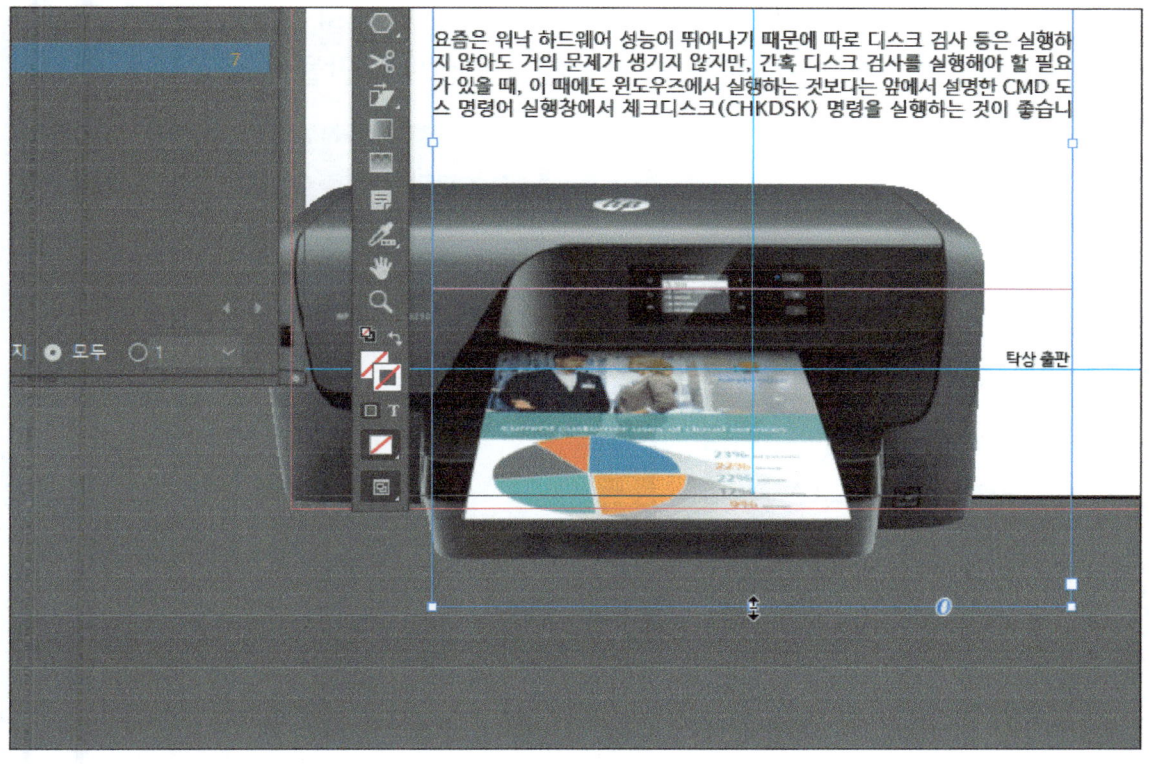

이 기능은 매우 유용한 기능이며 인디자인이 탁상 출판의 대명사로 불리게 하는 일 등 공신입니다.

지금 설명한 것은 [문자] 메뉴 및 기타 인디자인 메뉴에는 나타나지 않는 기능이지만, 필자가 깜박 잊고 설명을 하지 않을 수도 있으므로 생각이 날 때 지금 설명을 한 것입니다.
참고하여 주시기 바랍니다.

6-6. 패스에 입력

이 기능은 필자가 앞에서 툴박스(도구 상자) 설명을 할 때 분명히 설명을 한 것으로 기억을 하는데 지금 목차를 뒤져보니 없네요..

아, 지금 보니 툴박스(도구 상자)에서 [문자 도구]를 설명할 때 다루기는 했지만, 자세히 다루지 않고 필자의 [유튜브 채널]에 동영상으로 만들어서 올려 놓았습니다.

실습을 위하여 우측 화면 참조, 화면에 원을 한 개 그리는데요, 그냥 그리면 우측 화면에 보이는 것과 같이 동그란 정원이 그려지지 않습니다.

[Shift + Ctrl]키를 누른 채로 원을 그리면 동그란 정원이 그려집니다.

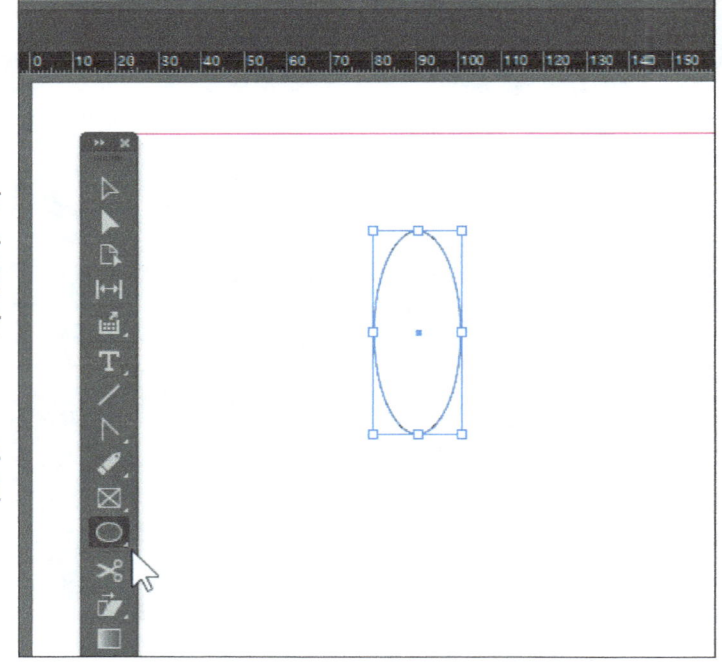

우측과 같이 원을 한 개 그리고 툴박스(도구 상자)에서 (1) [문자 도구]를 꾹 누르고 있으면 나타나는, [패스에 입력 도구]를 선택하고 (2) 패스(원이 패스입니다.)를 클릭합니다.

패스에 가져가서 작은 + 모양이 나타났을 때 클릭하면 됩니다.

이 때 (3)의 색상이 우측 (3)과 같이 되어 있어야 합니다.

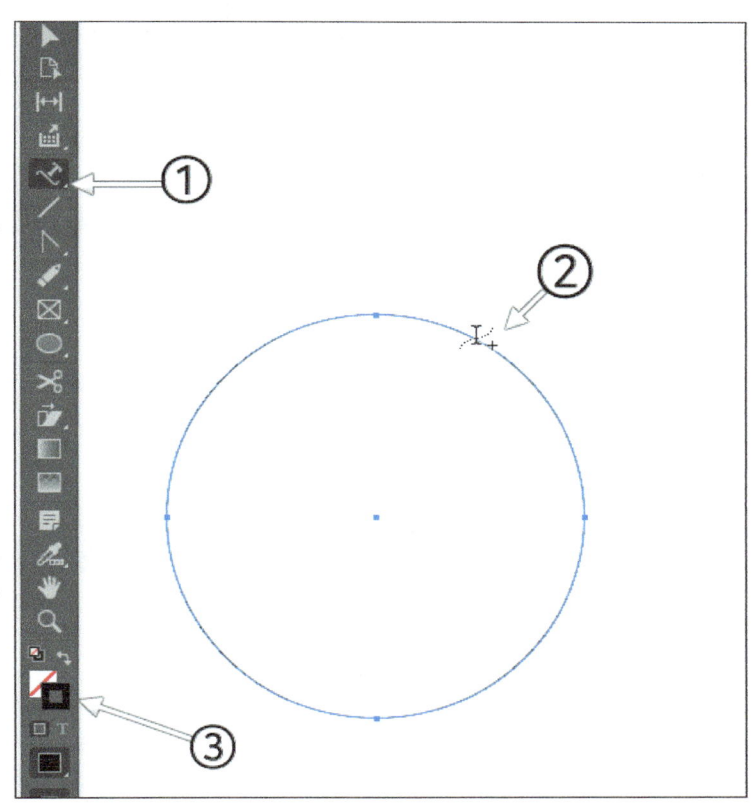

우측과 같이 입력할 수 있는데요, 적당히 입력하고 끝을 맞추기 위하여 [문자 패널]에서 글씨 크기를 조절하여 문자의 처음과 끝을 맞출 수 있습니다.

그리고 다음 화면 중요하므로 잘 보시기 바랍니다.

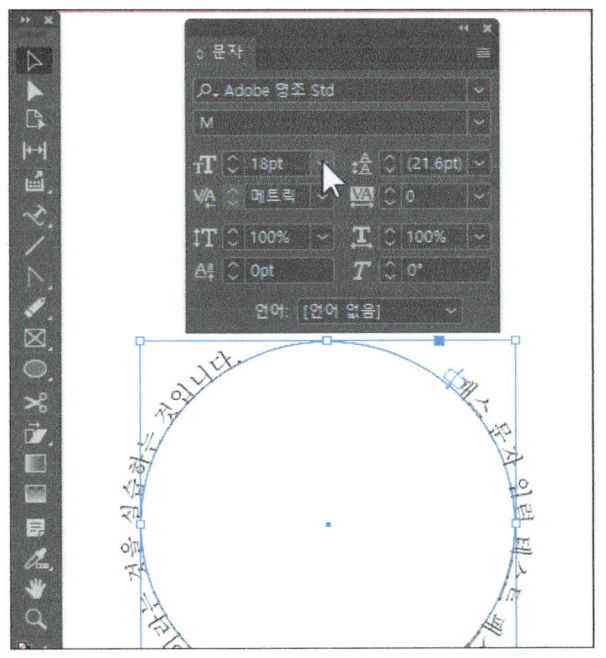

(1) 시작 막대
(2) 시작 포트
(3) 가운데 막대
(4) 끝 막대

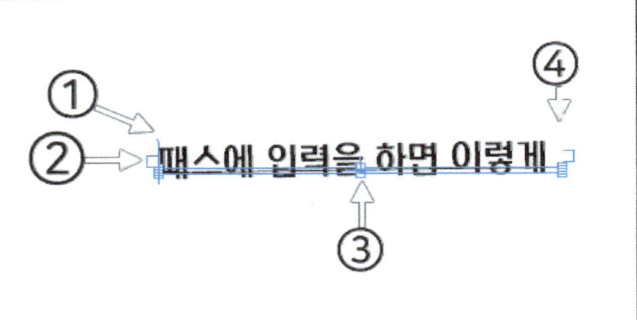

여기서 중요한 것은 (3)의 가운데 막대입니다.
언뜻 보면 잘 안 보이기 때문에 눈을 크게 뜨고 잘 찾아야 하는데요,
우측 화면 가운데, 화살표가 가리키는 곳에 마우스를 가져가셔 우측 화면과 같이 변했을 때 클릭 드래그하면 다음 화면에 보이는 것과 같이 글씨가 밑으로 내려갑니다.

이와 같이 원 모양의 패스에 입력한 글씨도 원 안으로 집어 넣을 수가 있습니다.

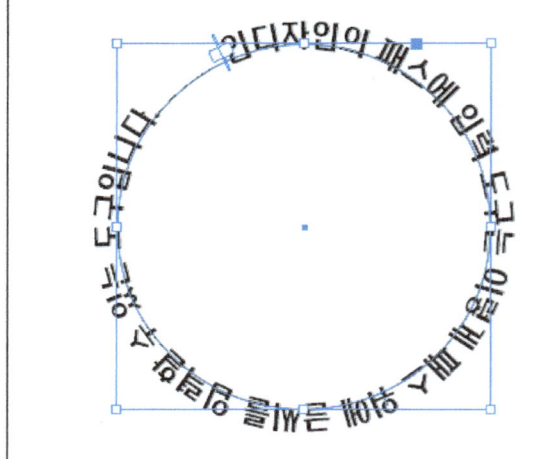

필자 생각에 인디자인의 버그로 보이는데요, 좌측 화면에서는 가운데 막대가 보이지 않습니다.

가운데 막대가 보여야 글씨를 원 안으로 집어 넣을 수가 있는데요, 좌측 화면에서는 가운데 막대가 보이지 않습니다만, 이 때에는 화면을 축소 혹은 확대를 하면 다음 화면과 같이 가운데 각대가 보입니다.

원(패스)에 입력한 문자는 커서 반대편에 가운데 작은 막대가 보여야 하는데 보이지 않으므로 화면을 확대하거 축소를 하면서 찾아보면 우측과 같이 작은 막대가 보이며 이 막대에 마우스를 가져가면 우측 화면에 보이는 것과 같이 표식이 나타나며 이 때 클릭 드래그하면 다음 화면에 보이는 것과 같이 원 바깥에 있던 문자를 원 안으로 들어가게 할 수 있습니다.

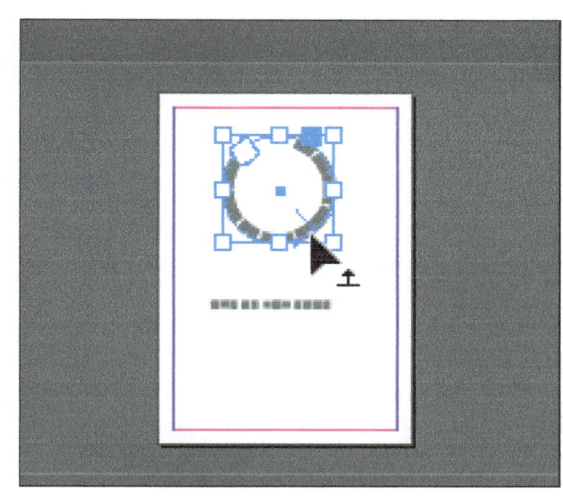

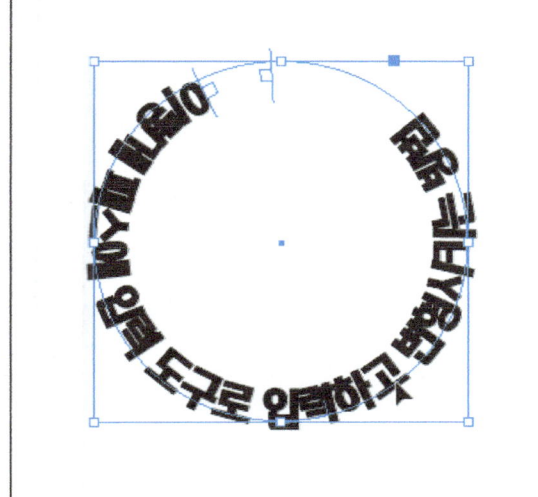

그러나 원 안으로 들어간 문자를 다시 원 밖으로 꺼내려면 또 다시 가운데 막대가 잘 보이지 않습니다.
이 때는 다시 화면을 확대하거나 축소를 하면서 가운데 작은 표식을 찾아서 클릭 드래그해야 하는데요, 상당히 어렵지만 안 되는 것은 아니므로 여러 번 연습을 해서라도 반드시 힉히시기 바랍니다.
이 문제도 지면은 한정되어 있으므로 유튜브에서 '가나출판사' 검색하여 동그라미 속에 들어 있는 필자의 얼굴을 클릭하여 필자의 [유튜브 채널]동영상 보세요.

6-7. 각주
5-8. 미주

우리나라는 전세계 유일하게 자국 토종 워드인 할글 프로그램이 있고요, 우리나라 사람이라면 한글 프로그램을 모르는 사람은 없 터이므로 한글 프로그램의 각주와 미주, 머리말 꼬리말 등을 모르는 사람은 거의 없을 것입니다.

각주란 본문에 사용한 특정 단어에 대한 보충 설명 형식으로 페이지 하단에 보충 설명이 나오게 하는 것이고요, 미주란, 이러한 설명들을 책의 맨 뒤에 한꺼번에 싣는 것을 말합니다.

예를 들어 우측 화면을 보면 '미주'라는 단어에 블록을 씌우고 마우스 우측 버튼을 클릭하여 나타난 메뉴이고요, 마우스가 가리키는 [각주 삽입]을 클릭하면 해당 문단 밑으로 커서가 나타나며 각주를 입력하면 다음 화면에 보이는 것과 같이 나타납니다.

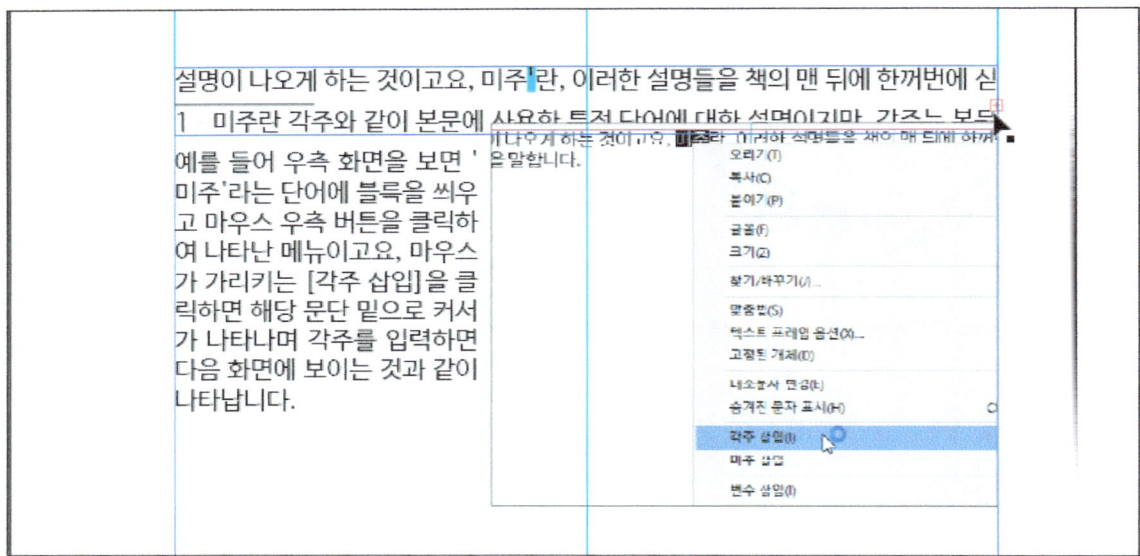

한글 프로그램에서는 각주가 페이지 맨 하단에 나타나기 때문에 편리하지만, 인디자인에서는 위에 보이는 것과 같이 위의 화면 마우스가 가리키는 곳에 빨간 표시가 나타나서 각주가 들어가는 문단의 텍스트 프레임도 키워야하고, 그 밑에 입력한 텍스트 및 삽화 등도 모두 여기에 맞춰서 옮겨야 하며, 각주를 다 입력한 다음에는 다시 페이지를 일일이 정렬을 해야 하기 때문에 시간도 많이 걸리고 상당히 불편합니다.

그래서 필자는 무려 수십권의 책을 집필했지만 인디자인의 각주 미주 기능은 단 한 번도 사용해 본 적이 없습니다.

대신 각주가 필요하면 본문과 다른 글꼴 및 다른 색상을 사용하여 각주가 필요한 곳에 삽입을 합니다.

[참고] 예를 들어 이런 식으로 각주를 사용합니다. 〈주의〉 혹은 〈참조〉, 각주 대신 이렇게 한다는 것을 입력하는 예시입니다.

이렇게 인디자인의 각주나 미주 기능을 이용하지 않고 독자들이 쉽게 알아볼 수 있도록 입력합니다.

물론 여러분 자신이 펴 내는 책의 성격에 따라 인디자인의 각주나 미주의 기능이 필요할 수도 있으므로 이런 분은 이 책에서 설명하지 않은 부분은 직접 공부를 하시기 바랍니다.

각주 옵션, 미주 옵션도 있으므로 직접 살펴 보시기 바랍니다.

6-9. 하이퍼링크 및 상호참조

필자의 홈페이지 주소를 하이퍼 링크로 삽입해 보겠습니다.

필자의 홈페이지 주소는 "가나출판사.kr" 이지만, 이것은 도메인 포워딩을 하여 이렇게 입력해도 필자의 홈페이지에 접속이 되는 것이고요, 원래 주소는 웹브라우저 주소 표시줄에서 복사를 해야 합니다.

6-10. 도메인(Domain)

뜬굼없이 도메인 얘기를 하는 것이 아니고요, 여러분 모두 알아야 하는 사항이기 때문에 설명을 하는 것이고요, 전세계에는 100억 인구가 살고 있고요, 이 많은 사람 중에서 필자의 홈페이지를 어떻게 찾아 올 수 있을까요..?

바로 필자의 도메인, 정확히는 도메인 네임 → 웹 주소 IP Address 가 있기 때문입니다.

자신이 살고 있는 집 주소가 있기 때문에 우편물이나 택배가 오는 것처럼 인터넷이라는 가상 공간에서도 자신의 컴퓨터 주소(IP Address) 및 필자의 경우 필자의 홈페이지 주소가 있기 때문에 다른 사람이 필자의 홈페이지에 찾아올 수 있는 것입니다.

여기서는 이보다 더 자세하게 설명할 수는 없고요, 다만, 필자는 수십권의 저서가 있고, 현재 출판사를 운영하며 동시에 인터넷 쇼핑몰을 운영하는 사업자이기 때문에 필자의 홈페이지가 있고요, 이 홈페이지는 홈페이지 주소를 직접 입력해서 찾아오는 것은 사실상 불가능하기 때문에 간단히 쉽게 "가나출판사" 만 입력하면 찾아올 수 있도록 돈을 내고 도메인을 구입한 것입니다.

이렇게 필자가 돈을 내고 구입한 도메인은 2개입니다.

가나출판사.kr
가나출판사.com

이상 2개의 도메인을 구입했고요, 2년마다 도메인 사용료를 내야 합니다.

그리고 이 도메인을 도메인 포워딩이라는 방법을 사용하여 다른 사람이 웹 브라우저 주소표시줄에 혹은 웹브라우저 검색어 입력창에 '가나출판사' 만 입력하면 주르륵 검색이 되며 필자의 홈페이지를 찾아 올 수 있는데요..

문제는..
필자는 다른 사람들이 가나출판사 라는 도메인을 사용하지 못 하도록 위에 보이는

2개의 도메인을 구입한 것이며 비교적 많은 비용을 부담하고 있는데요, 정작 가나출판사라는 이름을 사용하는 출판사가 여러 군데 있습니다.
그래서 인터넷에서 가나출판사를 검색하면 다음과 같이 여러 업체가 검색됩니다.

이 중에 우측에 보이는 검색 결과에서 '가나출판사.kr'이 필자의 도메인이므로 이것을 클릭하면 되고요, 또 하나는 밑에 보이는 '가나출판사.com' 주소가 또 있습니다.

이 링크를 클릭하면 다음과 같이 나타납니다.

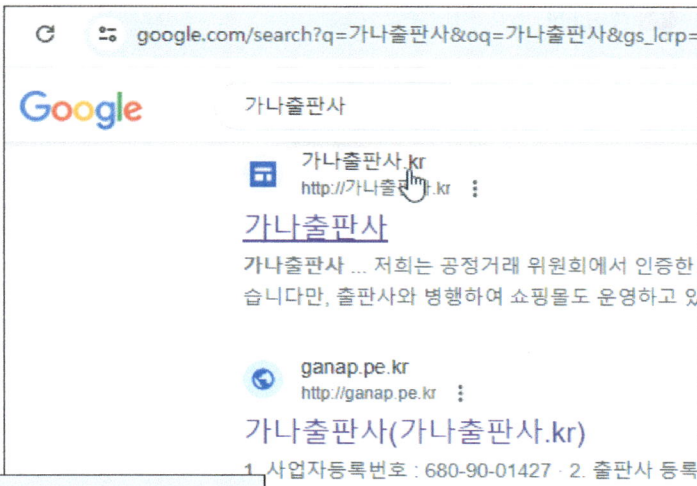

좌측 화면에서는 손가락이 가리키는 링크를 한 던 더 클릭해야 필자의 홈페이지에 올 수 있는데요, 도메인 포워딩이 제대로 작동하지 않기 때문입니다.

그래도 위쪽의 링크를 대부분 사용하므로 그대로 두는 것이고요..

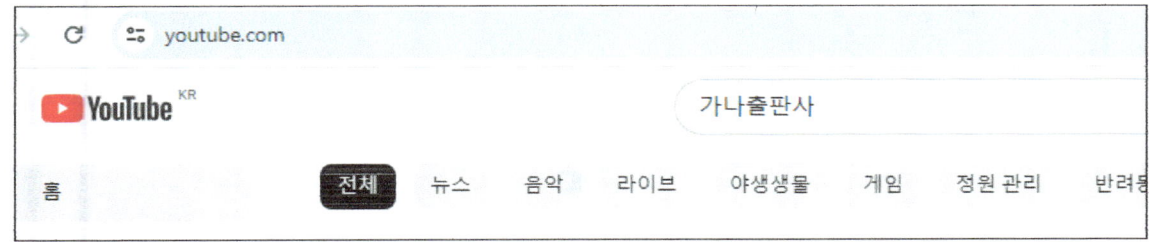

더 쉬운 방법은 위의 화면 참조, 유튜브에서 '가나출판사' 검색하여 다음 화면..

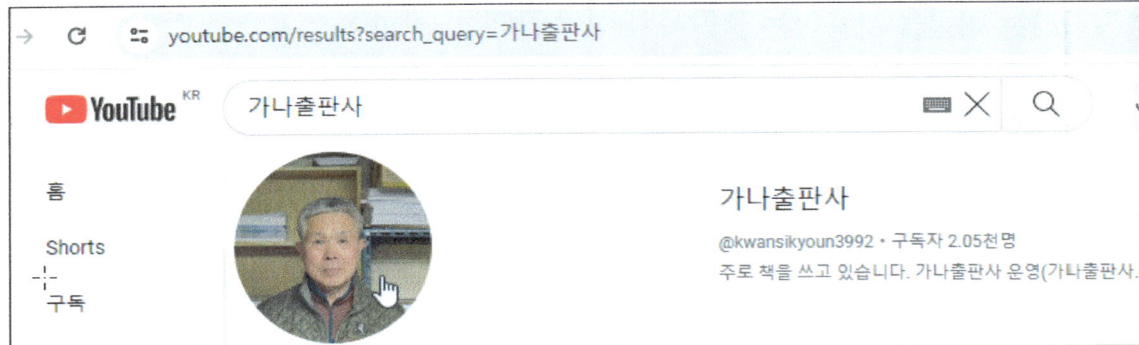

유튜브에서 '가나출판사' 검색하여 위의 손가락이 가리키는, 동그라미 속에 들어 있는 필자의 얼굴을 클릭하면 다음 화면, 필자의 [유튜브 채널]에 연결됩니다.

위의 손가락이 가리키는 링크가 바로 필자의 홈페이지 주소이며 웹브라우저 주소 표시줄에 '가나출판사.kr' 입력하고 엔터를 쳤을 때 연결되는 페이지인데요..

웹브라우저에서 예를 들어 필자의 홈페이지에 접속하면 주소 좌측에 자물쇠가 나타나서 안전한 사이트라는 것을 알려줍니다.

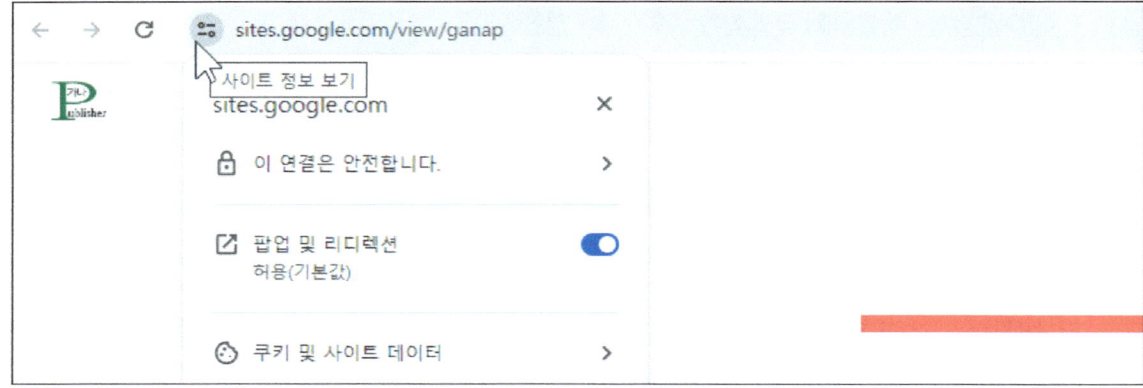

원래 웹문서 웹 주소는 맨 앞에 http://.. 를 붙여야 하지만, 지금은 사실은 붙여야 하지만, 붙여도 웹 주소에는 나타나지 않고요..

지금 설명한 http 는 보안이 취약한 구식 주소 체계이고요, 이런 주소가 있는 웹사이트에 접속하면 "주의 요함" 이라는 표시가 나타납니다.

다시 말해서 필자의 홈페이지 주소는 강력한 보안 인증서가 적용되어 http 가 아니라 https://.. 으로 접속을 해야 하며..

이것이, 여러분이 사용하는 윈도우즈 운영체제 빌드 번호가 낮을 경우, 필자의 홈페이지 주소인 "가나출판사.kr" 입력하고 엔터를 쳤을 때 접속이 안 될 수도 있습니다.

바로 지금 설명한 보안 때문인데요..

그래서 구글에서는 보안 인증서가 없는 위험한 사이트인 http로 시작하는 주소는 접속이 안 되다가 최근에는 하도 많은 사람들이 보안 인증서가 없는 위험 사이트에 많이 접속하므로 지금은 구글에서 검색해도 http로 시작되는 주소가 검색되기는 하지만..

필자의 홈페이지는 강력한 보안 인증서가 적용된 https 주소를 사용하기 때문에 만일 여러분이 사용하는 윈도우즈 운영체제가 업데이트가 안 되어 있으면 접속이 안 된다는 얘기입니다.

이 때는 웹브라우저에서 "가나출판사.kr" 입력해서는 필자의 홈페이에 접속이 안 되므로 그냥 "가나출판사" 로 검색하여 검색 결과에서 "가나출판사.kr" 주소가 보이는 링크를 클릭하면 되고요..

이보다 더 쉬운 방법은 유튜브에서 "가나출판사" 검색하여 동그라미 속에 들어 있는 필자의 얼굴을 클릭하여 필자의 [유튜브 채널] 및 필자의 홈페이지에 접속하는 것이 더 쉽다는 설명을 하기 위하여 이렇게 길게 설명을 합니다만,..

이것은 사실 여러분 모두에게 적용되는 것들입니다.

예를 들어 필자는 돈을 내고 도메인을 2개나 구입했지만, 여러분의 경우 도메인을 구입할 필요 없이, 대형 포털이나 기타 홈페이지 무료 공간을 주는 사이트어 홈페이지를 개설하고 이 경우 복잡한 홈페이지 주소가 부여되지만..
이 주소를, 요즘 유튜브를 하지 않는 사람이 없으므로 유튜브에 있는 자신으 채널에 링크를 걸어 놓으면 다른 사람들이 자신의 홈페이지 주소를 입력하지 않아도 유튜브에서 자신의 채널을 검색하여 자신의 채널에 온 구독자가 자신의 채널어 링크를 해 놓은 자신의 홈페이지 주소..
예를 들어 앞에서 길게 설명한 필자의 홈페이지 찾아오는 방법으로 자신의 홈페이지에 찾아오게 할 수 있습니다.
그리고 지금은 인디자인에서 문서를 작성하면서 하이퍼 링크를 넣는 방법을 설명하는 것입니다.
예를 들어 우리나라 토종 워드인 한글 프로그램에서는 다음과 같이 아주 쉽게 하이퍼 링크를 넣을 수 있습니다.

6-11. 한글 프로그램의 하이퍼 링크 삽입

우측에 보이는 것과 같이 필자의 홈페이지 주소를 복사를 합니다.

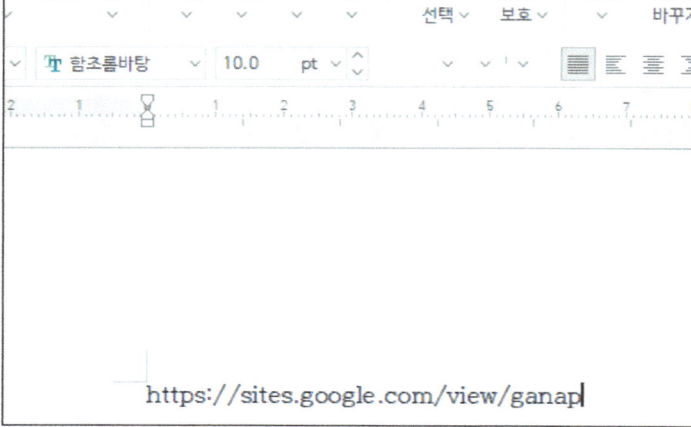

한글 문서의 경우 좌측과 같이 할글 문서에 단순히 웹 주소를 붙여넣기만 해서는 하이거 링크가 생기지 않습니다.

주소 끝에 커서가 있는 상태에서 키보드의 [Space]바를 한 번 눌러 주면 다음 화면과 같이 하이퍼 링크가 삽입됩니다.

우측에 보이는 것과 같이 주소 끝에서 [Space]바를 한 번 눌러서 커서가 한 칸 이동하자 링크가 생겼고요, 이제 이곳에 마우스를 가져가면 우측에 보이는 것과 같이 손가락 모양이 나타나며 클릭하면 해당 웹 주소로 이동합니다.

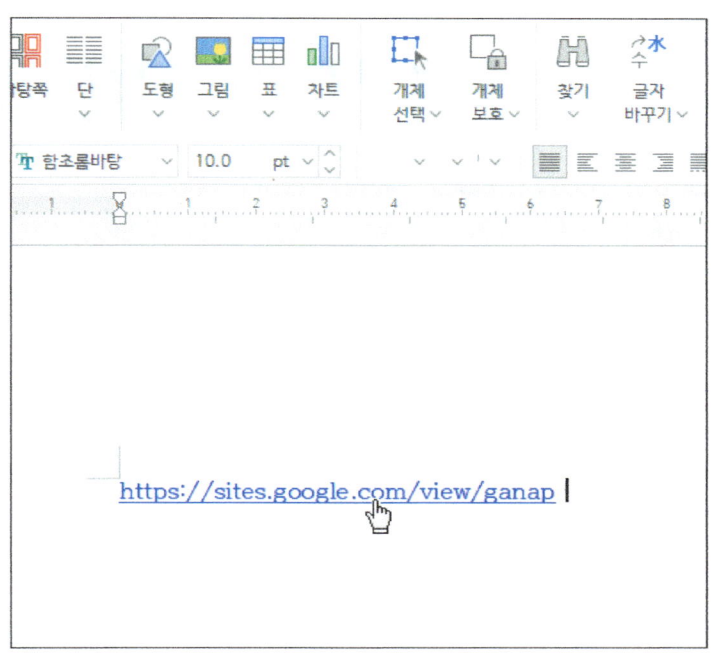

6-12. 엑셀 프로그램에서 하이퍼 링크 삽입

우측 화면에 보이는 것과 같이 엑셀 .. MS-엑셀에서 하나의 셀에 필자의 홈페이지 주소를 입력했더니 우측 화면은 자동으로 링크가 들어갔네요..

그러나 엑셀 버전에 따라 이렇게 자동으로 링크가 들어가지 않는 것이 보통입니다.

이 경우 다음 방법을 사용합니다.

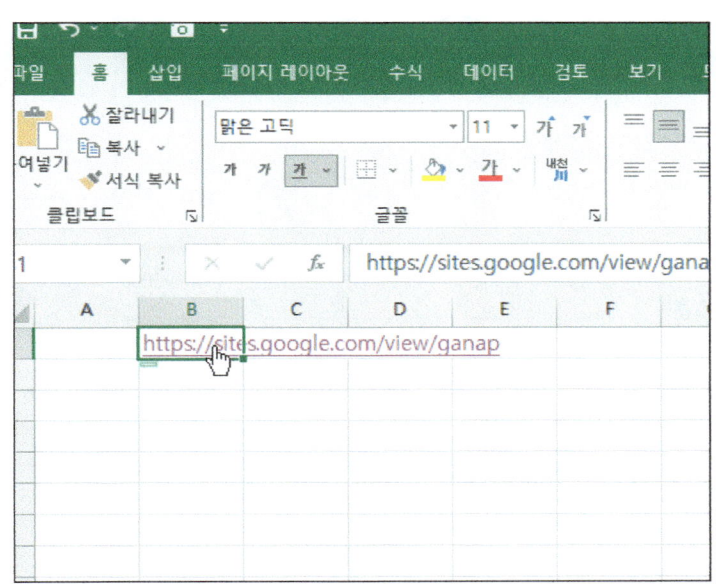

우측의 엑셀 화면 (1)의 셀에 필자의 홈페이지 주소를 입력하면 (2)의 수식 입력 줄에도 주소가 나타납니다.

이 때 (3)의 함수 마법사를 클릭하면 다음 화면이 나타납니다.

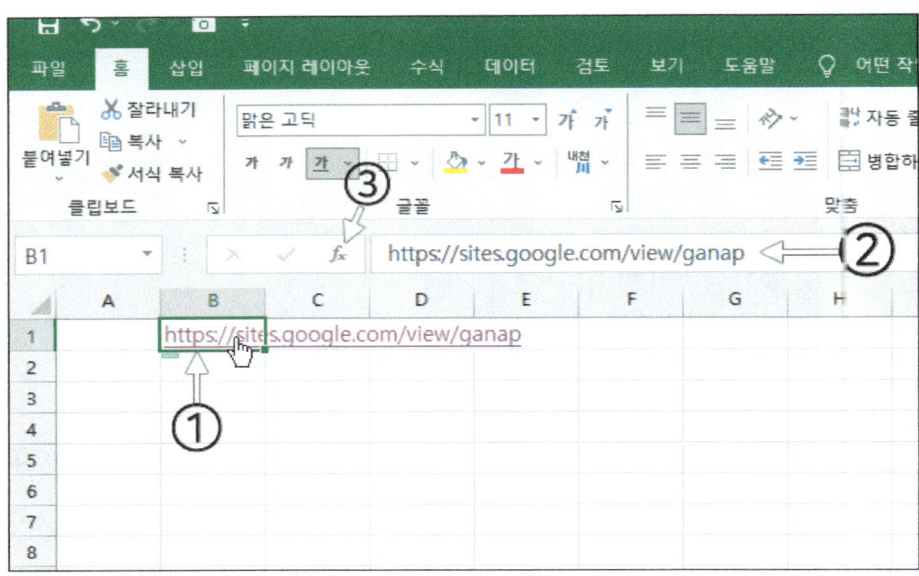

좌측 화면 (1)의 하이퍼 링크 함수를 선택하고 (2)를 클릭하면 다음 화면이 나타납니다.

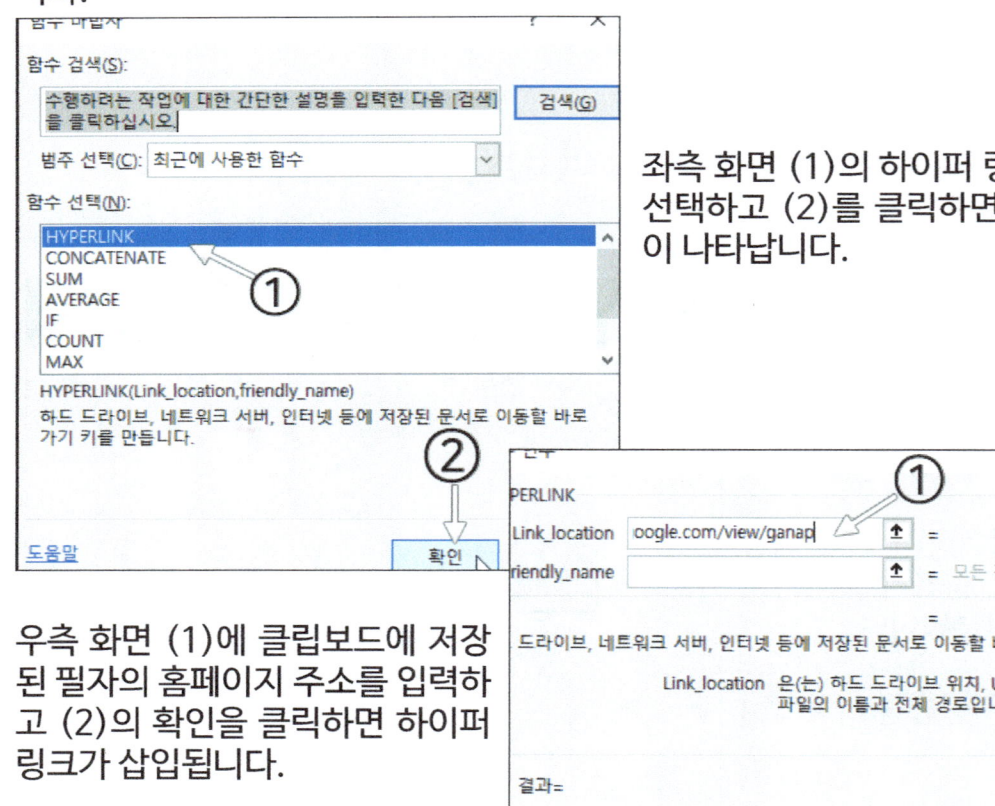

우측 화면 (1)에 클립보드에 저장된 필자의 홈페이지 주소를 입력하고 (2)의 확인을 클릭하면 하이퍼 링크가 삽입됩니다.

여기서는 엑셀 책이 아니므로 자세하게 설명하지는 않았습니다만, 엑셀에 관심이 있는 분들은 필자의 다른 저서 "MS-엑셀" 책을 참고하시기 바랍니다.

다음은 인디자인의 하이퍼 링크 삽입 방법입니다.

일단 인디자인 화면에 "가나출판사"를 입력하고 블록을 씌웁니다.

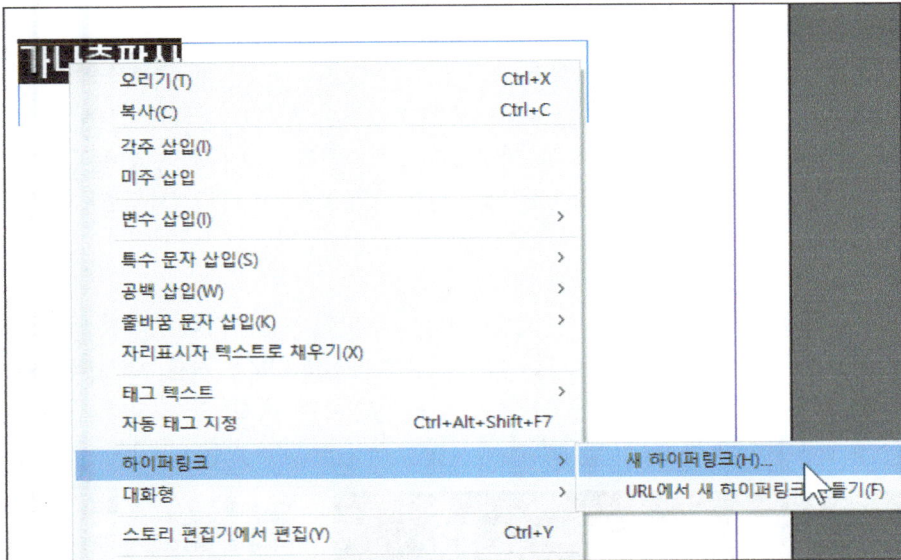

좌측 화면에 보이는 것과 같이 인디자인 하면에 "가나출판사" 입력하고 블록을 씌우고 마우스 우측 버튼 클릭하여 마우스가 가리키는 새 하이퍼 링크를 클릭합니다.

우측 화면 (1)을 클릭하고 (2)의 "URL" 을 선택하고 (3)에 클립보드에 저장되어 있는 필자의 홈페이지 주소를 입력하고 [확인] 을 클릭하면 하이퍼 링크가 삽입됩니다.

이 때 글씨에 블록을 씌우고 링크를 삽입했으므로 해당 글씨만 링크가 들어가고요, 만일 텍스트 박스가 선택된 상태에서 링크를 넣었다면 텍스트 박

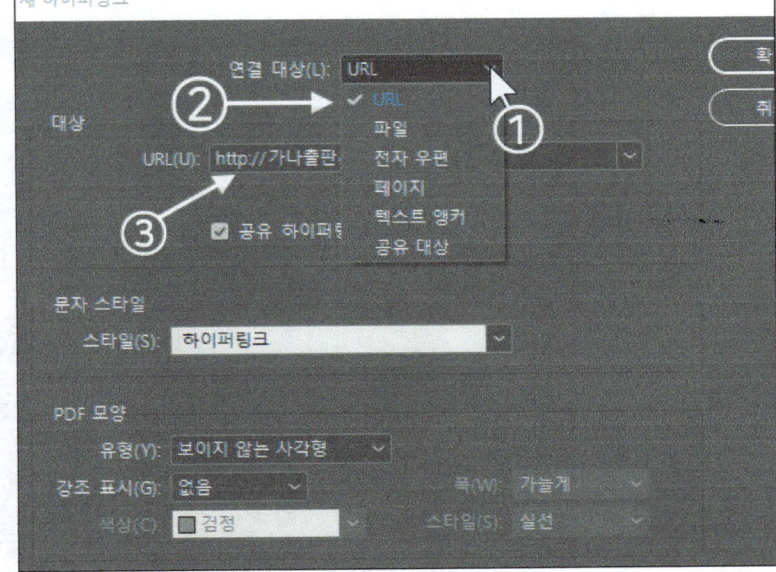

스에 몽땅 하이퍼 링크가 삽입됩니다.

만일 앞의 화면에서 (1)을 클릭하여 나타나는 메뉴에서 다른 메뉴를 선택하면, 예를 들어 인디자인을 책의 원고를 집필하는 용도가 아닌 무언가의 설명서를 만들아면 URL(인터넷 주소)이 아닌, 문서의 페이지, 파일, 전자 우편 주소 등 다양한 용도로 사용할 수가 있습니다.

만일 이 책을 책이 아닌 소설, 혹은 영화 평론 등의 기고문을 웹 상에 올리는 문서라면 이 책의 다른 페이지 및 해당 기고문에서의 여러가지 참조사항 등이 설명되어 있는 페이지를 링크로 삽입하여 이것을 웹에 게시하면 시청자는 해당 게시물을 보면서 링크를 클릭하면 작성자가 넣어 놓은 링크를 따라 해당 페이지로 이동하게 할 수도 있습니다.

이와 비슷한 문서는 필자의 [네이버 블로그]에서 미드 "배틀스타 갈락티카" 로 검색하면 미드 시즌 0~4까지 방영된 미드 배틀스타 갈락티카에 대한 거의 완벽한 해설.. 이라고 할 정도의 감상평이 있는데요, 아래와 같이 링크를 클릭하면 모두 같은 페이지에서 해당 링크로 이동하게 링크를 넣어서 만든 웹 문서가 있습니다.

이 밖에 문자 메뉴의 하위 메뉴에서 다루지 않은 메뉴들이 있는데요, 필자는 단 한 번도 사용해 본적이 없는 메뉴들이고요,..

그러나 여러분의 업무에 필요한 메뉴일 수도 있으므로 꼭 필요하신 분만 여기서 다루지 않은 메뉴를 살펴 보시기 바랍니다.

그리고 이 책은 종이책과 전자책을 동시에 염두에 두고 집필을 하는 것이고요, 먼저 종이책 원고를 집필하고 집필을 완료한 다음, 교정을 보아야 하는데요, 앞에서도 설명했습니다만, 필자는 맞춤법 기능은 전혀 사용하지 않고, 글자 한 자 한 자 또렷하게 읽어가면서 숙독을 하여 교정을 2~3번 보고, 그리고도 빨리 읽으면서 몇 번 더 교정을 봅니다.

이렇게 거의 완벽하게 교정을 본 다음, 이 문서를 그대로 epub 3.0 문서로 저장하여 전자책으로도 출간을 할 것입니다.

따라서 여러분이 종이책을 보거나 전자책을 보거나 책의 내용은 동일하다는 것을 미리 아시고 보시기 바랍니다.

제 7 장 개체 메뉴

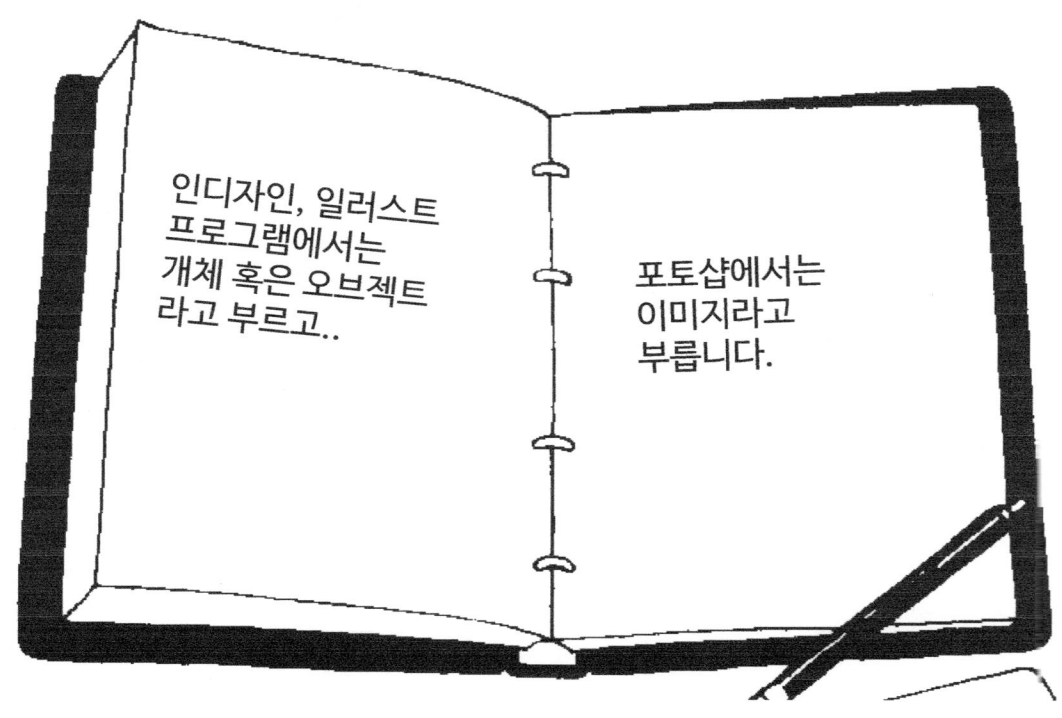

7-1. 변형

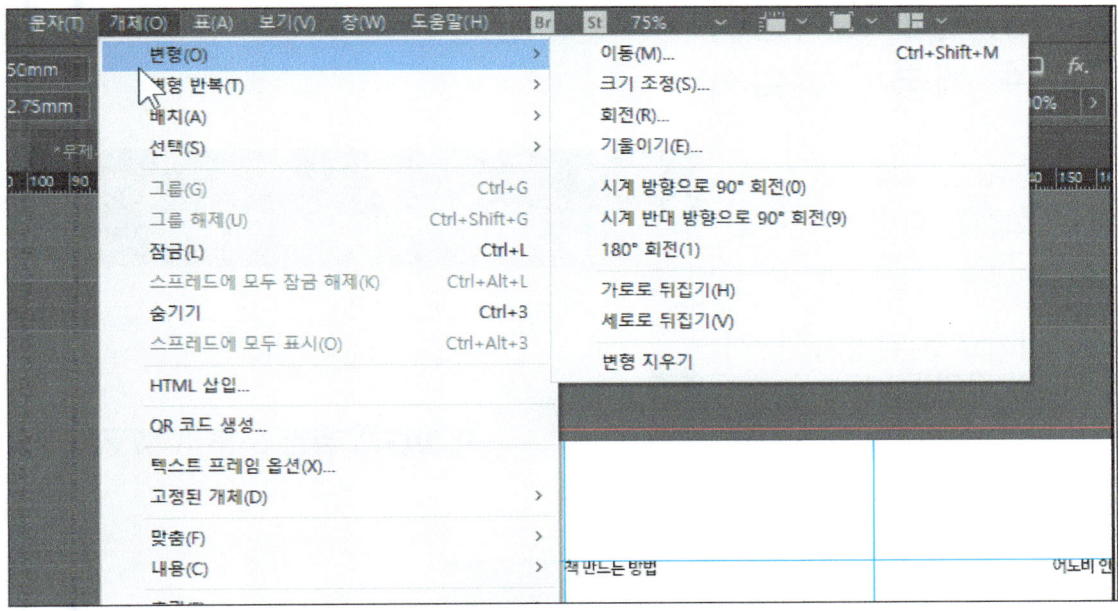

7-1-1. 시계 방향으로 90도 회전

어도비 프로그램군에 공통적으로 들어 있는 기능입니다.

우측과 같이 개체가 선택된 상태에서 인디자인 메뉴 [시계 방향으로 90도 회전]을 클릭하면 시계 방향으로 90도 회전합니다.

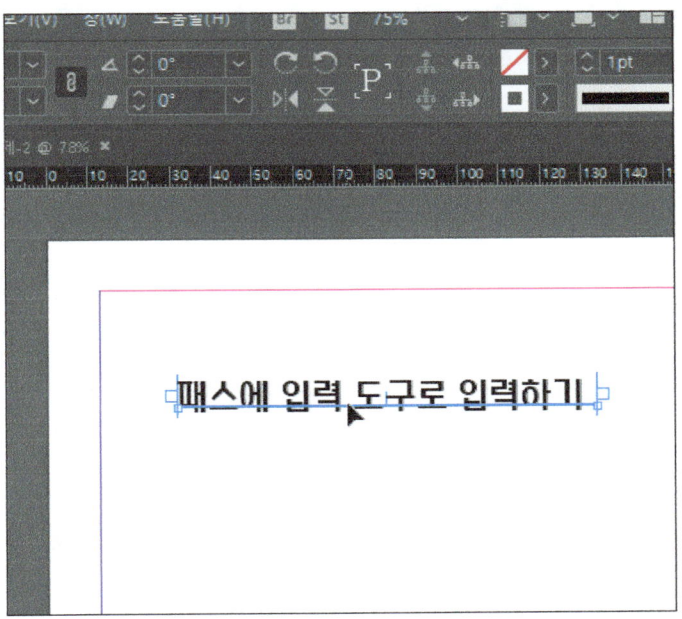

7-1-2. 180도 회전
7-1-3. 가로로 뒤집기
7-1-4. 세로로 뒤집기

180도 회전을 하면 우측과 같이 됩니다.

그러나 [가로로 뒤집기]를 하면 아래와 같이 됩니다.

7-1-5. 포토샵에서 세로로 뒤집기

이 책은 "책 만드는 방법" 이라는 책이고요, 앞에서도 언급했습니다만, 책을 만들기 위해서는 원고 집필로 가장 좋은 프로그램인 인디자인에서 원고를 집필하고 표지는 A3 두꺼운 용지에 인쇄를 해야하며, 이렇게 A3 표지 디자인은 일러스트 프로그램에서 하지만, 일러스트 프로그램에서도 이미지는 포토샵에서 작업을 해서 가져오는 것입니다.

따라서 정상적인 디자이너라면 포토샵, 일러스트, 그리고 인디자인, 이렇게 3가지 프로그램을 알고 있어야 하고요, 여기에 부가적으로 앞쪽에서 소개한 화면캡쳐 프로그램 및 기타 컴퓨터를 원활하게 작동되도록 하는 유틸리티 및 기술들을 가져야 어느 누구한테도 기대지 않고 독자적으로 디자인을 할 수 있습니다.

그런 의미에서 지금 세로로 뒤집기 메뉴에서, 인디자인이나 일러스트에서는 그냥 단순히 세로로 뒤집기만 가능.. 약간의 효과 기능이 있기는 하지만, 거의 매우 미약하고요, 이런 기능은 지금 설명하는 포토샵을 사용해야 하는겁니다.

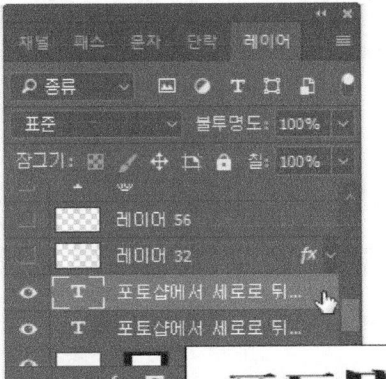

좌측은 포토샵 화면이고요, 포토샵에서는 레이어가 있으므로 화면에 타자한 글씨를 복제를 하고 복제한 레이어가 선택된 상태에서 포토샵 메뉴 [편집] - [세로로 뒤집기]를 하면 아래 화면과 같이 됩니다.

우측 화면은 위쪽의 복제한 글시만 뒤집어졌기 때문에 우측과 같이 보이는 것입니다.

위쪽 뒤집어진 글씨를 밑으로 내리면 다음 화면에 보이는 것과 같이 됩니다.

전자책 책 만드는 방법 　　　　　　　　　　　　　　　　　　　　　어도비 인디자인 CC

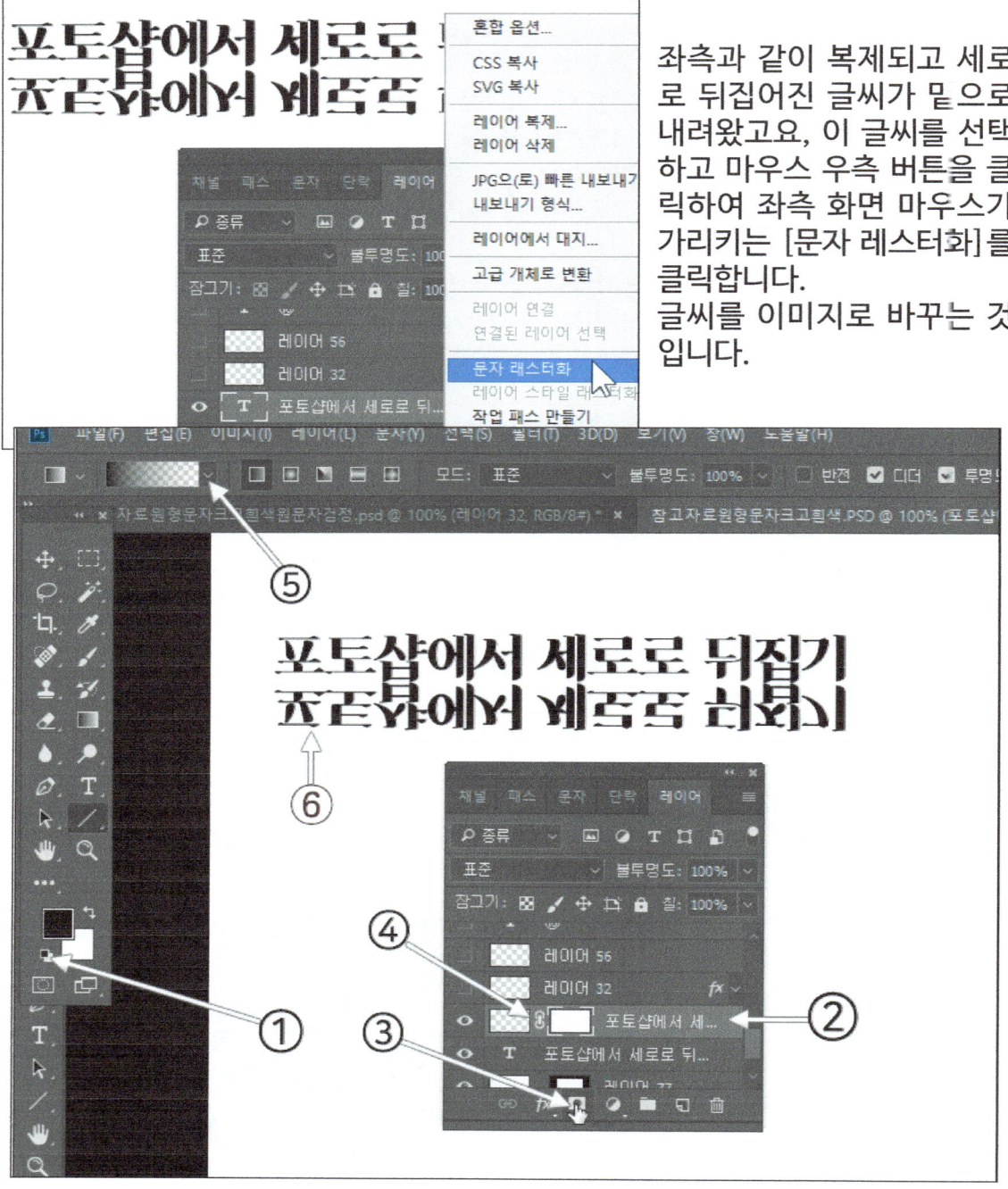

좌측과 같이 복제되고 세로로 뒤집어진 글씨가 밑으로 내려왔고요, 이 글씨를 선택하고 마우스 우측 버튼을 클릭하여 좌측 화면 마우스가 가리키는 [문자 래스터화]를 클릭합니다.
글씨를 이미지로 바꾸는 것입니다.

혹시 포토샵을 잘 모르시는 분은 그냥 따라 하시기 바라고요, 위의 화면에서 가장 먼저 (1)을 클릭하여 전경색은 순검정, 배경색은 순 백색으로 초기화를 해야 하고요, (2)를 클릭하여 선택하면 (6)의 세로로 뒤집힌 글씨가 선택되며, (3)을 클릭하면 (4)에 마스크가 씌워졌다는 표식이 생기며 이 때 (5)를 꾹 누르면 나타나는 여러가지 그라디언트 중에서 (5)가 가리키는 그라디언트 도구(전경색에서 투명으로)를 선택하고 (6)의 세로로 뒤집어진 글씨를 위에서 밑으로 클릭 드래그하면 아래 화면과 같이 글씨의 윗 부분이 투명하게 변합니다.
잘 안 되면 [Ctrl + Z] 명령으로 원위치 하고 다시 시도..

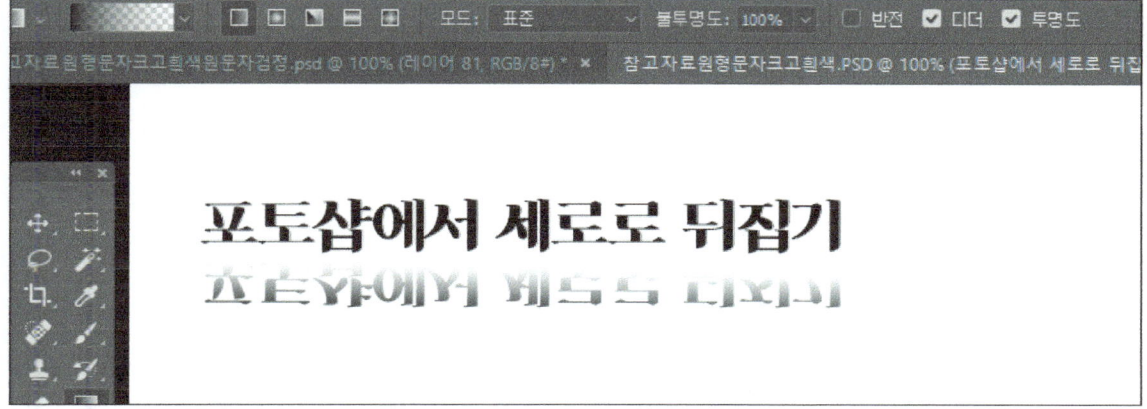

위와 같이 되었으면 성공이고요, 이 기능을 이용하여 아래와 같은 효과도 가능..

앞의 슈퍼카 사진은 필자가 이런 식으로 작업을 하여 여러가지 사이즈로 인쇄를 해서 판매를 하는 사진의 하나입니다.

일단 이 책은 포토샵 책이 아니기 때문에 포토샵을 자세하게 다룰 수는 없습니다. 그러나 컴퓨터에 어느정도만 조예가 있다면 필자가 지금 설명한 것을 그대로 따라해도 이런 효과 정도는 줄 수 있습니다.

아울러 어차피 전문적인 작업을 하기 위해서는 포토샵, 일러스트, 인디자인, 이렇게 3가지 프로그램을 모두 배워 두는 것이 좋습니다.

7-2. 배치

앞에서 소개한 포토샵에서는 레이어가 있기 때문에 서로 다른 레이어에서 주업을 하더라도 다른 레이어에는 영향을 끼치지 않습니다.
인디자인과 일러스트 프로그램에서도 레이어가 있기는 하지만, 인디자인과 일러스트에서는 레이어보다는 지금 설명하는 [배치] 메뉴를 더 많이 사용합니다.

7-2-1. 맨 앞으로

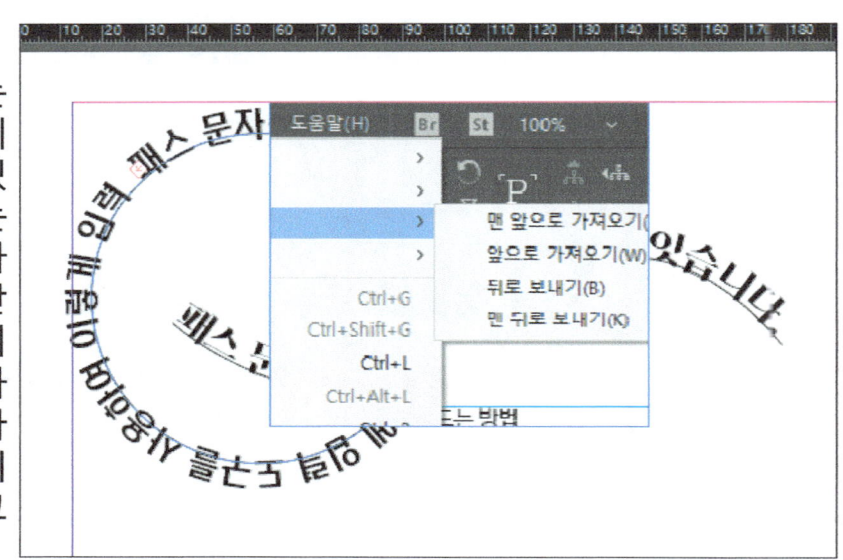

우측 화면에 보이는 것가 같이 여러 개의 개체가 서로 겹쳐 있을 때, 포토샵에서는 이런 경우 레이어가 없으면 모든 것이 단 하나의 이미지로 처리되어 분리가 불가능하지만, 인디자인이나 일러스트에서는 밑에 있는 개체를 선택하고 마우스 우측 버튼을

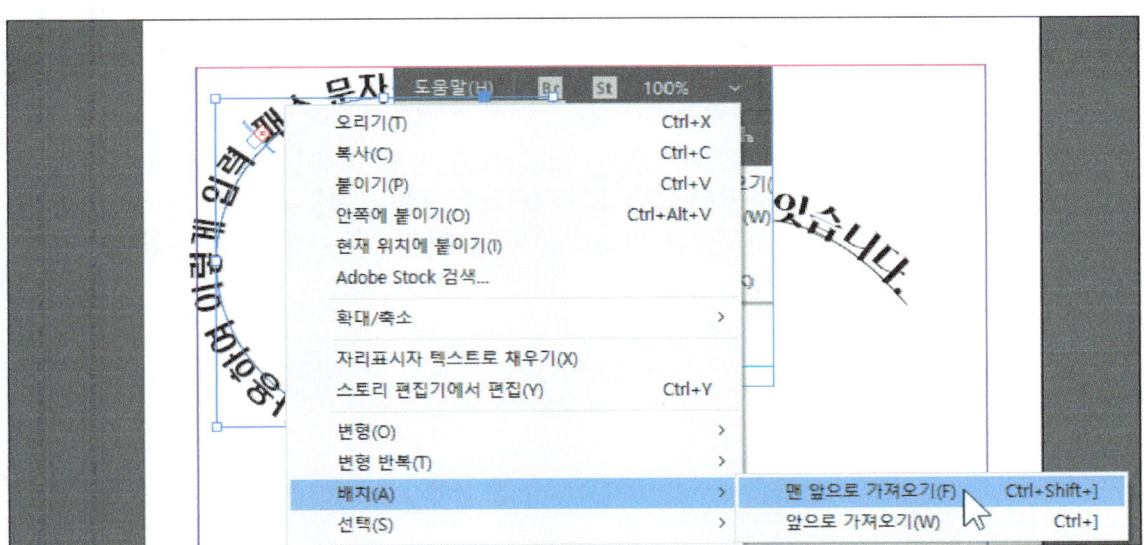

클릭하여 나타나는 부 메뉴에서 [앞으로 가져오기]는 바로 위의 개체의 위로 이이동하는 것이며, [맨 앞으로 가져오기]를 클릭하면 다음 화면에 보이는 것과 같이 여러 개의 겹쳐 있는 개체 중에서 맨 앞으로 이동합니다.

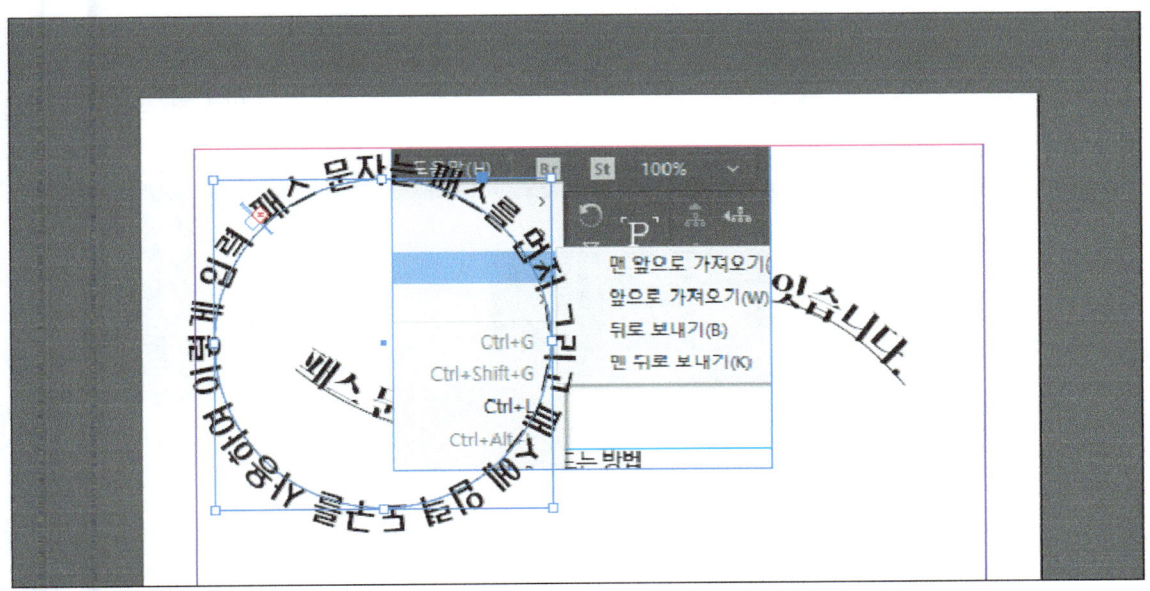

이와 같이 인디자인 메뉴 [개체] - [배치] - [맨 앞으로] 명령을 사용하여 여러 개의 겹쳐 있는 개체 중에서 맨 앞으로 가져올 수 있으나 실제로는 여러 개의 겹쳐 있는 이미지가 필요할 경우 [레이어]를 사용하는 것이 정석입니다.
레이어는 뒤에 가서 [창] 메뉴에서 다루게 됩니다.

7-3. 선택

여러 개의 개체가 겹쳐 있을 때 밑에 있는 하나의 개체를 선택할 수 없을 때 사용하는 메뉴이지만, 이 역시 뒤에서 다루는 [창] 메뉴의 [레이어] 공부를 한 뒤에 개체를 여러 개 겹치게 작업을 하지 말고 레이어를 만들어서 하는 것이 좋습니다.

7-4. 그룹
7-5. 그룹 해제

아래 화면과 같이 여러 개의 개체가 겹쳐 있을 때 [Ctrl + A] 명령으로 전체 선택을 한 다음, 메뉴의 [개체]-[그룹] 혹은 마우스 우측 버튼을 클릭하여 [그룹]을 선택하면 여러 개의 겹쳐 있는 개체가 하나의 그룹으로 묶여서 하나만 선택하고 이동해도 그룹을 묶인 여러 개체가 같이 움직입니다.

그리고 이렇게 하나의 그룹으로 묶어 놓은 그룹을 해체할 때는 [그룹 해제] 메뉴를 사용하면 됩니다.

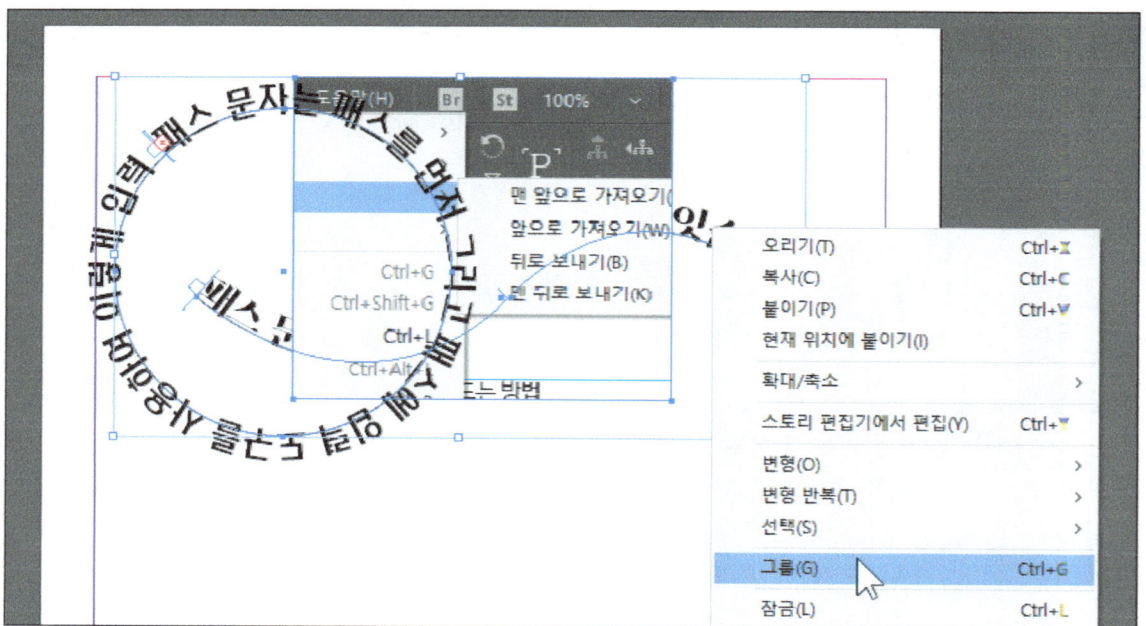

1-4. 잠금

개체에 잠금 설정을 하면 개체가 움직이지 않고 편집도 불가능합니다.
중요한 개채의 경우 실수로 변형되지 않도록 할 때 사용합니다.

잠금을 해제할 때는 잠가놓은 개체를 선택할 수 없기 때문에 메뉴 [개체] - [스프레드에 모두 잠금 해제] 메뉴를 사용합니다.

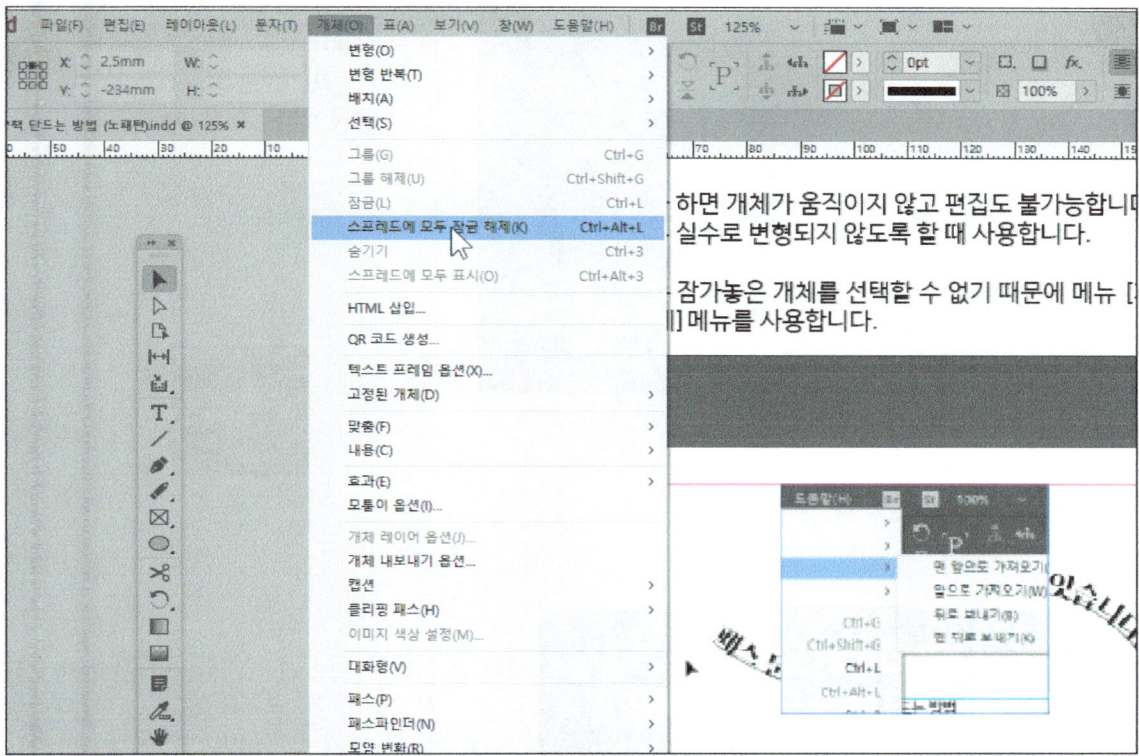

숨겨 버린 개체는 보이지 않기 때문에 다시 보이게 하려면 메뉴 [개체] - [스프레드에 모두 표시] 메뉴를 사용해야 합니다.

1-6. QR 코드 생성

인디자인에서 QR 코드를 생성할 수 있습니다.

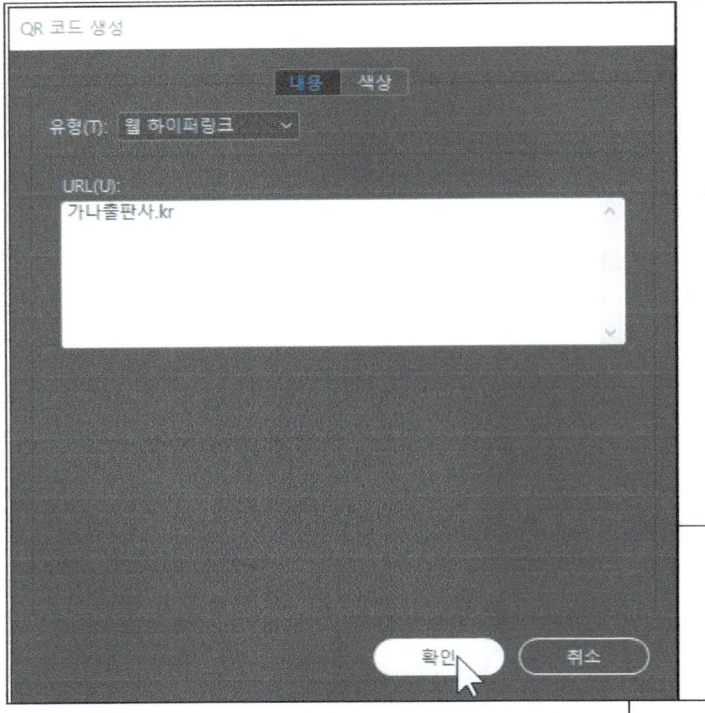

인디자인 메뉴 [개체] - [QR 코드 생성]을 클릭하면 좌측 화면이 나타납니다.

좌측 화면에서 [유형]은 하이퍼 링크를 선택하고 아래쪽 URL 란에 필자의 홈페이지 주소 "가나출판사.kr" 입력하고 [확인]을 클릭하면 다음 화면에 보이는 것과 같이 QR 코드가 만들어집니다.

이제 우측에 보이는 QR코드를 스마트폰으로 스캔하면 필자의 홈페이지에 접속할 수 있습니다.

그러나 QR 코드는 인디자인에서 만드는 것보다, 전문 어플에서 만드는 것이 더 좋은데요, 예를 들어 좌측 화면은 네이버에 QR코드 생성 화면인데요, 좌측 화면에서 손가락이 가리키는 [코드 생성]을 클릭하여 화면의 안내에 따라 QR 코드를 생성하면 훨씬 다양한 정보 및 QR코드 하단에 필자의 홈페이지 이름을 써 넣을 수도 있습니다.

위의 화면은 필자가 펴 내는 책의 뒷 표지에 입력된 내용인데요, 위의 좌측 QR코드는 필자의 홈페이지이고요, 우측의 QR코드는 ISBN 정보가 나타나는 QR 코드입니다.
QR코드가 2개이므로 어느것이 필자의 홈페이지인지 알 수 있게 필자는 네이버에서 QR코드를 만들어서 QR코드 아래에 필자의 홈페이지 이름을 써 넣었습니다.

1-1. 효과

인디자인 메뉴 [개체] - [효과] 에는 우측에 보이는 다양한 효과가 있습니다.

그래서 인디자인에서도 여러가지 효과를 줄 수는 있지만, 거듭 강조합니다만, 인디자인은 그래픽 프로그램이 아니라 탁상 출판 프로그램이고요, 그리고 중요한 것은 함정에 빠지면 안 됩니다.

앞에서 필자가 인터넷 쇼핑몰을 운영하면서 스스로 함정에 빠져서 고객은 1,000원짜리 물건을 주문했는데, 10,000원짜리 물건을 보내서 많이 팔면 팔수록 손해를 보는 함정에 빠질 수 있다고 예를 들어 설명을 했습니다.

따라서 이러한 효과는 포토샵에서 주는 것이 정석이라는 것을 아시고요, 간단히 인디자인에서 효과를 주는 것을 실습해 보겠습니다.

7-7-1. 투명도

인디자인 메뉴 [개체] - [효과] - [투명도]명령으로 우측 화면에서 투명도를 조절하면 개체의 투명도가 조절됩니다.

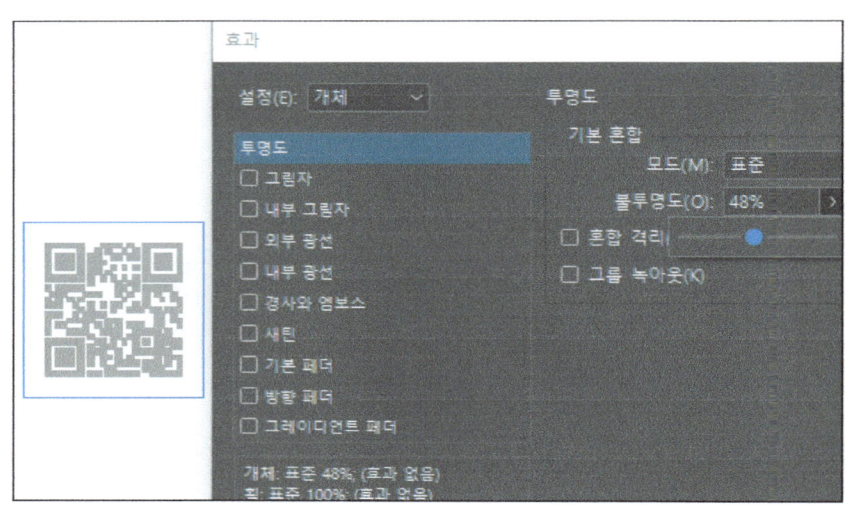

7-7-2. 경사와 엠보스

인디자인 메뉴 [효과] - [경사와 엠보스]를 클릭하여 기본값으로 효과를 주면 우측 화면에 보이는 것과 같이 엠보스 효과를 줄 수 있습니다.

나머지는 직접 해 보시기 바랍니다.

7-8. 캡션

캡션은 개체 밑에 개체에 대한 설명을 입력할 수 있는 기능인데요, 한글 프로그램에서는 그래픽 기능이 미약하기 때문에 한글 프로그램에 삽입한 삽화에 캡션을 입력하기도 합니다만, 인디자인은 그래픽 기능이 막강하기 때문에 삽화 밑에 바로 즉시 텍스트 프레임을 만들어서 입력하면 되므로 인디자인의 캡션 기능은 꼭 필요한 경우에만 사용하면 됩니다.

7-9. 클리핑 패스

포토샵에는 이미지의 가장자리를 잘라내는 기능으로 Crop(크롭)이라는 메뉴가 있습니다.
인디자인이나 일러스트에도 이미지의 가장자리를 잘라내는 기능과 비슷한 클리핑 패스라는 기능이 있지만, 포토샵과는 약간 다릅니다.

우측 화면을 보면 가운데 작은 사각형 프레임 안에만 이미지가 보이지만, 이미지의 실제 크기는 가장자리에 크게 표시된 크기입니다.

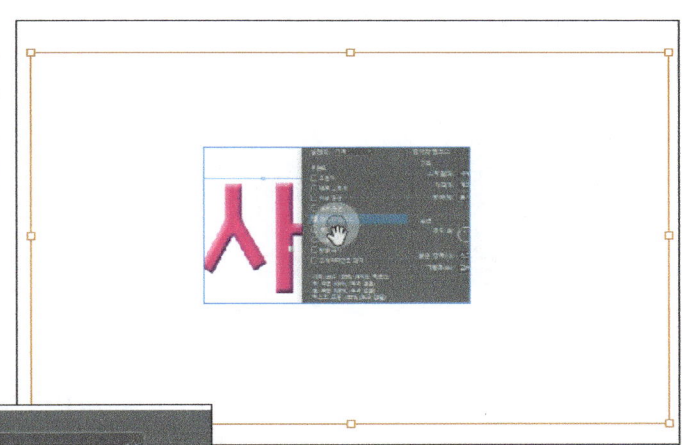

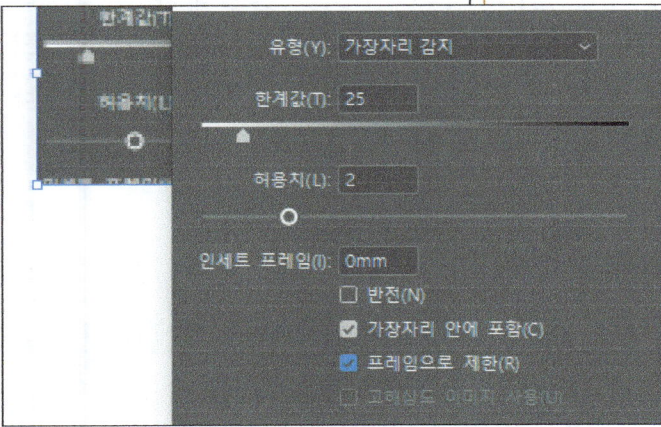

사각 프레임을 선택하고 인디자인 메뉴 [개체] - [클리핑 패스] - [옵션]을 클릭하면 좌측 화면이 나타나며, 마우스가 가리키는 곳을 클릭하고 [가장 자리 감지]를 선택하고 아래쪽 2군데 체크를 하고 확인을 클릭합니다.
반전이라는 메뉴는 다음 설명을

참조하세요..

인디자인에서 클리핑 패스라는 메뉴는 인디자인 자체적으로도 사용할 수 있지만, 포토샵에서 작업한 이미지를 가져와서 작업을 할 때 가져온 이미지의 흰색 영역을 감지하여 잘라내는 것입니다.

이 때 흰색 영역이 아닌 검정색 영역을 감지하도록 하려면 반전을 체크하는 것인데요, 지금은 반전에 체크하지 않고 앞의 화면에 보이는 옵션대로 실행합니다.

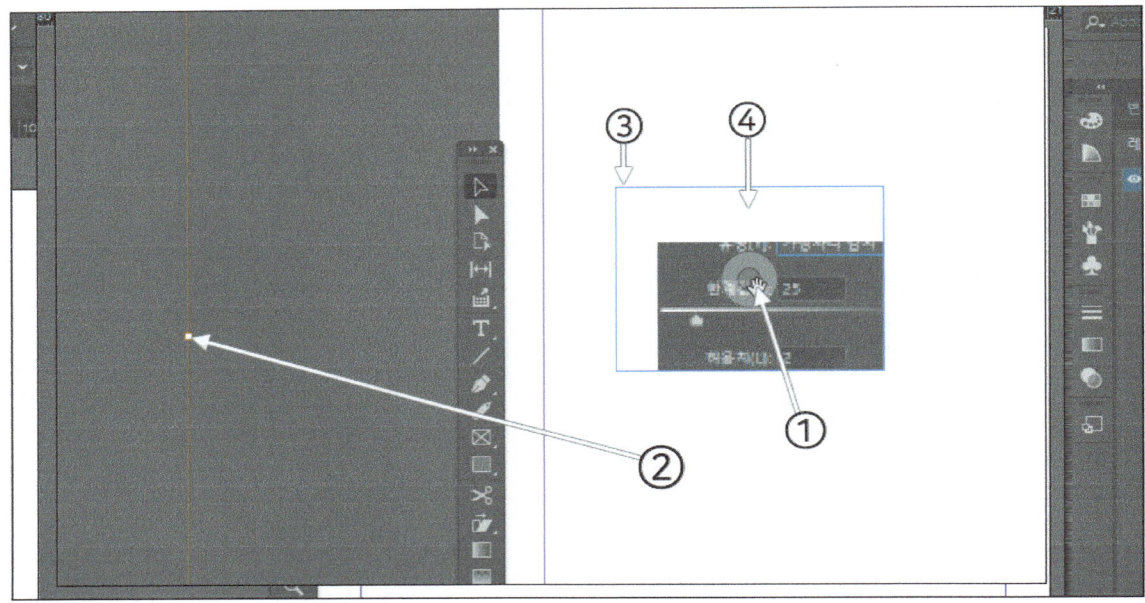

위의 화면이 클리핑을 실행한 모습인데요, 위의 (1)의 이미지 가운데 동그라미 부분을 클릭해 보면 (2)에 사각형 프레임 안에 붙여넣은 이미지의 전체 크기가 나타나고요, (3)은 사각형 프레임이고요, 이 안에 붙여 넣은 이미지가 (4)와 같이 가장자리가 잘려져 나간 것을 알 수 있습니다.

그러나 사실 별 의미는 없습니다.
일러스트에서는 이런 기능이 매우 유용합니다.

일러스트에서는 조금 뒤에 소개하는 패스파인더 기능과 함께 매우 유용하게 사용하는 기능입니다만, 인디자인에서는 상당히 제한적입니다.
그래서 필자는 이런 기능은 거의 사용하지 않습니다.

무언가 이미지에 관한 작업은 어차피 포토샵에서 작업을 하는 것이 훨씬 전문적이고 훨씬 다양한 효과를 줄 수 있으니까요..

그렇게 포토샵에서 작업을 해서 가져오는 것이 훨씬 낫습니다.

예를 들어 어도비 포토샵, 어도비 인디자인, 어도비 일러스트레이터, 그리고 우리나라 토종 워드인 한글 프로그램 등에서는 PDF로 내 보내기 기능과 함께 HTML 문서로 내 보내기 기능이 있습니다.

그러나 천하의 어도비는 물론이고, 한글 프로그램 및 기타 어떠한 프로그램도 제대로 웹문서로 변환되는 프로그램은 전무합니다.

단순히 타자를 쳐서 즉, 텍스트 문서는 웹 문서로 변환이 되지만, 텍스트 문서야 그냥 메모장에서 태그 몇 개 써서 타자를 쳐서 웹문서로 저장하면 되는 것을 무엇하러 이런 프로그램에서 웹문서를 만드는가 이 말입니다.

그렇다면 왜 그 비싼 웹에디터 프로그램을 사용하겠어요?

따라서 잘 안 되는 기능, 잘 사용하지 않는 기능에 목을 매기 보다는 어차피 포토샵을 알아야 하므로 포토샵을 잘 모르더라도 포토샵에서 작업을 해야 포토샵을 익힐 수 있고요,..

웹 문서는 웹에디터.. 필자의 경우 마이크로소프트사에서 무료로 개방한 마이크로소프트 Expression Web4 프로그램을 사용합니다.

기이하게도 마이크로소프트사에서는 웹에디터의 대명사로 불리는 드림웨버 제작사인 매크로미디어사를 인수를 하고 그래서 지금은 매크로미디어 드림웨버가 아니라 마이크로소프트 드림웨버이지만,..

그런데, 마이크로소프트사에서는 자사에서 개발한 웹에디터인 Microsoft Expression Web4 프로그램은 무료로 배포를 하였습니다.

물론 지금은 배포를 중지했기 때문에 마이크로소프트 다운로드 센터에서는 구할 수 없지만, 이미 전세계적으로 널리 퍼졌기 때문에 Microsoft Expression Web4 프로그램은 그리 어렵지 않게 구할 수 있습니다. 그리고 무료입니다.

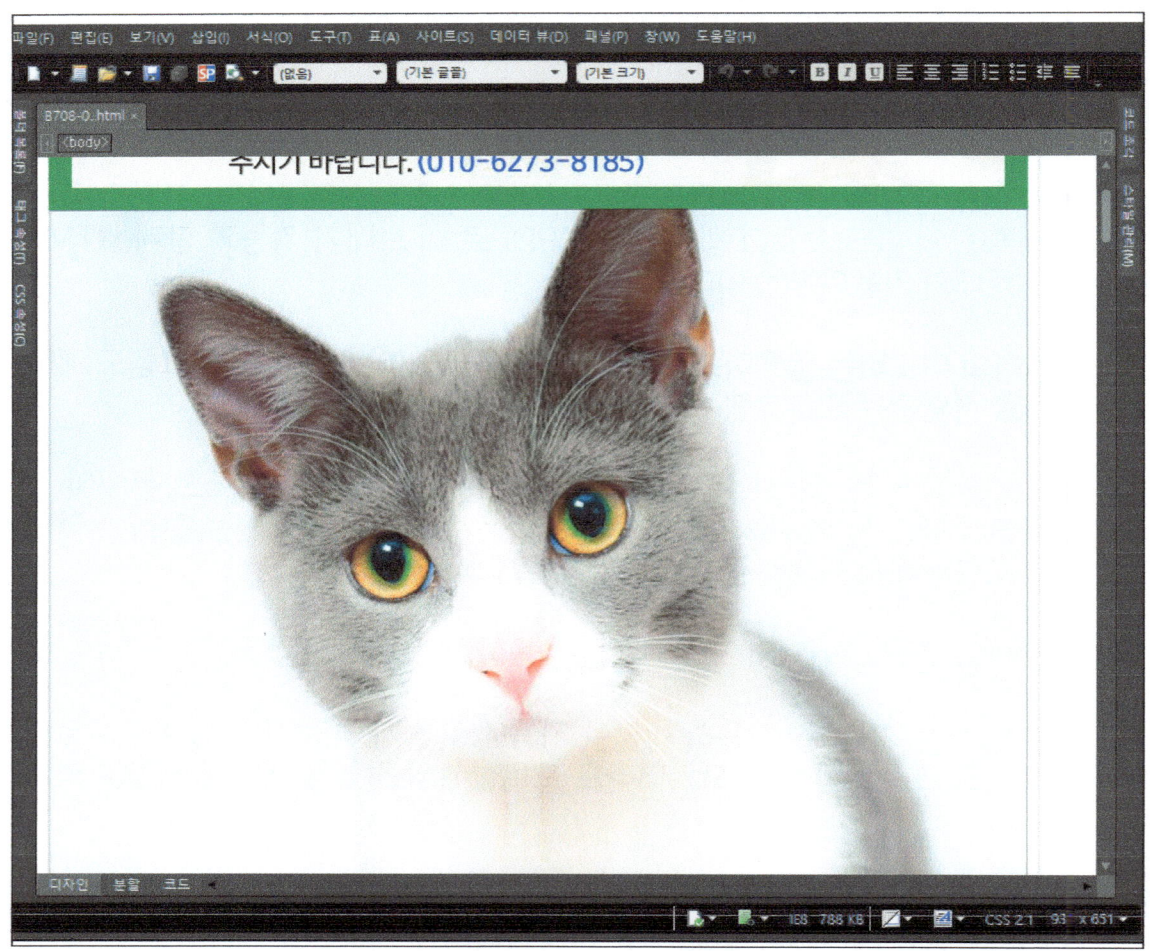

위의 화면이 마이크로소프트사에서 무료로 배포한 웹에디터인 Microsoft Expression Web4 프로그램인데요, 무료 버전이기 때문에 100% 완벽하지는 않지만, 어떤 점에서는 수십 만원짜리 전문 웹에디터 프로그램과 비교해도 조금도 뒤지지 않습니다.

웹문서는 HTML, CSS, 자바스크립트 등, 웹프로그래밍 공부를 해야 만들 수 있기 때문에 일반인은 매우 어렵지만, 이런 웹에디터 프로그램을 이용하면 자신의 홈페이지나 웹페이지를 쉽게 만들 수 있습니다.

앞에서 소개한 매크로미디어사의 드림웨버와 우리나라 토종 웹에디터인 나모 웹에디터 프로그램 등을 이용하면 전문 웹프로그래밍을 할 줄 모르더라도 웹페이지를 쉽게 만들 수 있습니다.

7-10. 대화형

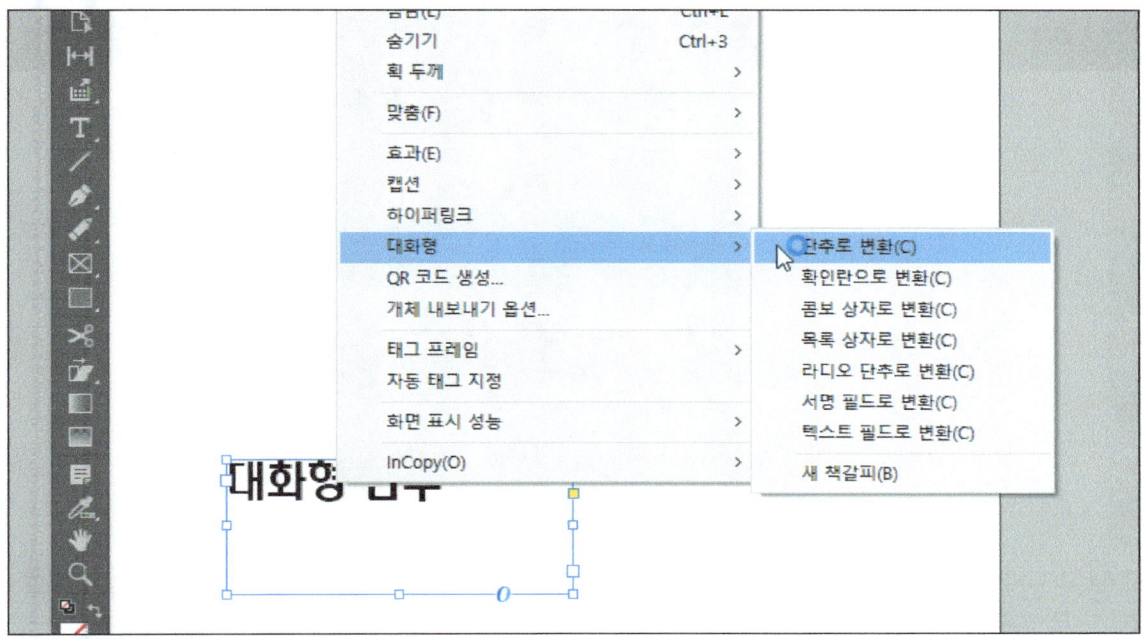

7-10-1. 단추로 변환

인디자인 메뉴 [개체]-[대화형], 그리고 [창] 메뉴의 [대화형]은 e-book 관련 메뉴들인데요, e-book은 대화영 PDF 파일, 전자책의 표준인 ePub파일로 만드는 기능과 관련된 메뉴들로 구성되어 있는데요, 제대로 작동하는 기능도 있고요, 아직은 불완전합니다.

그리고 인디자인에서 이전에는 플래시 무비를 지원했지만, 구글 크롬에서 플래시 무비를 퇴출시키면서 인디자인에서도 버전 15.0에서부터 swf 파일을 지원하지 않습니다.

화면에 적당한 텍스트를 입력하고 인디자인 메뉴 [개체]-[대화형]을 클릭하거나 개체를 선택하고 마우스 우측 버튼을 클릭하여 나타나는 위의 메뉴에서 마우스가 가리키는 [단추로 변환]을 클릭하면 다음 창이 나타납니다.

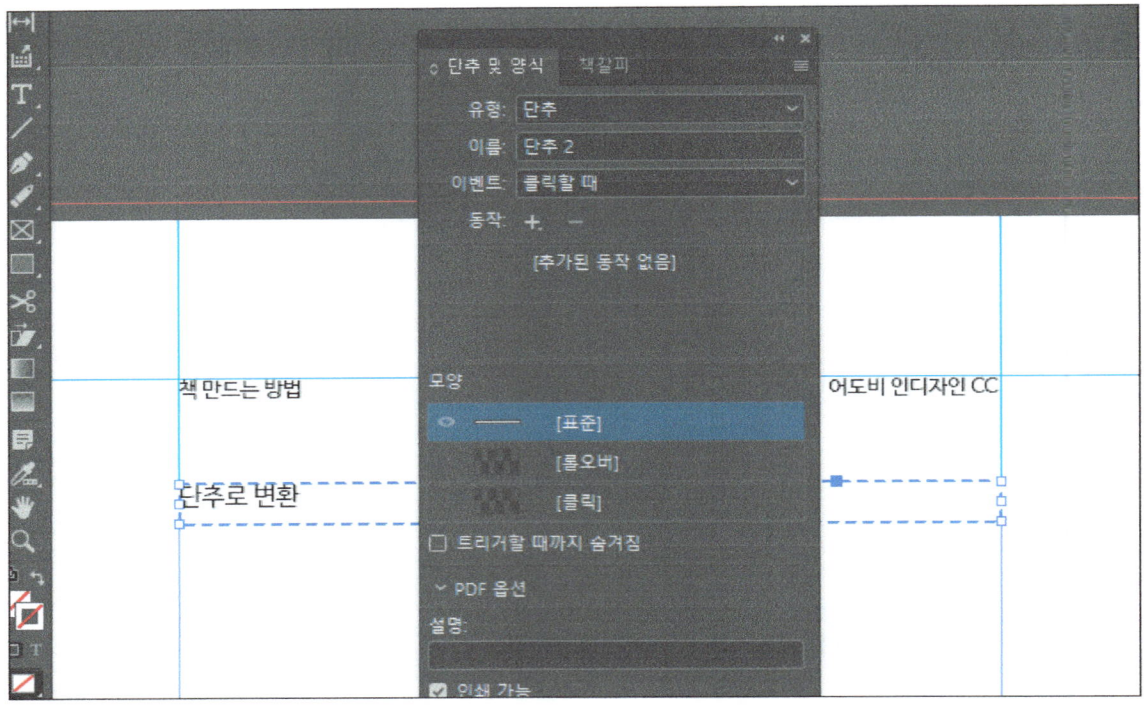

유형은 단추, 이벤트는 클릭할 때, 그리고 위의 화면에서 동작 옆에 있는 + 를 누르면 다음 화면이 나타납니다.

우측에 보이는 것과 같이 수 많은 메뉴들이 나타나는데요, 이렇게 작업을 해서 PDF 문서로 저장을 하면 우측에 보이는 작업들이 수행되는 기능들입니다.

첫 페이지로 이동, 마지막 페이지로 이동, 다음 페이지로 이동, 이전 페이지로 이동, URL 로 이동(이것은 안 됩니다. - 보충 설명이 필요한데요, 암튼 안 되고요, 링크는 그냥 하이퍼링크 기능을 사용하면 되므로 상관은 없습니다.)

사운드, 비디오, 애니메이션, 기타 여러가지 메뉴를 넣기 위해서는 예를 들어 e-Book 이므로 클릭하면 음악이 나오거나, 애니메이션이 실행돼야 하므로 당연히 사운드 혹은 애니메이션이 있어야 하며 미리 만들어서 준비를 해 놓아야 합니다.

7-10-2. e-Book 만들기

실습을 위해서 인디자인 메뉴 [파일]-[새로 만들기]-[문서]를 클릭하여 새 문서를 만드는데요, 여기서는 그냥 실습이므로 인쇄용 문서를 만듭니다.
e-Book을 만드는 실습을 하는 것이므로 종이책과 같이 인쇄용 문서를 한 개 만듭니다.

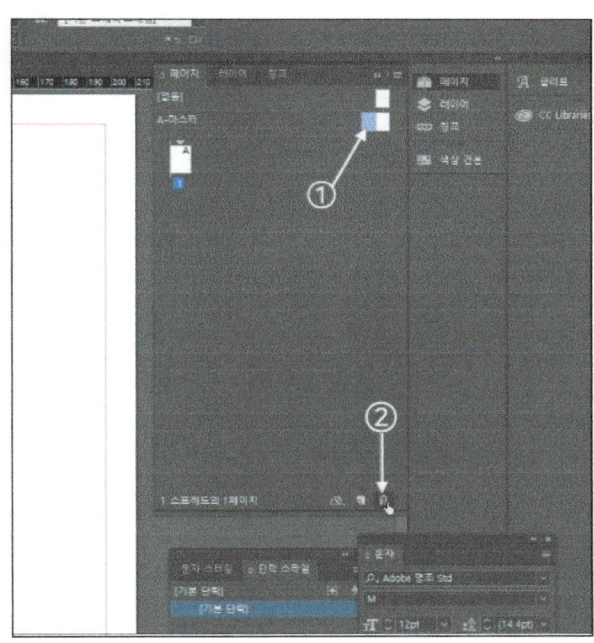

우측 화면 참조(우측은 [페이지 패널] 입니다.), 새 창이 열리면 (1) 마스터 페이지를 선택하고 (2)를 눌러서 마스터 페이지 1개는 삭제를 합니다.

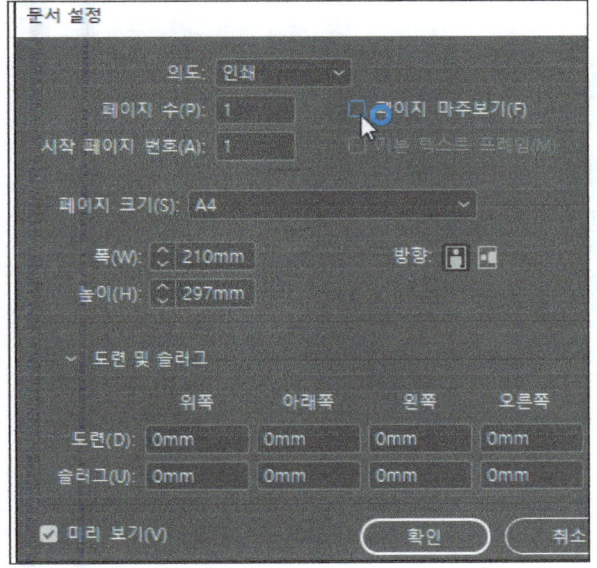

좌측 화면 참조, [파일]-[문서 설정] 클릭하여 좌측 화면의 마우스가 가리키는 곳 [페이지 마주보기] 앞의 체크를 지웁니다.

그래야 페이지가 정렬되어 나타나며, 무한잉크 프린터로 인쇄하는 원고로 만드는 책을 만들 수 있습니다.

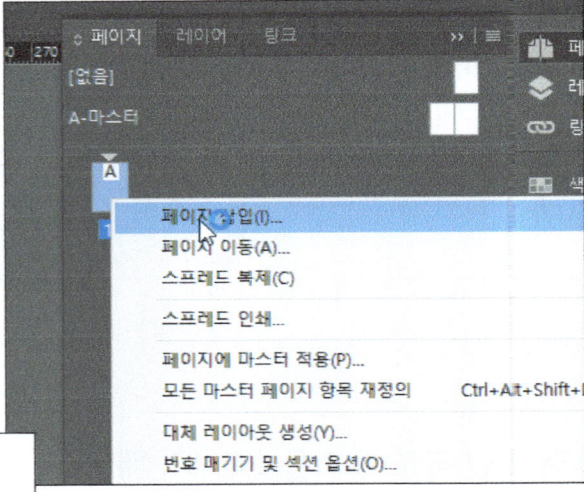

우측 화면에 보이는 [페이지 패널]에서 마스터 페이지가 아닌 1페이지에 마우스 우클릭, 페이지 삽입을 클릭하여 2페이지를 만듭니다.

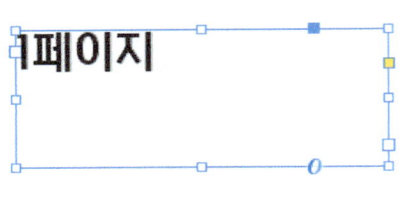

좌측 화면 참조, 문자 도구로 텍스트 박스를 만든 다음, 1페이지에는 "1페이지" 2페이지에는 "2페이지" 라고 입력합니다.

우측 화면 참조, 마우스가 가리키는 마스터 페이지를 더블 클릭하여 아래 화면에 보이는 마스터 페이지 편집 화면으로 들어갑니다.

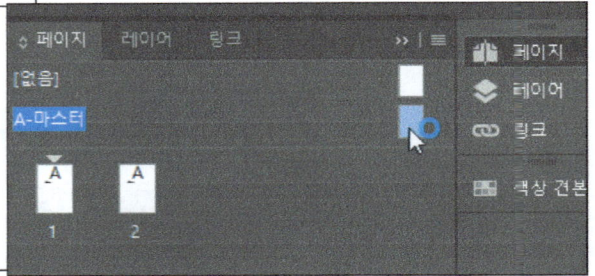

좌측 화면 참조, 마우스가 가리키는 [다각형 도구]를 더블 클릭하여 3을 입력하고 화면에 클릭 드래그하여 삼각형을 그립니다.

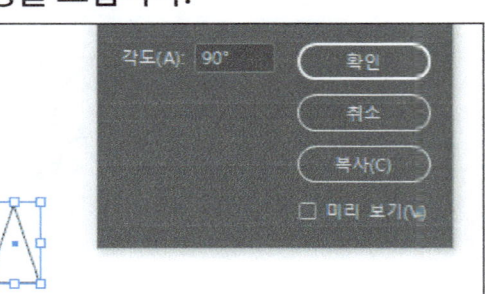

우측 화면 참조, 마우스가 가리키는 [회전 도구]를 더블 클릭하고 각도 90을 입력하고 [확인]을 클릭합니다.

우측 화면 참조, 삼각형을 [Alt] 키를 꾹 누른채 클릭 드래그하여 복제를 합니다.
이 때 [선택 도구]로 가운데 점을 정확히 클릭해야 합니다.

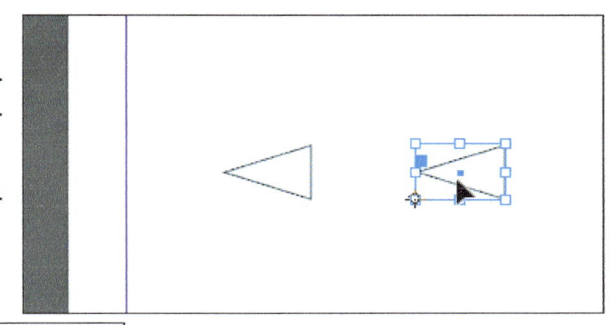

 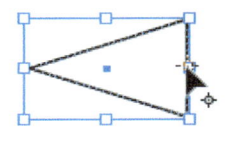

좌측 화면 참조, [회전 도구]로 마우스가 가리키는 곳을 클릭하면 그곳이 회전 중심 축이 됩니다.

우측 화면 참조, [회전 도구]를 더블 클릭하여 180도로 회전시킵니다.

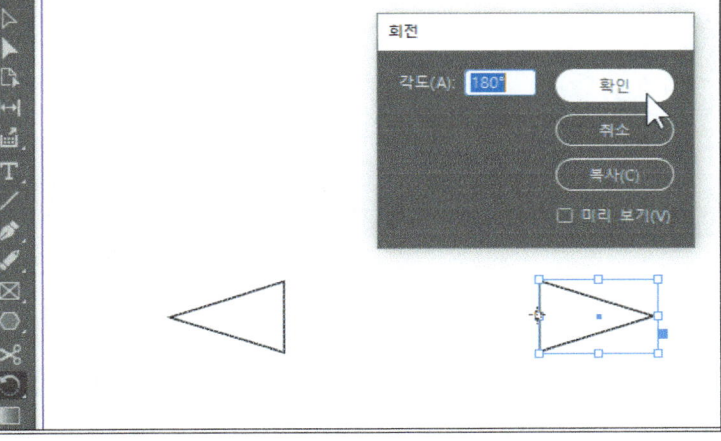

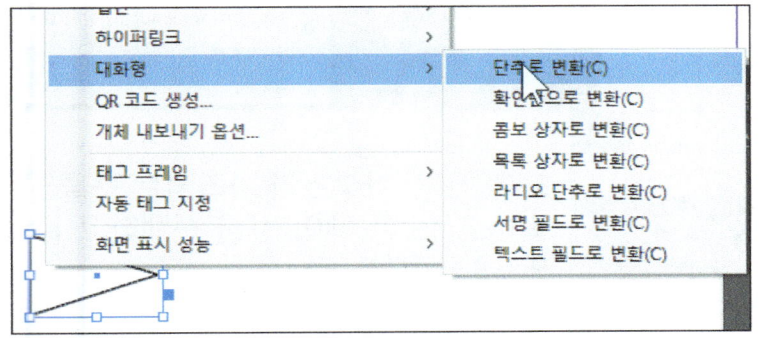

좌측 화면 참조, 메뉴 혹은, 마우스 우클릭하여 [단추로 변환]을 클릭하면 다음 대화상자가 나타납니다.

우측 화면 참조, (1)을 클릭하고 [클릭할 때]를 선택하고 (2)의 + 를 클릭하고, [이전 페이지로 이동] 선택, 마찬가지로 좌측 화살펴는 [다음 페이지로 이동]을 선택합니다.

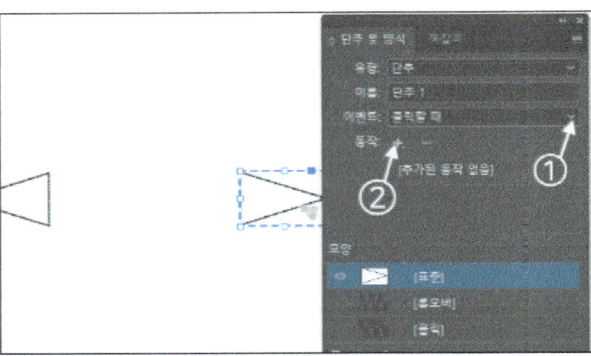

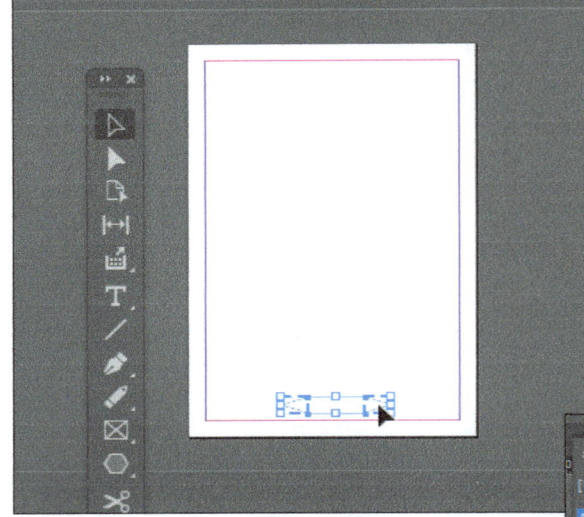

좌측 화면 참조, 현재 마스터 페이지에서 작업하는 것이고요, [Ctrl + All] 명령으로 전체 선택을 한 다음, 화면 하단으로 이동합니다.

우측 화면 참조, [페이지 패널]에서 마스터 페이지 우클릭하고 [페이지에 마스터 적용]을 클릭하면 다음 화면이 나타납니다.

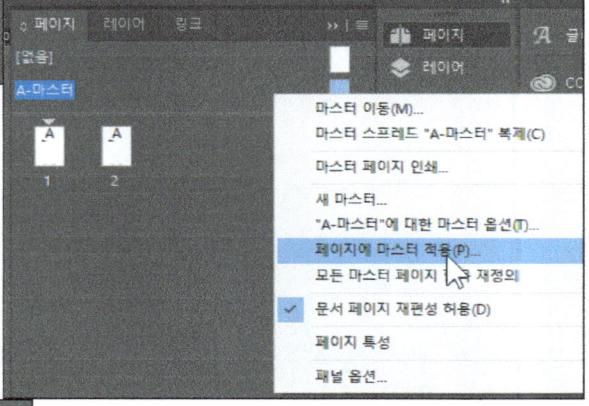

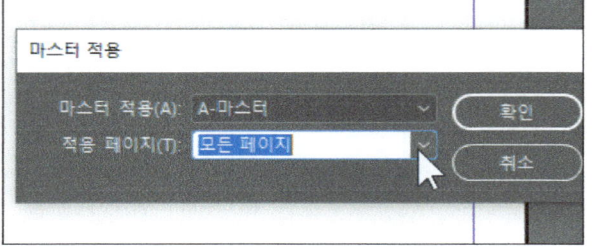

좌측 화면, 마우스가 가리키는 곳을 클릭하고 [모든 페이지]를 선택하고 [확인]을 클릭합니다.

인디자인 메뉴 [파일] - [내 보내기]를 클릭하고 우측 마우스가 가리키는 곳을 클릭하고 PDF(대화형)를 선택하고 저장을 클릭하면 다음 대화상자가 나타납니다.

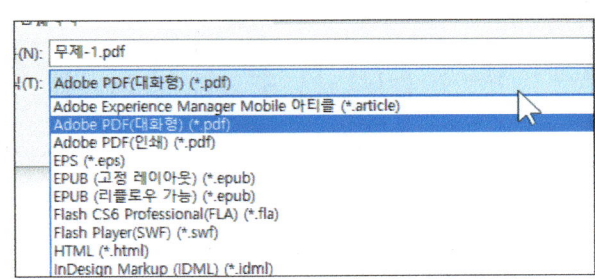

〈주의〉 인디자인 메뉴 [파일] - [내 보내기]에서 인쇄용 PDF와 e-Book용 PDF가 있습니다.

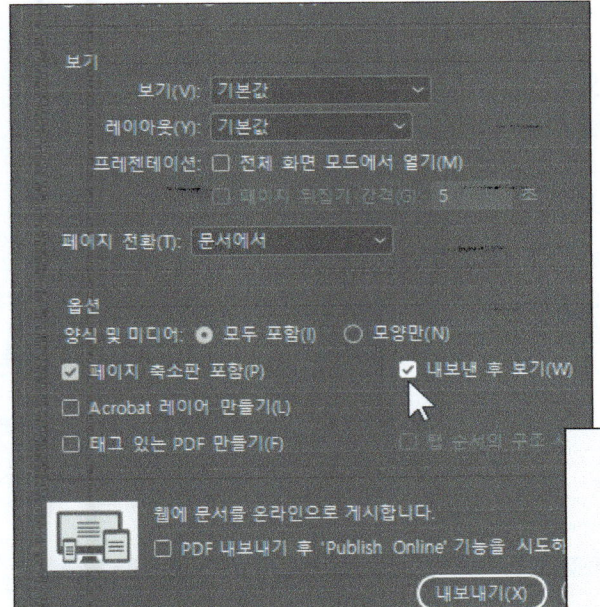

좌측 화면 참조, 마우스가 가리키는 곳에 체크를 하고 [내 보내기]를 하면 저장이 된 후 PDF 파일이 열립니다.

이 때 자신의 컴퓨터에는 미리 epub 뷰어 프로그램이 깔려 있어야 합니다.

우측은 PDF로 저장된 문서가 열린 것입니다.
마스터 페이지에 버튼을 넣었으므로 모든 페이지에 나타나며 우측 마우스가 가리키는 버튼을 클릭하면 다음 페이지, 좌측 버튼을 클릭하면 이전 페이지로 이동합니다.
아이러니하게도 어도비 인디자인에서 만든 epub 파일은 어도비 epub 뷰어에서는 제대로 작동을 하지 않아요..

7-10-3. EPUB 로 저장하기

PDF 파일로 전자책으로 가능하지만, 종이책과 같은 전자책이고요, 아무래도 전문 전자책은 epub 파일로 만들고요, 인디자인에서 epub 파일로 저장할 수 있고요, 이 파일을 읽어들이기 위해서는 epub 뷰어가 있어야 합니다.

그리고 인터넷 혹은 스마트폰에서 검색하면 수 많은 epub 리더 프로그램들이 존재하지만, 지금 어도비 인디자인에서 epub 파일로 내 모낸 것이기 때문에 아무래도 어도비 epub 리더가 좋을 것 같지만 꼭 그렇지는 않습니다.

〈참고〉 전자책이 아닌 종이책의 경우 반드시 오로지 어도비 PDF 리더로 읽어들여야 양면인쇄를 할 수 있다고 앞에서 설명을 했습니다.

현재 작업중인 파일에서 [파일] - [내 보내기] 를 클릭합니다.

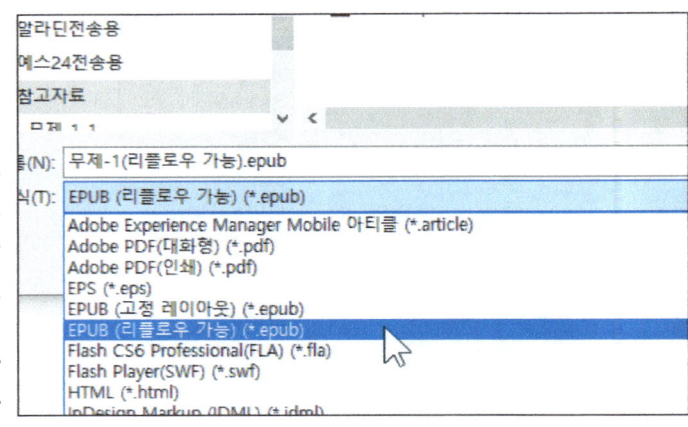

이 때 우측과 같이 epub 파일 옵션에 [고정 레이아웃]과 [리플로우 가능]이 있습니다.
고정 레이아웃은 문서 크기가 고정되어 스마트폰 등에서 화면 크기가 최적화되지 않고요, 리플로우 가능은 화면 크기가 자동으로 조절됩니다.
지금은 동영상 등은 들어가지 않았으므로 우측에 보이는 것과 같이 [epub(리플로우 가능]을 선택하여 저장을 합니다.
그리고 인터넷 검색하여 어도비 epub 뷰어를 제외한 다른 epub 뷰어 프로그램을 설치합니다. (구글이 가장 좋습니다. PC는 구글 크롬 확장 프로그램 설치, 모바일은 [ReadEra] 앱을 설치하는 것이 가장 좋습니다.)

7-10-3. epub 뷰어 설치

인터넷에서 마이크로소프트 다운로드 센터 접속하여 앞의 화면 마우스가 가리키는 파일이 PC용 어도비 epub 뷰어입니다.
다운로드하여 설치하면 다음과 같이 바탕 화면에 프로그램이 생깁니다.

필자는 테스트용으로 설치한 것이고요, 어도비 인디자인에서 만든 dpub 문서이지만, 어도비 epub 뷰어에서는 일부러 제대로 실행되지 않습니다. 다른 뷰어를 설치해야 합니다.

멀티미디어가 들어가지 않은 epub 문서는 어도비 epub 뷰어에서도 읽어 들이고 제대로 작동은 하지만, 이것도 로딩 속도도 무진장 느리고 작동 속도도 무진장 느리고 사용하기 어렵습니다.
인디자인은 어도비사에서 만들었고요, 어도비사는 마이크로소프트사에서 인수를 해서 지금은 마이크로소프트 어도비이고요, 마이크로소프트사는 구글과는 경쟁 관계이며 구글이 더 크기 때문에 천하의 마이크로소프트사도 구글을 인수할 수는 없기 때문에 이 문제는 해결이 불가능해 보입니다.

이 책을 전자책으로 구입하셨다면 수 많은 링크가 있는데요, 대부분 필자의 [유튜브 채널]에 올린 동영상을 링크를 한 것이기 때문에 PC에서는 구글 크롬 확장 프로그램을 설치해서 구글 크롬에서 읽어 들이는 것이 가장 좋고요, 모바일에서는 [ReadEra] 앱을 설치하는 것이 가장 좋습니다.

또한 epub 2.0과 3.0이 있는데요, epub 3.0이 최신 버전이지만, epub 3.0 문서는 읽어들이지 못하는 구형 기기도 있다는 것을 염두에 두시기 바랍니다.

7-10-4. 하이퍼링크 넣기

하이퍼링크는 어떤 식으로 넣어도 되지만, 지금 인디자인 메뉴 [개체] - [대화형]에서의 설명이므로 여기서 하이퍼링크를 넣어 보겠습니다.

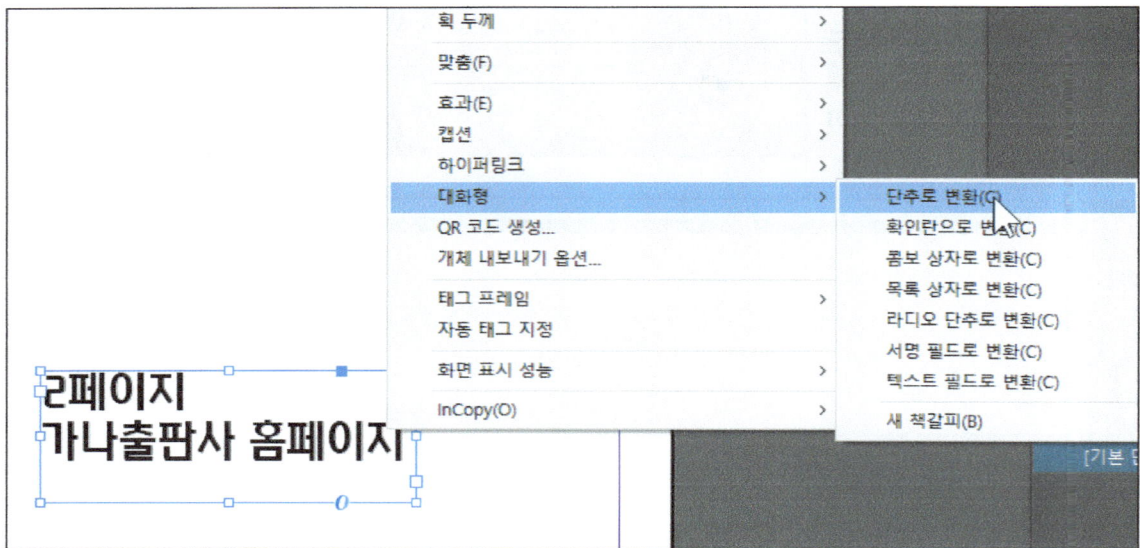

2페이지에 위와 같이 입력하고 메뉴 혹은 마우스 우클릭하여 위의 마우스가 가리키는 [단추로 변환]을 클릭하여 나타나는 우측 화면 (1)을 클릭하여 [클릭할 때]를 선택하고 (2)를 클릭하여 다음 화면에서 필자의 홈페이지 주소를 넣어 보겠습니다.

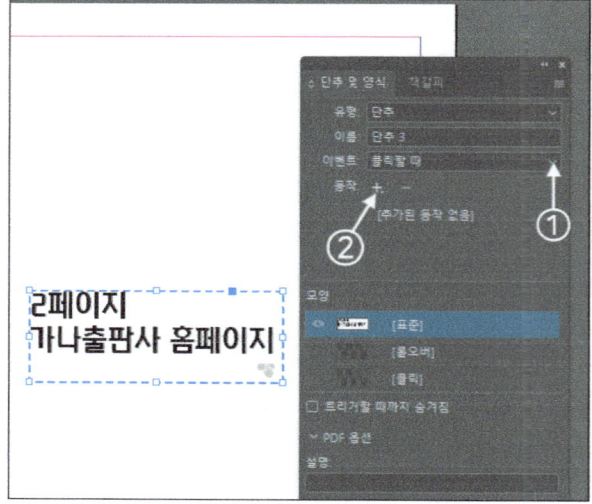

이 때 필자의 홈페이지 주소는 웹브라우저 주소표시줄에 "가나출판사.kr" 필자의 도메인을 입력하면 되지만, 실제 연결되는 주소는 다음 설명 보세요..

7-10-5. 도메인 포워딩

필자의 홈페이지는 유튜브에서 '가나출판사' 검색하여 동그라미 속에 들어 있는 필자의 얼굴을 클릭하는 것이 가장 빠르고요, 원래는 웹브라우저 주소표시줄에 필자의 도메인 '가나출판사.kr' 을 입력하면 되지만, 실제 표시되는 주소는 다음과 같습니다.

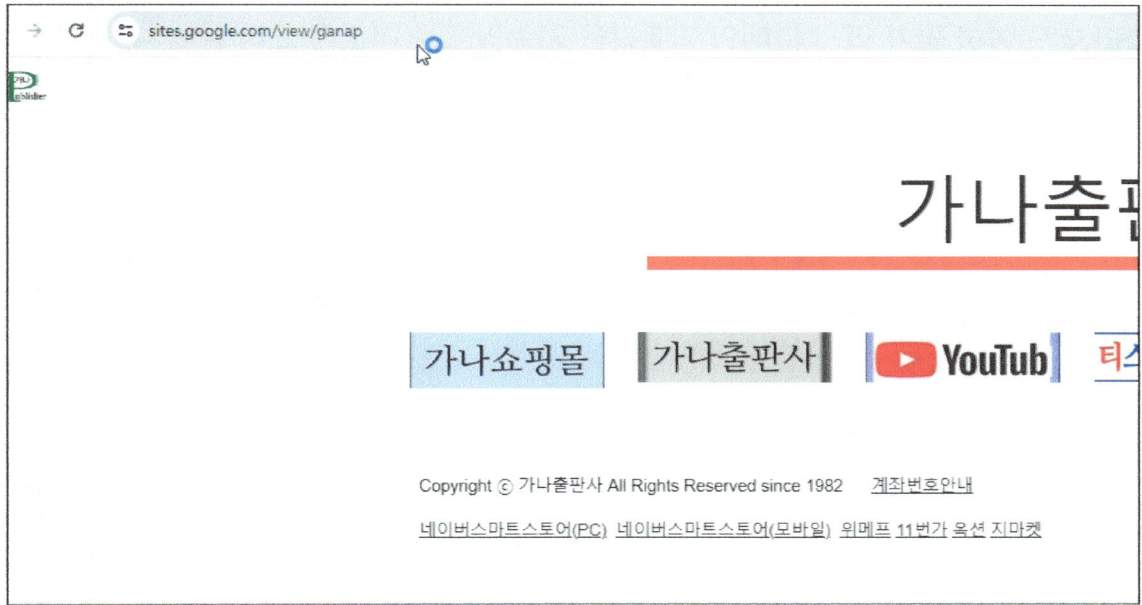

도메인이란 자신의 집 주소와 같은 개념으로 필자의 도메인이 있기 때문에 여러분 누구나 필자의 도메인만 입력하면 필자의 홈페이지에 올 수 있지만, 실상은 위의 마우스가 가리키는 주소(IP Address)를 입력해야 합니다.

그러나 이렇게 복잡한 웹 주소를 직접 입력해서 필자의 홈페이지에 찾아 올 사람은 없습니다.

그래서 필자의 경우 도메인을 2개를 구입했습니다.

하나는 '가나출판사.kr'
다른 하나는 '가나출판사.com'

이렇게 도메인은 전세계에서 오로지 이 주소를 가진 사람만 사용할 수 있기 때문에 도메인 관리 기관이 따로 있으며 한 나라에도 엄청나게 많은 도메인이 있기 때문에 국가를 나타내는 도메인은 .kr(대한민국), .jp(일본), .us(미국)등으로 구분하고요, 또한 정부 기관에서는 정부, 즉, government 의 앞자, 즉, .go.kr(우리나라) 을 사용하고요, 필자와 같은 사업자 혹은 개인이라도 도메인을 구입할 수 있으며, 도메인을 가지고 있다는 것은 돈을 주고 샀다는 것이며 일정액의 돈을, 즉, 사용료를 지속적으로 내면서, 즉, 돈을 낸 기간 만큼만 사용하는 것입니다.
따라서 당연히 필자 역시 도메인 2개 값을 지속적으로 내고 있으며 돈을 내지 않으면 도메인은 사라지고 여러분 누구도 필자의 홈페이지에 올 수 없습니다.

7-10-6. 웹 호스팅

도메인이란 주소일 뿐, 예를 들어 여러분이 사는 곳에 주소만 있고, 집이 없으면 어떻게 되겠어요..?

당연히 집이 있어야 들어가서 살 수 있겠죠..??

이와 마찬가지로 도메인이 있어도 도메인을 입력하고 접속했을 때 보여지는 홈페이지가 없다면 집없는 집주소와 같은 것입니다.

이것을 서버라고 하며, 개인용 컴퓨터를 가지고도 서버를 만들 수는 있으나 우선 2사람만 접속해도 버벅거리며 여러 명이 동시에 접속하면 절대로 감당할 수 없습니다.

그래서 개인이 서버를 운용할 수는 있지만, 우선 여러 사람이 접속해도 끄떡 없는 메인프레임급 컴퓨터가 있어야 하므로 사실상 개인은 불가능한 일이고요..

설사 돈이 많아서 서버를 구축했다 하더라도 가장 흔한 웹 서버 공격인 디도스 공격은 물론 각종 해킹, 바이러스, 악성 코드 등을 어떻게 감당하는가 이 말입니다.

그래서 서버를 실질적으로 운영하기 위해서는 유능한 서버 관리 인력이 있어야 하며 그것도 서버 규모에 따라 많인 인력이 필요합니다.

그래서 개인이나 필자와 같은 개인사업자는 서버를 운용하는 것은 사실상 불가능합니다.

그래서 웹호스팅이라는 것이 생겨난 것입니다.

즉, 고성능 서버 및 이 서버를 관리하는 인원을 갖춘 대형 호스팅 업체의 서버를 일정액의 사용료를 내고 그 일부를 임대해서 사용하는 것을 웹호스팅이라고 합니다.

예를 들어 필자는 닷홈과 카페24, 이렇게 2군데에서 웹호스팅을 받고 있는데요, 카페24는 직원이 무려 이천 여명에 이르는 초대형 호스팅 업체입니다.

이런 대형 호스팅 업체에서는 전문 인력을 고용하여 서버를 유지 관리하며 각종 해킹이나 기타 서버 관련 문제를 해결하고 필자와 같이 호스팅 이용자는 일정액의 돈을 내고 안전하게 서버를 이용하는 것입니다.

이렇게 사용하는 필자의 서버가 바로 유튜브에서 '가나출판사' 검색하여 동그라미 속에 들어 있는 필자의 얼굴을 클릭하거나, 검색 엔진에서 '가나출판사' 검색하여 "가나출판사.kr" 링크를 클릭하면 필자의 홈페이지에 접속됩니다.

그러나 이것은 도메인일뿐 도메인으로 접속할 수는 없습니다.

그래서 생겨난 것이 도메인 포워딩입니다.

도메인 포워딩은 도메인을 입력하면 원래 주소 즉, IP Address로 포워딩을 해서 접속하게 해 주는 서비스이고요, 그래서 여러분은 유튜브에서 '가나출판사' 검색하여 동그라미 속에 들어 있는 필자의 얼굴을 클릭하거나, 포털에서 가나출판사 검색하여 검색 결과에서 '가나출판사.kr' 이 들어 있는 링크를 클릭하면 필자의 홈페이지에 접속할 수 있는 것이며..

지금 다루는 e-Book을 만들기 위한 epub 파일을 생성하면서 버튼을 만들고 그 버튼을 클릭하여 필자의 홈페이지에 연결되게 하기 위해서는 여기서는 필자의 도메인을 입력하면 되고요, 필자의 도메인을 입력하고 접속하여 필자의 홈페이지 맨 위의 주소 표시줄에 나타나는 주소를 입력해도 됩니다.

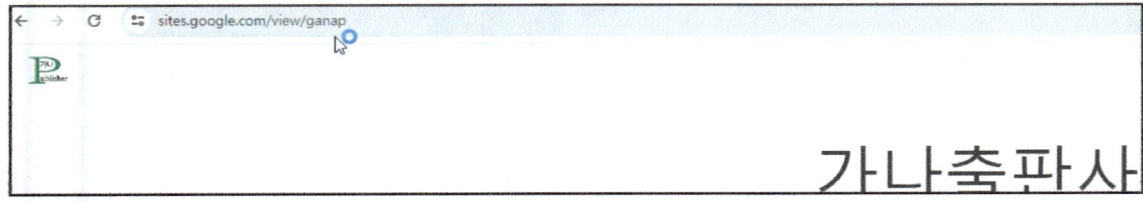

다시 인디자인 화면이고요, 우측 화면에서 링크를 넣을 개체를 선택하고 마우스 우클릭하여 현재 단추이기 때문에, [확인란으로 변환]을 클릭하면 다음 화면이 나타납니다.

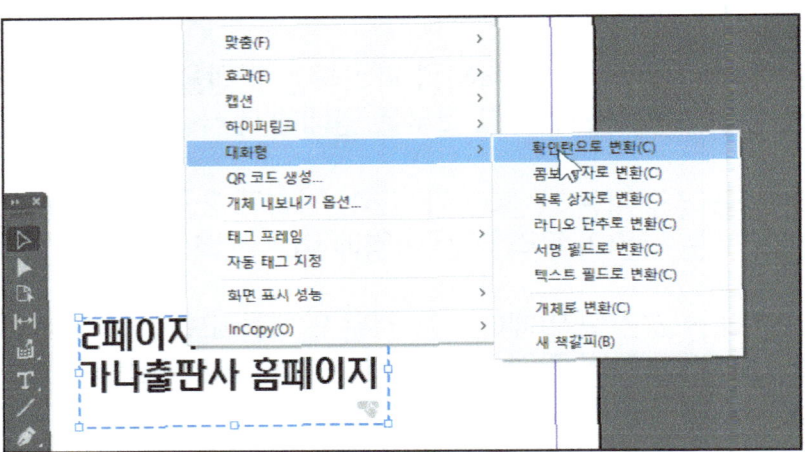

현재 확인란을 선택했기 대문에 좌측 (1)의 표시가 나타나는 것이고요, (2)를 클릭하여 다시 [단추]를 선택하고, (3)을 클릭하여 [클릭할 때]로 선택하고, (4)의 +를 클릭고 URL을 선택하면 다음 화면이 나타납니다.

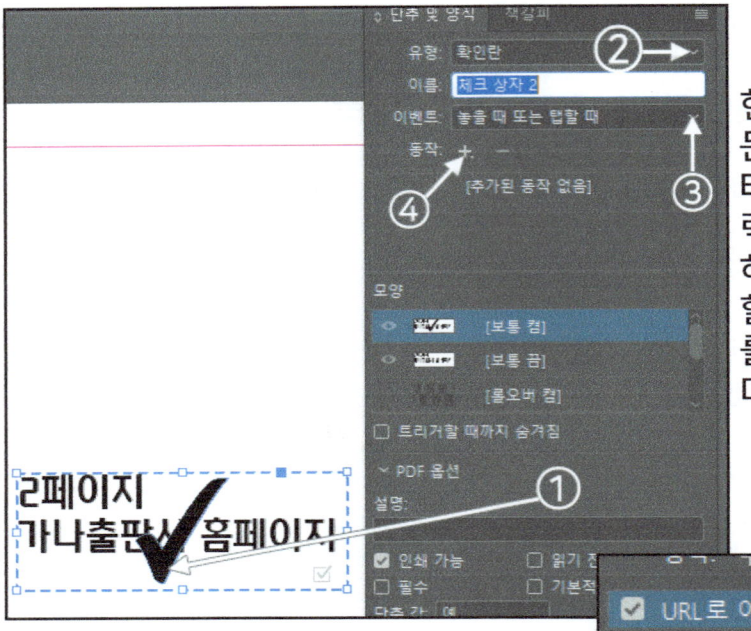

우측 URL 입력란에, 앞에서 서버에 관한 설명을 할 때 설명했던, 필자의 도메인을 입력하고 필자의 홈페이지에 접속했을 때 맨 위의 주소 표시줄에 나타나는 원래 주소를 우측과 같이 입력합니다.

7-10-7. epub 3.0으로 저장

이상 서버에 관한 일반적인 설명을 했고요, 잘 아시는 분도 있을테고요, 난생 처음 듣는 사람도 있을 것입니다만, 이 정도에서 설명을 마치고요, 다시 인디자인에서 [파일]-[내 보내기]를 클릭하여 나타나는 다음 화면..

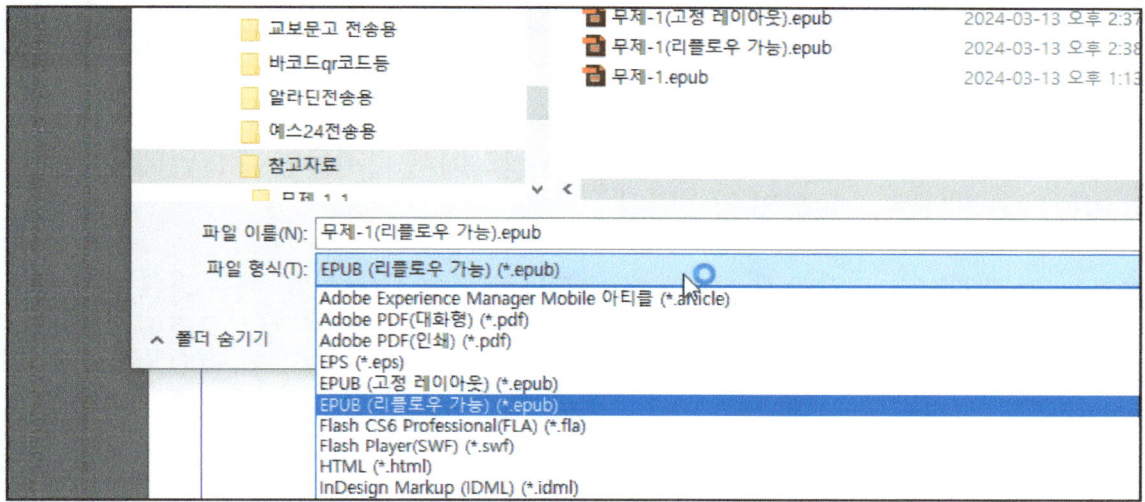

위의 화면에서 마우스가 가리키는 EPUB(리플로우 가능)을 선택하고 저장을 클릭하면 우측 화면이 나타나고요, 지금은 단순 실습이므로 우측 화면에서 [확인]을 클릭하면 epub 파일로 저장이 됩니다.
참고로 필자는 테스트로 어도비 epub 리더를 설치한 것이지만, 여러분은 어도비 epub 리더는 제대로 작동하지 않으므로 다른 epub뷰어를 설치해야 합니다.
PC는 구글 크롬 확장 프로그램 설치, 모바일은 [ReadEra] 앱이 가장 좋습니다.

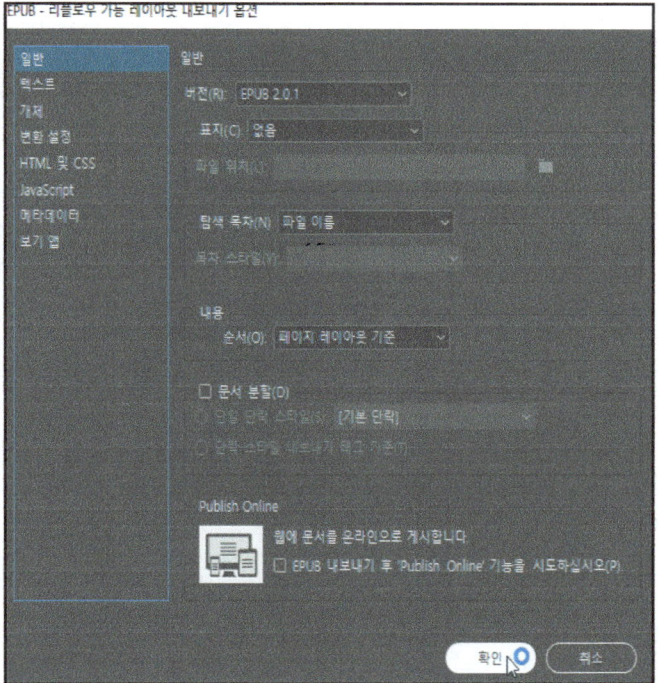

위는 epub 3.0으로 저장하고 어도비 epub 리더에서 읽어들인 모습인데요, 화면이 이상하고 제대로 작동하지 않습니다.

필자가 여러가지 프로그램을 PC와 모바일에서 두루 테스트를 했는데요, 어도비 프로그램보다는 기타의 프로그램이 오히려 훨씬 더 잘 작동하고요, 기기마다 틀리므로 자신이 사용하는 기기에 맞는 epub 뷰어를 설치하는 것이 좋겠습니다.

epub 문서가 아닌 PDF로 전자책을 만들 수도 있고요, 이 경우 우축 화면에서 마우스가 가리키는 [대화형 PDF]로 저장을 해야 합니다.

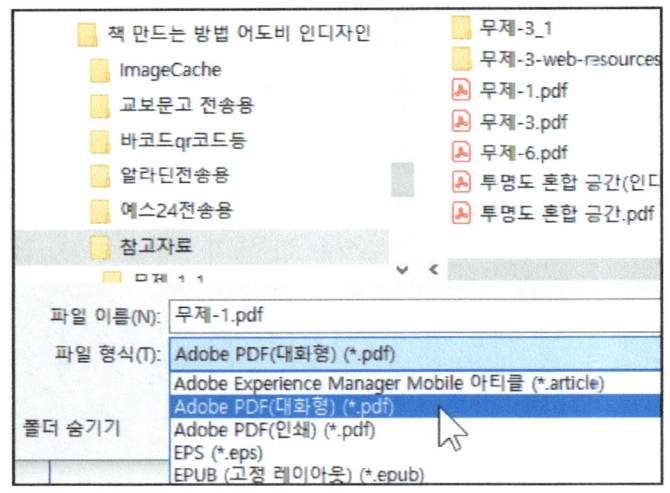

이렇게 저장한 파일을 그냥 PDF로 저장한 파일과 확장자도 똑같고 구분할 수 없지만, 그냥 PDF 파일에서는 실행되지 않는 버튼, 사운드, 링크 등이 대화형 PDF로 저장을 하면 작동을 합니다.

7-10-8. 사운드 삽입

epub 3.0에서는 동영상과 사운드 등을 넣을 수 있습니다.
epub 2.0과 달리 3.0은 사운드와 동영상, 링크 등을 넣을 수 있지만 이 역시 필자가 여러가지 방법으로 테스트를 했지만, 아직은 완벽하게 작동하지 않습니다.

7-10-9. 쪽 번호 넣기

우측 화면 참조, [페이지 패널]에서 먼저 페이지를 한 개 추가를 하겠습니다.
현재 실습하는 문서에 1페이지 추가되어 4페이지 문서입니다.
이 때 지금까지는 그냥 알아보기 쉽게 [1페이지] 이렇게 써 넣었습니다만, 이번에는 실제 쪽번호를 넣어 보겠습니다.
우측 화면 참조, 마스터 페이지를 더블 클릭하여 마스터 페이지로 들어갑니다.
아래 화면 참조, [문자] - [특수 문자 삽입] - [표시자] - [현재 페이지 번호]를

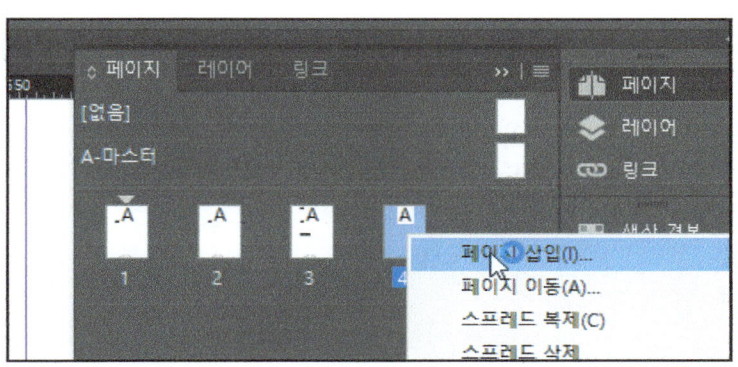

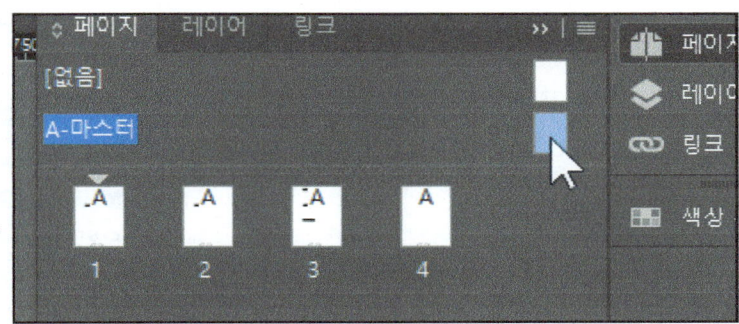

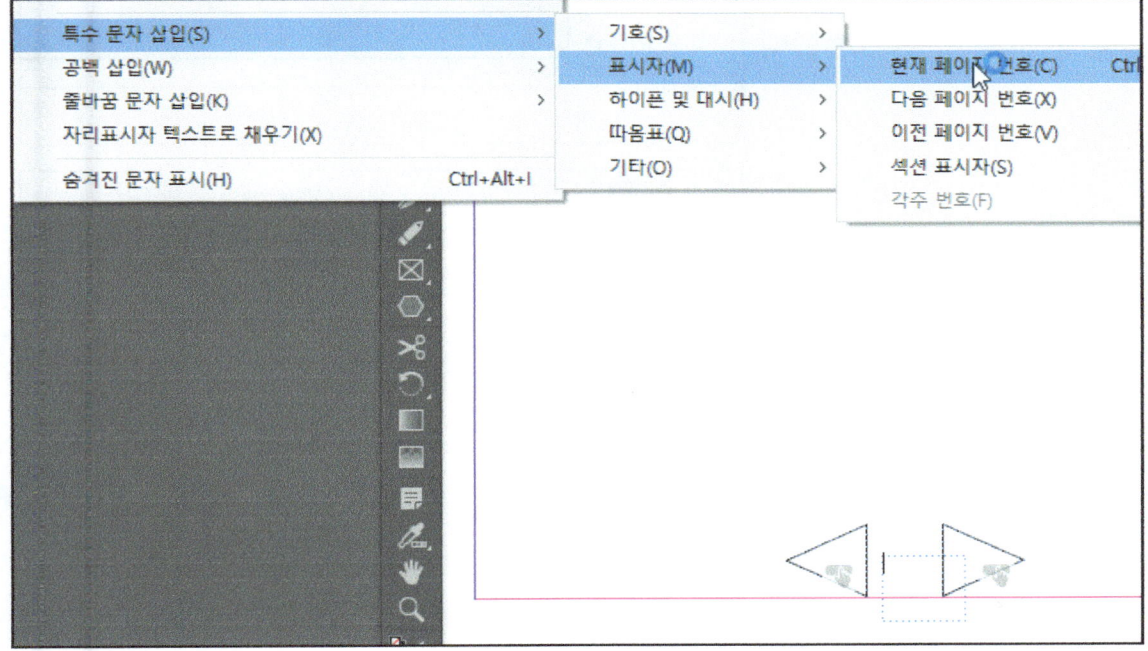

넣습니다.

우측과 같이 나타납니다.

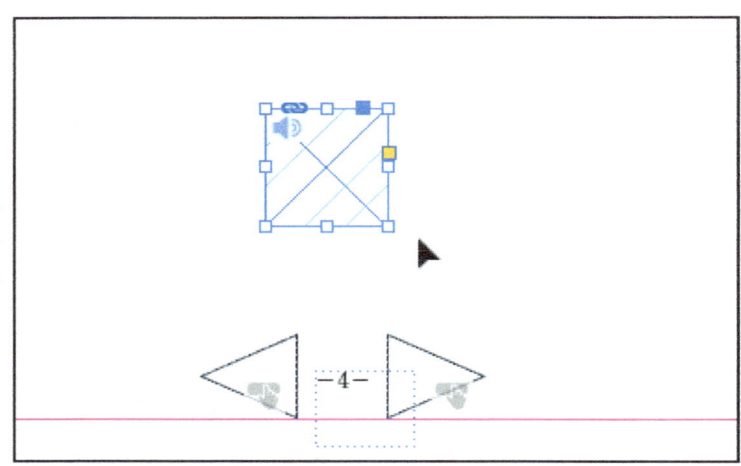

사운드 프레임의 크기를 조절할 수 있습니다만 여기는 일단 그대로 두고 [저장]한 다음, [파일]-[내보내기]를 클릭합니다.

사운드는 PDF 파일은 안 되고요, epub 파일도 우측에 보이는 [epub(고정 플로우)]만 됩니다.

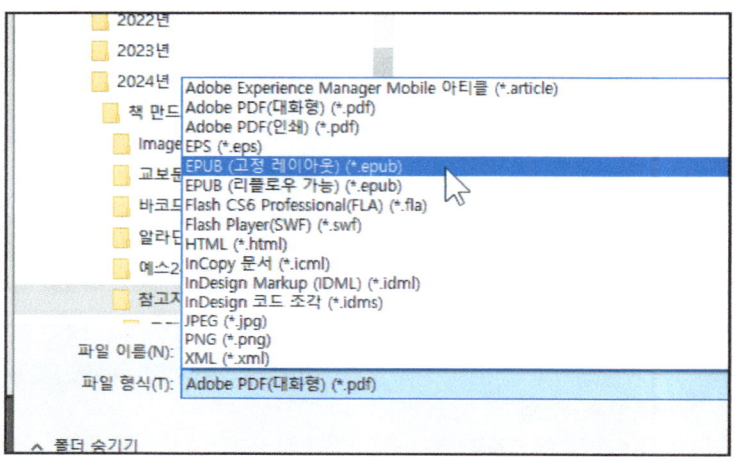

그러나, 아, 사운드를 이렇게 넣었더니 안 되네요.

다음 방법을 사용해야 합니다.

우측 화면 참조하여 먼저 화면에 사각 프레임을 한 개 그립니다.

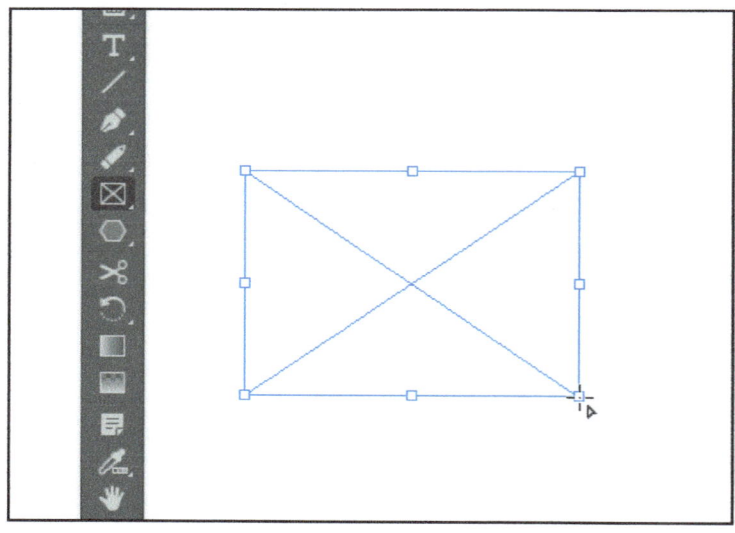

화면에 그린 사각 프레임이 선택된 상태에서 [파일] - [가져오기] 명령으로 다시 사운드 파일을 가져옵니다.

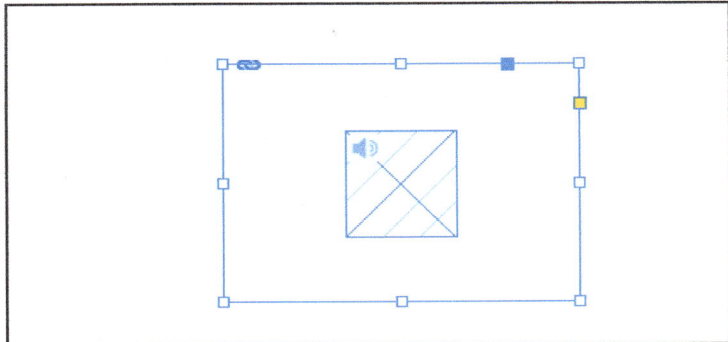

문서를 먼저 저장한 다음, 다시 [파일] - [내 보내기]에서 우측에 보이는 [epub(고정 레이아웃]으로 저장합니다.

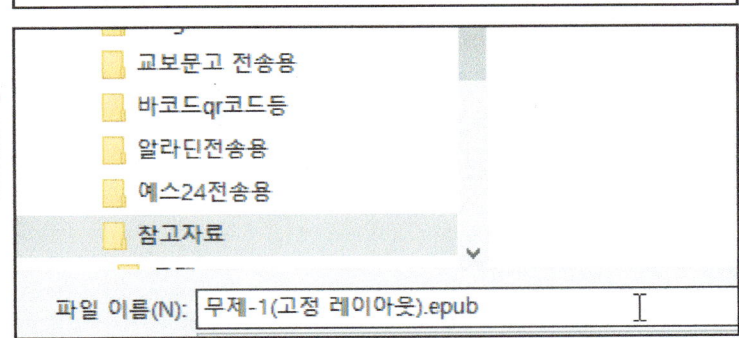

이 때 그냥 저장하면 저절로 epub 파일이 실행이 되면서 사운드가 저절로 실행되어 시끄러운 소리가 납니다.

그래서 다음 방법으로 미리 설정을 해야 합니다.

인디자인 메뉴 [창] - [대화형] - [미디어]를 클릭하면 우측 화면이 나타납니다.

우측 화면에 보이는 체크 박스를 잘 보고 그대로 설정하면 epub 파일이 실행되어도 사운드가 저절로 나오지 않고 실행 버튼을 클릭해야 소리가 나고요, 한 번 실행 해 본 뒤에 버튼이 잘 보이게 크기를 조절하면 됩니다.

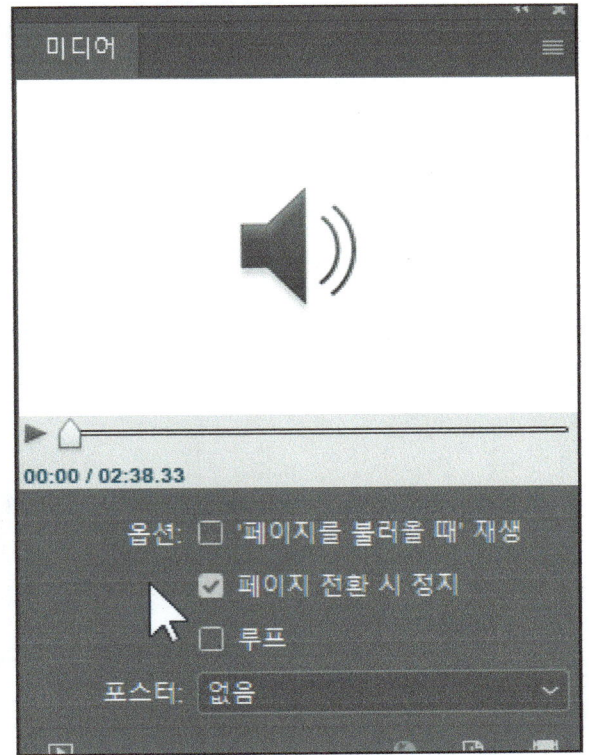

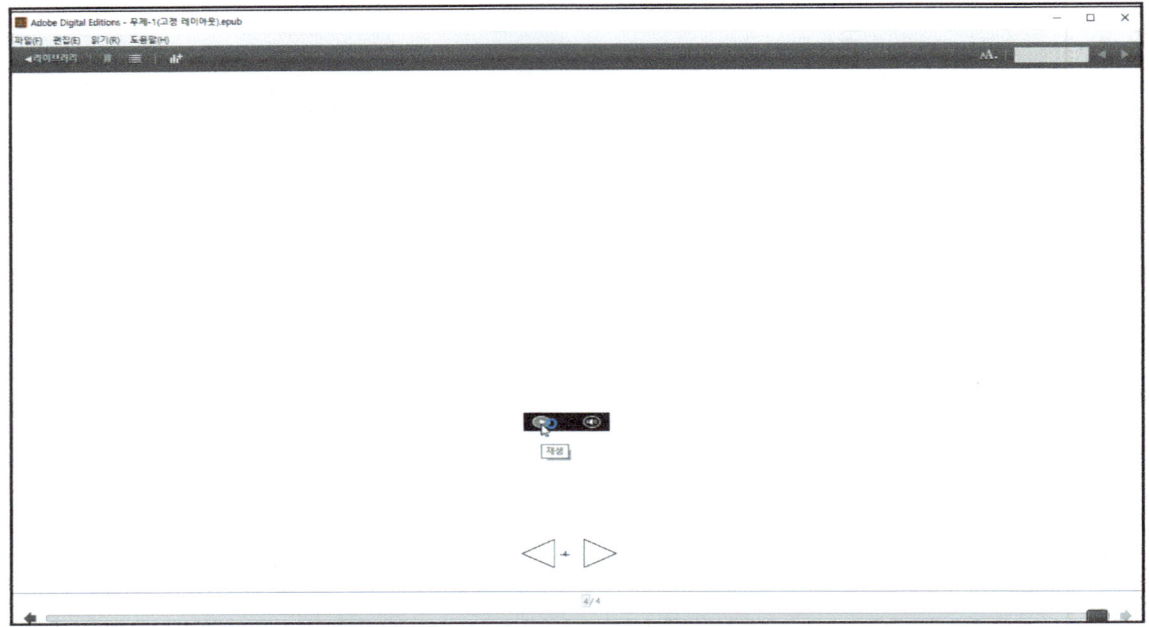

이제 저장된 epub 파일을 실행하면 위와 같이 나타나며 사운드 실행 버튼을 클릭하면 음악이 나옵니다.

7-10-10. 동영상 넣기

여러분이 어도비 프리미어를 모른다면 동영상은 아예 취급하지 않는 것이 좋습니다.

따라서 일단 동영상을 취급한다면 동영상 편집의 최강자 어도비 프리미어 프로그램을 꼭 익히셔야 하고요, 어도비 프리미어를 알건 모르건 동영상은 e-Book에서는 실행하기 어렵다는 것을 아시기 바랍니다.

동영상은 기본적으로 용량이 너무 큽니다.

예를 들어 이 책과 같은 문서에 동영상을 많이 넣고 전자책으로 내 보낸다면 내보내는 시간이 상상을 초월할 정도로 많이 걸리고요, 아마 제대로 되지 않고 에러가 나서 중단될 것입니다.

웬만한 동영상도 어쩌면 이 책의 용량보다 몇 곱절 ~ 수 십, 수 백, 수 천 배 용량이 더 크기 때문입니다.

그러나 앞에서 필자의 홈페이지 링크를 해서 e-Book 에서 링크를 클릭했을 때 필자의 홈페이지가 열리도록 하는 실습을 했었는데요, 동영상 역시 e-Book에 넣는 것은 사실상 불가능하기 때문에 링크를 넣을 수는 있습니다.

그러나 아쉽게도 인디자인은 어도비사이고요, 어도비사는 마이크로소프트사에서 인수를 하였고요, 마이크로소프트사와 구글은 경쟁 관계이고요, 유튜브는 구글에서 운영하고요, 그래서 인디자인에서는 유튜브 동영상 링크는 허용하지 않습니다.

명목상으로는 보안이 적용된 https:// 프로토콜을 사용하기 때문이라도 설명은 나오지만, 실상은 필자 생각에 바로 위에 설명한 내용 때문으로 보입니다.

그래서 이 책은 어도비 인디자인으로 만들지만 어도비 epub 뷰어에서는 제대로 작동하지도 않고 로딩 속도도 느리고 작동 속도도 무진장 느리기 때문에 PC에서는 구글 크롬 확장 프로그램을 설치하고요, 모바일에서는 [ReadEra] 앱을 설치하는 것이 가장 좋습니다.
PC에서 설치하는 방법은 탐색기에서 epub 파일 선택하고 마우스 우클릭하여 연결 프로그램을 Chrome(구글 크롬)으로 선택하면 구글 크롬 웹 브라우져에서 확장 프로그램을 설치하겠느냐고 물어보면 예라고 대답하면 됩니다.

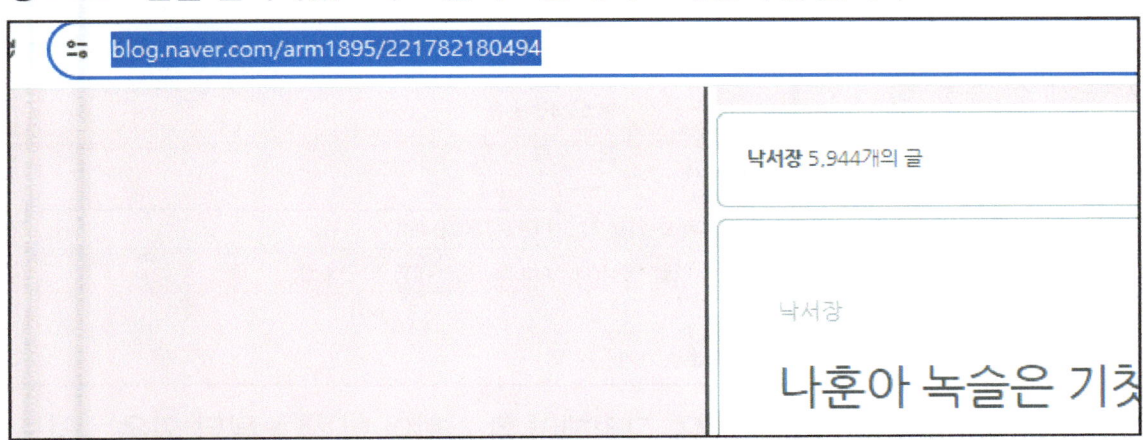

필자는 컴퓨터를 많이 하기 때문에 머리 어깨 무릎 팔 다리.. 안 아픈 곳이 없습니다.
그래서 가끔씩 쉬면서 노래를 부르고 이것을 필자의 [유튜브 채널]이나 블로그에

올리곤 하는데요, 유튜브 동영상은 링크가 안 되므로 앞의 화면은 필자의 네이버 블로그에 올린 노래 중의 하나이고요, 이 노래를 올린 포스트가 있는 웹 주소를 복사를 합니다.

우측 (1)과 같이 텍스트를 입력하고 [선택 도구]로 선택한 다음, (2)는 [클릭 할 때], (3)의 + 를 클릭하여 (4)에 앞에서 필자의 블로그에 노래를 올린 포스트 웹 주소 복사한 것을 붙여 넣습니다.

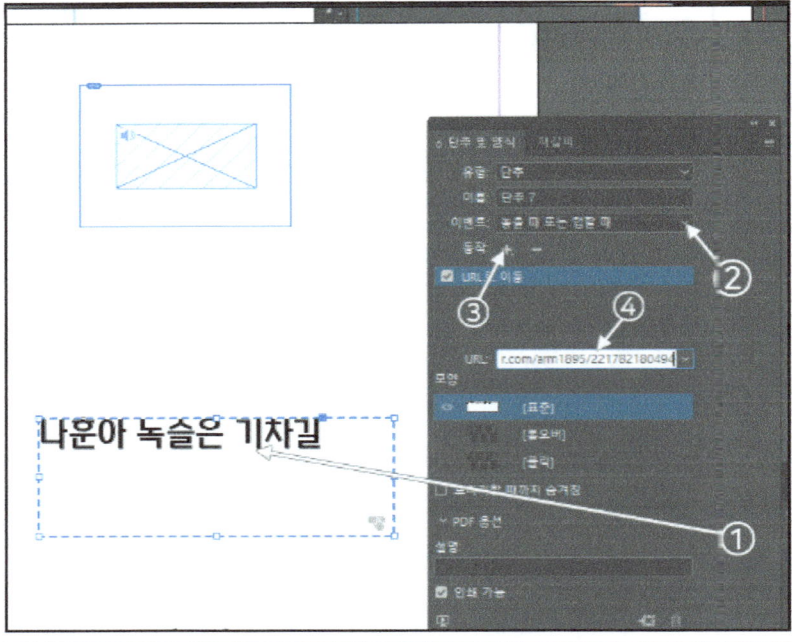

이렇게 하고 [파일] - [내 보내기]를 하는데요, epub 파일은 안 되므로 우측 화면 참조하여 [PDF(대화형)]으로 저장을 해야 합니다.

참고로 지금은 전자책 만들기 실습을 하면서 전자책이 이렇게 만들어진다는 것을 보여드리는 것이지만, 실제 전자책은 이렇게 만들어서는 안 됩니다.

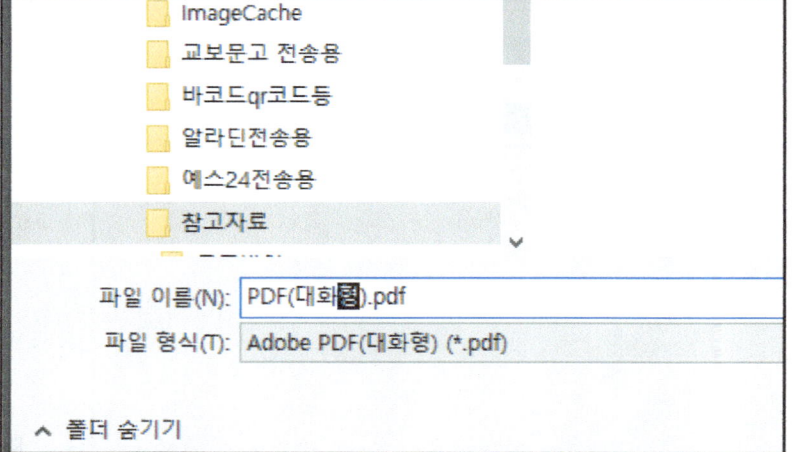

전자책은 우선 전자책 단말기에 보이도록 해야 하는데요, 고려해야 할 사항이 이 책을 달달 외우는 것보다 많다고 해도 과언이 아닐 정도로 매우 매우 많이 고려하고 신경을 써야 합니다.

단말기도 헤일 수 없이 많고요, 전용 전자책 뷰어로 나온 단말기도 많이 있지만, 스마트폰에서도 전자책을 볼 수 있습니다. PC 에서도 볼 수 있고요..

지금은 그런 잡다한 설명은 생략하고요, 일단 전자책 구현하는것만 설명을 하도록 하겠습니다.

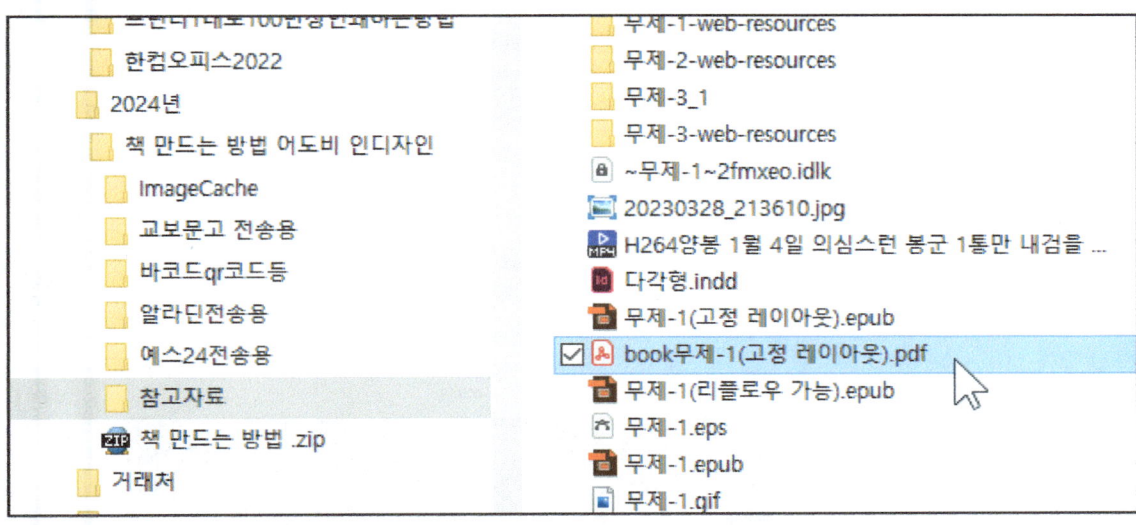

지금 어도비 인디자인에서 전자책, epub 3.0 파일을 만드는 것이고요, 이렇게 만들어진 epub 파일은 앞에서 설명한 이유로 어도비 epub 리더에서는 열리지 않으므로 다른 epub 뷰어를 설치해야 하고요, 전자책을 보시는 분이라면 지금 이 글에 들어 있는 링크를 클릭하시면 필자가 올려 놓은 동영상을 보실 수 있습니다.

이제 PC에서는 위의 파일을 더블 클릭해서 실행하면 PDF 뷰어가 실행이 되면서 완벽하게 작동을 합니다.

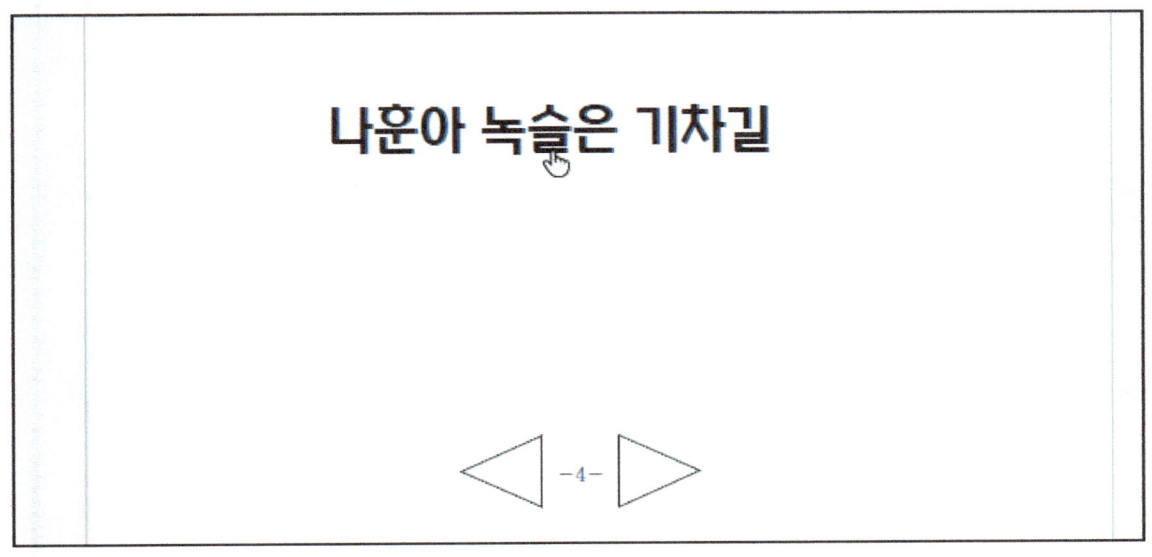

앞의 화면은 아까 인디자인에서 만든 문서 4페이지에 필자의 블로그에 있는 해당 노래 동영상이 있는 웹 문서의 주소를 링크한 것이고요, 클릭하면 완벽하게 필자의 [네이버 블로그]에 올려 놓은 해당 포스트로 이동을 합니다.

위와 같이 완벽하게 필자의 블로그의 해당 노래가 올라가 있는 포스트가 있는 페이지가 실행이 됩니다.

그러나 필자가 여러가지 방법으로 대부분 테스트를 해 보았는데요, 일단 위에 보이는 것과 같이 PC에서는 제대로 실행이 되지만, 스마트폰에서는 제대로 실행되는 뷰어도 있고요, 제대로 실행되지 않는 뷰어도 있습니다.
PC에서도 제대로 실행되는 epub 뷰어도 있고, 그렇지 않은 epub 뷰어도 있으므로 자신의 상황에 맞는 epub 뷰어를 설치해야 합니다.

필자가 여러가지 방법으로 테스트를 해 보았는데요, PC에서는 구글 크롬 확장 프로그램이 가장 좋고요, 모바일에서는 [ReadEra] 앱이 가장 좋습니다.
PC에서 epub 파일을 선택하고 마우스 우클릭하여 연결 프로그램을 Chrome(구글 크롬)으로 선택하면 구글 크롬 웹브라우저에서 확장 프로그램을 설치하겠냐고 물어오며 예라고 대답하면 됩니다.

7-10-11. epub 문서에 동영상 및 사운드 넣기

동영상은 용량이 크기 때문에 필자의 경우 유튜브에 올린 동영상을 링크를해서 전자책을 만들고 있고요, 자신의 기기에 맞는 epub 리더에서 볼 수 있습니다.

동영상을 직접 e-Book에 삽입한다면, 책 한 권의 용량은 천차만별이지만, 저사양의 리더기를 사용하는 사람들도 있으므로 용량이 너무 크면 안 됩니다.

e-Book을 읽어들이는 단말기의 종류가 많기 때문에 1Gb 이상의 epub 파일을 읽어들이는 단말기도 있는 반면 고작 100Mb 만 되어도 버벅거리는 단말기도 있습니다.(구글 크롬에서는 100Mb 이상은 불가합니다.

그러나 필자가 이 책의 원고 용량을 보니 전자책으로 내 보낸 파일 즉, epub 파일의 용량은 A4 용지 크기 320페이지인데요 고작 약 48Mb 밖에 안 됩니다.

따라서 epub 3.0만 지원된다면 아무리 뒤지는 단말기라도 전혀 상관이 없습니다.

파일명	날짜	유형	크기
mobizen_20240317_173451.mp4	2024-03-17 오후 5:37	MP4 - MPEG-4 ...	85,956KB
mobizen_20240318_124611.mp4	2024-03-18 오후 12:49	MP4 - MPEG-4 ...	137,970KB
Screenshot_20240319_104626_Cx File Explorer.jpg	2024-03-19 오전 10:46	JPG 파일	320KB
납본서(책 만드는 방법).hwp	2023-08-16 오전 10:55	한컴오피스 한글	128KB
책 만드는 방법 표지.hwp	2023-03-26 오전 11:12	한컴오피스 한글	130KB
책 만드는 방법 (600x800).epub	2024-03-18 오전 12:00	EPUB 문서	48,582KB
책 만드는 방법 (600x800)여백20.epub	2024-03-18 오전 12:10	EPUB 문서	58,961KB
책 만드는 방법 (840x1200).epub	2024-03-17 오후 11:58	EPUB 문서	65,508KB
책 만드는 방법 (노패턴).pdf	2024-03-07 오후 10:46	Adobe Acrobat 문...	32,815KB
책 만드는 방법 (리플로우 가능).epub	2024-03-19 오전 3:15	EPUB 문서	48,038KB
책 만드는 방법 (전자책) 사본.indd	2024-03-19 오후 6:21	InDesign Docume...	7,048KB
책 만드는 방법 (전자책).indd	2024-03-19 오후 6:20	InDesign Docume...	790,108KB
책 만드는 방법 (종이책).indd	2024-03-19 오후 5:16	InDesign Docume...	791,0 4KB

위의 (1)은 원본 파일이고요, (2)와 같이 원본 파일의 용량은 약 790Mb 이지만, 전자책, 즉, epub 3.0 으로 저장한 (3)의 파일은 (4)와 같이 고작 약 48Mb 밖에 안 됩니다.

이 책의 총 페이지는 312페이지이고요, 헤일 수 없이 많은 삽화가 들어 갔지만, 전자책으로 저장한 파일의 용량은 고작 약 48Mb입니다.
동영상을 직접 넣지 않고 필자의 [유튜브 채널]에 있는 영상에 링크만 시켰기 때문입니다.
동영상은 웬만한 동영상도 몇 Gb~수십, 수백 Gb가 됩니다.
다시 말해서 이런 동영상을 e-Book에 넣었다가는 전세계 어떠한 전자책 리더기에서도 읽어 이지 못 합니다.
다만 여기서는 epub 파일에 동영상과 사운드를 넣는 방법만 기술하는 것이고요, 자신이 제작하는 epub 파일에 동영상을 넣을 것인지는 본인이 판단해야 합니다.
꼭 필요한 경우 최소한의 용량으로 제작해서 넣어야 한다는 뜻입니다.
그리고 인디자인에서 지원하는 동영상도 매우 제한적입니다.
사운드는 MP3파일, 동영상은 H.264 코덱으로 만들어진 MP4 파일만 지원을 합니다.

어도비 프리이머를 잘 아는 사람은 간단한 일이지만, 어도비 프리미어를 모르는 사람은 어려운 일인데요, 아래 파일은 이렇게 MP3 파일과, 어도비 프리미어 에서 H.264 코덱으로 렌더링한 MP4 파일입니다.

우측 화면 참조, 동영상이 들어갈 곳에 사각 프레임을 만들고 사각 프레임이 선택된 상태에서 [파일] - [가져오기] 명령을 내립니다.

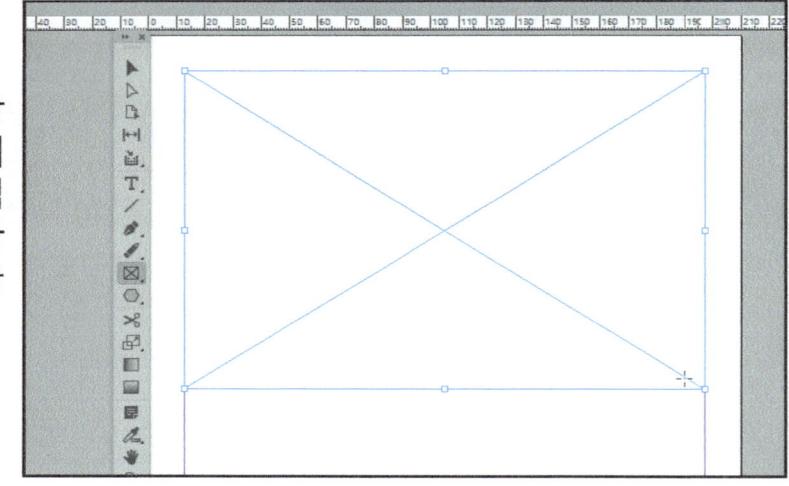

그런데 무슨 이유에서인지 동영상을 직접 넣으면 문제가 있습니다.
동영상을 넣어서는 어떠한 방법을 써도 동영상이, 동영상을 넣었다는 표식조차도 나타나지 않습니다.

그러나 동영상 하단에 사운드를 불러와서 삽입하면 동영상도 보이고 동영상 콘트롤도 보이고 실행 및 중지할 수 있고요, 사운드도 따로 실행 가능합니다.

우측과 같이 먼저 사각 프레임을 그리고 [파일]-[불러오기]를 하여 동영상 파일을 더블 클릭하면 아래와 같이 사각 프레임 안에 맞게 동영상이 나타납니다.

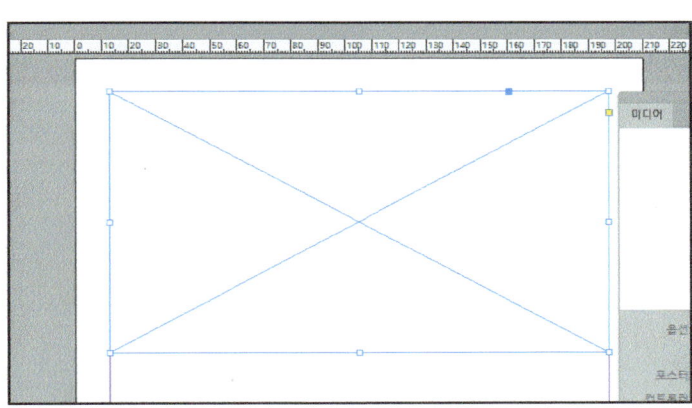

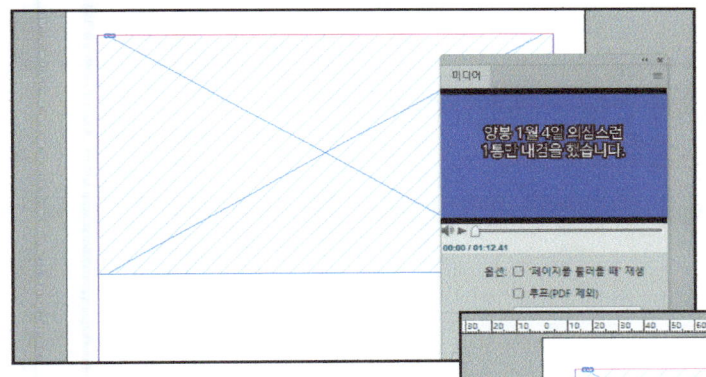

메뉴 [창]-[대화형]-[미디어]를 클릭하면 좌측에 보이는 미디어 패널이 나타나서 미리보기도 됩니다.

우측에 보이는 것과 같이 동영상 밑에 또 하나의 프레임을 그립니다.

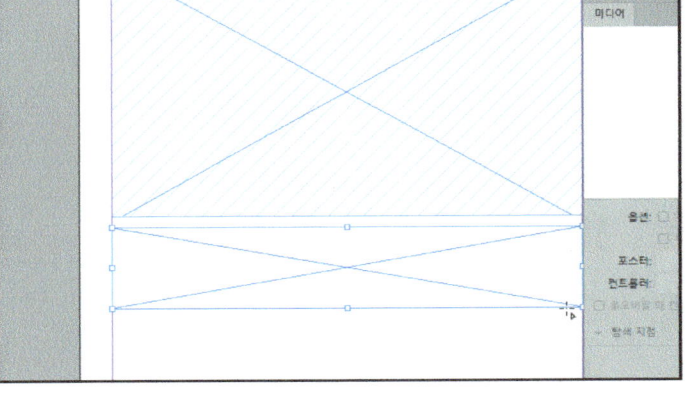

그리고 다시 [파일] - [가져오기] 명령으로 아까 보았던 MP3 파일을 가져옵니다.

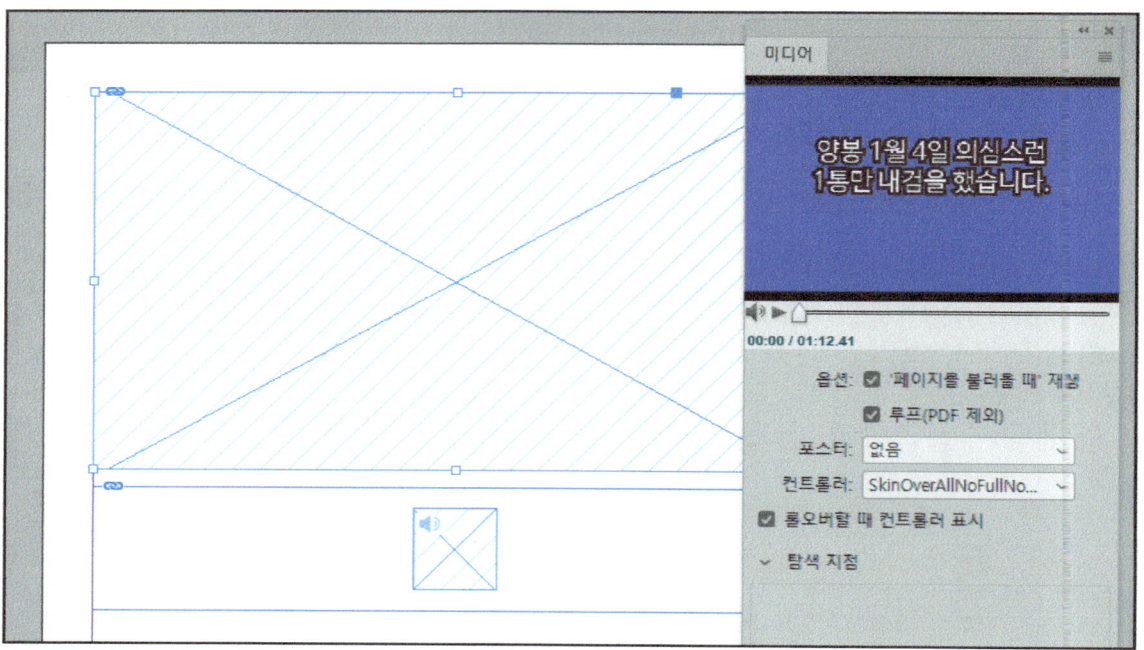

동영상을 선택하고 위에 보이는 것과 같이 설정합니다.
사운드를 선택하고는 아래와 같이 설정합니다.

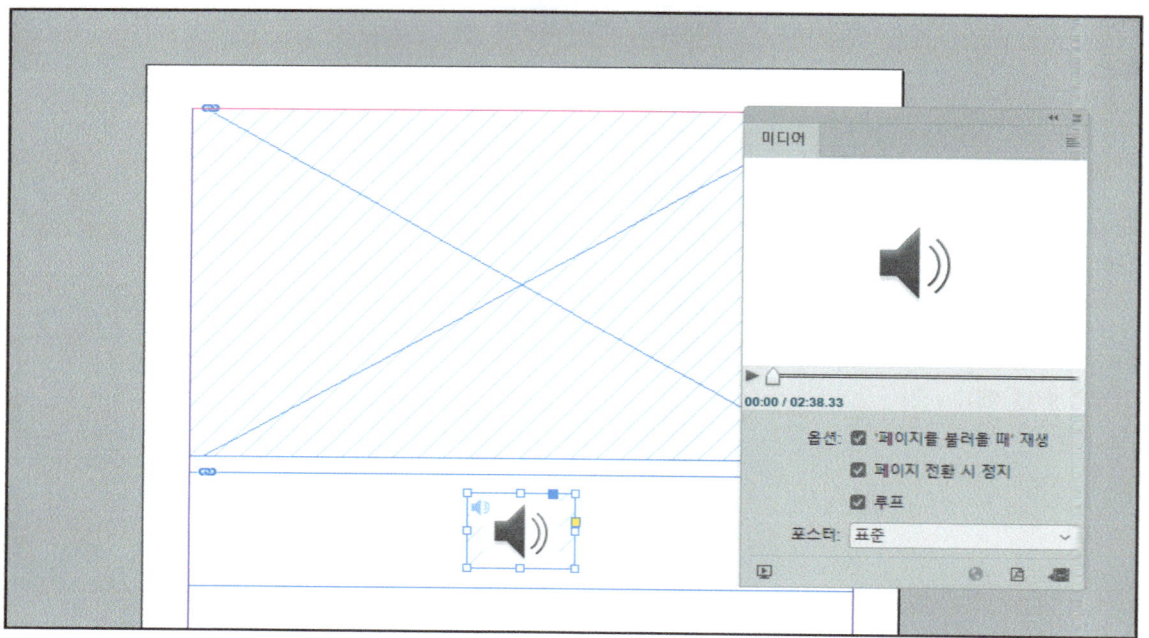

이렇게 지정을 하고 일단 저장을 한 뒤에 다시 [파일] - [내 보내기] 명령으로 epub 파일로 저장을 합니다.

아래와 같이 동영상 밑에 아무 상관도 없는 엉뚱한 사운드를 넣었더니 동영상도 보이도 동영상 및 사운드 제어 콘트롤도 보입니다. 허허 참.. 입니다...

그러나 PC에서 어도비 epub 뷰어에서는 실행되지만, 모바일에서는 여러 epub 뷰어로 테스트를 했지만, 모두 실행이 안 되었습니다.
이 역시 필자의 추측입니다만, 어도비사를 마이크로소프트사에서 인수를 하고 구글과는 경쟁 관계이기 때문에 구글에서 운영하는 유튜브나 구글 크롬에서 동영상을 열리지 않도록 하기 때문으로 보입니다.
그러나 사실 문제는 없습니다.
필자의 경우 동영상은 단 한 개도 넣지 않았고요, 이 책에 헤일 수 없이 많이 넣은 링크는 모두 유튜브에 올린 동영상에 링크를 한 것입니다.
이 경우 어도비 epub 뷰어에서는 실행이 안 되지만, 어도비 epub 리더가 아닌 다른 뷰어에서는 완벽하게 작동하므로 epub 3.0 으로 저장을 해도 전혀 문제가 없습니다.
유튜브는 구글에서 운영하기 때문에 이 책에서 유튜브 동영상 링크를 넣은 것은 PC에서는 구글 크롬 확장 프로그램으로, 모바일에서는 [ReadEra] 앱을 설치하면 가장 잘 실행되는 이유이기도 합니다.

따라서 여러분이 이 책을 전자책으로 보신다면 PC는 구글 크롬 확장 프로그램으로, 모바일에서는 ReadEra 앱앱으로 보시는 것이 가장 좋습니다.

그리고 국내 e-Book 취급 서점에서 최근에는 아예 PDF 전자책과 epub 전자책을 동시에 제공하는 서비스를 시행하기도 합니다.

그러나 PDF 문서의 경우 종이책과 똑같은 판형을 유지하기 때문에 모바일에서도 볼 수는 있지만, 모바일의 작은 화면으로 종이책을 봐야 하므로 글씨가 작아서 불편합니다.

화면을 확대할 수는 있지만, 불편하고 글씨가 깨끗이 보이지 않을 수도 있습니다.

그래서 epub(리플로우) 파일로 저장을 하는 것이며 이렇게 만든 전자책은 어떠한 단말기 혹은 모바일에서도 화면 크기에 따라 자동으로 크기가 조절되기 때문에 누구든지 어디에서나 전자책을 편리하게 볼 수 있지만, 앞에서 소개한 멀티미디어, 웹 문서 링크 등은 어도비 epub 뷰어에서는 작동하지만 다른 뷰어는 안 됩니다.

그래서 필자가 집필하는 전자책에는 동영상이든 사운드이든 멀티미디는 단 한 개도 직접 넣지 않았고요, 모두 필자의 [유튜브 채널]에 올린 동영상이나 필자의 블로그에 올린 포스트를 링크한 것입니다.

7-10-12. DRM 전자책 보안

전자책은 무거운 책을 들고 다니지 않아서, 하다못해 스마트폰에서도 언제 어디서나 쉽게 접할 수 있는 장점이 있지만, 파일이기 때문에 불법 복제라는 커다란 문제가 있습니다.

작가들은 책을 써서 인세로, 서점에서는 책, 전자책을 팔아서 수익을 내는 것인데 불법으로 복제를 해 버리면 작가도, 서점도 살 수 없기 때문입니다.

그래서 전자책 보안은 항상 이슈가 되고 있으며 얼마전 국내 인터넷 서점 업체인 알라딘이 해킹을 당한 사건이 매스컴에 보도되기도 했는데요, 일단 PDF는 보안이 매우 취약합니다.
그러나 epub 파일은 보안이 강력합니다.

물론 이 세상에 어떠한 것도 완벽한 것은 없으므로 epub 파일도 완전 무결한 것은 결코 아닙니다.

그러나 여러분이 전자책을 만들었다 하더라도 그것을 개인이 유통하기는 어렵습니다.

필자의 경우 교보문고, 예스24, 알라딘 및 전국의 유명 서점에서 팔리고 있는데요, 여러분이 전자책을 만들어도 마찬가지로 이들 대형 서점 및 전자책 전문 서점과 계약을 해서 위탁 판매를 하게 됩니다.

이 경우 대형 서점에서 보안 문제는 책임지고 떠 안고 있으므로 책을 쓰는 작가는 이 문제는 신경 쓰지 않아도 됩니다.

전자책에서는 DRM(Digigal Rights Management) 이라는 방법으로 불법 복제를 방지하는 방법이 있으며 국내의 경우 대형 서점인 교보문고나 예스24, 알라딘 등에서는 여기에 더해서 자체 보안을 유지하므로 필자나 여러분이 이 문제로 고민할 필요는 없습니다.

이 책은 종이책과 전자책, 이렇게 2가지를 염두에 두고 집필을 하고 있습니다.

어차피 동일한 책이므로 종이책이나 전자책이나 원고는 동일합니다.

다만 종이책은 인쇄용 PDF로 저장을 하고 e-Book는 epub 3.0 으로 저장하는 것만 다를 뿐입니다.

그리고 필자가 여러가지 방법으로 테스트를 했는데요, 지금 이 책을 집필하는 어도비 인디자인이 아닌 다른 저작툴에서는 e-Book의 규격(화면 크기)에 대해서 비교적 자세하고 다양하게 취급하지만, 필자의 경우 현재 이 책의 기본 규격은 종이책 규격인 A4사이즈이고요, 어차피 epub 3.0 은 어떠한 단말기이든 해당 기기에 최적화된 사이즈로 보여주고요, 필자의 테스트 결과로는 지금 현 상태인 A4 사이즈 그대로 epub 3.0 으로 저장하는 것이 모바일에서 가장 보기 좋게 보였습니다.

7-10-13. 패스/패스파인더

패스는 앞에서도 설명했습니다만, 인디자인에서 사각형을 그리거나 원형, 다각형 등의 도형을 그리면 그 도형의 테두리도 패스가 되며, 펜툴을 이용하여 패스를 직접 그릴 수도 있습니다.

그러나 패스파인더는 원래 일러스트에 있는 기능인데요, 인디자인이 어도비사의 프로그램군이다보니 인디자인에서 패스파인더 기능이 들어간 것으로 보입니다.

패스파인더는 패스를 분할하거나 합치는 기능입니다.

우측과 같이 원과 사각형을 겹치게 그립니다.

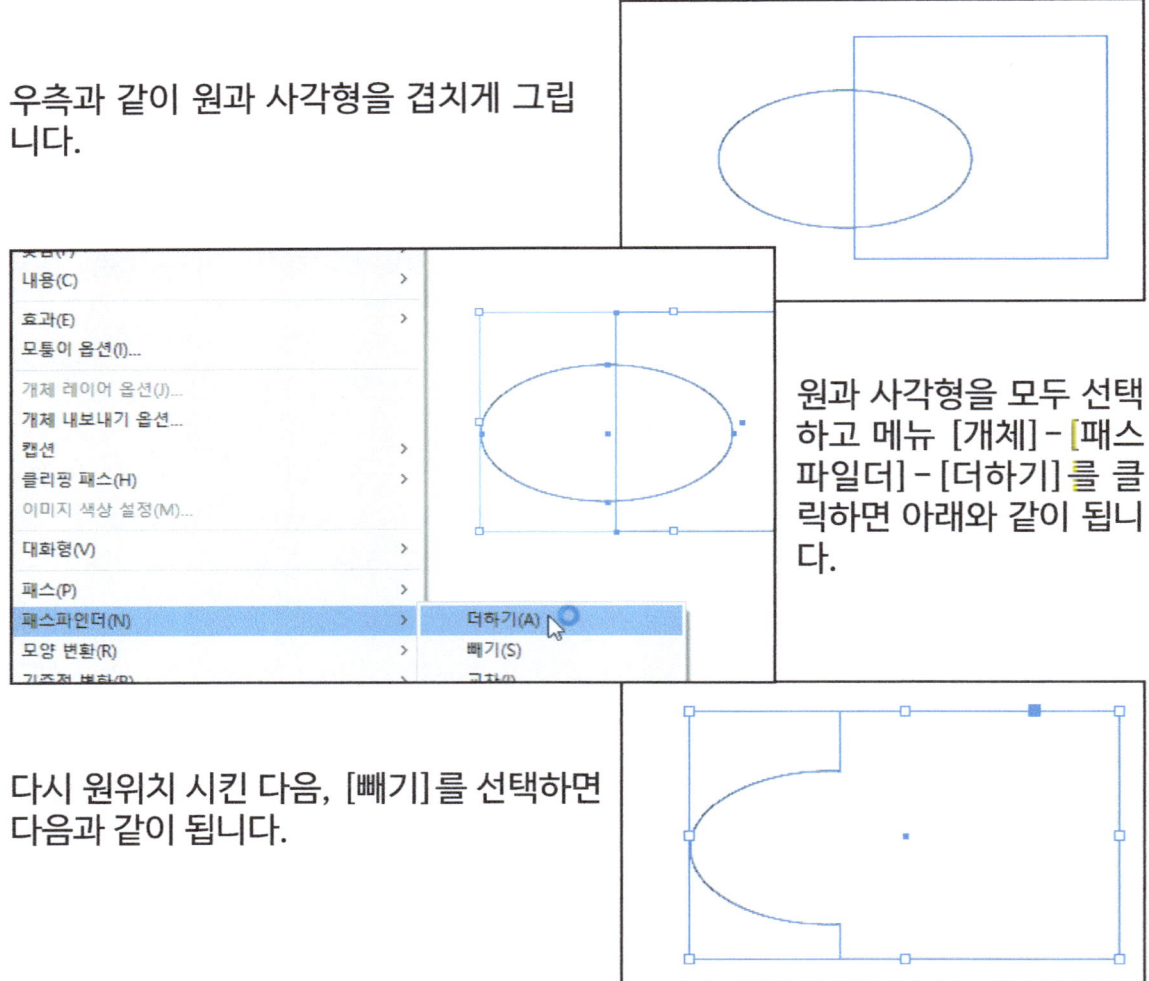

원과 사각형을 모두 선택하고 메뉴 [개체] - [패스파일더] - [더하기]를 클릭하면 아래와 같이 됩니다.

다시 원위치 시킨 다음, [빼기]를 선택하면 다음과 같이 됩니다.

다시 원위치 시킨 다음, [교차]를 선택하면 아래와 같이 됩니다.

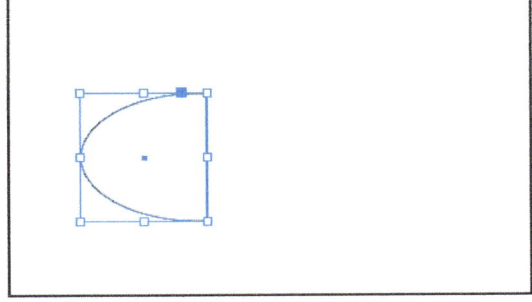

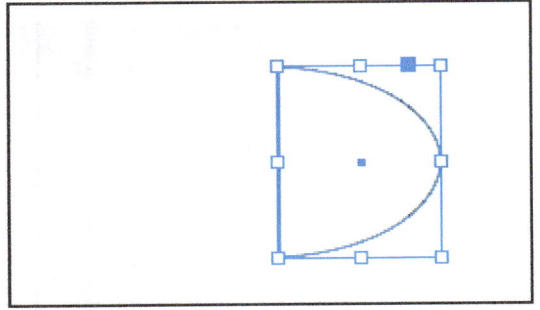

다시 원위치 시킨 다음, 이번에는 우측과 같이 원과 사각형의 면에 각각 다른 색상을 입힌 다음, [오버랩 제외]를 클릭하면 다음과 같이 됩니다.

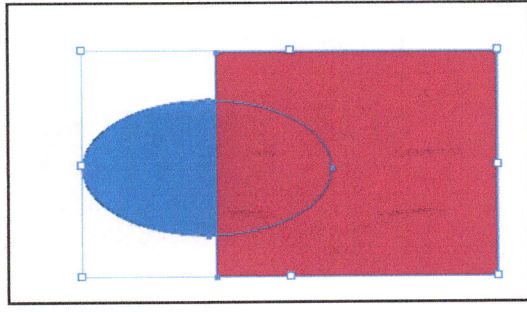

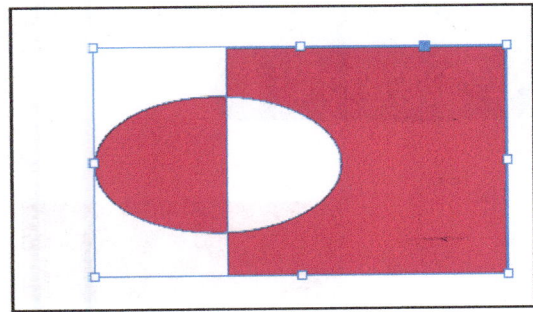

다시 원위치 시킨 다음, 이번에는 [이면 개체 제외]를 클릭하면 아래와 같이 됩니다.

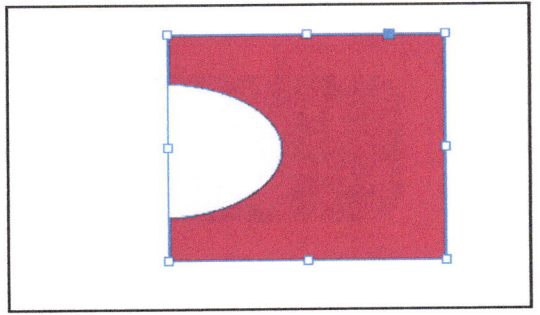

7-10-14. 모양 변환

두 도형을 서로 분리한 다음, 우측 화면에 보이는 것과 같이 원을 선택하고 메뉴 [개체] - [모양 변환] - [사각형]을 선택하면 아래 화면과 같이 원이 사각형으로 변환됩니다.

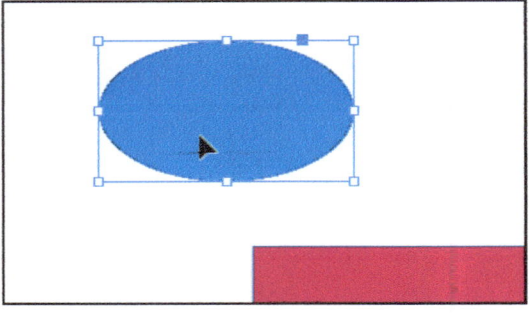

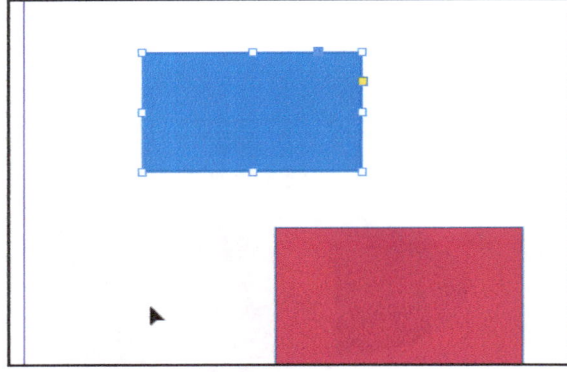

좌측과 같이 사각형이 선택된 상태에서 메뉴 [개체] - [모양 변환] - [모서리가 둥근 사각형]을 클릭하면 아래와 같이 모서리가 둥근 사각형으로 변합니다.

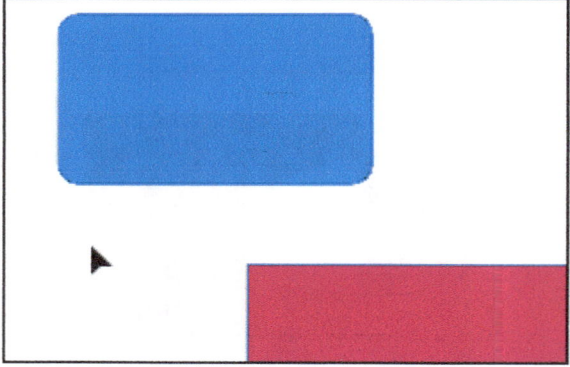

아래는 모서리가 경사진 사각형, 아래 우측은 모서리가 거꾸로 둥근 사각형

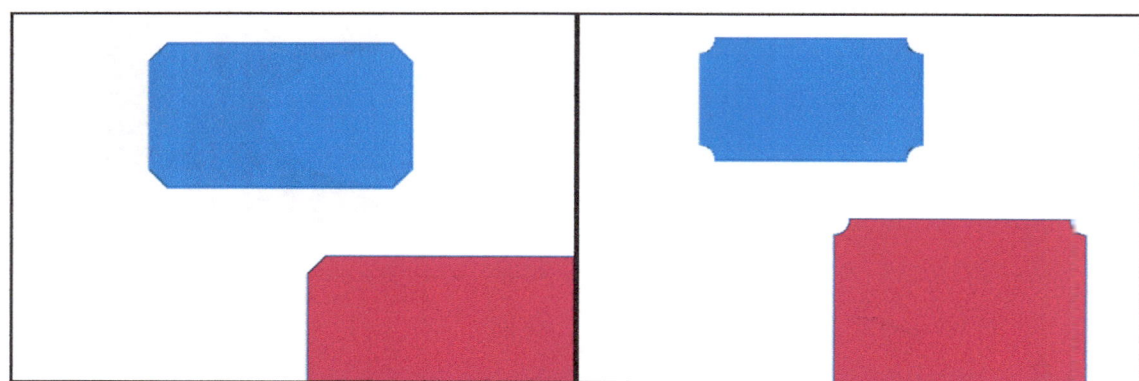

아래는 타원, 아래 우측은 삼각형

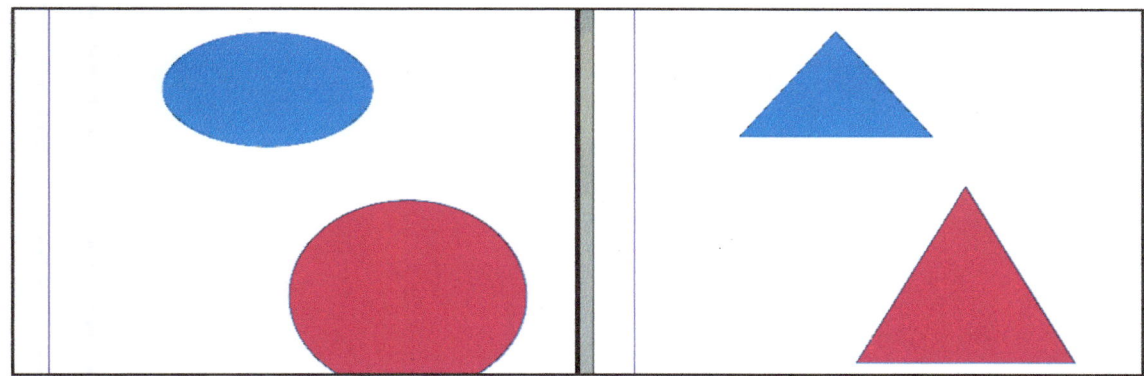

아래는 선, 아래 우측은 삼각형

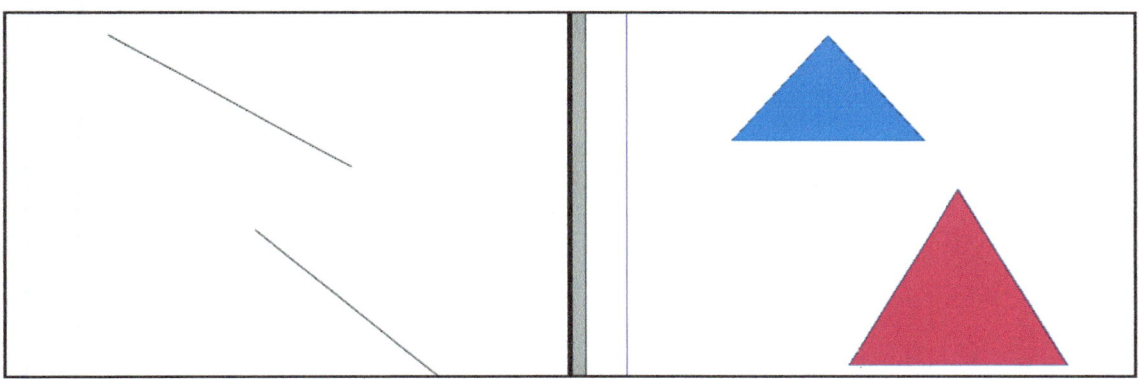

제 8 장 [표] 메뉴

8-1. 표 만들기

8-1-1. 표 삽입

메뉴 [표]-[표 만들기]를 클릭하면 우측 화면이 나타나고요, 수치는 조절할 수 있고요, 기본 값으로 확인을 클릭하면 아래 화면에 보이는 것과 같이 표가 만들어집니다.

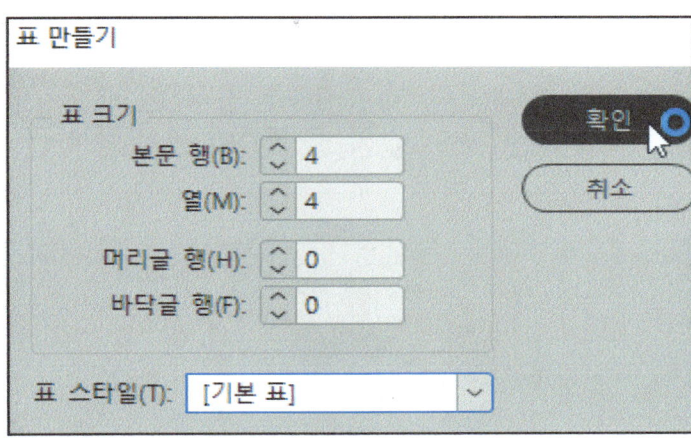

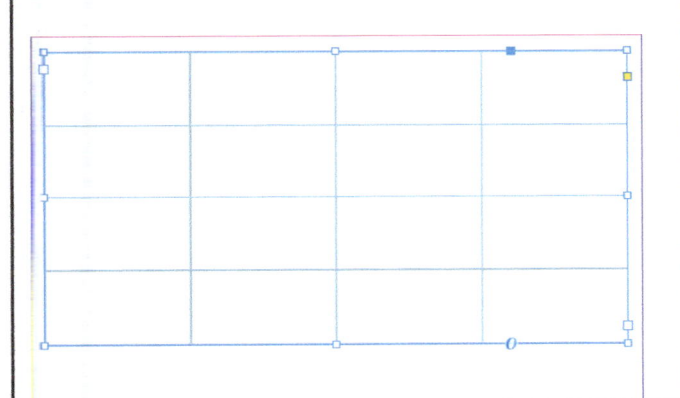

메뉴 [표]-[표 만들기]를 클릭하면 우측 화면이 나타나고요, 수치는 조절할 수 있고요, 기본 값으로 확인을 클릭하면 아래 화면에 보이는 것과 같이 표가 만들어집니다.

표는 일단 [문자 도구]로 클릭 드래그하여 블록을 씌워야 우측에 보이는 여러가지 표 관련 메뉴가 활성화됩니다.

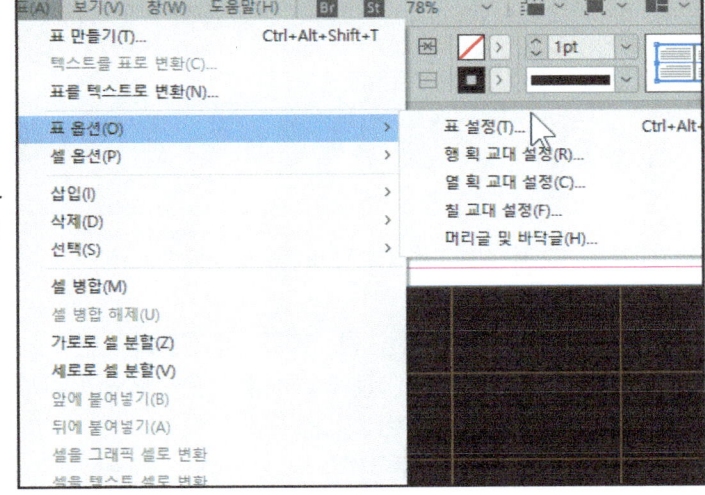

8-1-2. 표 옵션

앞의 화면 참조, [문자 도구]로 클릭 드래그하여 표에 블록을 씌운 다음, 메뉴 [표]-[표 옵션]-[표 설정]을 클릭하면 다음 화면이 나타납니다.

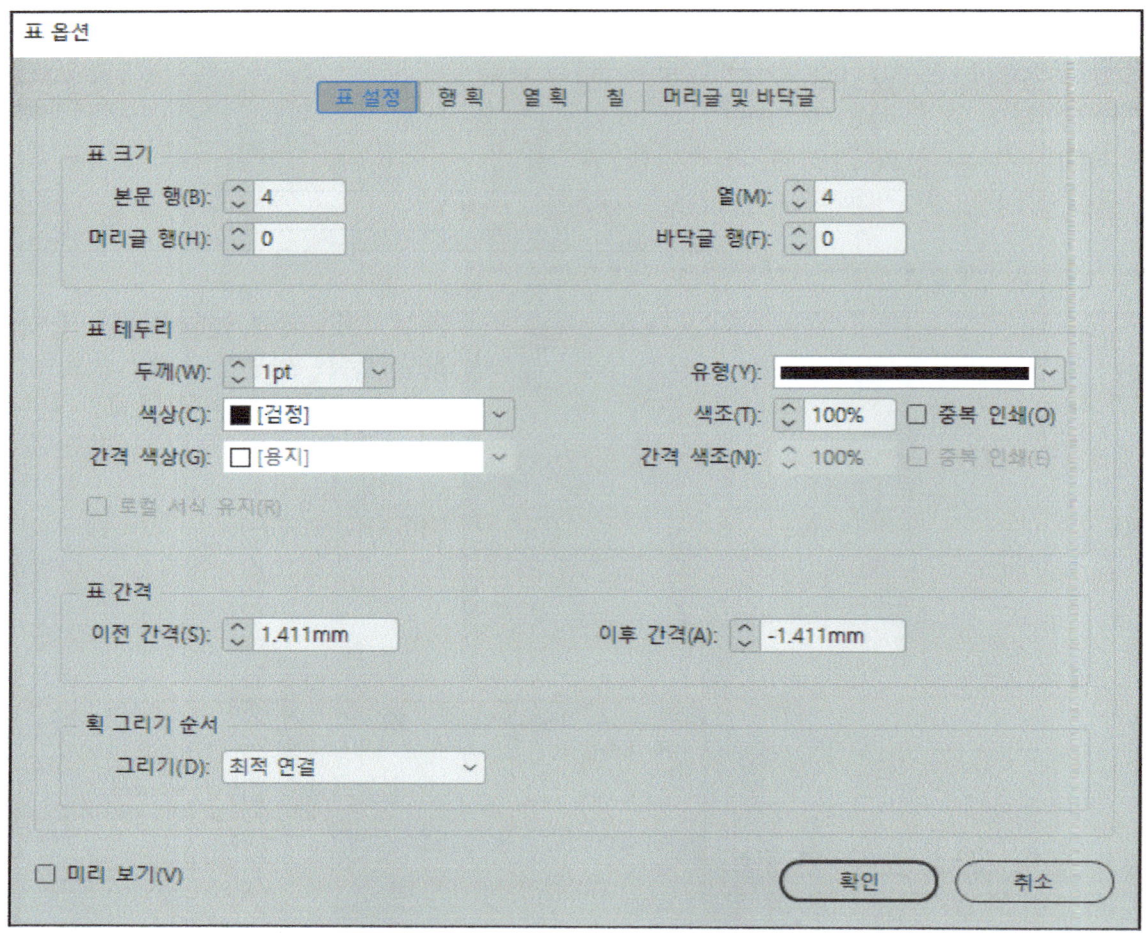

표에 관한 모든 설정을 여기서 할 수 있습니다.

표 크기를 지정할 수 있고요, 행과 열, 그리고 표의 바닥글도 입력할 수 있습니다.
표 테두리에 관한 설정, 표 테두리 선의 종류, 두께 등도 여기서 지정할 수 있고요, 색상 역시 여기서 지정합니다.
표 간격 역시 여기서 조절할 수 있고요, 위의 화면 맨 하단 좌측 [미리 보기]에 체크를 하면 조절하는 대로 변화하는 표의 모습을 보면서 조절할 수 있습니다.

8-1-3. 셀 옵션

표 안에 있는 한 칸을 셀이라고 부르며 셀 안에 커서가 있는 상태에서 메뉴[표] - [셀 옵션]을 보면 아래와 같은 옵션이 있습니다.

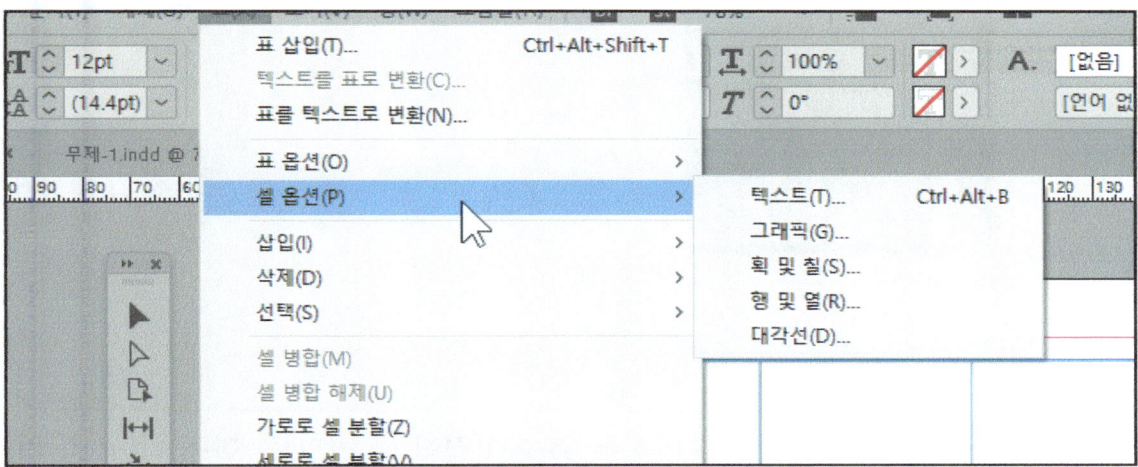

셀 한 칸 옵션 및 아래와 같이 모든 셀에 블럭을 씌우고 [표] - [셀 옵션] - [텍스트]를 선택하면 아래와 같은 옵션이 나타납니다.

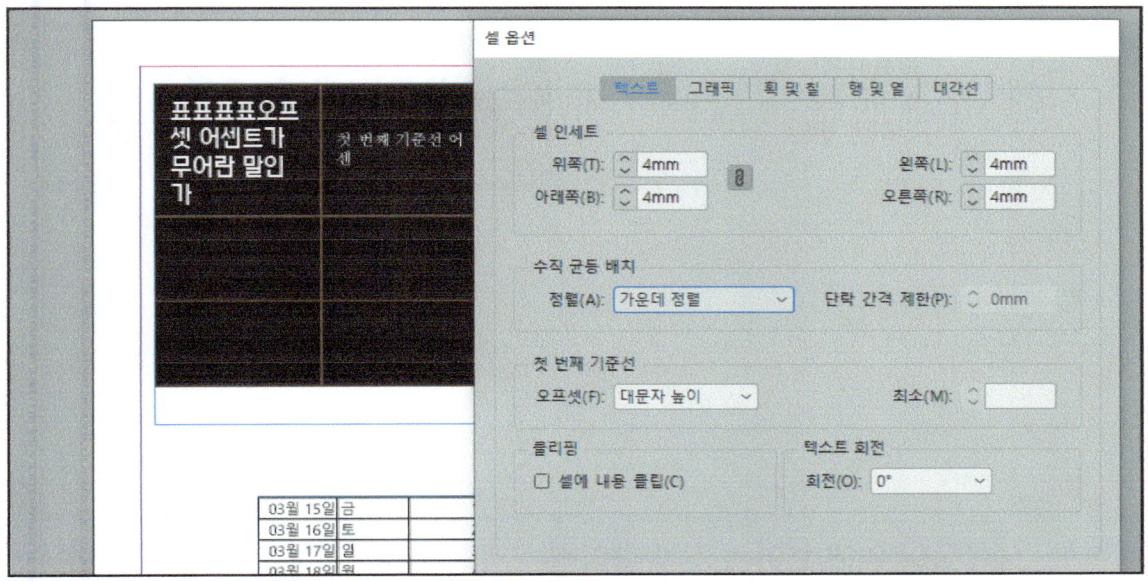

위의 화면에서 셀 안쪽 여백, 정렬, 회전 등을 지정할 수 있고요, 화면 하단 [미리 보기]에 체크를 하면 수정하는 내용이 즉시 표 및 셀에 나타납니다.

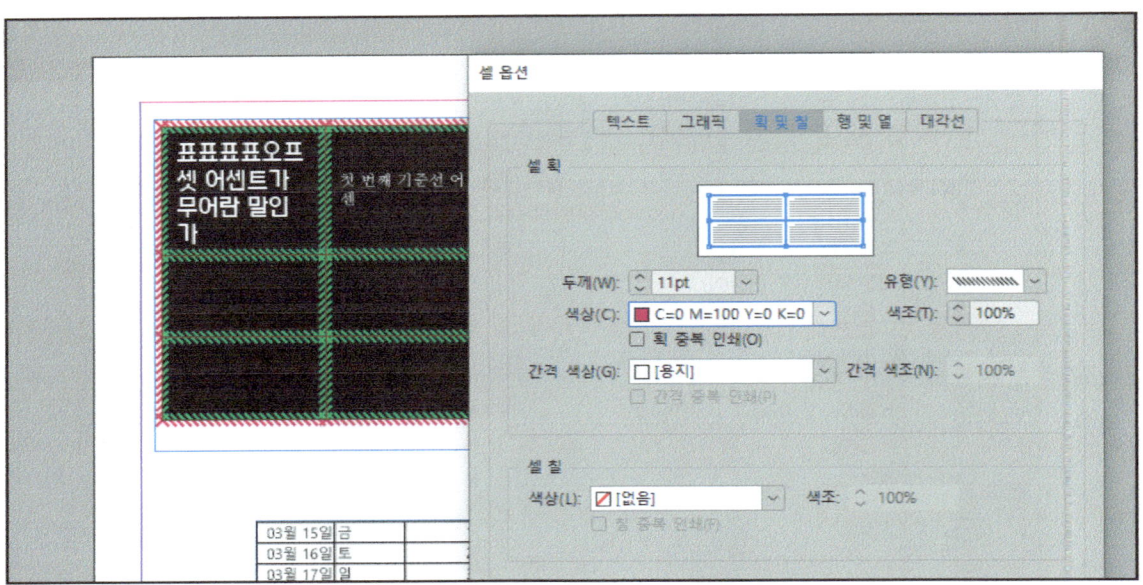

위의 화면에서 셀 안쪽 여백, 정렬, 회전 등을 지정할 수 있고요, 화면 하단 [미리보기]에 체크를 하면 수정하는 내용이 즉시 표 및 셀에 나타납니다.

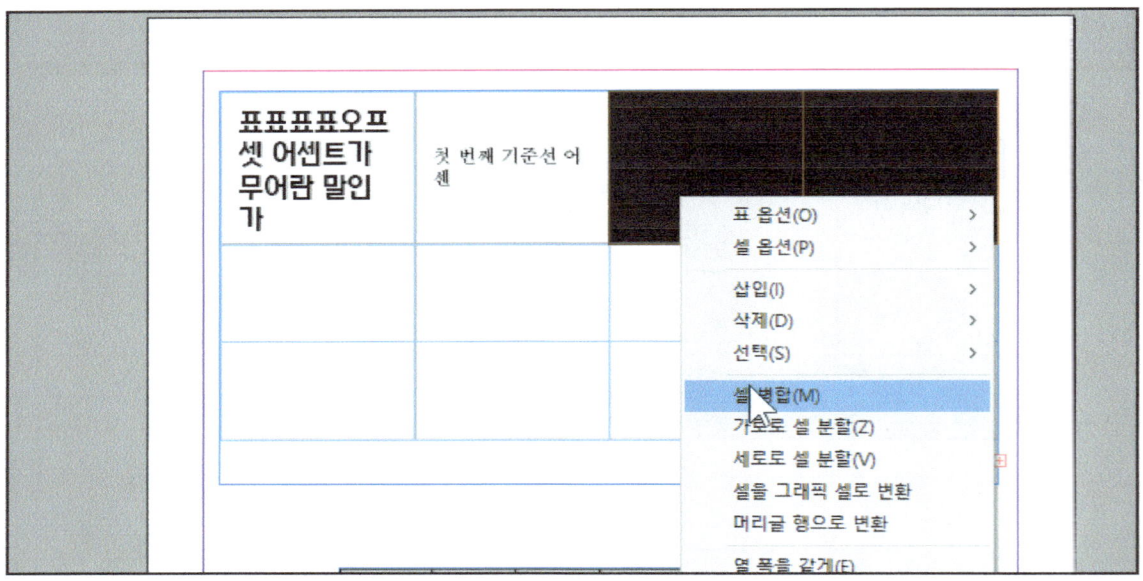

셀 병합 : 예를들어 위에 보이는 것과 같이 셀 2개를 하나로 합치로자 한다면 [문자도구]로 셀 2개를 블록을 씌운 다음, 메뉴 [표]-[셀 병합]명령을 사용해도 되고요, 마우스 우측 버튼을 클릭하여 나타나는 위의 메뉴에서 마우스가 가리키는 [셀 병합]을 클릭하면 2개의 셀이 하나로 합쳐집니다.

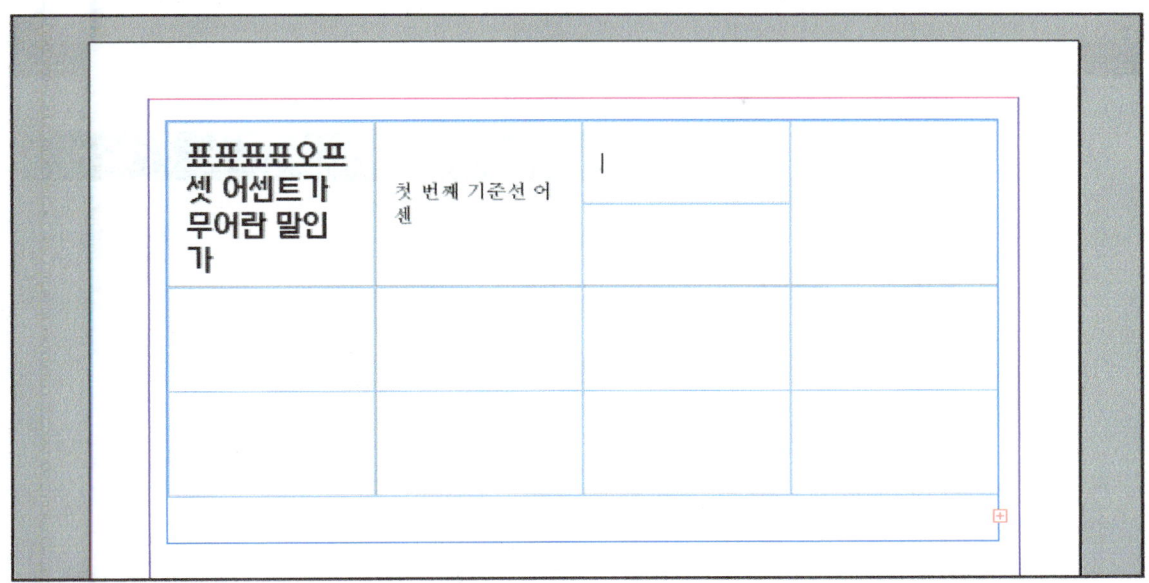

셀 분할 : 예를들어 위에 보이는 것과 같이 분할하고자 하는 셀에 커서를 두고 메뉴 [표] – [가로로 셀 분할]을 클릭하면 위에 보이는 것과 같이 가로로 셀이 분할됩니다.

사실 우리나라 사람이라면 토종 워드인 한글 프로그램을 모르는 사람은 거의 없을 터이므로 이런 표 관련 내용은 이미 잘 알고 있는 사람이 많이 있을 것입니다.

그런데 사실 표는 엑셀이 표 프로그램이므로 만일 인디자인에서도 이런 복잡한 표가 필요하다면 인디자인에서 표 작업을 하는 것보다는 엑셀에서 작업을 해서 가지고 오는 것이 훨씬 좋습니다.

다만 엑셀과 완벽하게 호환이 되지 않기 때문에 그냥 가져오면 표를 이루는 선분이 나타나지 않습니다.

그래서 엑셀에서 표 작업을 해서 가져오려면 엑셀에서 만든 표를 엑셀의 카메라 기능으로 촬영을 해서 인디자인에 붙여 넣으면 됩니다.

이 경우 엑셀 파일을 인디자인 작업 폴더에 넣어 두어야 나중에 표를 수정할 필요가 있을 때 엑셀에서 해당 표를 수정할 수 있습니다.

다음 화면 및 설명을 참조하세요.

8-1-4. 엑셀에서 표 만들어서 가져오기

우측 화면 참조, 엑셀에서 표를 만들고 이것을 그대로 복사를 해서 인디자인에 붙여 넣으면 표는 사라지고 데이터만 나타납니다. 그래서 우측과 같이 표 부분에 블록을 씌우고 우측 화면 마우스가 가리키는 [카메라]를 클릭하면 다음 화면에 보이는 것과 같이 카메라로 촬영된 내용이 클립보드에 저장됩니다.

아래 화면 참조, 화면에 클릭하면 클립보드에 저장된 내용이 나타납니다.

우측과 같이 나타나면 다시 [Ctrl + C]명령으로 클립보드에 복사를 하고 인디자인에서 [Ctrl + V]명령으로 붙여넣기를 합니다.

우측 화면은 인디자인에 붙여 넣어진 표입니다.

다만 그림으로 붙여 넣어진 것이기 때문에 반드시 엑셀 원본 파일을 인디자인 작업하는 폴더에 넣어두어야 나중에 표를 수정할 필요가 있을 때 수정할 수 있습니다.

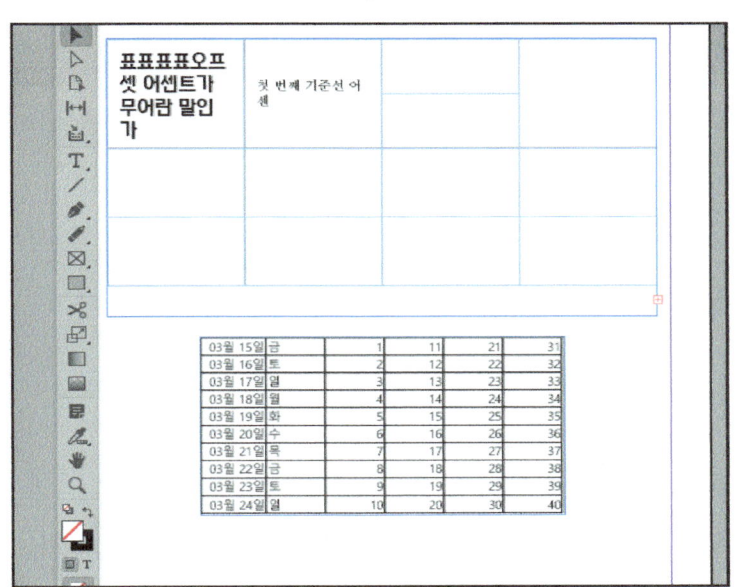

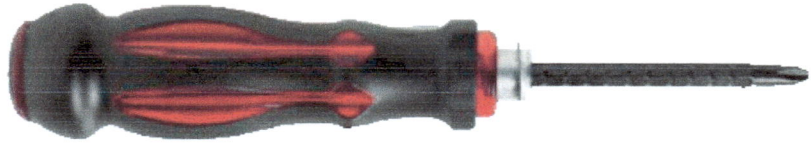

제 9 장 보기 메뉴

9-1. 중복 인쇄 미리 보기
9-2. 교정 인쇄 설정
9-3. 교정 인쇄 색상

옵셋 인쇄에 관한 내용인데요, 옵셋 인쇄는 일종의 도장을 찍어서 인쇄를 하는 방식이고요, 4도 컬러 인쇄의 경우 CMYK 분판 인쇄를 하며 하나의 장면을 4번을 겹쳐서 인쇄를 합니다.
이 때 겹치는 색상을 어떻게 처리할 것인지 결정하는 메뉴입니다만, 이 책은 옵셋 인쇄를 위한 책이 아니고요, 앞에서부터 설명한 무한잉크 프린터로 인쇄를 하는 바 방식이기 때문에 옵셋 인쇄 설정은 무시해도 됩니다.

9-4. 화면 표시 성능

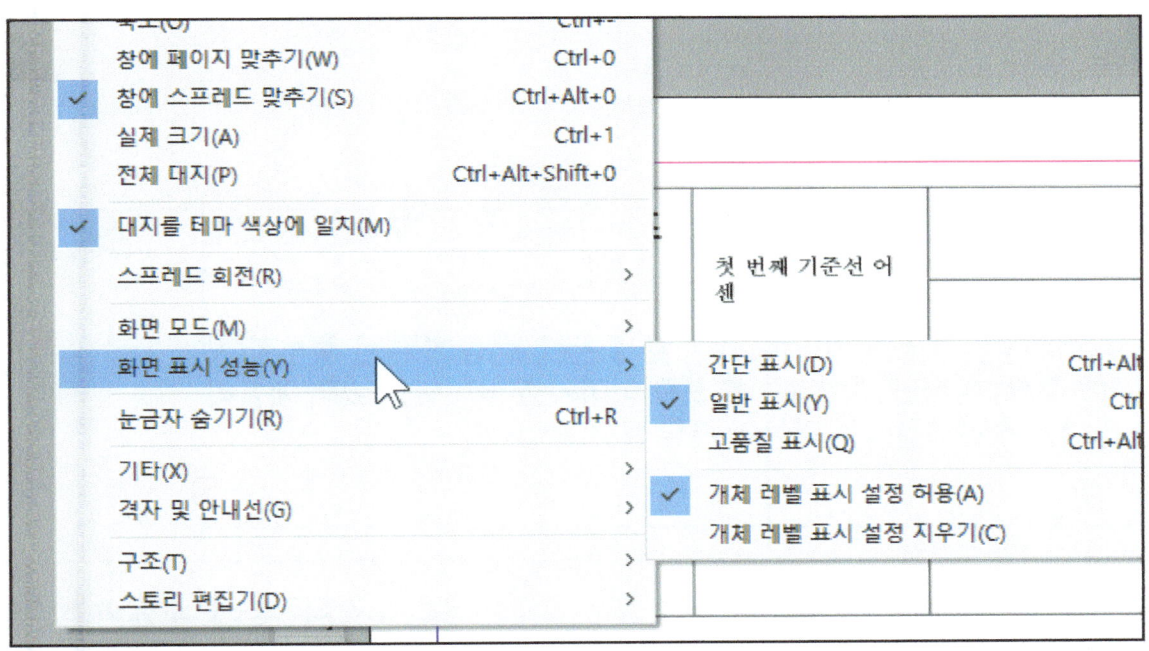

앞에서 필자가 우리나라 토종 워드인 한글 프로그램은 대략 50페이지만 넘어가면 버벅거려서 사실상 편집이 불가능하다고 했고요,..
그러나 인디자인은 1페이지 문서나 1,000페이지 문서나 별반 다르지 않게 무리 없이 편집이 가능하다고 했는데요, 바로 여기 보이는 기능 때문입니다.

[보기] - [화면 표시 성능] - [간단 표시]는 너무 간단히 표시되기 때문에 기본 없은 일반 표시이고요, 아직도 성능이 매우 떨어지는 완전 구형 PC를 사용한다면 여기서 [간단 표시]를 해야 프로그램이 원활하게 돌아가고요, [고품질 표시]를 하면 웬만한 컴퓨터는 버벅거려서 편집하기가 힘이 듭니다.

그래서 필자는 [간단 표시]에 놓고 원고 집필을 하고 있고요, 특별히 인쇄 품질이 좋은지 확인해야 할 필요가 있을 때는 해당 페이지만 즉석에서 인쇄를 하여 확인합니다.

이렇게 화면에서 편집할 때는 간단 표시 기능으로 컴퓨터가 버벅거리지 않게 편집을 하고 PDF 문서로 내 보낼 때 고품질 인쇄 등으로 내 보내면 인쇄할 때는 고품질로 인쇄가 되는 것입니다.

그래서 인디자인은 페이지가 많아도 버벅거리지 않고 편집할 수 있고요, 그래서 탁상 출판의 대명사로 불리며 원고 집필 프로그램의 최강자인 것입니다.

9-4. 텍스트 스레드 표시

인디자인데서 넘치는 텍스트가 있을 경우 위의 마우스가 가리키는 곳과 같이 빨간 표식이 나타납니다.

이 때 이 빨간 표식을 클릭하면 마우스에 내용이 나타나서 마우스에 붙어서 따라다니며 다음 공간을 클릭하면 내용이 이어서 나타납니다.
이 때 이어진 텍스트와의 스레드를 보여주는 기능인데요 사실상 사용하지 않는 기능입니다.

왜냐 하면요 인디자인 화면 하단을 보면 다음과 같이 오류 메시지가 항상 타나납니다.

이 오류 메시지를 더블 클릭하여 넘치는 텍스트를 수정하면 되므로, 수시로 혹은 교정을 볼 때 처리하면 되므로 전혀 상관이 없습니다.

9-5. 화면 모드

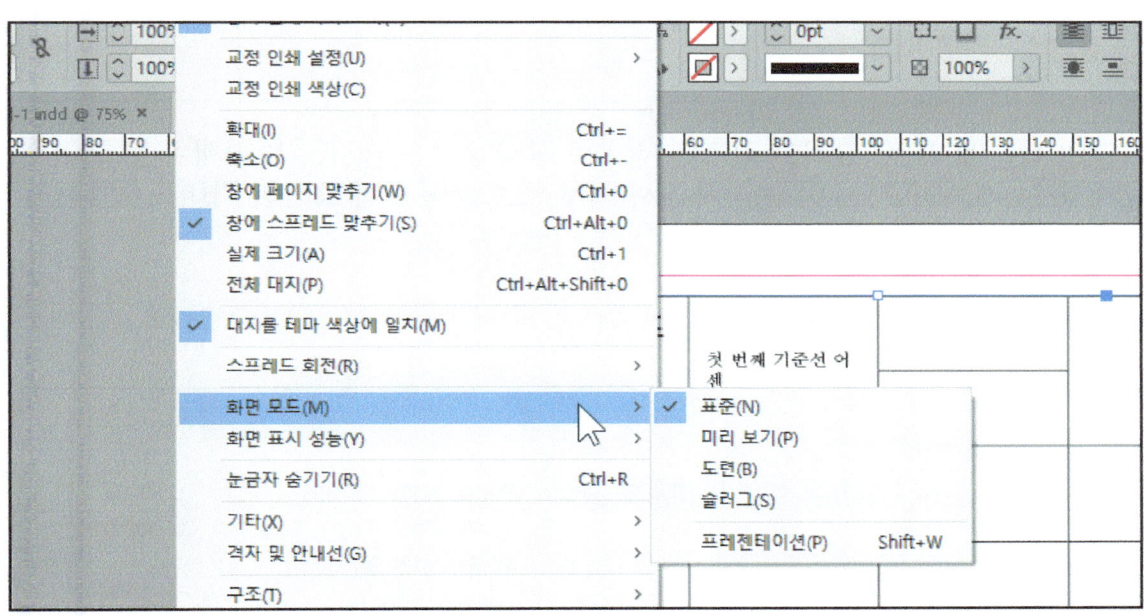

화면 모드는 툴박스 맨 밑에서 지정해도 되고요, 지금 이 책과 같이 원고를 집필 할 때는 [표준] 모드로, 원고 집필을 끝내고 교정을 볼 때는 [미리 보기] 모드에서 작업을 해야 인쇄된 모습을 보면서 교정을 할 수 있습니다.

도련 및 슬러그는 옵셋 인쇄시 필요한 기능이고요, 프리젠테이션은 되기는 되지만, 실제로는 파워포인트 등을 이용하는 것이 정석입니다.

9-6. 눈금자

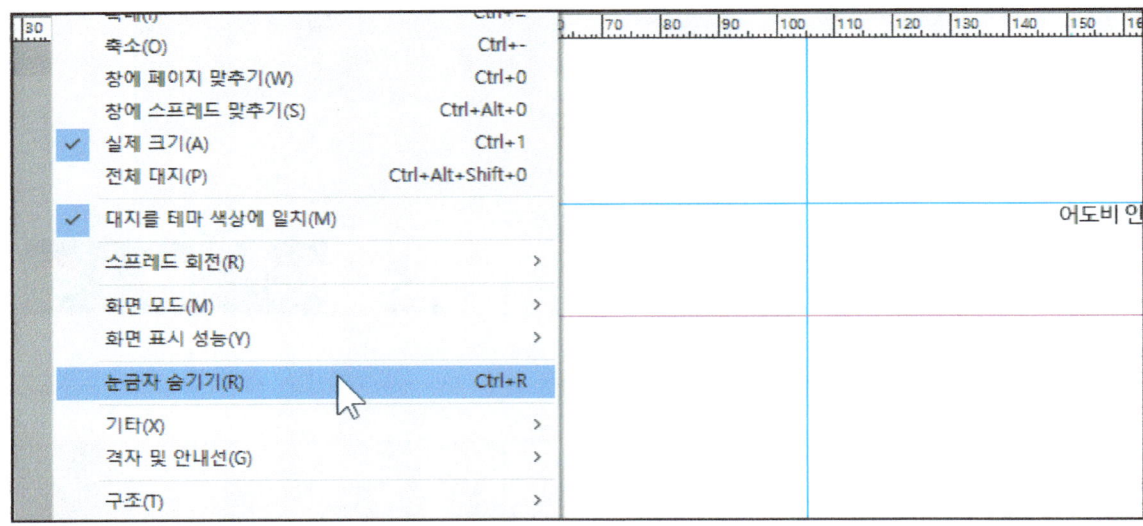

화면의 상단에 가로, 그리고 좌측에 세로로 나타나는 눈금자를 보이게 혹은 보이지 않게 하는 기능이고요, 이 눈금자에서 마우스로 클릭 드래그하여 가이드(안내선)을 끄집어 내거나 다시 집어 넣을 수 있는 기능입니다.

9-7. 기타

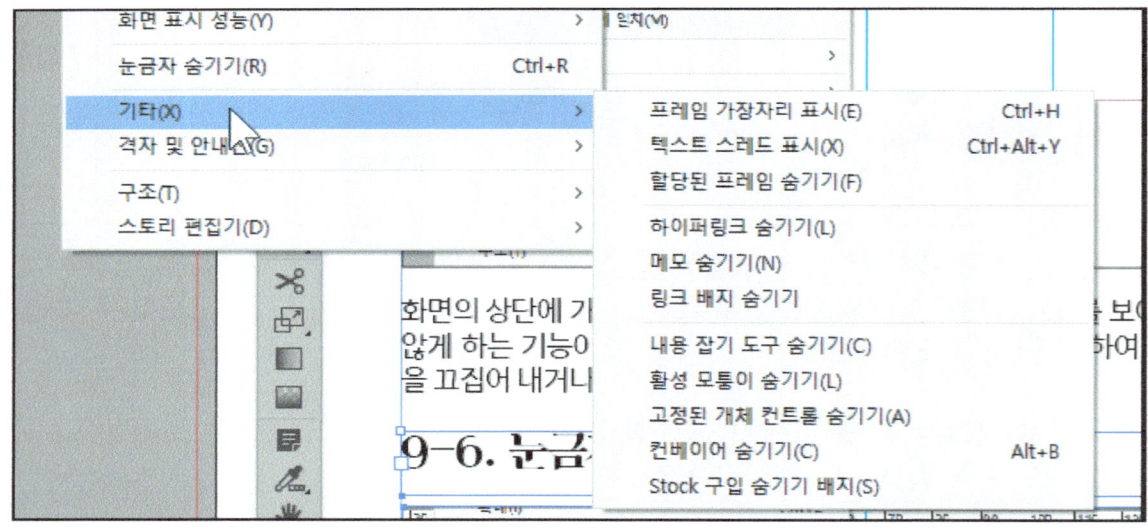

9-8. 격자 및 안내서

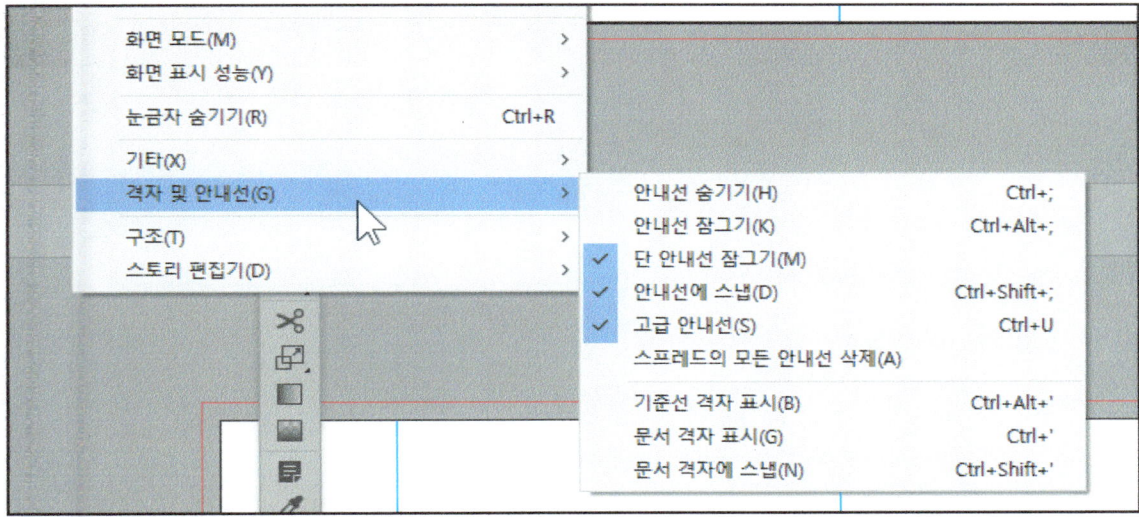

별로 중요하지 않은 메뉴는 그냥 지나가는 중이고요, 위의 메뉴에서 [안내선에 스냅]이라는 기능은, 개체를 클릭하고 움직일 때 안내선 가까이 가져가면 안내선에 찰싹 달라붙은 기능입니다.
정밀하게 조금만 움직인다면 스냅을 꺼야 합니다.

9-8. 구조
9-10. 스토리 편집기

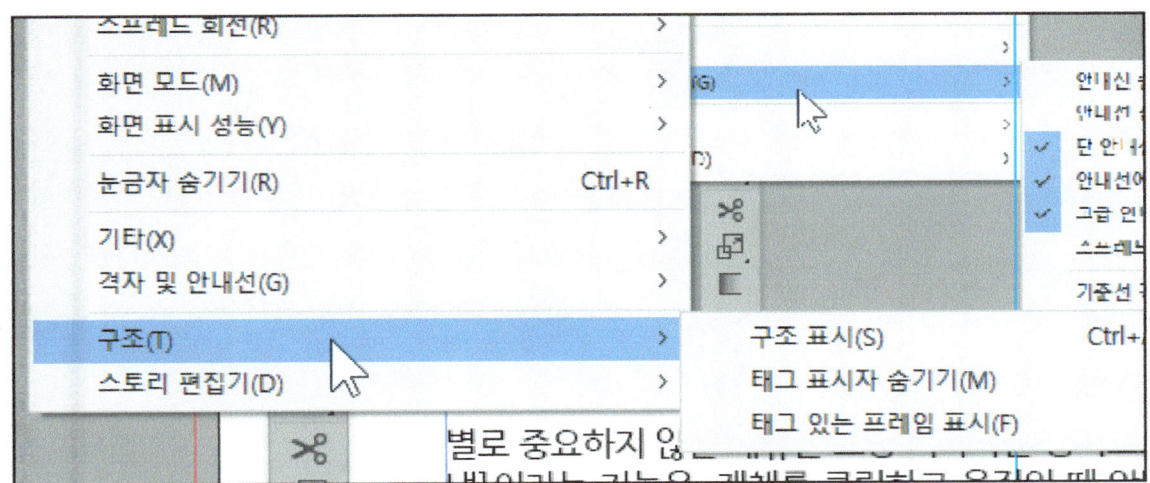

제 10 장 [창] 메뉴

10-1. 대화형

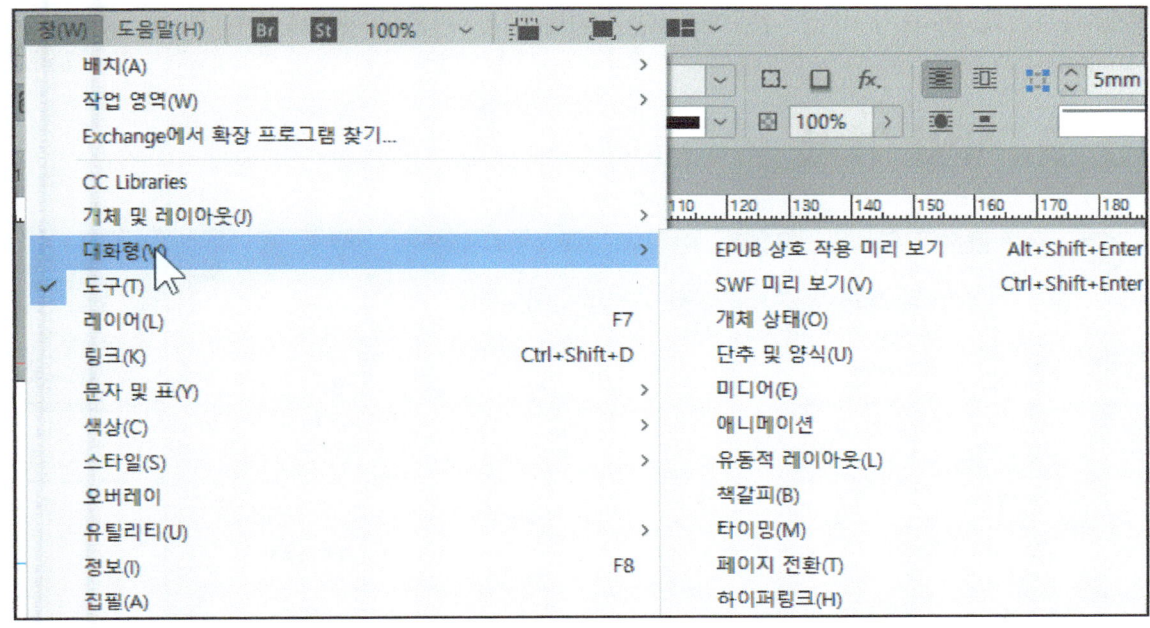

앞에서 전자책, epub 파일을 만들 때 일부 설명을 한 메뉴들이고요, 아직은 epub 에 제대로 적용이 안 되는 메뉴도 있고요, 필자의 경우 여기 메뉴를 사용하지 않고 글씨 혹은 개체에 유튜브 등의 동영상 등을 링크를 합니다.

근본적으로는 epub라는 것이 표준 규격이지만, 실제로는 표준이 아니라고 할 정도로 잘 안 되는 기능이 매우 많습니다.

그래서 아직까지는 복잡한 기능 특히, 동영상 등의 멀티미디어는 잘 안 된다는 것을 아시고요, 이 책과 같이 삽화와 링크는 얼마든지 가능합니다.

그리고 이 책 속에 넣은 수 많은 링크들은, 이 책을 집필한 프로그램이 어도비 인디자인이고요, 어도비 인디자인에서 만든 epub 파일이 어도비 epub 뷰어에서는 실행은 되지만, 우선 너무나 무거워서 로딩 시간이 오래 걸리고 실행 속도도 매우 느립니다.

그리고 결정적으로 유튜브 동영상 링크가 작동을 하지 않습니다.
이것은 다른 epub 에디터로 모든 링크를 수정하면 되지만, 이보다 더 쉬운 것은

epub 파일을 어도비 인디자인에서 만들지만, 정작 epub 파일을 읽어들이는 것은 어도비 epub 뷰어가 아닌 다른 epub 뷰어에서 읽어들여야 합니다.

10-2. 작업 영역

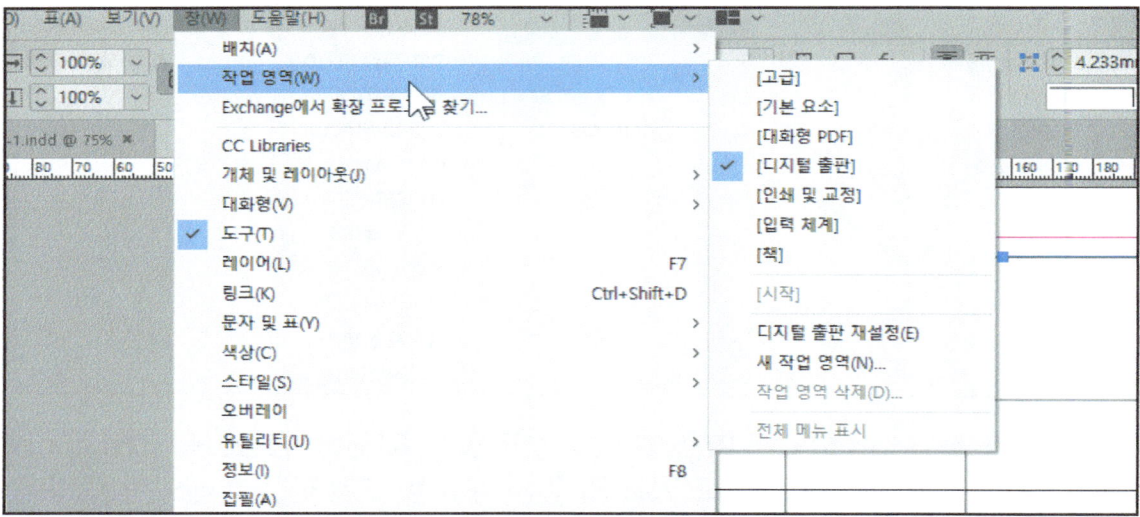

동영상 편집의 최강자 어도비 프리미어에서도 작업 영역이 매우 중요한데요, 인디자인에서도 위의 화면에 보이는 것처럼 메뉴 [창]-[작업 영역]을 클릭하여 현재 작접하는 영역을 어떤 용도로 할지 선택하는 화면입니다.

이상 이번 메뉴 포함, 이 책에서 다루지 않은 메뉴들은 관심이 있는 분들은 직접 들어가 보이고요, 지면이 부족하므로 지금부터는 종이책 출판을 위한 A3 표지 디자인 및 포토샵 이미지 디자인에 관련된 내용으로 마무리 하겠습니다.

제 11 장 A3 표지 작업

11-1. 어도비 일러스트레이터

이 책은 종이책과 전자책 겸용이고요, 먼저 종이책을 만들어야 하므로 원고는 A4 용지에 인쇄를 하지만, 표지는 A3 용지에 인쇄를 하여 A4 원고를 'ㄷ' 가로 감싸서 제본을 하게 됩니다.

당연히 A3 프린터도 있어야 하고요, 두꺼운 A3 표지 용지도 있어야 하고요, 가장 중요한 것은 A3 표지 디자인을 해야 합니다.

이 때 이러한 작업에 가장 적합한 프로그램이 바로 어도비 일러스트레이터입니다.

일단 어도비 일러스트레이터는 벡터 이미지 프로그램이기 때문에 확대를 해도 글씨가 깨지지 않고, 특히 필자가 펴 내는 책의 뒷 면에는 깨알같은 글씨로 적혀 있는 글씨가 있는데요, 일러스트에서 작업을 하면 이렇게 작은 깨알같은 글씨도 선명하게 인쇄가 됩니다.

여기서는 일러스트에 대해서 자세하게 설명을 할 수는 없으므로 무조건 따라하기 수준으로 실습을 하시기 바랍니다.

표지는 A3 용지이므로 다음 화면을 보시고요, 다음 화면 (1)의 지점에 영점을 맞추었고요, (2)까지의 길이가 A3 용지이므로 420mm 이고요, (1)에서 (3)까지의 길이는 297mm 입니다.

참고로 A3는 A4의 2배입니다. - 이것이 제본할 때 변수가 됩니다.

A4용지에 인쇄를 했더라도 A4용지의 정확히 2배 크기인 A3 용지를 표지로 사용하기 때문에 책의 두께가 있기 때문에 원고를 "ㄷ" 자 형태로 감싸서 제본을 하면 필연적으로 표지가 작게 됩니다.

책의 두께가 500페이지 정도로 매우 두껍다면 어쩔 수 없이 책의 판형(책 크기)을 크게 줄일 수 밖에 없습니다.

A3용지보다 조금 더 큰 용지가 있으면 좋겠지만, 그런 용지는 없고요, A4의 정확히 2배 큰 용지가 A3, 이보드 또 2배 크면 A2, 또 2배 크면 A1사이즈입니다.

그래서 이런 사이즈가 나오는 것이고요, 지금 설명하는 자리에 모두 가이드가 세워져 있는 상태이고요, 정확히 가운데는 (4)의 책등의 중앙입니다.

그리고 (4)의 책등의 두께(책의 두께)를 표시하기 위하여 (5)와 (6)에 가이드를 세웠고요, 앞에서 설명한 복잡한 이유 때문에 표지가 A4 원고보다 길이가 짧기 때문에 책등을 제외한 3면을 1Cm 정도 재단을 해야 합니다.

필자가 이렇게 책을 제작하고요, 그러면 재단을 한 책의 최종적인 판형은 20Cm x 28Cm가 됩니다.

일단 이것이 가장 기초적이고 기본적인 표지 규격입니다.

다음 화면과 같이 일러스트에서 지금 설명한 규격대로 가이드를 세워서 작업합니다.

우측 화면 (8)의 눈을 뜨게 하여 가이드가 보이게 하면, (1)과 (3)의 자리에도 가이드가 있고요, 이것은 재단 후에 필자의 상호인 가나출판사 글씨가 밑에서 재단을 해도 충분히 위로 올라오게 하기 위함이고요, (4)와 (5)에도 세로로 가이드를 세워서 제본을 한 뒤에 재단을 했을 때 표지 전면이 조화롭게 한쪽으로 치우치지 않도록 하기 위해서 가이드를 세운 것입니다.

(6)은 표지 전면 책 이름, 즉, 타이틀이 시작되는 지점이고요, 끝나는 지점의 중앙이 (4)의 가이드에 맞아야 표지가 예쁘게 균형잡히게 만들어집니다.

(7)은 가운데 책등이 책의 두께에 따라 조금씩 차이가 나기 때문에 이 부분을 고려하여 가이드를 세운 것이고요, 제본할 때 오차도 고려했습니다.

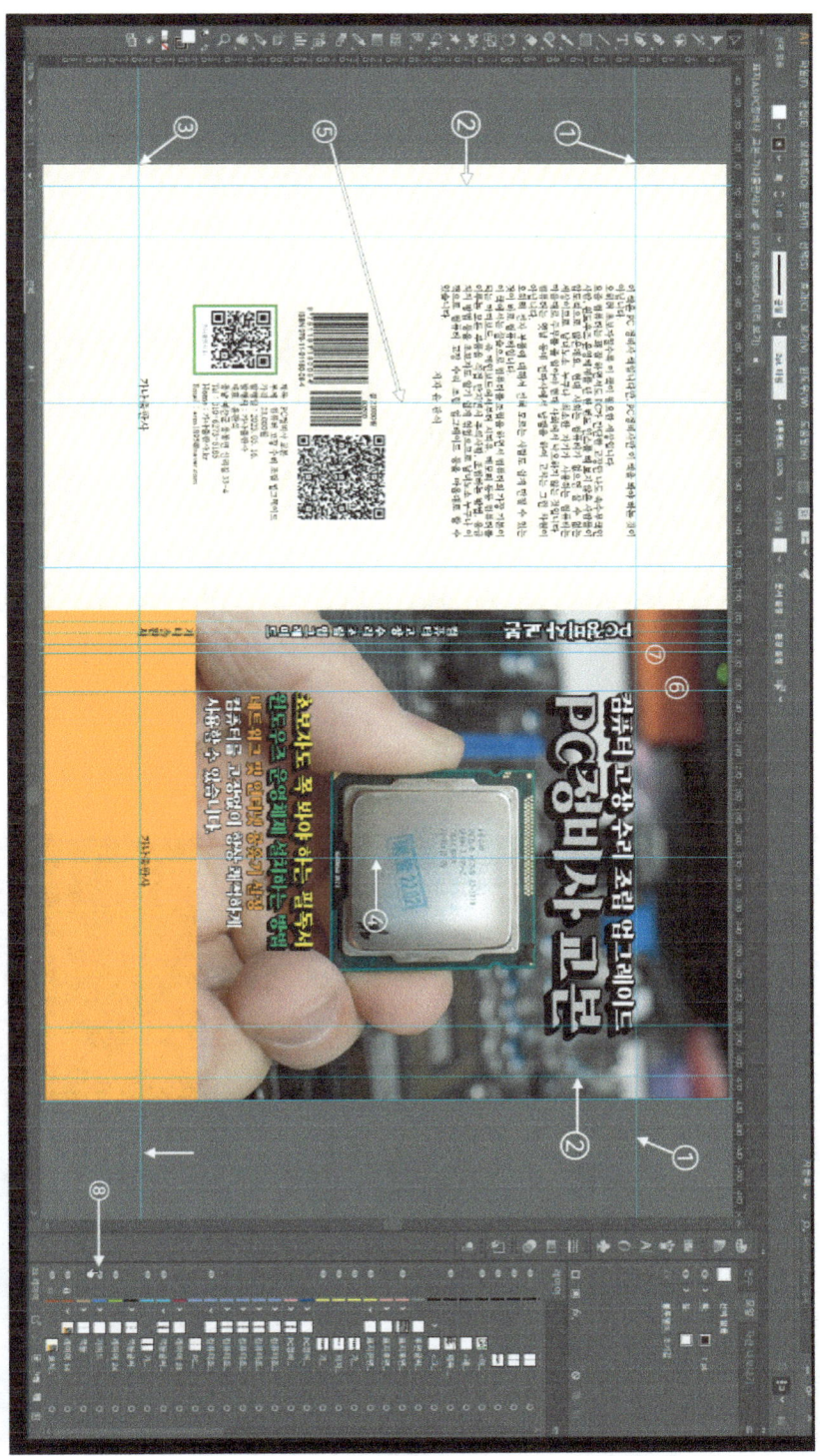

일러스트를 전혀 모르시는 분이라면 이 정도 설명으로 이해가 어렵겠습니다만, 일단 이렇게 표지 디자인 레이아웃을 잡아야 합니다.
그래야 280Cm x 210Cm 의 책의 판형(크기)이 만들어집니다.
그리고 표지 전면 혹은 후면에 들어갈 이미지는 포토샵에서 작업을 하여 가져오는 것입니다.

일러스트나 인디자인에서는 이미지 작업은 안 되니까요..
물론 일러스트에서 일러스트 자체로 표지를 만들 수도 있습니다.
일러스트야말로 일러스트레이션 프로그램이니까요..

그러나 그 정도 실력을 쌓으려면 상당한 기술이 필요하고요, 필자의 경우 이 책의 주제가 PC정비사 교본이므로 필자가 PC를 조립하면서 CPU를 손으로 들고 있는 모습을 촬영한 사진을, 사진이기 때문에 사진 편집 프로그램인 포토샵에서 편집을 해서 일러스트로 가져와서 사용한 것입니다.

11-2. 포토샵 흔들기 감소

앞의 화면은 필자가 손으로 들고 있는 시피유를 촬영한 사진이고요, 포토샵으로 불러온 모습이고요, 언뜻 보면 잘 나온 것 같지만, [Ctrl + Alt + 0]을 눌러서 실제 크기로 100% 크기로 확대를 하면 다음과 같이 노이즈도 있고, 흔들림도 있습니다.

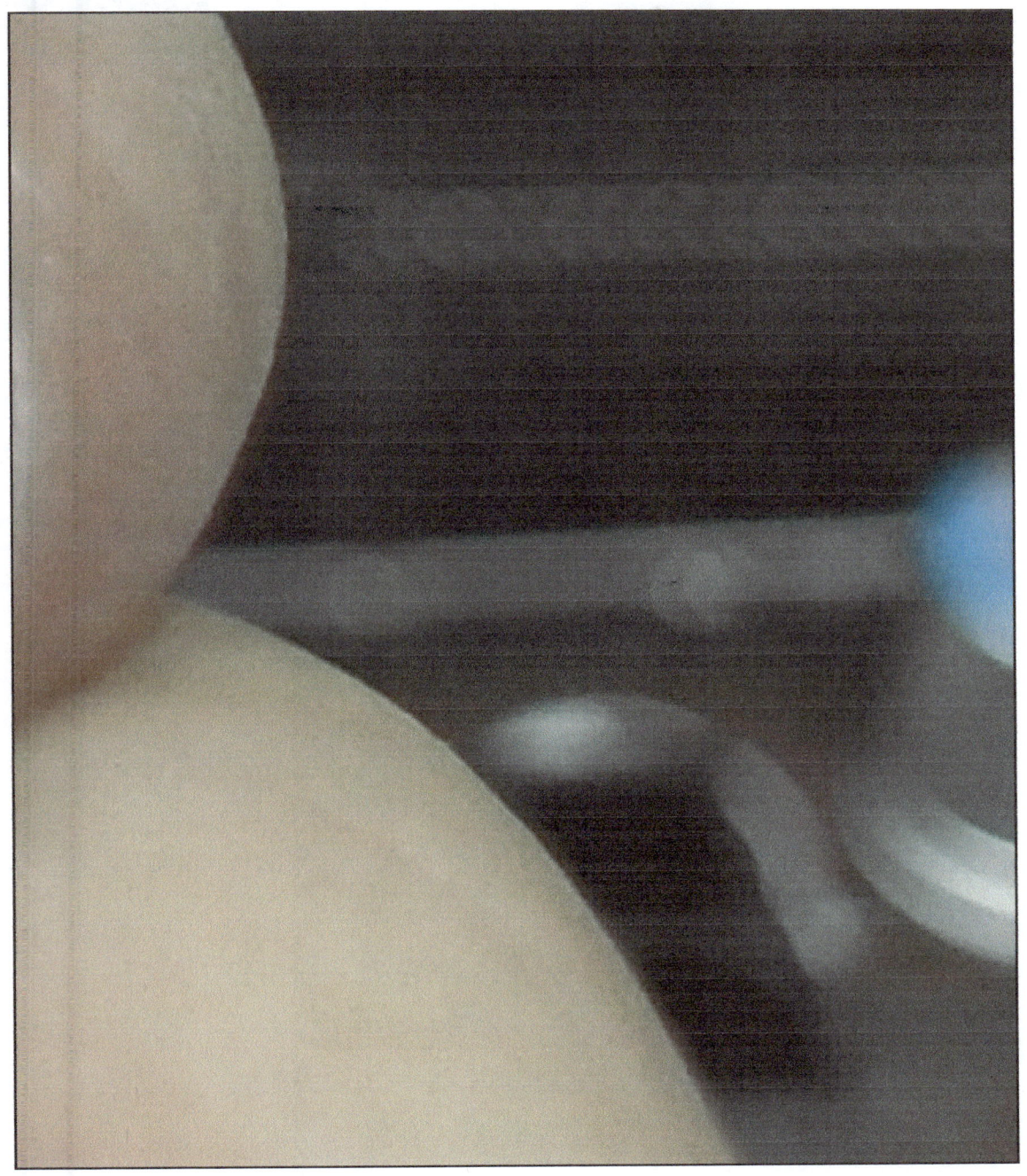

포토샵 메뉴 [필터] - [선명 효과] - [흔들기 감소]를 클릭합니다.

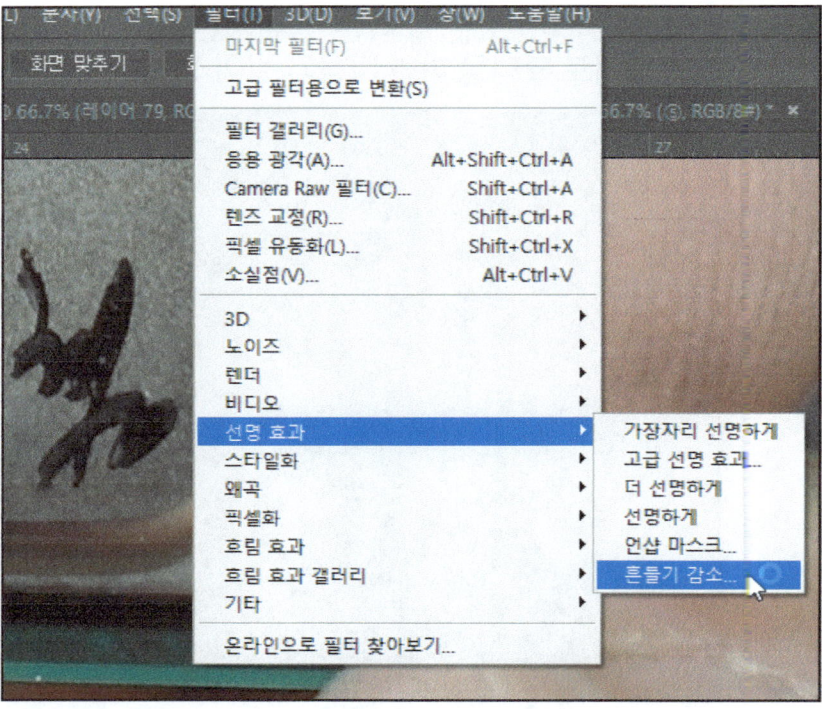

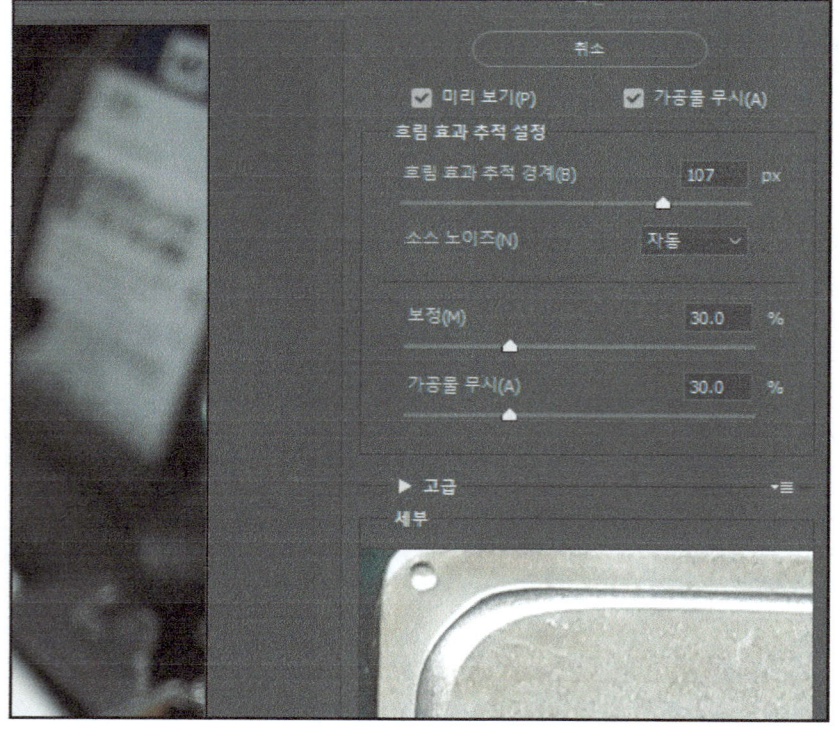

흔들기 감소는 이렇게 간단히 설명해서는 안 되지만, 일단 좌측과 같이 흔들기 감소 필터가 적용되어 흔들린 사진이 보정이 됩니다.

11-3. Camera RAW 필터

포토샵 메뉴 [필터] - [Camera RAW] 필터를 클릭합니다.

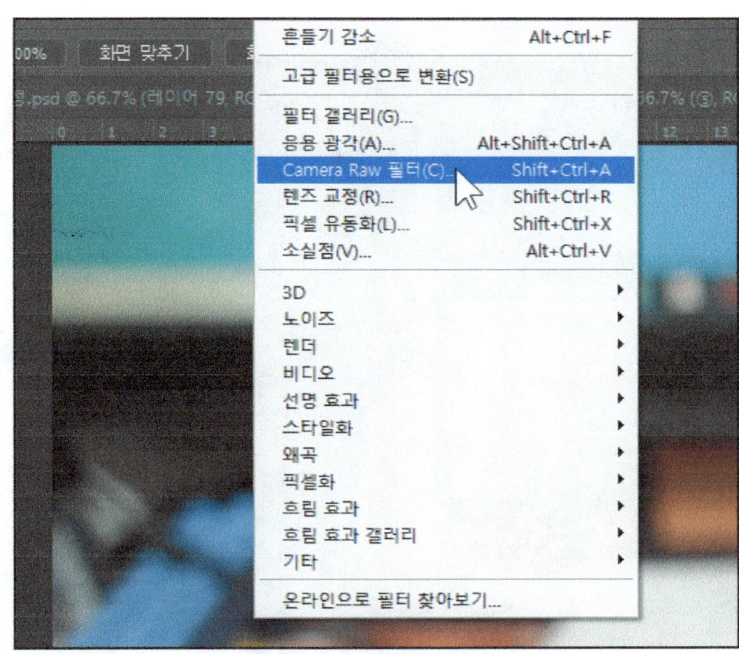

우측 화면 참조, 포토샵 [Camera RAW] 필터에서 노출값을 조금 올리고, 어두운 영역, 검정 계열 모두 밝게 올리고, 명료도 조금 올리고 활기 조금 올리고, 채도 조금 올려줍니다.

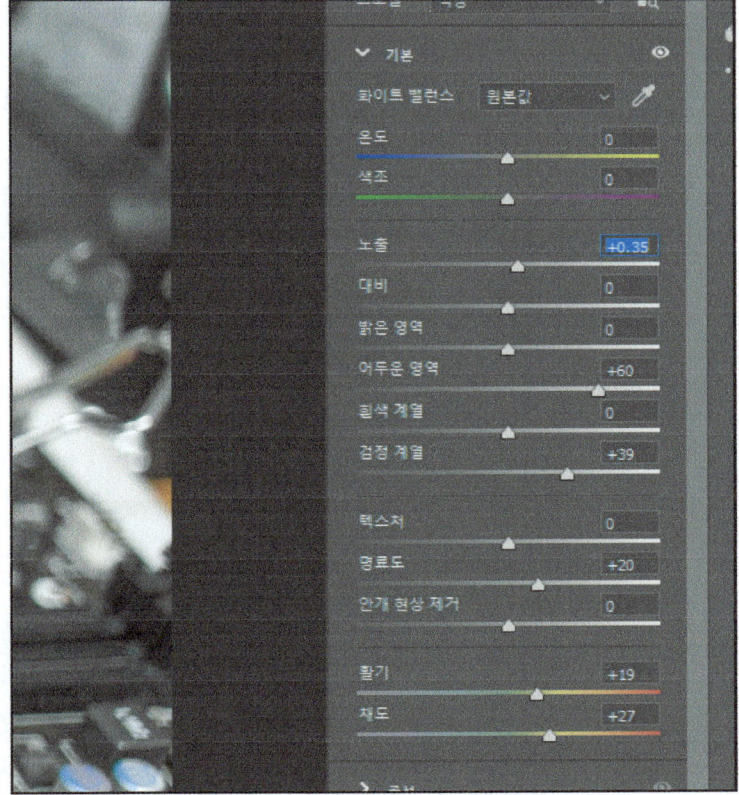

[Camera RAW] 필터에서 [세부] 클릭하고 위와 같이 노이즈 감소를 하면 사진이 완전 깨끗해 집니다.

일러스트와 포토샵은 같은 어도비 시스템즈 프로그램이기 때문에 서로 완벽하게 호환이 되며 우측에 보이는 것은 아까 일러스트에서 보았던 크기 및 레이아웃 그대로 포토샵에서 작업을 한 것입니다.

그리고 기본적으로 알아 둘 것은 일단 큰 글씨, 타이포그래픽 요소는 일러스트에서도 타이포 그래픽이 가능하지만, 래스터 이미지 효과는 단연 포토샵에서만 가능하기 때문에 이렇게 포토샵에서 사진을 편집하는 것이고요, 이 밖에도 포토샵은 장님이 눈을 뜬 것과 같은 정도로 마술과 같은 기능이 무척 많습니다.

그래서 카메라에서 촬영된 사진은 사진이 아니고요, 포토샵을 거쳐야 비로소 사진이라고 부를 수가 있는 것입니다.

포토샵에서 작업 한 것은 그대로 포토샵 교유의 파일은 .PSD 파일로 저장을 합니다.
일러스트에서 그대로 불러올 수 있고요, 일러스트와 포토샵을 동시에 띄우고 포토샵에서 원본을 수정하면 일러스트에서 사용하는 포토샵 파일의 변경 내용이 즉시 적용됩니다.

11-4. 일러스트에서 포토샵 파일 가져오기

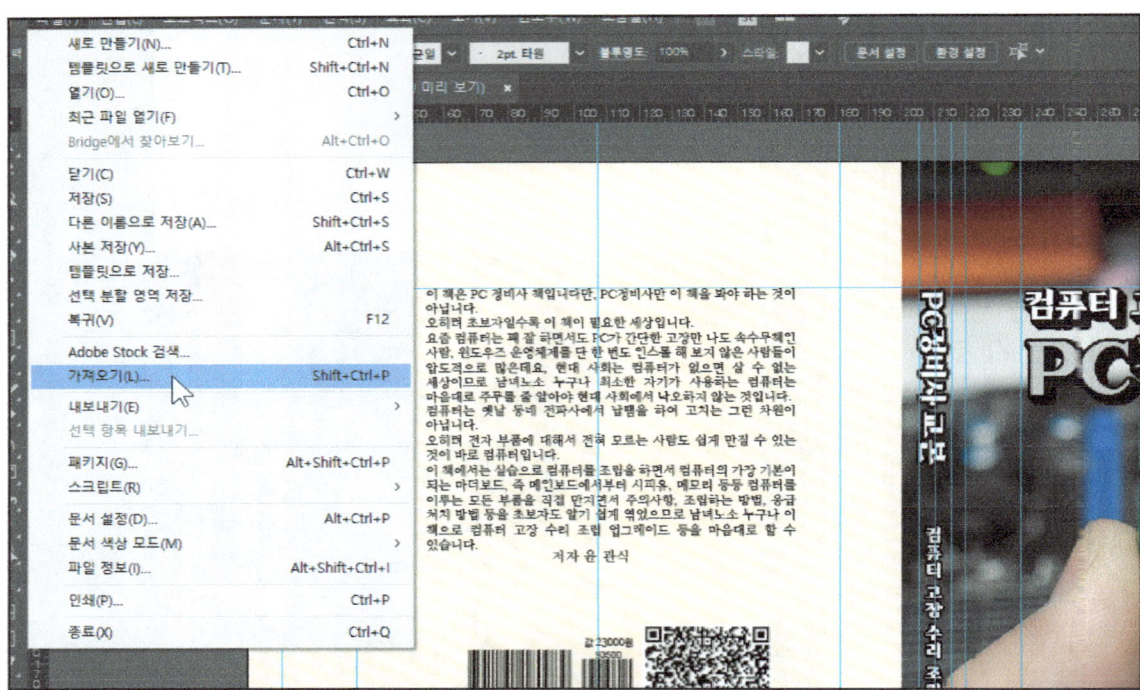

위의 화면은 일러스트에서, 포토샵에서 작업해서 저장한 .PSD 파일을 가져올 때 사용하는 메뉴입니다.

이런 식으로 일러스트에서 가져오기 명령으로 가져온 포토샵 파일은 포토샵게서 원본을 수정하면 일러스트 화면에 파일이 수정되었습니다. 업데이트를 하시겠습니까? 라고 나오며 예 라고 대답을 하면 즉시 수정이 됩니다.

지금 설명은 비교적 간단히 했지만, 실제로는 포토샵에서 수정하고 다시 일러스트에서 적용하기를 헤일 수 없이 반복해야 합니다.

11-5. 일러스트 작업

이제 포토샵에서 작업한 파일을 일러스트 화면으로 가져 왔지만, 아직 끝난 것이 아닙니다.

아니 이제부터 시작입니다.

일러스트 화면에 보이는 문구, 서점에 들린 사람이 한 눈에 보아도 책을 구입할 수 있도록 책을 가장 잘 나타내는 문구도 넣어야 하며, 가장자리 재단을 해했을 때 너무 많이 잘라져 나가지 않도록 여백도 세심히 신경을 써야 합니다.

그리고 일러스트에서 작업 중인 표지 뒷면에 있는 깨알같은 작은 글씨는 이유를 불문하고 일러스트에서 타자를 해야 합니다.

그래야 인쇄를 해도 깨끗이 나옵니다.

포토샵이나 일러스트에 대해서 여기서 자세하게 다룰 수가 없는 노릇이므로 대략적인 개요와 방법만 설명을 했습니다만, 아직도 멀었습니다.

상업적으로 판매를 목적으로 만드는 도서는 반드시 국립중앙도서관에 ISBN 신청을 해서 ISBN을 부여 받은 후 표지에 인쇄를 해야 하며, 다시 국립중앙도서관에 2권을 납본을 해야 합니다.

국립중앙도서관에서는 이렇게 납본 받은 수 많은 도서를 저장을 하며 ISBN을 스캔, 혹은 QR 코드를 스캔하면 국립중앙도서관에 등록된 도서 정보가 열려서 이 책이 실제로 국립중앙도서관에 등록된 도서라는 것을 알 수 있게 해야 합니다.

필자의 경우 앞에서 QR코드 만드는 방법을 설명할 때 설명을 했습니다만, 필자의 책은 뒷 면에 국립중앙도서관에서 부여받은 바코드와 함께 QR코드와 그리고 필자의 홈페이지 QR 코드를 넣는데요, 어떤 것이 필자의 홈페이지 QR코드인지 구분할 수 있도록 필자의 홈페이지 QR코드는 코드 밑에 작은 글씨로 가나출판사 이렇게 써 있습니다. (네이버 QR코드에서 만든 것입니다.)

그리고 또 중요한 것은 본문에서도 교정을 여러 번 보아서 오탈자가 없어야 하지만, 위에 보이는 표지에 오탈자가 있으면 그야말로 큰일입니다.

필자도 예전에 이런 일이 있어도 그 때는 따로 스티커를 인쇄하여 붙여서 출고를 하기도 했는데요, 교정을 열 번을 보아도 모자란다는 생각을 항상 가져야 합니다.

사실 필자는 컴퓨터를 하도 많이 해서 적어도 남보다 많은 프로그램은 알지만, 디자인을 예쁘게 하는 것은 뛰어나지 못 합니다.

따라서 아마도 여러분이 필자보다 디자인은 더 잘 할 수 있을 것입니다.

제 12 장 제본 및 재단

12-1. 제본의 종류

제본의 종류는 여러가지가 있지만, 일단 여기서는 시중에서 판매할 도서이므로 무선 제본 한 가지만 다루겠습니다.

만일 여러분이 전자책만 출간할 계획이라면 이 장은 건너 뛰어도 됩니다.

필자는 현재 인쇄, 즉, 디지털 인쇄 시스템을 모두 갖춰놓고 직접 인쇄, 직접 제본, 직접 재단, 이렇게 책을 원스톱으로 만들 수 있는 시스템을 사용하지만, 이렇게 하기가 결코 쉽지 않습니다.

무선제본기와 재단기, 싸구려 제품도 있지만, 책이란 예를 들어 교보 문고 등의 대형 서점에 진열되었을 때 다른 책보다 뛰어나지는 않더라도 뒤지지는 않아야 하기 때문에 싸구려 제본기와 재단기는 아예 고려 대상에서 제외하고요..

필자도 그 동안 여러 메이커의 제품을 사용하다자 최종적으로 지금은 제본은 국산 카피어랜드사 무선 제본기를 사용하고요, 재단기는 강성재단기를 사용합니다.

이렇게 제본기와 재단기를 합치면 거의 1,000만원 가량 되는데요, 사업을 하는 관점에서 본다면 큰 돈이 아니지만, 제본기와 재단기만 가지고 있어서 되는 것이 아닙니다.

우선 인쇄를 해야 하므로 프린터가 있어야 하고요, 앞에서 자세하게 설명했다시피 무한 잉크 프린터 A4 인쇄용 최소한 2대 이상 있어야 하고요, 가능하면 3대 이상 있어야 합니다.

필자와 같이 최고 수준의 전문가도 하루에 312페이지 책 20권 밖에 못 만들기 때문에 만일 이보다 주문이 더 많이 들어오면 주문 들어온지 한 달 후에 보낼 수는 없습니다.

즉석에서 제작해서 보내야 하기 때문에 평소에 2~3대의 프린터만 가동하다가도 주문이 밀리면 추가로 더 가동해서 출력을 해야 하고요, 무한잉크 프린터는 폭탄과도 같아서 언제 고장이 날지 모르므로 항상 예비 프린터가 있어야 하고요, 부품도 충분히 보유하고 있어야 하며 가장 큰 문제는 필자와 같이 프린터 1대로 100만장은 아니더라도 최소한 10만장은 인쇄를 할 수 있는 기술을 익혀야 하고요..
하루 아침에야 안 되겠지만, 일단 시작이 반이므로 시작을 해야 기술을 익일 수 가 있겠죠..

그리고 제본 기술을 익히는 것도 그리 쉬운 일이 아닙니다.
그냥 제본은 잠깐의 설명만으로도 가능합니다.

그러나 필자와 같이 남보다 뛰어난 재주를 가진 사람도 제본을 완벽하게 하는데 몇 년이 걸렸습니다.

따라서 제본은 최소한 몇 년을 해 보아야 겨우 제본의 테크닉을 깨우칠 수 있고요, 재단 역시 재단기에 종이만 집어 넣어서 되는 것이 아닙니다.

책.. 이므로 그야말로 책 답게 잘 잘라야 합니다.

그래서 어려운 것입니다.

그리고 표지 인쇄를 해야 하므로 A3 프린터는 필수이고요, 특히 표지는 인화지를 사용할 수는 없고요, 두꺼운 종이를 사용해야 하며, 저렴하고 두꺼운 용지는 아트지나 스노우지 등이 있지만, 이들 종이는 잉크젯 프린터에서 인쇄를 하면 잉크가 줄줄 흘러서 안 됩니다.

그래서 레이저 프린터로 인쇄를 해야 합니다만 이 또한 여러분이 극복해야 할 난제 중의 난제입니다.

잉크젯 프린터용으로 표지용지중에서 사용할만한 용지는 두꺼운 백상지가 있지만, 인쇄 품질이 너무 안 좋아서 표지 인쇄로는 부적합합니다.

그래서 잉크젯 프린터로 인쇄를 한다면 사진 인쇄용 인화지가 아닌 사진 인쇄용 두꺼운 평량 255g~300g 포토 용지를 사용해야 하는데요, 표지 인쇄 비용이 너무 비싸서 이것도 곤란합니다.

필자의 경우 A4용지는 헤일 수가 없고요, A3 표지 용지만 한 번에 600장씩 두어 달에 한 번씩 들어옵니다.
실제 책으로 만들어지는 것이 대부분이지만, 인쇄를 잘 못 하거나 에러가 나서 버리는 용지도 무시할 수 없이 많이 나옵니다.
필자도 옛날에 잘 모르던 시절에는 못 쓰는 종이가 필자 키보다 더 높이 쌓인 적도 있습니다.

이런 점을 감안하셔서 첫 술에 배부를 생각일랑 아예 하면 안 되고요, 제본 및 재단은 여기서 설명하는 것보다는 필자의 [유튜브 채널]에 이미 몇 번 올렸으므로 유튜브에서 '가나출판사' 검색하여 동그라미 속에 들어 있는 필자의 얼굴을 클릭하여 필자의 [유튜브 채널]에 오셔서 제본하는 모습 및 재단하는 모습 동영상을 보시기 바랍니다.

이래 저래 비용 많이 들어가고 기술 습득하는 시간도 많이 걸리고 종이책보다는 전자책이 정답이지만, 아직은, 아니 전자책이 나온지 수십년이 되었어도 여전히 전자책보다는 종이책이 압도적으로 많이 팔리므로 이것 또한 선택이 쉽지 않다고 봅니다.

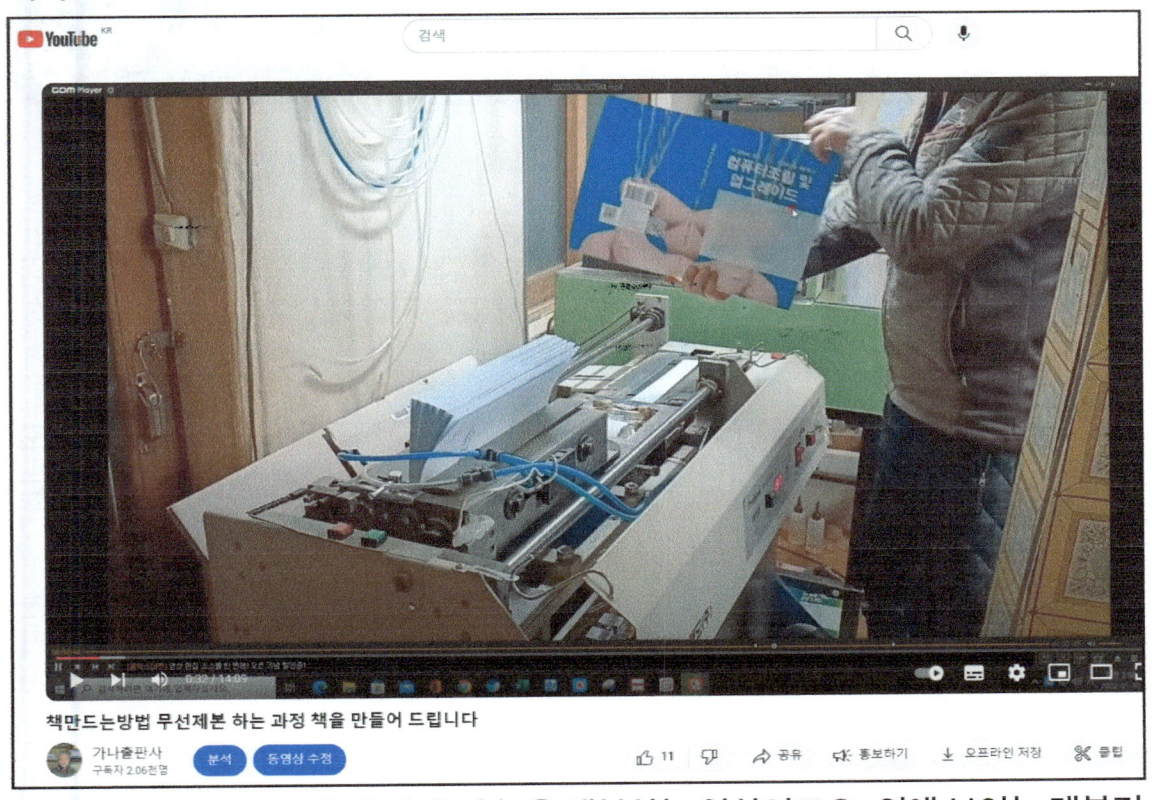

위는 필자의 [유튜브 채널]에 올려 놓은 제본하는 영상이고요, 위에 보이는 제본기가 카피어랜드 제본기입니다.

12-2. 재단기

위의 화면 역시 필자의 [유튜브 채널]에 올려놓은 재단하는 모습이고요, 위에 보이는 재단기가 강성 재단기이고요, 필자가 여기서 제본기와 재단기 메이커까지 밝히는 것은 이들 업체에서 댓가를 받아서가 아닙니다.

재단기는 지금까지 헤일 수 없이 많은 책을 재단했지만, 10 여 년 동안 단 한 번도 고장이 난 적이 없는 어마무시한 전천후 재단기이고요, 이렇게 고장이 나지 않는 재단기는 필자가 아는 한 이 재단기 말고는 없습니다.

그리고 제본기는 지금도 가끔씩 고장이 나지만, 고장이라는 것이 에어 호스 터지는 고장인데요, 어차피 이런 기계를 쓰는 사람은 에어 호스 터지는 정도는 자가 수리를 할 줄 알아야 하고요, 필자 역시 에어 호스 터질 때마다 수시로 고쳐서 쓰고 있고요, 이 제본기를 추천하는 이유는 지금까지 고장이 나 보았자 다른 고장은 재단기와 같이 단 한 번도 없었고요, 오로지 에어 호스, 우레탄 호스가 터지는 고장이지만, 어떤 식으로든 고칠 수 있게 만들어졌다는 것이 필자가 추천하는 이유입니다.

그리고 제본기를 사용하기 위해서는 콤푸레셔가 필수적으로 있어야 하고요, 필자는 물론 다른 이유 때문이기도 하지만, 콤푸레셔도 여러 대 있고요, A1 사이즈 대형 사진을 인쇄하는 대형 플로터와 이렇게 대형 사진을 코팅하는 대형 코팅기 및 이에 따른 부속 장비 등을 모두 가지고 있습니다.

이상 천리마 행군을 하듯 쉬지 않고 여기까지 왔습니다.

이 책은 종이책과 전자책을 동시에 염두에 두고 집필을 하였기 때문에 종이책을 보시는 분과 전자책을 보시는 분이 동시에 해당될 수도 있고요, 동시에 해당이 되지 않을 수도 있습니다.

본문에서 여러 번 강조했습니다. 이 책을 전자책으로 구입하시는 분은 PC이든, 모바일이든 어도비 epub 뷰어는 안 됩니다.

어도비 epub 뷰어가 아닌 다른 뷰어를 하나씩 설치하면서 자신의 기기에서 가장 잘 작동하는 뷰어를 선택해서 사용하면 됩니다만, 필자의 [유튜브 채널]에 올려 놓은 동영상에 링크를 하는 것이므로, 유튜브는 구글에서 운영하는 것이므로 PC에서는 구글 크롬 확장 프로그램에서, 모바일에서는 [ReadEra] 앱에서 실행을 해야 가장 잘 보입니다.

PC에서는 epub 파일을 선택하고 마우스 우클릭하여 연결 프로그램을 Chrome(구글 크롬)으로 선택하면 구글 크롬에서 확장 프로그램을 설치하겠냐고 물어오며 예 라고 대답하면 되고요, 모바일에서는 [구글 Play 앱]을 설치하고 선택하면 됩니다.

필자 역시 이 책을 집필하면서도 아직도 필자는 종이책을 선호하므로 전자책은 그야말로 난생 처음 펴 내는 것입니다.

모쪼록 종이책이든 전자책이든 이 책으로 여러분께 도움이 되시기를 진심으로 기원합니다.

감사합니다.

저자 윤 관식 배상

- Memo -

〈필자 약력〉
1. 한국방송통신대학교 미디어 영상학과 4년 수료
2. 컴퓨터 자격증 다수 보유
3. 컴퓨터 관련 서적 및 사진, 그래픽 등 각종 서적 수십 권 이상 집필
4. 현 가나출판사 운영

제 목 : 종이책 만드는 방법 전자책 만드는 방법
주 제 : 어도비 인디자인 CC
가 격 : 23,000원
발행일 : 2024. 03. 25.
발행처 : 가나출판사
대 표 : 윤관식
충남 예산군 응봉면 신리길 33-4
HP : 010-6273-8185
Fax : 02-2604-8185
Home : 가나출판사.kr